O PREÇO DA
CONQUISTA

© 2017 por Amadeu Ribeiro
© Paper Boat Creative/Getty Images

Coordenadora editorial: Tânia Lins
Coordenador de comunicação: Marcio Lipari
Capa e projeto gráfico: Jaqueline Kir
Preparação: Janaina Calaça
Revisão: Equipe Vida & Consciência

1ª edição — 2ª impressão
2.000 exemplares — julho 2024
Tiragem total: 7.000 exemplares

CIP-BRASIL. CATALOGAÇÃO-NA-FONTE
SINDICATO NACIONAL DOS EDITORES DE LIVROS, RJ

R367p
    Ribeiro, Amadeu
    O preço da conquista / Amadeu Ribeiro. - 1. ed., reimpr. -
São Paulo : Vida & Coincidência, 2017.
    352 p. : il. ; 23 cm.

    ISBN 978-85-7722-508-8

    1. Romance brasileiro. I. Título.

16-35718
                          CDD: 869.3
                          CDU: 821.134.3(81)-3

Todos os direitos reservados. Nenhuma parte desta edição pode
ser utilizada ou reproduzida, por qualquer forma ou meio, seja ele
mecânico ou eletrônico, fotocópia, gravação etc., tampouco apropriada ou estocada em sistema de banco de dados, sem a expressa
autorização da editora (Lei nº 5.988, de 14/12/1973).

Este livro adota as regras do novo acordo ortográfico (2009).

Vida & Consciência Editora e Distribuidora Ltda.
Rua das Oiticicas, 75 – Parque Jabaquara – São Paulo – SP –
Brasil
CEP 04346-090
editora@vidaeconsciencia.com.br
www.vidaeconsciencia.com.br

O PREÇO DA
CONQUISTA

AMADEU RIBEIRO

*Dedico este livro aos meus queridos
leitores e a todas as pessoas que sabem
lidar com a diversidade, sem preconceitos.*

"Colocar-se em primeiro lugar é
posicionar-se a favor de si mesmo,
é tomar posse de si, ficar a seu lado.
Egoísmo é querer que os outros façam
as coisas para nós do nosso jeito."

Marcelo Cezar

Prólogo

1983

Sentada em um banco de madeira, debaixo da sombra de uma árvore frondosa, a mulher virou a cabeça para o lado, a fim de contemplar a paisagem do entorno. Seus olhos encheram-se de vida e encanto com o espetáculo gratuito que a natureza lhe oferecia. Estava ali havia dezenove anos e, ainda que residisse naquela cidade astral por outros cem, nunca se acostumaria com tanta beleza.

De sua posição privilegiada, ela podia ver o pôr do sol, que se deitava no horizonte deixando um rastro alaranjado pelo céu. Observava as flores tão coloridas, que pareciam ter saído de uma obra de arte, bem como as plantas de um tom verde-esmeralda. Por trás dos majestosos jardins, avistava as construções da cidade, as quais ela visitara com frequência nos últimos meses. E, por entre os galhos da árvore acima dela, alguns pássaros buscavam abrigo para adormecer.

Não havia nenhuma diferença entre os parques e bosques que conhecera quando estivera na matéria, exceto que ali as cores eram mais fortes, o ar mais puro e as energias mais sutis. As pessoas se respeitavam e quase todas sempre estavam com um sorriso pronto nos lábios. Desde que chegara ali, ela aprendera muito sobre os valores da vida e do espírito, bem como sobre as leis que regem o universo. Fizera grandes amizades e vira muitos outros amigos partirem para uma nova jornada terrena. E a hora dela estava próxima.

Quando viu o homem aproximar-se, caminhando devagar em uma trilha estreita repleta de arbustos floridos, ela já sabia qual era o assunto que ele vinha tratar. Aprendera a confiar nele assim como confiava em si mesma. Às vezes, ela o chamava de mestre, porque era a forma como ela o via, mesmo que ele não apreciasse o título.

O homem parou diante dela e apoiou as costas no tronco da árvore. Era jovem, na faixa dos 30 anos, e sempre tinha uma palavra amiga para ofertar aos outros. Era o tipo de pessoa que todos desejavam ter por perto, principalmente quando havia a necessidade de um desabafo sincero. O fato de viverem na espiritualidade não alterava essa impressão.

— Como você está? — Ele a fitou no fundo dos olhos ao fazer a pergunta. Ela estava desencarnada havia muitos anos, e não houve um único dia em que não tivessem se visto ou se cumprimentado. Conhecia-a perfeitamente.

— Eu me sinto pronta, se é o que deseja saber — ela espalmou as mãos sobre o banco. — Assustada, receosa, preocupada, mas pronta para seguir em frente.

— O medo é natural diante do desconhecido. Entretanto, quanto mais força nós dermos a ele, mais limitadas ficam nossas ações.

— Eu sei disso, Igor. Sei que não reencarnamos para sofrer nem para sermos castigados. O propósito do retorno à matéria é encontrar a alegria e, com ela, construir a felicidade.

— Se você sabe disso, então do que tem medo?

— Creio que eu possa fraquejar, cair, quando o primeiro desafio me derrubar. Temo não conseguir me erguer mais.

— Isso não existe, criança — Igor sorriu para ela. Ambos aparentavam a mesma idade, mas ele gostava de chamá-la assim. — Quando um desafio surgir, você pode vencê-lo, desde que confie em si mesma e na força que a vida lhe envia diariamente. Toda encarnação nos garante um grande aprendizado, e desta vez não será diferente.

— Queria ter um pouco dessa confiança — ela abaixou a cabeça, como se estivesse desalentada. Ao erguê-la, percebeu que o sol finalmente tinha ido embora e que as primeiras estrelas já piscavam no firmamento. — E se eu fizer tudo errado?

— Para você, o que seria fazer tudo errado?

— Não sei. Estou voltando à Terra com ideias variadas, com vários projetos diferentes. E se eu não der conta de realizá-los?

— E por que não daria? Você não precisa prometer nada a ninguém. Quando quiser alguma coisa, lute por ela. E isso basta. Tire da cabeça a ideia de que tem uma obrigação a cumprir no plano físico. Você não é obrigada a nada. Você é livre e não deve nada a ninguém. Faça tudo o que puder para seu próprio bem-estar — Igor afastou-se do tronco da árvore, dando dois passos à frente. — Sua responsabilidade é zelar pelo seu melhor. Você cuida de você. Você se dá o direito de ser feliz quando bem entender, seja aqui onde nós estamos ou na matéria.

— Você havia me dito que estaria comigo quando eu precisasse.

— Estarei — ele confirmou. — Vou acompanhá-la de perto, orientando-a sempre que for possível, tentando lembrá-la de que os caminhos do bem e do amor são os únicos que realmente existem. Os demais são ilusórios.

— E se eu falhar? — havia angústia nos olhos dela.

— Você não é uma máquina para apresentar falhas. Os seres humanos não erram, apenas vivenciam experiências. Você precisa reconhecer seu valor e apoiar a si mesma. Coloque-se em um pedestal de ouro se for preciso, mas não abra mão de sua felicidade.

— Obrigada, mestre — ambos sorriram, e ela levantou-se. — Quando vai acontecer?

— De acordo com informações do Departamento de Reencarnação, daremos início ao seu processo de retorno nas próximas horas — Igor esticou a mão, e ela a apertou com força. — Segundo o calendário terreno, estamos em janeiro de 1983. Você nascerá no final deste ano. Terá tudo de que precisa para ser uma vencedora.

— É o que eu espero e desejo para mim, Igor — ela suspirou, tentando manter longe de si todos os receios que a incomodavam. — Quero ser uma vencedora.

Capítulo 1

2007

O ruído estridente do despertador nunca pareceu tão desagradável quanto naquela manhã. Após uma série de gemidos e resmungos preguiçosos, Diana esticou o braço e apanhou o telefone celular, que continuava emitindo o agudo sinal sonoro, indicando que já eram seis da manhã e que a pessoa que o programara deveria levantar-se. Quando interrompeu o toque, lembrou a si mesma de que precisava colocar uma música bem suave para despertá-la.

Ela sentou-se na cama ainda meio sonolenta. Parecia fazer uma eternidade desde que despertara naquele horário pela última vez. Nas semanas anteriores, ela não acordara antes das onze e, quando as manhãs estavam frias ou chuvosas, mantivera-se debaixo do edredom até bem depois do meio-dia.

Por sorte, o céu estava claro, prenunciando que o dia seria quente. Nada a estranhar em se tratando do mês de abril, que oscilava entre temperaturas abafadas e dias mais frescos, principalmente quando uma nova frente fria chegava a São Paulo. Diana fitou demoradamente o céu matinal pela janela ao lado de sua cama, bocejou, esfregou os olhos com força e desceu da cama. Não podia ficar enrolando, afinal suas férias haviam terminado, e aquele seria o dia de retorno ao trabalho.

Como o mês anterior passara depressa! Era algo impressionante! Algo que nem mesmo a melhor das teses de doutorado conseguiria explicar. Cada dia de descanso parecia ter apenas quinze horas em vez de vinte e quatro. Ela afastara-se por trinta dias do hospital em que trabalhava, mas a impressão era de que apenas duas semanas tinham transcorrido.

Diana arrumou a cama, bocejou novamente e seguiu para o banheiro. Lavou o rosto e confrontou-se no espelho. Não conseguiu disfarçar um sorriso desanimado. Era óbvio que não iria deparar-se com uma expressão jovial, mas sim com um rosto que exibia olheiras profundas e olhos pequenos devido ao sono.

Naturalmente, não poderia retornar ao serviço com aquela cara. Ela, então, penteou os cabelos castanhos e lisos, que chegavam à altura dos ombros. Embora não fosse adepta de maquiagem, disfarçou as olheiras com uma base e coloriu os lábios com um batom cor de ferrugem. A direção do hospital não permitia que as enfermeiras exagerassem nos acessórios de beleza, por isso Diana usava apenas o básico, quando usava.

Ao terminar, contemplou-se outra vez. O visual estava bem melhor. Os olhos cor de café já não pareciam tão pequenos, e as olheiras tornaram-se quase invisíveis. O restante não havia como mudar. Ela sempre dissera aos colegas que era uma das pessoas mais comuns do mundo. Tinha um rosto arredondado, lábios cheios e maçãs do rosto proeminentes. Usava o mesmo corte de cabelo desde a adolescência. Estava alguns quilos acima do peso ideal, mas confortava-se com o fato de que mais da metade das mulheres do planeta também estava.

Tinha estatura mediana, assim como seus pais. Ela era a cópia perfeita da mãe. Enquanto vestia a calça branca, Diana olhou para um porta-retratos sobre a penteadeira, onde uma fotografia mostrava três pessoas abraçadas e sorridentes. Fora a última foto que ela tirara ao lado dos pais. Descontraídos e felizes, nenhum deles fazia ideia da tragédia que estava por vir.

Diana estava terminando o primeiro ano do curso de enfermagem, quando eles foram assassinados. Ambos retornavam de carro para casa, após assistirem à estreia de *O Senhor dos Anéis: As Duas Torres*, saga da qual a mãe dela fora fã. Tudo aconteceu na semana entre o Natal e o Ano-Novo, em 2002. Segundo o relato das testemunhas, eles estavam parados em um semáforo, com os vidros semiabertos, quando foram abordados por dois homens armados. Diana não sabia se os pais tentaram reagir ou se fora pura crueldade dos assaltantes. O fato é que ambos foram baleados e mortos no local. Os bandidos fugiram a pé e nunca foram capturados.

Até onde Diana sabia, eles não tinham inimigos, o que fez a polícia descartar a hipótese de crime encomendado. Independentemente do motivo, o fato é que ela havia perdido sua única família de uma só vez. Filha única, ela entrou em estado de choque quando recebeu a notícia por meio de uma vizinha e por pouco não desistiu da faculdade. Os pais eram tudo o que ela tinha de mais valioso, e Diana pensava que, sem eles, sua vida não teria mais sentido.

Quase cinco anos se passaram após a morte dos pais, e Diana sobrevivera. No começo, tivera dificuldades para reagir e, se não fosse a ajuda e os incentivos de Pamela, sua colega de classe que futuramente se tornaria sua melhor amiga, teria entregado os pontos. Não tinha mais vontade de voltar para casa e encontrá-la vazia e silenciosa, assim como precisou de meses para tomar coragem para doar os pertences dos pais a outras pessoas.

A casa em que ela morava pertencera aos pais. Pamela sugeriu que Diana alugasse o imóvel e se mudasse para uma residência menor, cujo aluguel fosse mais barato, de forma que lhe sobrasse uma renda extra. Diana estava estagiando em uma clínica médica, mas a remuneração que recebia era baixa. Mantinha-se lá apenas para ganhar experiência, que lhe seria necessária para quando ela se tornasse uma enfermeira formada. Acatando a ideia da colega, Diana alugou uma quitinete no centro da cidade.

Tinha 19 anos quando os pais faleceram e vinte e dois quando conseguiu o diploma. Chorou quase o tempo inteiro durante a colação de grau. Primeiro, porque estava emocionada por ter vencido aquela etapa, que por muitas vezes fora tão exaustiva. Ao fim de quatro anos de curso, finalmente se tornara uma enfermeira. Depois, porque jamais desejou tanto a presença dos pais quanto naquele momento.

No auditório, os familiares e amigos dos formandos compareceram em peso para aplaudir suas vitórias. Diana não tinha família nem amigos, com exceção de alguns que fizera na universidade e que também estavam se formando com ela. Daria tudo para que os pais estivessem ali, acompanhando seu sucesso, mandando-lhe beijos e acenando alegremente.

Quando os universitários lançaram o capelo para cima, em meio a gritos festivos, música animada e uma forte salva de palmas, Diana também jogou o dela e enxugou as lágrimas. Naquele momento, mais do que nunca, era uma mulher independente. Nessa época, ela já havia se mudado outra vez e estava residindo numa espécie de república, junto com Pamela e outras duas garotas. Pamela, no entanto, anunciara seu noivado com um rapaz e dissera que iria morar com ele até o casamento. Embora apreciasse a companhia das outras duas, Diana sabia que, sem a presença de sua melhor amiga, aquele lar deixaria de ser o mesmo. Uma semana após a colação de grau, vendeu a casa dos pais e comprou um apartamento aconchegante, com cômodos bem pequenos, mas que eram suficientes para uma moça solteira. Era o imóvel no qual residia atualmente.

Até antes de se formar, Diana estagiava em um hospital. Prometeram que ela seria efetivada após a formatura e que seu salário aumentaria. Para sua felicidade, eles cumpriram a promessa e a contrataram como enfermeira. Pamela trabalhava em outra unidade do mesmo grupo hospitalar, contudo deixara o serviço após se casar. Ela confidenciara a Diana que queria se dedicar à vida de casada por algum tempo. O marido de Pamela era policial militar, e Diana achava que apenas o salário dele talvez não fosse suficiente para sustentar os dois. Por outro lado, não queria dar palpites na vida da amiga e torceu para que eles fossem muito felizes.

Pamela tinha um sorriso de orelha a orelha quando foi contar a Diana que estava grávida. As duas se abraçaram e choraram juntas. Tinham a mesma idade, com apenas alguns meses de diferença. Pamela tinha a pele bem morena — era quase mulata — e olhos escuros e sonhadores, além de um sorriso que surgia com a maior facilidade. Já o marido, Wesley, era branco como algodão e, devido à sua excessiva timidez, corava quase o tempo todo. Estava na corporação policial há apenas um ano, e Diana sempre se perguntava como o marido da amiga lidava com os bandidos. Gostaria de tê-lo conhecido quando os pais foram mortos, o que não mudaria muita coisa.

— Já começaram a pensar no nome da criança? — perguntou Diana à amiga.

— Desde que soubemos que eu estava esperando um bebê, nós não temos outro assunto — Pamela mostrou um sorriso brilhante. — Nem sabemos o sexo do bebê, mas temos a impressão de que ele já vai nascer amanhã.

— O nome disso é ansiedade! Tenho certeza de que encontrarão um nome bastante apropriado para ele. — Diana deslizou a mão pela barriga da amiga, em que uma vida se formava. — Eu serei sua madrinha, ouviu, bebezinho? Nós vamos nos tornar ótimos amigos.

Em abril de 2006, com quatro meses de gestação, Pamela telefonou às lágrimas para Diana, que ficara assustada a princípio, pensando que algo horrível havia acontecido. Demorou um pouco para perceber que eram lágrimas de felicidade.

— São dois, Diana.

— Dois o quê? — Diana não estava entendendo nada.

— Dois bebês! Fiz a ultrassonografia hoje e estou esperando gêmeos.

— E por que você não me deu essa notícia maravilhosa pessoalmente? Não queria que eu a abraçasse, é?

— Vamos nos encontrar neste fim de semana para comemorar! — avisou Pamela. — Wesley garantiu que irá para o fogão para nos preparar um prato especial. Você, como minha amiga mais querida, será nossa convidada de honra.

Diana desligou o telefone sentindo um grande bem-estar, transmitido pela alegria de sua amiga a quem ele considerava como a irmã que nunca tivera. Na realidade, Pamela e Wesley eram as pessoas mais próximas de Diana. Tinha bons colegas de trabalho, mas com nenhum deles tinha tanta intimidade.

Quando encontrou os amigos no sábado, Diana pensou que não se lembrava de já ter visto um casal mais feliz quanto eles. Pamela parecia estar grávida de seis meses em vez de quatro. Wesley era o típico papai coruja, e, quando Diana o encontrava sem farda, ela até se esquecia de que ele era policial. Wesley tinha 25 anos, mas com um rosto de adolescente. Era difícil visualizá-lo se impondo diante de criminosos e assassinos.

— E agora vem a notícia que deixamos para lhe dar pessoalmente! — comentou Pamela, com os olhos refletindo sua satisfação interior.

— Outra? — sorrindo, Diana olhou para Pamela e Wesley.

— São meninas — revelou Wesley, assim que terminaram de almoçar. Ele falava com todo o orgulho que um homem sente ao ser pai pela primeira vez.

— Que maravilha! E aposto que vocês já escolheram os nomes.

— Após muitas brigas calorosas — rindo, Pamela segurou a mão do marido por cima da mesa —, chegamos à conclusão de que elas se chamarão Marina e Tamires. Concordamos em não colocar nomes muito parecidos, para não nos confundirmos depois.

— O importante é que estou ansiosa para conhecer as meninas, que serão as mais fofas da cidade! — como sempre fazia,

Diana afagou carinhosamente o ventre avantajado de Pamela. — Daqui pra frente, você terá que trabalhar dobrado, Wesley.

— Acha que não pensei nisso? — ele riu e enrubesceu em seguida.

— Eu queria arranjar alguma ocupação, mas Wesley não acha uma boa ideia — Pamela deu de ombros. — De qualquer forma, ninguém empregaria uma gestante.

— Muito menos para trabalhar na área da enfermagem — concluiu Diana.

Se Pamela não tivesse pedido as contas do hospital, logo tiraria licença-maternidade e ficaria sossegada.

— Às vezes, eu fico pensando... — murmurou Wesley. — Todo pai gosta de carregar seus filhos nos ombros, quando os levam para passear. Como vou fazer para levar as duas meninas de uma só vez?

— Primeiro, você leva uma e depois a outra — opinou Diana, e os três riram. A conversa era tola, mas muito apropriada para quem estava construindo uma família, cujas bases seriam feitas do mais puro amor fraternal.

— Devo admitir uma coisa... — Wesley aproximou-se da esposa, envolveu-a com um braço e a beijou nos lábios. — Essa história de me tornar pai de gêmeas está me transformando num grande boboca.

— Ou será que você já era um, e eu não tinha percebido antes? — devolveu Pamela, apenas para provocar o marido.

Diana sorria, vendo-os tão felizes. Não tinha pressa para se casar. Namorara apenas na adolescência, mas nunca vivera nada muito sério. Após a morte dos pais, decidira dedicar-se aos estudos e agora se empenhava no trabalho. Dizia a si mesma que não tinha tempo para paixões ou romances rápidos, até porque pensava que uma mulher precisava ser muito sortuda para conseguir se casar hoje em dia, principalmente com um homem tão gentil e bondoso quanto Wesley. O passo seguinte era fazer o casamento durar muitos e muitos anos.

No mês seguinte, no domingo de Dia das Mães, Diana estava fazendo uma faxina em seu apartamento quando tocaram a campainha. Ela sempre chorava de saudades nesse dia, assim como no Dia dos Pais, nas datas em que comemoravam aniversário e nas festas de fim de ano. Algumas pessoas acreditavam em vida após a morte, liam a respeito do tema e estavam convictas de que o assunto era real. Diana nunca fora cética, mas achava que acreditaria com muito mais facilidade naquilo que seus sentidos pudessem captar. E nunca vira, ouvira ou sonhara com eles em todos aqueles anos. Chegara a ir a um centro espírita em busca de alguma manifestação dos pais, porém, como nada acontecera, ela foi embora frustrada e deixou o assunto de lado.

Já estavam tocando pela segunda vez a campainha, quando Diana abriu a porta e se deparou com Pamela, com a blusa de seda azul bem esticada sobre a barriga redonda. A amiga tinha os olhos avermelhados e inchados, e, dessa vez, Diana soube, analisando a expressão da amiga, que ela não poderia estar chorando por uma coisa boa.

— O que aconteceu com você?

— Wesley... — o nome foi tudo o que Pamela pronunciou antes de se atirar nos braços de Diana, ainda à porta do apartamento.

— O que ele fez? Vocês brigaram? — sondou Diana, chegando a pensar em uma possível traição por parte de Wesley.

— Eles o mataram — as palavras saíram sufocadas, e Diana mal as compreendeu.

Diana conduziu a amiga ao sofá e serviu-lhe um copo d'água, que Pamela aceitou com as mãos trêmulas. Diana esperou pacientemente que a amiga se recompusesse, o que aconteceu quase dez minutos após sua chegada. Então, Pamela explicou o que acontecera.

Uma facção criminosa iniciara uma série de ataques contra delegacias, postos policiais e do corpo de bombeiros e bases móveis. Diana assistira ao noticiário da manhã e ficara chocada com as informações. Policiais à paisana e fardados eram baleados sem que tivessem tempo para reagir, ou muito menos para identificar seus agressores. Ônibus foram incendiados e agências bancárias foram depredadas por granadas e metralhadoras. Algumas famílias de policiais também foram atacadas, mas Diana nem por um momento relacionou os ataques à segurança de Pamela e de Wesley. Como poderia imaginar que o marido de sua melhor amiga se tornaria uma das vítimas do crime organizado?

— Ele estava em uma viatura com um colega, quando ambos foram atacados com disparos de pistolas efetuados por dois homens em uma moto — Pamela tremia tanto que Diana correu ao quarto e voltou trazendo uma manta para envolvê-la. — O colega está bem ferido, mas felizmente sobreviveu. Uma das balas atingiu Wesley na cabeça e...

Não era preciso falar mais nada, e Diana não queria que Pamela sofresse mais ao repetir tudo o que lhe tinham dito. Os assassinos de Wesley, aparentemente, não foram presos, assim como aqueles que mataram os pais de Diana também não foram. O rapaz fora outra vítima da violência na capital paulista.

— Ele nunca vai conhecer as filhas... — gemeu Pamela, lembrando-se das promessas que o marido fizera. Seu casamento durara apenas cinco meses. — Nunca as levará nos ombros nem as vestirá com roupas iguais. Minha vida acabou, Diana. Eu o amava tanto. Sem ele, não vou conseguir seguir em frente.

Diana dissera palavras semelhantes na ocasião da morte de seus pais, e fora Pamela quem a consolara, impedindo-a de desistir de tudo. Agora, ela via-se na obrigação de fazer o mesmo pela amiga.

***

O enterro de Wesley foi doloroso, e Pamela passou mal durante a cerimônia. Naquele mesmo dia, em outras regiões da cidade e do estado, os corpos de outros policiais também estavam sendo enterrados. Os pais de Wesley, que residiam no Rio de Janeiro, foram informados da notícia e chegaram a tempo de acompanhar o cortejo fúnebre, feito com todas as honras, uma vez que ele fora morto em serviço. Teria sido um evento bonito se não representasse dor, tristeza e desolação. Diana tentava tranquilizar Pamela, torcendo para que ela não desmaiasse no cemitério. De um dia para o outro, a jovem viúva parecia ter envelhecido dez anos.

As semanas seguintes foram horríveis para Pamela. Ela não parava de mencionar o nome de Wesley, como se o fato de invocá-lo pudesse trazê-lo de volta à vida. Diana dormia na casa da amiga todas as noites e não se importava de levantar-se durante a madrugada, quando Pamela acordava aos gritos devido aos pesadelos que se tornaram constantes. Diana abraçava-a carinhosamente e sussurrava palavras de conforto, como uma mãe amorosa faria com sua filha.

Os ataques criminosos finalmente haviam cessado, com um saldo chocante de mortos e feridos. O Brasil estava estarrecido, e a cidade de São Paulo tornara-se refém do medo. Alguns colegas mais próximos de Wesley, que trabalhavam no mesmo batalhão que ele, telefonavam para Pamela para conferir se ela estava precisando de alguma coisa. Ela agradecia pela preocupação dos policiais e lhes dizia que estava bem, o que não era verdade. Pamela, na verdade, pensava que jamais voltaria a ficar bem, não com duas crianças a caminho sem um pai que a ajudasse a criá-las.

As gêmeas nasceram em setembro e eram as crianças mais encantadoras que Diana já vira. Assim como ela desejara a presença dos pais durante sua colação de grau, Pamela chorou pela ausência de Wesley. Sabia o quanto ele se sentiria feliz em acompanhar o trabalho de parto e ver as filhas, que ele aguardara tão ansiosamente e que não tivera a oportunidade de conhecer, ao chegarem ao mundo.

A amizade entre Diana e Pamela tornara-se ainda mais forte naquele ano. As duas eram irmãs de coração. Pamela convidou a amiga para morar em sua casa, mas Diana recusou o convite. Não era mais como na época em que viveram na república. Por mais que amasse a amiga, ela queria ter seu cantinho, sua privacidade. Gostava do apartamento que comprara um dia. Todavia, não se cansava de repetir a Pamela que estaria ao lado da amiga em todos os momentos, ajudando-a nos cuidados com as recém-nascidas.

***

Diana pensava em Marina e Tamires, enquanto se aprontava para retornar ao hospital após um mês de férias. Elas estavam com sete meses agora, e onze meses já haviam passado desde que Wesley se fora.

Pamela voltara a trabalhar, porém em um hospital bem distante de onde morava. Ela contratara uma babá que cuidava das meninas em tempo integral. Pamela não estava totalmente recuperada ainda, e Diana sabia que nada mais seria como antes. Após a morte inesperada de uma pessoa querida e próxima, o coração de quem fica nunca mais é o mesmo.

Vestida inteiramente de branco, Diana apanhou a bolsa, trancou o apartamento e seguiu para o ponto de ônibus. Retornar ao trabalho era como começar uma nova fase na vida.

Quando o ônibus se aproximou, Diana deu sinal e, embora raramente rezasse, pediu a Deus que a protegesse e que tudo desse certo.

Capítulo 2

Os colegas de Diana mostraram-se animados com seu retorno. Embora o quadro de enfermeiros do hospital estivesse completo, uma pessoa a menos sempre fazia falta. Eles gostavam de Diana. Ela era uma profissional excelente, dedicada, competente e gentil, que sempre estava disposta a aprender algo novo. Fazia parte do quadro de funcionários havia quase dois anos e nunca tivera problemas. A supervisão apreciava seu trabalho e alguns pacientes, tão logo recebiam alta, a elogiavam perante a diretoria.

A manhã passara depressa. Os pacientes para os quais Diana fora escalada não exigiam grandes esforços além do que ela já estava habituada. Diana estava terminando de preencher uma prancheta com as informações de uma mulher que passara por uma cirurgia de apêndice, quando Marcélia se aproximou. A enfermeira-chefe era uma mulher de meia-idade, trabalhava naquele hospital havia mais de vinte anos, e todos nutriam um carinho por ela.

Como já havia cumprimentado Diana horas mais cedo, Marcélia esticou o pescoço para conferir o que ela escrevera na prancheta, ao mesmo tempo em que perguntava:

— Já soube da última novidade do hospital?

Diana sorriu para a paciente, fez um aceno de despedida e afastou-se na direção da porta do quarto com Marcélia em seu encalço. A enfermeira-chefe era famosa por ser mais fofoqueira do que uma revista de celebridades.

— Acho que não. O que aconteceu?

— Kauan. Este é o nome da perdição.

Diana ergueu as sobrancelhas, sorriu e saiu do quarto, sem responder. Marcélia a perseguiu como uma sombra.

— Você ouviu o que eu disse?

— Como não conheço nenhum Kauan, estou esperando você terminar de me contar a fofoca.

— Eu não estou fofocando — Marcélia pareceu ofendida. — Estou apenas circulando conhecimento.

— Muito bem — Diana parou de andar e fitou o rosto de sua chefe imediata. — O que devo saber sobre o tal Kauan?

— É o novo responsável pela administração do hospital. Ele começou a trabalhar no lugar do Mendes, que finalmente conseguiu se aposentar.

— Eu nem tive tempo de me despedir dele... Antes de eu sair de férias, Mendes me disse que estava contando as horas para deixar o hospital e curtir a aposentadoria.

— Pois é. E esse rapaz o substituiu! Nas duas semanas em que ele está aqui, conseguiu deixar a mulherada completamente maluca — Marcélia revirou os olhos e suspirou. — Inclusive eu, devo confessar... Apesar de ele ser uns trinta anos mais jovem que eu.

— As solteiras e as divorciadas irão cercá-lo como uma tribo de índios canibais — rindo, Diana continuou andando até se deter diante da porta do próximo paciente. — E algumas casadas também — completou.

— Isso já começou a acontecer... Eliete, Karen e Maria Rita estão quase assediando o moço. Elas não têm um pingo de vergonha na cara!

— Aposto que as outras querem fazer o mesmo, só que são mais contidas — Diana bateu levemente na porta e a abriu. Antes de entrar, tornou a olhar para Marcélia. — Por que você está me contando tudo isso? Espera que eu vá me integrar ao time?

— Não sei. Só quis deixá-la prevenida para a visão do paraíso. Quando você o encontrar, vai começar a babar como um cão raivoso.

— Ele é tão bonito assim? — Diana perguntou, intrigada.

— Bonito é um adjetivo que não dá conta do homem mais maravilhoso que já vi em carne e osso.

Diana riu, meneou a cabeça e entrou no quarto. Soltando outro suspiro de admiração não correspondida, Marcélia afastou-se pisando duro. Estava satisfeita por ter sido a primeira a dar a melhor notícia do ano a Diana.

O paciente seguinte de Diana era um homem na casa dos 40 anos, que reclamava de dores no abdome. Ele sofrera um acidente de moto, mas, por sorte, tivera apenas algumas lesões superficiais. Apesar de seu peito ter colidido contra o guidão da moto, os exames mostraram que não havia nenhum osso quebrado.

Depois que terminou de atender o paciente e conferir a medicação, Diana olhou para o relógio de pulso e percebeu que estava na hora de almoçar. Às vezes, comia na própria lanchonete do hospital, mas, como passara os últimos trinta dias alimentando-se da comida que preparava, optou por ir ao restaurante que ficava na rua de trás do seu local de trabalho.

Diana estava passando pela recepção do hospital, quando ouviu o som de passos rápidos. Ela virou o rosto para trás e viu Karen e Maria Rita, que acabavam de sair de um dos elevadores, fazendo sinais para que Diana as aguardasse.

— Você já vai almoçar? — quis saber Maria Rita. — Podemos acompanhá-la?

— Claro que sim — Diana nem saberia como recusar o convite.

— Ainda não tivemos tempo de conversar sobre suas férias e queremos nos atualizar sobre o que você aprontou no mês em que ficou fora — Karen enlaçou seu braço ao de Diana, guiando-a em direção à saída.

— Nada de importante. Como a grana estava curta, não pude viajar.

No período das férias, pelo menos três vezes na semana, Diana fora visitar Pamela e as filhas. Quando retornava do trabalho à noite e dispensava a babá, Pamela brincava com as crianças. As meninas eram seu grande tesouro, herança deixada por Wesley.

As três enfermeiras passaram pela catraca do hospital, quando Diana sentiu Karen dar um tranco em seu braço, parando abruptamente. Ela já estava abrindo a boca para perguntar o que aquilo significava, quando Karen, olhos fixos à frente, balbuciou:

— Morri!

Diana acompanhou o olhar da colega e se deparou com um homem alto, de ombros largos e músculos bem definidos, que ficavam em destaque graças à camisa cinza que ele vestia. Ele estava conversando com um dos manobristas do hospital. Como estava de perfil, Diana viu que ele tinha cabelos pretos muito brilhantes, com alguns fios rebeldes que dançavam ao sabor do vento. Era alto, tinha mais de 1,90 metro de altura e movia os braços fortes a todo instante enquanto falava.

Como se pressentisse que estava sendo observado, ele girou o corpo completamente até ficar de frente para as duas mulheres. À luz do sol forte, os olhos verdes do homem brilhavam como esmeraldas. Diana foi obrigada a reconhecer que ele era realmente lindo. Era até parecido com um ator famoso, cujo nome ela não se lembrava. A pele era clara, as sobrancelhas grossas e o nariz era pequeno e graciosamente posicionado no centro de um rosto comprido e belíssimo.

Diana não precisava ser muito inteligente para deduzir que o sujeito era o tal Kauan.

— É ele quem está substituindo o Mendes? — Diana indagou às colegas.

— Lindo desse jeito, ele poderia substituir até Deus — murmurou Karen, cujos olhos, assim como os de Maria Rita, pareciam vidrados.

Completamente desinteressada, Diana fitou o homem mais uma vez e tentou arrastar Karen, que permanecia empacada no mesmo lugar. Tanto ela quanto Maria Rita pareciam hipnotizadas pelo rapaz.

— Bom, se vocês não estão a fim de almoçar, eu irei sozinha — sem esperar por resposta, Diana começou a andar.

Ela deu apenas cinco passos, quando Kauan concluiu sua conversa com o manobrista e veio na direção das enfermeiras. Diana quase sorriu ao ouvir as colegas gemerem como dobradiças não lubrificadas.

— Olá, meninas! — Kauan mostrou um sorriso tão luminoso que até Diana não pôde deixar de admirá-lo. Aquele homem estava na profissão errada. Certamente, ele ganharia muito mais dinheiro se investisse na carreira de ator ou de modelo.

Kauan baixou o rosto e pousou o olhar verdejante sobre Diana. Ela sentiu o aroma de uma agradável fragrância masculina.

— Não sou bom em memorizar rostos, mas creio que ainda não fomos apresentados.

— Não mesmo — consentiu Diana. — Eu sou...

— O nome dela é Diana. Ela é enfermeira como nós — interrompeu Maria Rita, o que lhe valeu um sorriso de Kauan, que quase a fizera infartar.

— Sim, pelas roupas brancas eu logo imaginei — Kauan sorriu novamente para Diana e franziu a testa. — Eu estava perguntando ao manobrista sobre os restaurantes da região. Como não conheço este bairro, não sei onde procurar. Durante esses dias, eu comi na lanchonete — apontou para as portas de vidro do hospital —, mas, se eu continuar à base de lanches, minha malhação diária não fará efeito algum.

Diana achou Kauan um pouco arrogante e refletiu se ele estava tentando se gabar diante de três mulheres que não paravam de encará-lo.

— Nós estávamos indo almoçar — contou Karen, rezando para que ele topasse acompanhá-las. — Há um ótimo restaurante aqui perto. Ele fica na rua de trás.

— Foi exatamente o que o rapaz me disse.

— Quer ir conosco? — rápida, Maria Rita perguntou.

Kauan percebeu que Diana não dissimulou a contrariedade. Ela estava indo almoçar sozinha, quando as outras duas se ofereceram para ir com ela e agora ainda convidavam um homem que nenhuma delas conhecia direito. Diana já estava começando a se arrepender por ter permitido que elas a acompanhassem.

— Tudo bem para você? — Kauan perguntou a Diana.

— Tudo, desde que não enrolemos. Não quero comer correndo.

Os olhos de Karen e de Maria Rita brilharam como estrelas, e Diana, mentalmente, as xingou de tolas. Pareciam duas colegiais assanhadas diante da chegada de um novo aluno à sala de aula.

No restaurante, o grupo conseguiu uma mesa com quatro lugares. Eles foram se servir no bufê, e, quando se sentaram, Karen e Maria Rita cobriram Kauan de perguntas. Elas questionaram se ele estava gostando do novo emprego e se tinha planos de permanecer no cargo. Só agora reparavam que Kauan não usava aliança. Para elas, isso era algo muito promissor.

Kauan era sorridente e tratava as colegas de trabalho com formalidade e educação. De vez em quando, ele olhava para Diana, que quase não abrira a boca e limitara-se a assentir ou negar com a cabeça quando alguma questão era dirigida a ela.

Diana deu graças a Deus quando terminaram de comer a sobremesa e foi a primeira a levantar-se da mesa. Ela reparou que Kauan a fitava muito mais do que as outras duas. As colegas eram tagarelas e por pouco não se atiraram nos braços de Kauan. Diana tinha certeza de que elas estavam loucas para saber detalhes da vida íntima e amorosa do rapaz.

O grupo caminhou de volta ao hospital, e Diana despediu-se dos colegas, apertando o passo. Ela entrou sozinha no elevador e finalmente soltou um suspiro de alívio. Não que estivesse brava ou nervosa por ter sido alvo dos olhares de um homem tão encantador. A questão era que ela sabia que aquilo não daria em nada e que jamais admiraria um homem a distância, que certamente deveria ter uma namorada a quem amava muito.

Diana esqueceu-se de Kauan e concentrou-se no trabalho. Por volta das quatro horas da tarde, o céu ficou escuro e começou a chover forte. Diana iria sair às cinco e torceu para que até lá a chuva parasse. Em dias como aquele, a cidade tornava-se um caos, e ela tinha certeza de que chegaria tarde em casa.

Quando bateu o cartão de ponto e preparou-se para sair, Diana notou com desânimo que ainda chovia a cântaros. Na entrada do hospital, outros funcionários aguardavam a chuva dar uma trégua para também irem embora. Diana tirou a sombrinha da bolsa e imaginou o quanto os sapatos e a calça ficariam molhados se fosse correndo até o ponto de ônibus.

Para piorar, uma ventania violenta fazia as árvores das ruas curvarem-se e agitarem seus galhos como tentáculos. Por volta das cinco e meia, a situação não estava melhor, e Diana resolveu encarar a chuva. Ela pediu licença para algumas pessoas que se aglomeravam à porta do hospital, abriu a sombrinha e apressou-se até a calçada. Imediatamente a água molhou suas pernas e seus pés ficaram encharcados quando os meteu em uma poça d'água.

Diana lutava contra o vento, tentando manter a sombrinha sobre a cabeça, quando uma rajada mais forte soprou, virando a sombrinha pelo avesso. Diana percebeu que sua bolsa estava ficando molhada e que sua calça já estava grudada na pele. Ela acabou arrependendo-se pela impaciência. Já que chegaria tarde em casa, não lhe teria custado nada esperar mais um pouco dentro do hospital. Ela soubera que só teria plantão dali a dois dias, portanto fora precipitada. Que belo retorno de férias estava sendo aquele!

Diana ouviu o som repetitivo de uma buzina, mas o ignorou. O ponto de ônibus ficava no quarteirão seguinte, mas nunca lhe parecera tão longe. A buzina soou novamente, e uma voz grave gritou:

— Saia da chuva, Diana!

Ela olhou para a rua e viu um carro preto acompanhando seus passos, rente ao meio-fio. O vidro baixou rapidamente, e ela reconheceu Kauan ao volante. Ele fez um sinal para que ela entrasse no veículo. Quando ia recusar, o vento tornou a entortar sua sombrinha, e as gotas grossas de chuva golpearam suas costas como pequenos dardos.

Numa reação automática, Diana correu até o carro, abriu a porta e sentou-se ao lado de Kauan, que imediatamente subiu o vidro. O interior do automóvel estava fresco, graças ao ar-condicionado.

— Sinto muito, mas devo ter molhado todo o seu banco — desculpou-se Diana, visivelmente sem graça e com os cabelos encharcados. A sombrinha que jazia fechada aos seus pés não a protegera de nada.

— Amanhã estará seco. Eu só espero que você não fique resfriada. Assim que chegar em casa, tome um banho quente.

— É o que vou fazer — Diana sorriu para Kauan, agradecida por sua preocupação, e olhou para frente. Os limpadores do para-brisa mexiam-se de um lado para o outro, e, quando a visão ficou limpa, ela notou o congestionamento que já estava formado. — Você já estava indo embora? — Diana perguntou.

— Sim, eu saio às quatro e meia. O problema é que fiquei conferindo alguns documentos e passei do horário. Mendes deixou tudo muito organizado, mas vou levar um tempo para me situar completamente no serviço.

— Eu imagino — ao passarem diante do ponto de ônibus, Diana fez um sinal para que Kauan parasse. — É aqui que eu tomo minha condução. Obrigada pela carona.

— Chama isso de carona? Nós andamos apenas um quarteirão.

— Que pareceria um quilômetro, se eu tivesse continuado o percurso a pé — Diana colocou a mão no puxador da porta. — Me desculpe mais uma vez por ter ensopado seu carro.

— Onde você mora? — Kauan indagou de repente.

— Moro na zona norte. Sei que hoje vou me atrasar para chegar em casa, mas tudo bem.

Diana tentou abrir a porta, mas percebeu que ela estava travada. Antes que dissesse alguma coisa, Kauan deu partida outra vez.

— Ei! Por que não me deixou no ponto?

— Porque você já está molhada demais para tomar outro banho gratuito. Eu vou deixá-la pelo menos na metade do caminho. Assim você ganha tempo.

Diana custou um pouco a responder.

— Por que você está fazendo isso por mim? Nem me conhece direito.

— É uma compensação por eu ter estragado seu almoço hoje. Percebi que não ficou feliz quando suas amigas me convidaram para ir junto. Juro que não vai acontecer de novo, até porque agora já sei onde fica o restaurante.

Diana sentiu as bochechas arderem e ficou envergonhada. Não sabia que deixara transparecer suas impressões a ponto de ele ter percebido. Fora arredia demais, sendo que ele não havia feito nada de errado. Ela pigarreou e o olhou meio de lado.

— Eu não quis parecer grosseira. Voltei de férias hoje e soube que você era funcionário novo. Minha chefe falou maravilhas sobre você. Disse que quase todas as mulheres do hospital estão apaixonadas por sua beleza.

— Ah, é? — Kauan sorriu. — Juro que não tinha notado.

— Isso é impossível. Karen e Maria Rita só faltaram ajoelhar-se aos seus pés. Geralmente, homens, que são alvo de disputas da mulherada, costumam ser convencidos e prepotentes. Você me surpreendeu durante o almoço. Não pareceu ser nem um pouco exibido.

— Obrigado. Eu me considero um cara comum. Cuido do meu corpo e da minha aparência, é claro, mas não sou narcisista nem um idiota do tipo — ele mostrou a janela molhada. — Estamos conversando e nem ao menos perguntei onde você mora. Estou indo pelo caminho certo?

— Não precisa fazer isso.

— Por favor, não recuse minha carona. Vou ficar ofendido.

Diana deu de ombros e explicou seu endereço a Kauan. Durante o percurso, os dois foram conversando amenidades. A maior parte do assunto girou em torno do hospital. Kauan ia perguntando a Diana se estava no caminho certo, e ela ficou surpresa quando ele virou na rua de sua casa.

— Você acabou me trazendo em casa! — Diana exclamou, feliz.

— Não era tão longe assim. Além disso, a conversa estava muito agradável.

Ainda chovia, mas não tão forte quanto antes. Anoitecera mais cedo do que o habitual. Kauan olhou rapidamente para a fachada do edifício em que Diana morava. Parecia simples e agradável.

— Espero que você não tenha se desviado muito de sua rota para me trazer aqui — comentou Diana.

— Vou retornar pela Marginal Tietê. Sei que deve estar congestionada, mas é o melhor acesso para eu voltar para casa — Kauan sorriu e curvou o corpo para beijá-la no rosto. A aspereza da barba rente pinicou a bochecha de Diana.

— Obrigada pela carona. De verdade — grata, Diana apanhou a sombrinha no assoalho do carro e abriu a porta.

— Até amanhã — Kauan acenou. — Boa noite!

Diana retribuiu o gesto, bateu a porta do veículo e correu até a entrada do prédio. Ela ainda viu quando ele acelerou e sumiu de vista.

No apartamento, Diana seguiu diretamente para o banheiro, livrou-se da roupa molhada e abriu o chuveiro. Ela sorriu ao lembrar-se de que Kauan lhe recomendara fazer isso assim que chegasse. Sem perceber, Diana tocou delicadamente o ponto do rosto em que ele a beijara. Não vira nada de romântico naquilo, nem qualquer tipo de provocação. Ele fora um verdadeiro cavalheiro. Não demonstrara interesse pela vida privada dela, assim como não lhe dera detalhes sobre a sua.

Esfregando o xampu na cabeça, Diana quis saber o que as mulheres do hospital fariam se ele fosse homossexual. Ela já conhecera rapazes fabulosos que eram homossexuais e que não aparentavam ser. Kauan não tinha trejeitos afeminados, o que não significava nada. Independente da orientação sexual que ele tivesse, parecia ser um homem muito especial e íntegro.

Diana já estava deitada, quando se lembrou de que não fora visitar Pamela e as gêmeas. E, pela primeira vez em muito tempo, havia a imagem de um homem povoando sua mente até ela adormecer.

Capítulo 3

Enquanto Diana pegava no sono, Pamela amamentava uma das filhas. Tamires sempre lhe parecera mais faminta do que Marina. Ela já ouvira falar que crianças gêmeas, embora sejam semelhantes na aparência, têm personalidades e temperamento completamente distintos entre si. Provavelmente, era o que acontecia com suas meninas. Marina era calma, e Tamires chorava demais. Marina dormia depressa, e Tamires parecia sofrer de insônia ao sete meses de idade. De qualquer forma, ambas eram muito parecidas com o pai.

Ao pensar em Wesley, Pamela sentiu um aperto no coração. Há exatamente um ano, ele ainda estava vivo e ansioso para ver as crianças que estavam para nascer. Ela se recordava dos planos que ele tecia, dos sonhos que pretendia realizar e das alegrias que esperava compartilhar com a família. Era um homem tímido, porém cheio de vida, esperança e projetos. E, de repente, tornara-se apenas um corpo frio dentro de um caixão coberto por bandeiras, insígnias militares e coroas de flores.

Quando Tamires finalmente adormeceu, Pamela colocou-a com cuidado em um dos berços. Originalmente, eles foram comprados na cor branca, mas Wesley os pintara de rosa. Ele desejava que as meninas crescessem num ambiente bem feminino e infantil. As paredes do quarto das gêmeas também eram cor-de-rosa e decoradas com fadinhas, estrelas e animaizinhos sorridentes.

Em todos os cômodos da casa as lembranças de Wesley estavam vívidas. Desde que ele se fora, não houve um único dia em que Pamela não pensou nele. Ela lembrava-se das piadas que ele lhe contava, enquanto encostava o ouvido em sua barriga imensa e tentava escutar se as filhas estavam fofocando. Não havia como se esquecer da maneira carinhosa com que ele a tocava enquanto faziam amor, nem de como ficava bonito usando a farda. Ela sabia que não encontraria outro homem como ele nem se vivesse duzentos anos.

Pamela e Wesley se conheceram durante uma festa de aniversário. Diana também comparecera à festa, contudo não se envolvera com ninguém. A anfitriã apresentou Pamela a Wesley, e eles trocaram telefones. No dia seguinte, ele a convidou para jantar fora e lhe contou que era policial militar. Pamela contou-lhe que estava terminando o curso de enfermagem. Alguns dias depois, após outros encontros e muitas ligações duradouras, ele a pediu em namoro. Ela mal havia aceitado o pedido, quando ele mudou de ideia e falou que preferia tê-la como esposa.

Ainda que tudo tivesse transcorrido depressa demais, Pamela sentia-se nas nuvens. Era a primeira vez que ela se apaixonava tão intensamente por alguém. Certa vez, alguém lhe falara sobre a importância de ouvir a voz do coração, e o dela dizia que o relacionamento entre os dois daria certo. Pamela foi, então, apresentada à família de Wesley. Da parte dela, havia apenas um padrasto que residia em Minas Gerais e com quem ela não mantinha muito contato e por quem não nutria afeto. Após a aprovação dos pais do noivo, eles se casaram assim que ela se formou.

O casal mudou-se para o apartamento no qual Pamela morava com as filhas agora. Como tudo parecia fluir rápido com Wesley, ela descobriu a gravidez na semana seguinte ao casamento, e, a partir daí, o casal deu início ao planejamento de vida. Consideravam-se o casal mais feliz do mundo.

A tragédia, então, levou Wesley tão velozmente quanto ele havia surgido na vida de Pamela. No último dia em que conversaram, no domingo do Dia das Mães, ele, antes de sair para trabalhar, beijou a barriga da esposa e em seguida pressionou os lábios fortemente contra os dela.

— Você é muito especial, Pamela — ele tocou o boné cinza. — Sou o homem mais afortunado do mundo só por ter me casado com você. E serei ainda mais quando for pai.

— Você já é — ela apontou para a barriga. A essa altura, Pamela já sabia que estava esperando duas meninas. — Eu também sou uma mulher de sorte.

— Eu te amo, Pamela. E em nome desse amor, farei de tudo para vê-la feliz. É uma promessa minha. Feliz Dia das Mães.

— E a minha é nunca decepcioná-lo. Também amo você.

O casal trocou um último beijo, e Wesley partiu. Minutos depois, Pamela sentiu um mal-estar tão forte que a fez sentar-se no sofá. Julgando ser algo relacionado à gestação, ela tomou um copo d'água e respirou fundo até a respiração normalizar. Sentiu as palmas das mãos suadas e uma angústia no peito. Nunca tivera nenhum sintoma desagradável, nada tão esquisito quanto aquilo. Só muito tempo depois, ela associou essa sensação a um pressentimento relacionado ao que estava para acontecer.

No dia anterior, eles haviam conversado sobre os ataques que a facção criminosa estava realizando em São Paulo, e ela ficou preocupada. Pamela recomendou que Wesley tivesse cuidado redobrado nas ruas, e ele garantiu que nada de mal lhe aconteceria.

O telefonema que Pamela recebeu horas depois só colaborou para que a opressão que sentia dentro de si voltasse com força total. Comunicaram que Wesley fora assassinado. A voz masculina e desconhecida ao telefone estava repleta de compaixão. Aquilo acontecera outras vezes naquele mesmo dia e nos dois anteriores. Servidores da polícia e do corpo de bombeiros tornaram-se alvos dos bandidos, dentro e fora da capital paulista.

O mundo de Pamela desabou e nunca mais se reergueu. Onze meses depois, ela não havia melhorado. Ainda eram constantes as crises de choro e, às vezes, nem mesmo a presença das filhas servia para melhorar seu alto-astral. A companhia de Diana, que a visitava de vez em quando, também a deixava contente, porém, aquele brilho que Pamela tivera um dia, a força e a determinação de viver com alegria há muito deixaram de existir.

Pamela esboçou um sorriso enquanto admirava as meninas repousando suavemente. Inclinou-se sobre os berços e beijou cada uma das filhas na testa. Em seguida, seguiu para seu próprio quarto. Deixava as portas de ambos os dormitórios abertas, para o caso de as crianças chorarem e ela poder ouvi-las.

Não eram raras as vezes em que Pamela mal tinha ânimo para entrar no quarto que eles dividiram por cerca de cinco meses. Sem Wesley, deitar-se na cama de casal era como visitar o Rio de Janeiro e não encontrar o Cristo Redentor. Ele fora parte daquele lar, assim como fora parte da vida dela. Nunca se considerara uma mulher dramática, porém a dor da perda do marido tornara-se insuportável. Disseram que o tempo curava todas as feridas, mas as dela permaneciam em carne viva.

Pamela olhou para alguns porta-retratos sobre a penteadeira. Dentre todas as fotografias arrumadas cuidadosamente ali, as suas preferidas eram as que registravam o dia em que eles se casaram e uma em que Wesley aparecia sozinho e uniformizado. Havia algumas de Marina e de Tamires também, porém não havia um pai para posar ao lado delas.

Ela reparou que o porta-retratos que exibia a fotografia de Wesley uniformizado caíra atrás de outro. Pamela levantou-o, o ajeitou no lugar e sorriu para Wesley, ao vê-lo sorrindo para ela. Depois, Pamela virou-se e seguiu até a cama. Estava tarde e precisava dormir. Chovera muito durante a tarde e parte da noite. Ela lembrou-se de ligar para Diana no dia seguinte para saber se tudo correra bem com ela em seu retorno ao trabalho.

Deitada, Pamela apertou o botão do controle remoto e começou a zapear pelos canais. Ela sabia que, enquanto não comprasse um pacote de canais fechados, não haveria nada de interessante para ver. Não gostava de assistir aos jornais por causa das notícias ruins e não tinha paciência para acompanhar novelas.

Um estalido repentino a assustou. Diana olhou na direção da penteadeira e viu que o porta-retratos estava tombado outra vez. Ela desligou a televisão, levantou-se da cama e mudou-o de lugar, após conferir se a base de apoio no verso não estava quebrada. Por fim, deixou a moldura com a foto de Wesley mais afastada das outras. Agora não havia mais como cair.

Pamela ouviu uma das meninas resmungar e começar a chorar. Bocejando, ela foi até o quarto das filhas. Era Tamires. Pamela ergueu o pequeno corpinho no colo e ofereceu o seio, que a criança sugou com prazer. Quando a criança ficou imóvel, ela deitou a filha novamente no berço e voltou ao quarto. Depois, seguiu diretamente para a cama, sem olhar para a penteadeira. Não reparara que o porta-retratos estava caído.

***

Diana substituiu a bolsa de soro de um paciente e acenou ao deixar o quarto. Tivera uma noite excelente e sentia-se mais disposta do que no dia anterior. O céu estava limpo e nem parecia que caíra um dilúvio havia pouco mais de doze horas.

Durante o intervalo, Diana resolveu tomar um copo de suco e comer um salgado. Normalmente, precisava tomar café para seu dia começar, mas nem sentira falta da cafeína até aquele momento.

A atendente da lanchonete falava animadamente sobre as novidades do curso de corte e costura que estava fazendo, quando Diana a ouviu murmurar:

— Acha que eu estou bonita assim? Às vezes, odeio ter que usar essa touca nos cabelos.

— Está linda! — ela elogiou. Como a atendente olhava para frente, Diana, que estava de costas para quem vinha, deduziu quem era o alvo da atenção da mulher. Ela sentiu o cheiro da colônia de Kauan, segundos antes de ele parar ao lado dela.

— Bom dia! — ele beijou Diana no rosto e sorriu para a atendente, que quase se contorceu de tanta inveja. Kauan baixou o tom de voz ao perguntar: — Deu tudo certo ontem?

— Com a carona que ganhei, como poderia não dar?

— Eu me refiro ao... quer dizer... — Kauan pigarreou. — Acho que nem sei do que estou falando.

Os dois riram. Para a infelicidade da atendente, dois médicos chegaram e fizeram seus pedidos, o que a obrigou a se afastar e deixar de admirar Kauan.

— Quando quiser carona outra vez é só falar.

— Era só o que me faltava — Diana tomou um gole do suco. — O hospital me paga a condução para que eu faça uso dela.

— Seu marido soube que eu a levei até a portaria do seu prédio? — Kauan perguntou, sentando-se na banqueta e girando para ficar de frente com Diana. — Espero que ele não tenha ficado bravo.

— Não ficou — rindo, Diana emendou: — Até porque ele não existe.

— Ah... — Kauan pareceu desconcertado. — Desculpe a intromissão.

— Eu sou solteira — ainda de bom humor, ela abriu os braços e apontou para o entorno. — E garanto a você que sou a única mulher descomprometida deste hospital que não irá persegui-lo.

— O que seria uma pena — ele fez uma expressão engraçada ao dizer isso.

Sem saber até que ponto a última frase fora uma brincadeira, Diana olhou as horas no relógio de pulso.

— Preciso retomar meu expediente. Mais uma vez, obrigada por ontem.

— Espere — Kauan cobriu a mão de Diana com a dele. — Será que nós poderíamos conversar?

— E o que fizemos desde que você se sentou aí?

— Conversar fora do hospital. Aqui, tem muita gente nos observando, atentos ao que estamos dizendo um ao outro.

— Você está me fazendo um convite? — Diana franziu a testa. — Não entendi o objetivo.

— Quero fazer novos amigos aqui, naturalmente. Ainda não me acostumei com toda a equipe, afinal este hospital é imenso e mais de cento e cinquenta funcionários trabalham nele. Você foi a primeira com quem eu simpatizei.

— Se isso for uma cantada, não vai colar. Não acredito nessa história de afinidade.

— Eu acredito e sei que isso existe. Eu confesso: quero conhecê-la melhor. Quais são minhas chances? — ele apertou delicadamente a mão de Diana, que teve que fazer um esforço sobre-humano para se controlar. Ela sentiu uma onda quente preenchê-la por dentro.

— Admiro as pessoas francas — mesmo contrariada, ela puxou a mão. — E quero que você seja sincero comigo. O que pretende exatamente?

— Você é sempre tão arisca assim? — como Diana não respondeu, Kauan deu de ombros. — Quero ser seu amigo. Há grandes problemas nisso?

— Não, mas amigos não precisam conversar em locais reservados.

— Concordo, porém aqui as mulheres ficam me observando como se eu fosse uma peça de arte em exposição. Isso me constrange um pouco.

— Você deve estar acostumado. Sua aparência colabora para isso. Elas não têm culpa nenhuma por você ser tão bonito — Diana corou levemente. — Bem, eu também sou franca.

— Prometo não fazer nada de errado, se sua preocupação é essa. Eu queria apenas conhecê-la melhor como amiga. Homens podem manter amizade com mulheres sem confundir as coisas. Podemos nos encontrar hoje à noite, em algum lugar de sua preferência? Você bebe?

— Raramente, mas prefiro me manter sóbria. Eu fico embriagada facilmente.

— Tudo bem. E então? Qual horário é melhor para você?

Diana percebeu que ele sabia como fechar o cerco. Intimamente, estava desconfiada de que Kauan pretendia paquerá-la, como deveria estar acostumado a fazer. No entanto, ela achou que, ainda assim, ele merecia um voto de confiança. E se estivesse certa, daria um jeito de afugentá-lo.

— Pode ser às cinco e meia? — Diana sugeriu. — Tem uma lanchonete próxima à estação do metrô, não muito longe daqui.

— Basta me dar o endereço. Como saio um pouco antes de você, estarei esperando-a lá. Ou prefere que eu a aguarde aqui para irmos juntos?

— Melhor não. Não pretendo tornar-me alvo das fofoqueiras — Diana virou o rosto para a atendente da lanchonete. — Agora preciso voltar à enfermaria.

— Obrigado por não recusar o convite — Kauan desceu da banqueta. — Até mais tarde.

***

Diana chegou ao ponto de encontro dez minutos atrasada e deu graças a Deus por não estar chovendo. Ela viu Kauan sentado a uma mesa, de frente para a entrada. Assim que ela pisou no estabelecimento, ele acenou para que Diana se aproximasse e a cumprimentou com um beijo no rosto. Quando ambos se sentaram, Kauan mostrou seu sorriso devastador.

— Preferi esperá-la chegar para fazer o pedido.

— Ótimo — Diana pegou o cardápio e analisou os lanches disponíveis, mas não estava realmente prestando atenção ao via. O homem sentado diante dela era muito mais instigante.

— Pedirei o mesmo que você escolher — Kauan acrescentou.

Instantes depois, ela disse ao garçom que queria um beirute de contrafilé, que parecia ser grande o suficiente para saciar os dois. Quando o lanche foi servido, acompanhado por dois copos com suco de laranja, Diana fechou os olhos e sorriu.

— Lá se vai meu regime!

— Toda mulher diz isso — de bom humor, Kauan cortou um pedaço do lanche e o mordeu, antes de perguntar de forma direta: — E então? Quem é Diana?

— Diana é uma mulher independente — ela contou orgulhosa. — Sem filhos e sem parentes. Não gosto muito de agitação. Curto mais ficar em casa, lendo um bom livro ou assistindo a algum filme interessante. Se você quer encontrar uma amiga que curte noitadas, eu sou a pessoa errada.

— Eu também sou assim. Quase não saio de casa. Meus pais são professores universitários. Ambos dão aula na USP.

Estudaram muito para conseguir seus cargos e esperaram o mesmo de mim, contudo creio tê-los decepcionado nesse aspecto. Quando terminei a faculdade de administração, achei que já havia estudado o suficiente. Nem quis fazer uma especialização na área. Trabalhei em duas empresas, antes de chegar ao hospital.

— E seus irmãos fazem o quê?

— Sou filho único — Kauan mordeu mais um pedaço do beirute e o mastigou prazerosamente. — E se você pensar que fui mimado e que faço o estilo "filhinho de papai", então estará com a razão.

— Você me parece ser tão simples. Não o achei metido nem mimado.

— Às vezes, eu sou. Quero que as coisas aconteçam como eu espero. Acho que foi por isso que a Giselle me abandonou antes de nos casarmos. Ela deve ter pensado duas vezes e tratou de dar no pé.

"Pelo menos ele não é gay", refletiu Diana, quase aliviada.

— Depois disso, namorei algumas meninas, só que nenhum relacionamento foi para frente. Muitas se aproximam de mim por causa do meu rosto, do meu corpo ou até mesmo por causa da minha condição social, embora eu não seja rico. Pessoas interesseiras não estão na minha lista de prioridades.

— Faz bem. Acho que a mulher certa ainda vai aparecer para você.

Kauan fixou os olhos verdes nos olhos castanhos de Diana.

— Talvez ela já tenha aparecido.

Diana não conseguiu conter o rubor que coloriu sua face. Sem dar trégua, ele voltou a segurar a mão de Diana, como fizera mais cedo na lanchonete do hospital.

— Você disse que teríamos uma conversa de amigos — ela o lembrou.

— Diana, você não acreditou nisso, não é? Se eu revelasse minhas intenções, você não teria vindo comigo.

— Nós nos conhecemos ontem, Kauan. Não vá dizer que está apaixonado por mim.

— Talvez eu diga isso daqui a alguns dias. O fato é que gostei de você. Aquela chuva de ontem não aconteceu ao acaso. Serviu para que nós nos encontrássemos e pudéssemos conversar um pouco. Acho que podemos tentar alguma coisa e ver no que dá. Se notarmos que podemos nos magoar, terminamos tudo e nos tornamos bons amigos.

Diana abaixou a cabeça. Seu lado racional lhe dizia para fugir daquele homem, entretanto, seu corpo ansiava pelo contato de Kauan. Ela percebeu que seu nível de carência estava altíssimo. Havia anos que não namorava ninguém, e, quando um homem surgia em sua vida, ele tinha a aparência de um modelo, além de ser gentil e inteligente. Apesar de tudo estar perfeito demais, Diana concluiu que a vida existia para ser vivida e que as pessoas precisavam se arriscar de vez em quando, caso quisessem algo melhor para si.

— Você não me conhece direito — Diana repetiu, mas já totalmente convencida por ele.

— E nem você a mim. Por isso, temos que dar uma chance a nós. Para evitar problemas no hospital, fingiremos ser apenas dois colegas de trabalho. Aqui fora viveremos nossa vida. O que acha?

Diana assentiu. Kauan levantou-se, segurou o rosto dela com as duas mãos e a beijou na boca. Ela sentiu a onda quente voltar e retribuiu o beijo com paixão. Já havia se esquecido do quanto aquele contato era maravilhoso.

Quando se afastaram e após terminarem o lanche, Kauan perguntou com a voz carregada de malícia:

— Aceita carona de novo?

Ela jogou todo o senso de moral para o alto e retorquiu, sedutora:

— Aceito, sim. E hoje nós não nos despediremos à porta do meu prédio.

Capítulo 4

A partir daquele dia, Kauan e Diana passaram a se encontrar todas as noites após o expediente. Eles iam ao apartamento dela ou seguiam diretamente para um motel. Kauan era mais incrível do que ela imaginou. Na intimidade, ele sabia ser delicado e exigente ao mesmo tempo. Kauan explorava o corpo de Diana de todas as formas, deixando-a completamente rendida ao prazer.

No hospital, eram discretos e evitavam trocar palavras. As enfermeiras que trabalhavam com Diana continuavam tecendo elogios a respeito de Kauan, e ela fingia dar pouca atenção. Quando se esbarravam pelos corredores, evitavam se olhar nos olhos. Na saída, Diana seguia sozinha até o ponto, pegava o ônibus e descia vários pontos adiante, onde Kauan a esperava com o carro.

A única pessoa com quem Diana dividira o segredo sobre seu relacionamento foi Pamela. Em uma noite de sexta-feira, foi até a casa da amiga para colocá-la a par do seu namoro com Kauan. Assim que saísse de lá, Diana pegaria um táxi até o motel da vez. Gostavam de variar os locais em que davam asas à paixão, embora ela achasse que seu quarto era muito mais acolhedor e confortável.

— Você vai adorar conhecê-lo pessoalmente — contou Diana, com os olhos brilhantes de excitação. Já mostrara a Pamela algumas fotos dele que tirara com o celular. — Kauan é o homem mais fofo da Terra.

— Nada como o amor! — Pamela balançou suavemente o carrinho duplo, onde as gêmeas estavam deitadas. As meninas balbuciavam e arrulhavam como se estivessem se comunicando em um idioma desconhecido. — Você está apaixonada por ele, não é?

— Não vou negar. Antes, eu não queria me apegar muito para que não sofresse nenhuma decepção depois, só que agora é tarde demais. Tenho certeza de que não há como Kauan me causar sofrimento. Ele é absolutamente perfeito.

— Não sabia que existiam homens perfeitos — provocou Pamela, embora, para ela, Wesley tivesse sido o marido mais deslumbrante do mundo.

— Kauan é. Eu conversei com os pais dele por telefone. Ele vai me levar para conhecê-los neste fim de semana.

— Fico feliz por você, amiga. Saiba que sempre torcerei por sua felicidade, seja ao lado desse homem ou não.

— Será com ele — Diana recostou-se no sofá e abriu um largo sorriso. — Estamos juntos há menos de quinze dias, mas estou certa dos meus sentimentos por ele. Eu o amo muito.

— Tem certeza de que ele é realmente confiável? — notando que Diana não gostara muito da pergunta, Pamela apressou-se a acrescentar: — Não estou me referindo à infidelidade. Acontece que muitos homens gostam de brincar com as mulheres, deixando-as de coração partido. Não quero julgar esse moço, que nem conheci ainda, mas estou achando tudo muito clichê, certinho demais, fácil demais.

— Acha que ele tem passagem pela polícia? Ou que é um assassino em série? Ou que é casado e finge não ser?

Diana falava com ironia, e Pamela ignorou as provocações.

— A última possibilidade é provável, apesar de as outras também serem.

— Eu sei que você só está tentando me proteger, Pamela. E creio até que haja uma pitada de ciúme aí — ela riu, vendo Pamela negar com a cabeça. — Eu também me senti assim quando você começou a namorar o Wesley e mais ainda quando se casaram.

— Wesley era diferente.

— E por que Kauan não seria? Estou saboreando cada momento ao lado dele, e tudo tem sido divino. Acredita que até cheguei a me beliscar, pensando que tudo era um sonho bobo ou uma fantasia da minha mente?

— Só espero que o sonho não se transforme em pesadelo.

— Você está me agourando demais, Pamela! — Diana levantou-se e, embora não estivesse realmente ofendida, caminhou na direção do carrinho em que as meninas estavam. Tinha pressa de ir embora para se encontrar com Kauan. — Só vou beijar as crianças mais doces da cidade.

Diana inclinou-se e deu dois beijos em Marina e outros dois em Tamires. As duas olhavam atentamente para os lados, agitando as pernas e os braços gorduchinhos. Pamela parou ao lado de Diana e também fitou as filhas com carinho e ternura.

Subitamente, as meninas focalizaram o olhar em um ponto à esquerda das duas mulheres. Institivamente, elas também olharam na direção em que as crianças fitavam. Não viram nada. A boquinha de Tamires repuxou-se num sorriso, e, pouco depois, Marina também fez o mesmo. Ambas continuavam olhando para o mesmo lugar.

— O que será que chamou a atenção delas? — indagou Diana curiosa.

— Não sei. Elas têm feito isso quase todos os dias. De uma hora para outra, olham para o mesmo lugar e começam a sorrir.

— Deve ser para o anjo da guarda. Minha mãe dizia que as crianças pequenas podem enxergar seus anjos da guarda.

— Sim, tomara que seja isso mesmo — respondeu Pamela.

Diana despediu-se pouco depois e partiu apressada. Pamela acompanhou novamente o olhar das meninas, sentindo um leve arrepio na nuca. Para dissimular a sensação, resolveu amamentá-las.

***

O nervosismo assemelhava-se a uma bola gelada dentro do estômago de Diana. Era assim que ela se sentia na manhã do primeiro domingo de maio, quando Kauan a levou para a casa que dividia com os pais. A residência ficava próxima ao bairro Jardins e, vista de fora, parecia uma mansão.

"E ele me disse que não era rico", pensou Diana, que, apesar de nervosa, estava feliz por estar ali. Aquela visita era um ótimo sinal. Se o envolvimento entre eles não fosse sério, Kauan não a apresentaria aos pais.

A primeira a aparecer foi a mãe de Kauan. Notava-se logo que ela fora a responsável por transmitir a beleza ao filho. Era uma mulher de meia-idade, rosto impecável e quase livre de rugas, olhos verdes e cativantes, que se harmonizavam ao tom escuro de seus cabelos. Era mais alta do que Diana e seu corpo ainda em forma dava indícios de que ela sabia como se cuidar.

O pai de Kauan chegou quase em seguida, descendo pela mesma escadaria de onde a mãe viera. Os cabelos grisalhos colaboravam para torná-lo ainda mais atraente. Sem barriga avantajada e com uma musculatura bem definida, rosto viril e maduro, ele certamente daria um bom concorrente para o filho, caso ambos decidissem batalhar pela mesma mulher. Diana percebeu que nunca conhecera uma família onde todos os membros fossem agraciados pela natureza em termos de aparência física.

Kauan conduziu Diana pela cintura, levando-a até os pais.

— Esta é Diana, minha namorada. Não é linda? — voltando-se para ela, Kauan indicou o casal com o queixo. — Geovane e Isadora, meus pais.

Diana os cumprimentou com beijos no rosto. O casal fora bastante simpático com ela durante o tempo em que permaneceu na casa. Apesar do luxo que os cercavam, aparentavam ser pessoas simples. Contudo, Diana também reparara que eles eram calados e taciturnos. E como fizeram poucas perguntas sobre sua vida particular, Diana imaginou que Kauan já deveria ter contado a eles tudo o que sabia sobre ela.

Quando o almoço foi servido e todos se dirigiram à sala de jantar, Diana percebeu que Isadora a observava discretamente. Quando percebia que estava sendo notada, a senhora elegante dissimulava com um sorriso. Com Geovane acontecia a mesma coisa. Houve um momento, enquanto ele comia, que sua mão tremeu levemente. Diana teve certeza absoluta de que não tinha fantasiado aquilo. Ou o homem tinha pouca firmeza nas mãos, ou estava nervoso ou ansioso com alguma coisa. Apesar do clima cordial, ela esperava que eles não a rotulassem como uma caçadora de dotes.

Ao término da sobremesa, Kauan perguntou:

— E então, meu amor? O que achou dos seus futuros sogros?

— Futuros sogros? — Diana repetiu e seu rosto iluminando-se.

— Não espere que eu vá namorá-la durante toda a vida. Vou me casar com você.

O coração de Diana falhou uma batida. Sem saber se deveria rir ou ficar séria, ela virou o rosto para os pais de Kauan. Isadora e Geovane sorriam para ela, parecendo felizes e de comum acordo com a decisão do filho, mas trocaram um olhar entre si. Diana sabia que era o mesmo olhar que um paciente apresentava quando encarava uma injeção ou a presença de um médico antes de uma cirurgia. Era um olhar que expressava expectativa, nervosismo e medo. Acima de tudo, medo.

— Confesso que fiquei sem graça agora — Diana disfarçou limpando os lábios com um guardanapo. — Você me pegou de surpresa, Kauan.

— Ele está apaixonado de verdade por você — comentou Isadora e dessa vez seus olhos verdes estavam tranquilos novamente. — Não trata de outro assunto desde que a conheceu.

— Ciúme maternal — completou Geovane, esboçando um leve sorriso. — Até eu estou meio inseguro quanto a este casamento — e rapidamente acrescentou: — Não estou dizendo que você não seja a esposa ideal para ele, Diana, porém Kauan é nosso único filho e às vezes ainda achamos que ele tem 10 anos.

— Eles têm medo de me perder — provocou Kauan, fazendo os pais rirem.

Diana também sorriu, mas desta vez seu sorriso foi mais fraco. Algo como um sexto sentido lhe dizia que havia alguma coisa errada naquela situação. Ou os pais de Kauan não gostaram dela e estavam se esforçando para tratá-la bem, ou realmente estavam com ciúmes do filho, embora isso não parecesse muito possível.

— Eu lhes peço desculpas, mas não sabia que Kauan pretendia se casar comigo um dia — tornou Diana, dobrando e desdobrando o guardanapo que tinha na mão. — Nós estamos namorando e até hoje não havíamos tocado em assunto de casamento.

— Já falei que gosto de surpreendê-la — Kauan inclinou o corpo para frente e a beijou no pescoço, o que a constrangeu um pouco por estarem diante dos pais dele.

— Você é primeira mulher que realmente mexeu com os sentimentos do meu filho — Geovane colocou a mão dele sobre a da esposa. — Eu sei que ele a ama porque a contempla embevecido, da mesma maneira que eu fazia quando conheci Isadora. A gente sabe que o amor existe quando os olhos de quem ama começam a brilhar.

— Esperamos ser os melhores sogros do mundo — Isadora olhou carinhosamente para Diana. — E tenho certeza de que nós duas seremos grandes amigas.

— Obrigada. Eu vim toda nervosa para cá, porque achei que vocês não iriam gostar de mim. Poderiam me julgar uma interesseira, ou coisas do tipo.

— Como pôde pensar isso? — replicou Isadora, quase ofendida. — A futura mulher de Kauan será como uma filha para nós. Nunca demos importância à situação financeira de ninguém. Quando morrermos, tudo isso vai ficar aqui — ela fez um gesto amplo, referindo-se à casa. — Não somos melhores do que ninguém por termos um pouco mais de dinheiro no banco.

— Vocês serão muito felizes juntos, querida — emendou Geovane. — E, sempre que quiser, venha nos visitar.

— Obrigada — agradeceu Diana. — E, quando quiserem, também serão bem-vindos ao meu apartamento, apesar de ele ter o tamanho desta sala.

— Agora vou levar Diana para casa — informou Kauan, levantando-se. — Queremos dedicar o restante do dia somente para nós dois.

— Claro. Fiquem à vontade — Geovane também ficou de pé e deu um abraço apertado em Diana. — Foi um prazer conhecê-la. Já a considero como sendo da família.

— Obrigada pela confiança em mim, seu Geovane. Não vou desapontá-lo.

— Também posso dar um abraço em você, não é mesmo? — indagou Isadora, abrindo os braços para envolver a mulher que seria sua nora.

— É claro que sim.

Isadora a abraçou e, ao aproximar os lábios da orelha de Diana, usando um tom de voz baixíssimo, mas perfeitamente compreensível, murmurou:

— Tenha cuidado!

Diana pensou ter ouvido mal, todavia, quando Isadora se afastou, ela percebeu pelo olhar da futura sogra que nenhum comentário sobre aquelas palavras deveria ser feito. Novamente notou, ainda que por alguns segundos, um fulgor nublar os olhos da mãe de Kauan. Em seu olhar havia sombras em vez de luz.

Inquieta, Diana acenou e pouco depois estava no carro ao lado de Kauan. Ela manteve-se calada, enquanto ele se afastava da rua em que os pais residiam. Ele só percebeu que a namorada estava quieta quase três minutos depois.

— O que aconteceu? — sondou. — Está preocupada com alguma coisa?

— Não, estou bem. A comida estava uma delícia e acho que me deu sono.

— Eu descobri um motel maravilhoso e é para onde vou levá-la agora. E você precisa estar bem desperta para a coisa ficar divertida.

Diana riu. Kauan sempre dava um jeito de melhorar seu estado de espírito.

— Garanto que não vou dormir... Mas, mudando de assunto, eu adorei seus pais.

— Que bom! Acho que eles também aprovaram você.

— Eu tive uns namorinhos bobos antes, mas em nenhum deles cheguei ao ponto de ser apresentada às famílias. No meu caso, não há mais ninguém a ser apresentado, além de mim mesma.

— Isso prova que sou um homem sério, que deseja um compromisso de verdade — ao parar diante de um semáforo vermelho, Kauan fixou o rosto de Diana, que jurou ver sinceridade na fisionomia do namorado. — Eu sei que as mulheres dizem que homens perfeitos não existem, e acredite que não sou perfeito. Tenho uma lista de defeitos, embora procure melhorá-los todos os dias. Mas o amor pode ser perfeito e é nisso que ponho fé. Existem famílias que são felizes, que sabem aproveitar o melhor da vida, e eu quero fazer parte desse grupo com você ao meu lado. Eu te amo, Diana. Soube disso desde o dia em que a vi pela primeira vez. Eu quero que você seja minha esposa, para, juntos, construirmos um modelo de vida que nos leve à felicidade. Por favor, confie em mim.

— Eu confio, meu amor — lágrimas emocionadas escorreram dos olhos de Diana. — Essa foi a declaração mais bonita que já fizeram para mim. Eu também o amo e quero ser feliz ao seu lado.

Kauan beijou Diana, e os dois só desgrudaram os lábios quando ouviram as buzinadas irritadas atrás deles. O semáforo estava verde, e eles estavam prendendo os demais veículos.

Ainda que ele não soubesse, Diana estava se sentindo a mulher mais completa e realizada do mundo. O último empecilho que poderia atrapalhar o romance entre eles seria Isadora e Geovane. Porém, eles lhe deram a certeza de que ela fora aceita e que haviam simpatizado com ela, assim como Diana também gostara dos sogros. E, quando se casasse com Kauan, iria se considerar a pessoa mais feliz do universo.

No entanto, enquanto o carro seguia rumo ao motel que Kauan encontrara, duas palavras retornaram com força total à mente de Diana: "Tenha cuidado!".

***

Diana descobriu que estava grávida na sexta-feira seguinte. No hospital, sentira um súbito enjoo associado a uma tontura moderada e por isso pedira para sair mais cedo. Ela enviou uma mensagem ao celular de Kauan explicando o que tinha acontecido e dizendo que o esperaria em seu apartamento. No trajeto, foi acometida por uma ânsia de vômito e colocou todo o almoço para fora no ônibus em que estava. Dois passageiros que estavam próximos a olharam com nojo e reprovação, como se ela tivesse culpa por estar passando mal.

Antes de entrar no prédio em que morava, Diana passou na farmácia que ficava no mesmo quarteirão e pediu um sal de frutas. Sentia a bile chegando à garganta e também comprou um medicamento para o fígado. O farmacêutico, reparando em sua palidez, quis saber exatamente o que ela estava sentindo, e, quando Diana explicou, ele foi direto:

— Há alguma possibilidade de uma gestação?

A pergunta foi tão inesperada que ela sorriu.

— Você quer saber se estou grávida?

— Seus sintomas são parecidos com os de mulheres nas primeiras semanas de gravidez. Tonturas, enjoos, ânsia de vômito... — observando que ela estava vestida de branco, ele acrescentou: — Se você é médica, deveria saber disso.

— Sou enfermeira e sei que você pode estar correto. De qualquer forma, eu quero um desses testes de gravidez. É bom tirar a dúvida, não é?

Ao subir até seu apartamento, o celular apitou. Kauan havia respondido a mensagem dizendo que iria diretamente para a casa de Diana assim que deixasse o hospital e pedindo que ela lhe telefonasse caso piorasse. Ele sabia que ela morava sozinha e que talvez não tivesse tempo de chamar algum vizinho se os sintomas perdurassem.

Diana escovou os dentes para tirar o amargor da boca causado pelo vômito e ficou deitada por uma meia hora. Lembrando-se do teste que comprara, sorriu para si mesma. Voltou ao banheiro levando a embalagem e fez o que as instruções recomendavam. O coração martelava dentro do peito, enquanto ela aguardava o resultado. E assim que o viu, empalideceu.

Ela pensou em telefonar para Pamela a fim de compartilhar a notícia, mas a amiga estava trabalhando naquele horário e não poderia atendê-la. Kauan chegou uma hora depois ao apartamento, com o rosto demonstrando tensão e angústia. Quando Diana o recepcionou com um beijo e um sorriso de orelha a orelha, ele permitiu-se soltar um suspiro de alívio.

— Vim costurando o trânsito para chegar aqui o quanto antes. Devo ter tomado algumas multas. Graças a Deus você está melhor!

— Eu me senti mal, mas não foi tão grave assim. Passei pela farmácia e já descobri a causa do mal-estar — excitada demais para guardar o segredo por mais tempo, ela lhe mostrou o teste de gravidez. — Veja isso.

Kauan olhou para as duas listras avermelhadas e pareceu confuso.

— O que são esses dois pauzinhos?

— Não são pauzinhos, meu amor, mas sim uma vida que começou a se formar aqui dentro — apertou a barriga. — Seremos papais! O teste deu positivo.

Kauan deu um grito de alegria e agarrou Diana pela cintura, rodopiando-a por toda a sala. Sem dizer mais nada, colocou-a nos braços e a conduziu até a cama, onde começaram a tirar as roupas um do outro como se suas vidas dependessem disso. Em seguida, lançaram-se à paixão como forma de comemorar a boa notícia.

Enquanto se entregava a Kauan, Diana chegou à conclusão de que o que Isadora quisera lhe dizer com "tenha cuidado" se referia aos cuidados a serem tomados para não engravidar. De qualquer forma, ela não se precavera adequadamente e agora era tarde demais. E Diana não estava nem um pouco arrependida.

Capítulo 5

Apesar de achar que deveria ter todos os motivos para acordar feliz, Pamela levantou-se chorando na manhã do domingo seguinte. No dia anterior, Diana lhe telefonara para contar as últimas novidades. Ela dissera ter conhecido os pais do namorado, falou sobre o pedido informal de casamento que ele lhe fizera e concluíra a conversa revelando que estava grávida. Tudo aquilo acontecera em apenas sete dias, durante os quais elas não se falaram. Pamela continuava com um pé atrás quando o assunto era Kauan, mas guardou seus sentimentos para si. Não queria deixar a amiga preocupada no momento em que estava vivendo uma fase de completa satisfação.

Em nome da felicidade da amiga, Pamela talvez não devesse ter despertado com aquela sensação que fez lágrimas brotarem de seus olhos. Era domingo de Dia das Mães, e Diana teria mais um motivo para comemorar. Contudo, seu caso era diferente. Há exatamente um ano Wesley fora assassinado. Há doze meses, ele saíra de casa usando a farda, dizendo que a amava e que faria de tudo para vê-la feliz. Às vezes, nem parecia que tanto tempo havia passado. Não fosse a companhia das filhas, talvez ela mesma também estivesse morta agora.

Pamela levantou-se, passou pelo quarto das meninas, que ainda estavam adormecidas, e trocou de roupa. Estava terminando de mastigar algumas bolachas que ingeria com leite, quando ouviu o choro agudo de uma delas. Pela força dos berros só poderia ser Tamires. Pamela retornou ao quarto, ergueu a criança e ofereceu o seio, que Tamires se pôs a sugar vorazmente. Marina continuava imóvel, com os olhinhos fechados.

Pamela trocou as fraldas das gêmeas, deitou-as no carrinho e logo depois saiu à rua. A temperatura estava morna e não havia indícios de chuva. O trajeto até o cemitério era longo, por isso decidiu pegar um táxi. O motorista dobrou o carrinho e o guardou no porta-malas, enquanto ela se acomodava no assento traseiro, segurando cada menina em um braço. Durante o percurso, Pamela não quis puxar assunto com o motorista, que se limitou a dirigir calado.

Ao passar pelos portões gradeados do cemitério empurrando o carrinho, Pamela voltou a chorar silenciosamente. Naquele ano que passara, visitara o túmulo de Wesley pelo menos uma vez por mês. Procurava mantê-lo bem cuidado e sempre substituía as flores mortas por outras novas e perfumadas. Até antes de morrer, fora ele quem a presenteara com as flores mais belas que encontrava. Agora, o papel se invertera, com a diferença de que ela não podia ouvi-lo agradecer.

Como previra, as flores que ela deixara em sua última visita ao túmulo estavam secas. Pamela viu um vaso com orquídeas mortas que fora trazido por outra pessoa diante da lápide. Em algumas de suas visitas, ela se deparara com ex-colegas do marido, que, por algum motivo especial, iam até o local em que o corpo de Wesley fora enterrado. Pamela orgulhava-se de o marido ter sido querido por muitas pessoas e de ter deixado muitos amigos entristecidos e chocados com sua morte repentina.

Depois de remover as flores mortas e deixar as novas no túmulo, Pamela olhou por alguns segundos para o pequeno retrato esmaecido sobre a pedra fria da lápide. Na imagem, Wesley não estava muito bonito, mas fora a fotografia que ela conseguira encontrar às pressas. Na época do enterro, a cabeça de Pamela era pura confusão e ela mal sabia como conseguira dar conta de todos os detalhes praticamente sozinha.

Ao pensar no marido, Pamela sentiu uma brisa suave envolver seu corpo. Ela fechou os olhos e deixou-se ficar ali, como se estivesse meditando. Pamela pôs uma das mãos no carrinho das filhas e a outra sobre o coração.

— Por que você me deixou, Wesley? — ela murmurou baixinho, quando lágrimas começaram a umedecer seu rosto moreno. — Eu o amo tanto. Não sabe como sinto sua falta.

Como resposta, houve apenas o silêncio. A brisa soprou com mais força, balançando os cabelos de Pamela, que abriu os olhos e mirou mais uma vez a fotografia de Wesley.

— Um ano se passou, eu ainda não sei como estou de pé — Pamela prosseguiu com seu monólogo. — Minha vida tem se resumido a trabalhar e a cuidar das nossas meninas. Não tenho nenhuma outra motivação e só faço isso para que nós três possamos sobreviver. Por outro lado, eu daria tudo para estar nos seus braços outra vez.

Ante a quietude plena que pairava no cemitério, Pamela se aprumou, acenou para a foto do marido e preparou-se para ir embora. Ela, então, sentiu a brisa acariciar seu rosto ternamente e quase sorriu. Era como se até o vento sentisse compaixão por ela. Seu sorriso, no entanto, quase diminuiu em seguida. Apesar da brisa que sentia, reparou em uma árvore à sua frente e percebeu que nenhuma de suas folhas se mexia.

***

O casamento de Diana e Kauan fora marcado para o fim de junho. Ele explicou que não havia razão para prorrogar a data. Seria um evento simples e discreto. Primeiro se casariam no cartório e depois na igreja. Diana não pretendia convidar ninguém, além de Pamela, para a cerimônia. Suas colegas do hospital ainda não sabiam que ela e Kauan estavam namorando e nem desconfiavam de que o noivado fora oficializado durante um jantar, do qual somente os dois participaram. Elas considerariam uma traição por parte de Diana, quando descobrissem que ela "confiscara" o homem mais disputado do pedaço e que nunca lhes dissera nada.

Kauan explicou que, da parte dele, apenas os pais compareceriam e que por isso queria se casar o mais breve possível. Ele ainda falou que seu sonho era ver Diana usando véu e grinalda e que isso deveria acontecer antes que a barriga dela começasse a crescer. Kauan conversava todos os dias com o bebê em formação e às vezes fazia perguntas tão idiotas ao filho que Diana caía na gargalhada.

Pamela e Kauan se conheceram uma semana antes do matrimônio. Diana organizou um almoço para que eles fossem apresentados um ao outro. Ele já sabia que Pamela era a melhor e praticamente única amiga de Diana e esperava que ela fosse tão agradável quanto sua futura esposa.

Pamela não simpatizou com Kauan e soube de imediato que o sentimento era recíproco. O homem poderia ser bonito como um deus grego, mas havia algo nele que não a agradara. No sentido figurado, Pamela poderia jurar que ele era um lobo em pele de cordeiro, mas obviamente não havia nada que apontasse para essa direção. Diana comentara que ele vinha de uma família de posses, era formado, ganhava três vezes mais do que ela, não tinha histórico de ex-namoradas possessivas que pudessem dar trabalho e que os pais eram umas doçuras. Ele não fumava e garantira jamais ter se aproximado das drogas. Era carinhoso, gentil, responsável e sensível. Para Pamela, eram adjetivos demais para um único homem. Em outras palavras, era como se Kauan fosse irreal ou uma grande ilusão de uma mulher apaixonada.

Kauan também estudava Pamela com atenção e percebeu que ela não ficara deslumbrada com seu charme masculino. Ele era acostumado a chamar a atenção do público feminino onde quer que estivesse, mas aquela mulher mal olhara para ele. Kauan já sabia que ela era viúva, criava as filhas gêmeas sem o auxílio de ninguém e que não se interessara por outra pessoa desde a morte do marido.

Diana arrumou a mesa, enquanto Pamela conferia se as meninas estavam precisando de alguma coisa. Tamires estava dormindo, e Marina se distraía com os dedos das mãos. Quando estavam preparados para se servir, Kauan estalou um tapa na própria testa.

— O que foi, meu amor? — perguntou Diana preocupada.

— Eu ainda sou muito novo para estar desmemoriado! Esqueci algo no carro, além da garrafa de champanhe que comprei exclusivamente para o dia de hoje.

— Eu tenho uma garrafa de vinho aqui e para a Pamela, que não bebe, reservei um refrigerante — Diana fez menção de ir até a cozinha. — Trago tudo em um minuto.

— O champanhe que eu comprei é especial, querida — Kauan indicou a porta de saída. — Vou lá embaixo e volto bem depressa. O problema é que tenho que trazer outra coisa, bem mais pesada.

Notando o sorriso misterioso que ele exibia, Diana riu.

— O que você está escondendo de mim?

— Surpresas são surpresas. Só preciso que alguém me ajude com a garrafa. Como a outra caixa é grande, temo derrubar o champanhe no chão.

— De que caixa você está falando?

— Não tente adivinhar antes da hora. Controle sua curiosidade — Kauan caminhou até a porta, girou a maçaneta e olhou por cima do ombro na direção de Pamela. — Você se importaria em me ajudar?

— Eu?

— Pode deixar que eu vou, Pam — ofereceu-se Diana. — Fique aqui cuidando das meninas — e olhou para Kauan. — Isso não poderia ficar para depois do almoço? A comida vai esfriar.

— O champanhe faz parte da refeição — teimou Kauan. — Mesmo assim, eu preferia que Pamela fosse em seu lugar. Não quero que você carregue peso.

— E desde quando uma garrafa de bebida pesa? — questionou Diana.

— Ele tem razão — Pamela, que acompanhava a conversa entre os dois, avançou para perto de Kauan. — Cuide das crianças enquanto descemos até o carro.

— Está bem — Diana deu de ombros. — Tentem não demorar. Lembrem-se de que meu micro-ondas pifou e que não queremos comer comida fria, certo?

Pamela e Kauan saíram para o corredor, e ele apertou o botão do elevador. Quando a porta se abriu, ele esticou o braço para frente, num gesto cavalheiresco, solicitando que ela entrasse primeiro. Quando Pamela passou ao lado de Kauan, sentiu um esbarrão indelicado em suas nádegas.

Subitamente corada, Pamela girou o corpo para confrontá-lo. Poderia dizer que ele não a tocara de propósito, se não tivesse percebido o sorriso malicioso em seus lábios.

— O que pensa que está fazendo? — Pamela endureceu a voz, enquanto o elevador descia.

— Eu passei a mão no seu traseiro e tenho certeza absoluta de que você curtiu.

Numa reação instintiva, Pamela recuou até encostar-se à parede do elevador. Kauan sorria para ela, contudo não era mais o sorriso bem-humorado que ele plantara nos lábios quando estava diante de Diana.

— Você é louco, cara? — Pamela girou o dedo indicador diante da têmpora. —Você vai se casar com minha melhor amiga na semana que vem e toca descaradamente na parte íntima de outra mulher? Ela está esperando um filho seu!

— Eu já sei de tudo isso, assim como sei também que você deve estar ansiosa por sexo. Eu soube que não se envolveu com nenhum outro homem após enviuvar.

Pamela abriu a mão direita para pregar uma bofetada no rosto daquele homem atrevido, mas desistiu da ideia quando o elevador parou no primeiro andar e um casal de idosos entrou, cumprimentando-os. Kauan respondeu educadamente, mas Pamela, que tremia de raiva, nem sequer os ouviu.

Os quatro desceram no térreo, e Pamela voltou-se para Kauan.

— Eu nunca gostei de você, mesmo antes de conhecê-lo. Meu coração me dizia que você não valia nada. Eu amo Diana como se ela fosse minha irmã e não vou permitir que você a faça sofrer. Fui clara?

— E quem está falando de sofrimento? — Kauan franziu a testa, sem deixar de sorrir. — Eu vou me casar com ela, mas isso não me impede de viver minhas aventuras. Poderíamos marcar de nos encontrar num motel, ao sairmos daqui. Invente uma desculpa e deixe suas filhas com Diana — tentando provocá-la, ele deslizou a mão pelo tórax bem-definido. — Garanto que tenho muita coisa boa escondida.

— Assim que eu chegar lá em cima, contarei tudo isso a Diana. Vou protegê-la de você. Não vou deixar que se casem. Ela não merece o cafajeste que você é.

— E acha que ela vai acreditar em você?

— Eu sou a melhor amiga dela — justificou Pamela, cada vez mais nervosa.

— E eu sou o homem que ela ama e em que ela confia — rebateu Kauan, desafiando Pamela: — Vamos ver quem vence?

— Você é nojento! Não sei quais são suas intenções ao fazer Diana de boba, mas pode ter certeza de que vou descobrir para desmascará-lo.

Pamela deu as costas para Kauan e pegou o elevador, que permanecia parado no térreo. Ele balançou a cabeça negativamente, já imaginando a cena que ela faria quando encontrasse Diana. Sem pressa, Kauan seguiu até o carro que deixara estacionado diante do edifício.

Ao chegar à calçada, Kauan viu uma jovem de cabelos vermelhos que levava um cachorrinho pela coleira e vinha em sua direção. A mulher o fitou com curiosidade, e Kauan piscou para ela, que não escondeu um sorriso tímido. A mulher passou por ele, que deliberadamente virou a cabeça para encarar o rebolado dela. Por fim, ele soltou um assovio agudo e abriu o porta-malas do veículo.

***

Pamela estava bufando, quando invadiu o apartamento de Diana. Nunca passara por humilhação maior. Já conhecera vários homens mulherengos, contudo, o tal Kauan extrapolara os limites. Se ele fora capaz de tentar seduzi-la, sabendo o quanto ela era próxima de Diana, o que não faria pelas costas da amiga?

Diana sobressaltou-se ao notar a palidez estampada no rosto de Pamela, cujos lábios estavam ressecados e os olhos prestes a despencar das órbitas. Antes que tivesse chance de fazer qualquer pergunta, Pamela adiantou-se exasperada:

— Seu noivo é um cretino, Diana! Ele passou a mão em mim quando entrávamos no elevador e ainda me convidou a acompanhá-lo até um motel.

Ao escutar a acusação de Pamela, Diana ficou lívida. Com o rosto branco como uma vela, ela deixou-se cair no braço do sofá. Pamela aproximou-se, sentindo a fúria esvair-se por seus poros.

— Você sabe que eu sempre desconfiei desse sujeito! Era como se algo ou alguém me alertasse sobre a integridade dele. E hoje, ao conhecê-lo, tive certeza absoluta de que ele é um canalha!

— Um momento! — exclamou Diana, abrindo uma das mãos com a palma virada para frente. Em seguida, ela pressionou a parte superior do nariz com dois dedos, sentindo a dor de cabeça que já começava a se formar. — Você está me dizendo que foi assediada por Kauan?

— Exatamente! — Pamela sentou-se no sofá ao lado de Diana e a segurou pelo braço. — Amiga, afaste-se desse homem enquanto é tempo. Ele não presta e só vai fazê-la sofrer. Acredite em mim.

— E acha que já não estou sofrendo com o que está me dizendo? — deixando lágrimas grossas deslizarem por seu rosto, Diana saltou para o chão, como se tentasse manter-se afastada da amiga. — É a coisa mais ultrajante que já ouvi!

— É justamente por isso que eu quis abrir seus olhos.

Kauan entrou no apartamento nesse instante. Segurava a garrafa de champanhe com a mão esquerda e com a direita equilibrava uma imensa caixa quadrada, embrulhada num papel vermelho brilhante. Num breve olhar para Diana, ele notou que Pamela já dera com a língua nos dentes. Suspirando com resignação, ele colocou a caixa no chão. Aparentava tranquilidade e confiança.

— Por que você está chorando, meu amor? — Kauan foi até Diana e usou os próprios dedos para secar o rosto da noiva.

Para Pamela, ficou evidente de qual lado Diana estava, já que não rejeitara o contato de Kauan como fizera com ela ainda há pouco.

— O que Pamela está dizendo é verdade? — suplicante por uma resposta negativa, Diana ergueu o rosto para Kauan.

Ele respirou fundo e soltou o ar lentamente.

— Você fez isso por vingança, não é? — ele indagou a Pamela.

— O quê?! — Pamela ficou de pé. — Do que você está falando, seu calhorda?

— Da verdade — Kauan colocou o braço sobre os ombros de Diana, trazendo-a para mais perto dele. — Quando nós estávamos descendo, Pamela se ofereceu para mim. Disse que eu era um homem bonito demais para ficar com uma mulher apenas. Quando eu, horrorizado, pedi a ela que parasse, Pamela mostrou os seios para mim. É uma pena que não haja câmeras no elevador, pois você veria as cenas com seus próprios olhos.

Diana cobriu a boca com a mão, enquanto Pamela sentia as pernas falsearam. Que história escabrosa aquele imbecil estava inventando sobre ela?

— Ele está mentindo, Diana! — Pamela gritou desesperada. Seu tom de voz estava tão alto que as gêmeas começaram a chorar, entretanto, ninguém cessou a discussão para atendê-las. — Ele teve a audácia de sugerir que eu deixasse minhas filhas com você para que fôssemos a um motel. Falou que eu deveria estar necessitada de sexo.

— Meu amor — Kauan emoldurou o rosto de Diana com as mãos, obrigando-a a confrontá-lo —, Pamela é uma mulher carente. Por favor, não a culpe. Você sabe que eu nunca a tocaria, porque meu coração é seu.

— Agora vai posar de garoto ingênuo?! — Pamela colocou a mão na cintura. Sentia vontade de estrangulá-lo. — Você quer colocar chifres na minha amiga e provavelmente é o que fará após o casamento! Se eu não fosse fiel a ela e à memória do meu marido, a esta hora estaria transando com você.

— Basta, Pamela! Pelo amor de Deus! — A cabeça de Diana explodia de dor. — Eu sempre pensei que pudesse correr alguns riscos desse tipo, já que Kauan tem boa aparência, contudo, nunca achei que minha melhor amiga fosse dar em cima dele... — Burra! — berrou Pamela, interrompendo Diana. Tamires e Marina gritavam até perder o fôlego, mas continuavam sendo ignoradas. — Você não passará de uma burra se der crédito às palavras dele! Eu a tinha em um conceito elevado, sabia?

Apesar de sentir o coração se esfarelar, Diana rebateu com voz trêmula:

— Saia da minha casa, Pamela! Eu vou me casar com Kauan, porque o amo e por enxergar a verdade nos olhos dele!

— Então, além de burra, você é cega! — Pamela enxugou as próprias lágrimas com uma esfregada furiosa no rosto. — Por que acha que ele deu um jeito de me fazer descer até o carro? Não viu o quanto ele insistiu com o assunto do champanhe? Será que é tão tapada a ponto de não conseguir juntar os pontos e perceber que ele a está enganando?

— Eu já mandei você sair! — Devolveu Diana, aos gritos. Em anos de amizade, aquela era a primeira vez que ela brigava com Pamela. Não tinha certeza de que ainda poderiam ser amigas a partir daquele dia. — Por favor, desapareça da minha vida!

— É isso mesmo que você quer? — Pamela quis confirmar. Sentia como se um pedaço de sua alma tivesse sido arrancada. Além das filhas, amava Diana como a uma irmã, e agora a amizade fora destruída por causa de um homem desprezível como Kauan.

Diana assentiu. Pamela deu meia-volta, passou pela mesa posta, cuja comida ela nunca conheceria o sabor, e empurrou o carrinho com as gêmeas chorosas na direção da porta de saída. Ao voltar-se, viu duas coisas ao mesmo tempo: a discreta pisca-dela que Kauan lançou para ela, seguida de um sorriso vitorioso, e o olhar entristecido e decepcionado com que Diana a fitava. Ela uniu-se ainda mais a Kauan em um abraço.

Sem mais nada a dizer, Pamela saiu da casa da amiga. Naquele momento, só poderia rezar por Diana e para que o sofrimento que estava por vir pudesse ser amenizado de alguma forma.

Capítulo 6

O casamento de Diana e Kauan aconteceu num sábado, no dia 30 de junho. Ela estava com dois meses de gestação, mas o tamanho de sua barriga não havia se alterado. O evento foi discreto, rápido e modesto, e apenas os pais de Kauan compareceram à cerimônia.

Diana estava linda quando entrou na igreja. Usava um vestido branco, com diversos enfeites prateados no busto e na cintura. Isadora se prontificara a ajudá-la na escolha da roupa, bem como na escolha do vestido que a noiva usou no cartório, quando oficializaram a união. A sogra era paciente e parecia feliz em ver o brilho de alegria incontida nos olhos da nora. Por outro lado, Diana notou que a mulher ainda mantinha o mesmo olhar de antes, assustado e inquieto, como um passarinho acuado.

O único fator negativo da cerimônia foi a ausência de Pamela, que telefonara para Diana na véspera do casamento, repetindo o que dissera anteriormente e ressaltando que Kauan não tinha escrúpulos e que a amiga ainda tinha tempo para desistir de tudo. Irritada com a intromissão da outra, Diana pediu-lhe, antes de bater o telefone, que não voltasse a telefonar se o assunto fosse Kauan.

Mostrando-se o marido mais atencioso do mundo, Kauan protegia Diana como se ela fosse feita de louça. Ele não se cansava de repetir aos pais o quanto amava a esposa e que seriam muito felizes juntos. Geovane e Isadora apenas moviam a cabeça em consentimento, como figurantes de uma novela, e pela primeira vez Diana percebeu que eles não falavam muito quando Kauan estava por perto. Talvez não quisessem constranger o filho.

A igreja escolhida ficava na zona norte de São Paulo, não muito distante de onde Diana morava. Era pequena e organizada, e, embora ela não assistisse às missas, se considerava católica. Foi fácil agendar o matrimônio com o padre, que ficou emocionado por terem escolhido sua paróquia. Geovane conduziu Diana até o altar e a entregou para Kauan. Não havia outros espectadores, nem daminhas de honra. Além dos noivos, havia apenas o padre, Isadora e dois ou três funcionários da igreja que espiavam o casamento discretamente. Os bancos largos de madeira estavam vazios, mas nada disso diminuiu a emoção e a euforia de Diana.

O casamento não durou nem uma hora, e, para Diana, pareceu mais saboroso o primeiro beijo que trocou com Kauan como marido e mulher. Ao término, Geovane aplaudiu ruidosamente a cerimônia, e Isadora secou uma lágrima furtiva. Eles desejaram muitas felicidades ao novo casal. Os quatro despediram-se na porta da igreja, e Kauan colocou Diana em seu carro, dando partida em seguida.

O casal foi direto para o apartamento de Diana e lá os dois amaram-se com intensa paixão. Para ela, tudo estava mais vívido, mais sensual, mais íntimo. Ele não era apenas um namorado ou amante. Era o homem com quem viveria para sempre, com quem teria filhos e ao lado de quem pretendia envelhecer. Diana sabia que não deixaria de amá-lo, nem mesmo quando ambos estivessem com os cabelos brancos.

Diana disse isso a Kauan assim que ficaram largados na cama, suados e exaustos. Ele deu uma gargalhada e beijou-a na testa.

— O sexo nos manterá jovens para sempre — ele brincou, cheirando os cabelos de Diana. — Se o amor é tão poderoso, por que permite que a velhice chegue?

— Porque, com o passar do tempo, nós amadurecemos, ganhamos mais experiência e discernimento para distinguir algumas coisas de outras. — Diana apertou a mão do marido e sorriu quando as alianças douradas colidiram uma com a outra. — Eu acho que um casal tem uma velhice mais tranquila quando se ama e se respeita de verdade.

— Pode ser — ele beijou os fios castanhos dos cabelos de Diana e desceu da cama.

Diana analisou o corpo despido, suado e musculoso de Kauan e soltou um suspiro de prazer. Ela viu quando o marido foi até a penteadeira do quarto e voltou com um pequeno envelope na mão.

— O que é isso? — perguntou Diana, recostando-se no travesseiro.

— Quando conversamos sobre o possível destino onde passaríamos nossa lua de mel, você falou que eu poderia escolher o lugar para onde iríamos — Kauan agitou o envelope. — Já tomei todas as providências. Passagens e hotel reservados. Nós vamos ficar uma semana em Buenos Aires. O que acha?

Diana teria ficado contente mesmo que ele dissesse que a lua de mel seria no bairro da Lapa. Para ela, só o que importava era estar ao lado do marido. De bom grado, passaria um mês viajando com Kauan, contudo, a direção do hospital lhes concedera somente uma semana de licença-gala, mais conhecida como licença-casamento. De qualquer forma, eram quatro dias a mais do que o previsto por lei e ela ficara bastante grata aos seus superiores.

Os membros da diretoria do hospital foram os únicos que souberam do casamento secreto. Todos os demais colegas de Kauan e Diana ignoravam o fato. O casal pretendia manter o sigilo enquanto fosse possível para evitar fofocas e comentários desagradáveis.

De forma provocante, Diana chamou Kauan com o dedo, e ele deixou o envelope de lado. Em seguida, deitou-se sobre ela, e logo os dois estavam se amando novamente sobre os lençóis novos, que ele lhe dera de presente no dia em que brigara com Pamela. Era essa a tal surpresa dentro da caixa e que resultara no afastamento da amiga. Quando pensava nela, Diana quase pegava o telefone e ligava para pedir desculpas. Porém, quando imaginava Pamela se insinuando para Kauan, a raiva a deixava com o sangue fervendo, e ela agradecia pela fidelidade do marido. Se ele não a amasse tanto, certamente teria se rendido às provocações de outra mulher.

Quando terminaram, as energias completamente esgotadas, ele lembrou:

— Você ainda não me disse se gostou do lugar que escolhi para nós irmos.

— Adorei, meu amor! Sempre quis conhecer a Argentina. Quando iremos?

— Nosso voo sairá amanhã à tarde, por isso, temos que arrumar nossas malas ainda hoje.

— E você me avisa assim, a toque de caixa?

— Eu sei que você é uma mulher rápida e eficiente que dará conta do recado — Kauan tornou a sair da cama. — Agora quero tomar uma ducha gelada.

— Iremos os dois — Diana também desceu da cama, apanhou duas toalhas e o seguiu até o banheiro. Enquanto Kauan ligava o chuveiro, ela lembrou: — Nós ainda não decidimos onde vamos morar.

Como Kauan não respondeu, ela pensou que o marido não a tivesse ouvido por causa do barulho do jato d'água. Diana entrou no boxe com Kauan e repetiu a pergunta. Ele virou-se para ficar de frente para ela, espalhando um pouco de xampu nos cabelos escuros.

— Não entendi o que você disse.

— Onde nós vamos morar?

— Como assim onde? — Kauan a olhou rapidamente e fechou os olhos.

Diana pegou o frasco de xampu das mãos do marido e esfregou um pouco sobre os cabelos dela.

— Você não trouxe suas coisas para cá, portanto eu pensei que a gente fosse para outro lugar — ele permaneceu em silêncio, e ela insistiu: — Achei que nós fôssemos morar com seus pais, na casa em que você viveu até hoje.

— Não!

A resposta abrupta e seca assustou Diana. Kauan continuava com os olhos fechados, massageando a cabeça e fazendo espuma.

— Então para onde iremos? Ou você pretende viver aqui comigo?

— Veremos isso depois, está bem? — Kauan voltou-se de costas para ela. — Pode ensaboar minhas costas, querida?

Diana hesitou, reparando que ele não queria falar sobre o assunto da mudança. Não entendeu o motivo, mas resolveu deixar o tema de lado. Estavam casados há poucas horas e com viagem marcada para o dia seguinte. Não queria pressioná-lo nem deixá-lo irritado. Quando regressassem da Argentina, ela traria a conversa à baila outra vez.

***

Buenos Aires mostrara-se melhor do que Diana idealizara. A capital da Argentina superou todas as suas expectativas. A cidade era limpa e agradável, e o clima estava ameno, com uma brisa gostosa que soprava de vez em quando. Havia diversos restaurantes que serviam comidas locais, mas eles encontraram um cujo proprietário era brasileiro e onde eram servidas refeições caseiras de ótima qualidade. À noite, faziam passeios a pé pelo centro da cidade ou visitavam alguns dos tradicionais espetáculos de tango. Perderam as contas de quantas fotos tiraram, quase todas diante dos principais pontos turísticos da cidade.

Os sete dias de licença passaram tão depressa quanto um fim de semana. Diana lançou um olhar melancólico pela janela do avião, quando viu a cidade de Guarulhos lá embaixo. Estavam prestes a pousar, sinal de que a velha rotina seria retomada. Fora a primeira vez que ela viajara de avião e não se sentira amedrontada. Ao lado de Kauan, tudo parecia um mar de rosas. Ele era para Diana seu porto seguro, a primeira pessoa em quem confiava de corpo e alma após a morte dos pais.

A aeronave ainda estava taxiando pela pista, quando Diana virou o rosto de lado. Kauan a beijou no nariz, e ela sorriu.

— Espero que tenha gostado do nosso passeio — ele comentou com voz preguiçosa. Também gostaria de ter ficado mais alguns dias.

— Foi a melhor viagem da minha vida — declarou Diana em tom suave. — Depois que o conheci, você me transformou em duas coisas incríveis de uma só vez: em uma mulher casada e em uma futura mamãe — e tocou na barriga que ainda não se desenvolvera. — E, em troca, só posso lhe dar todo o meu amor.

— É tudo o que eu preciso para ser feliz — Kauan retrucou, romântico.

Eles retornaram a São Paulo no sábado, e o dia ainda estava claro. Kauan só regressaria ao hospital na segunda-feira, mas sabia que Diana já começaria seu turno no dia seguinte. Ela folgava apenas um domingo por mês.

— Espero que esteja preparada para lidar com as mexeriqueiras que estarão de plantão. Certamente, já sabem que você se casou.

— Só não sabem com quem — completou Diana. Na véspera do casamento, ela conversara com Marcélia, a enfermeira-chefe, e explicara com poucas palavras que ficaria ausente durante uma semana e que a diretoria do hospital já estava ciente. Falou que resolveria uma questão pessoal e que daria mais detalhes quando retornasse. — De qualquer forma, elas são espertas e logo descobrirão a verdade. É só juntarem as peças soltas. Você também se afastou durante o mesmo período que eu e no mesmo dia. As mais atentas vão reparar nas alianças que, coincidentemente, apareceram no meu dedo e no seu.

Uma das comissárias de bordo informou que dariam início ao procedimento de desembarque. Kauan mal a escutou, pois pensava nas expressões chocadas que as colegas de Diana fariam quando descobrissem a verdade sobre sua ausência. Ela fora mais rápida que todas as demais e fisgara o bonitão mais concorrido da empresa. Intimamente, ele orgulhava-se de ser o objeto de desejo de tantas mulheres diferentes.

Depois que retiraram as bagagens da esteira, incluindo uma mala extra recheada com as compras que fizeram em Buenos Aires, Kauan e Diana pegaram um táxi. Ao entrarem no veículo, ela deu o endereço de seu apartamento ao motorista.

Enquanto o veículo acelerava pela Rodovia Presidente Dutra, rumo a São Paulo, Diana concluiu que era chegada a hora de falar sobre algo que ainda a inquietava.

— Você vai trazer seus objetos pessoais para meu apartamento? — ela sondou. — Há pouca coisa sua lá.

— Não tenho tantos pertences assim. E se precisar de algo urgente, eu compro.

— Curiosamente, nós nunca conversamos sobre o lugar onde moraríamos após o casamento.

— Há algo de errado nisso? — Kauan a olhou como se ela tivesse dito uma grande besteira.

— Não. Só não imaginei que viveríamos em meu apartamento.

— É grande o bastante para nós dois — ele enfatizou, quase como se desse o assunto por encerrado.

O apartamento era pequeno e seria ainda mais quando o bebê nascesse. Diana não via nenhum problema em continuar residindo lá. O bairro era tranquilo, e ela apreciava a vizinhança. Tinha acesso fácil à condução para o trabalho e dispunha de todo tipo de comércio nas proximidades. Mas, mesmo assim, ela tinha esperança de que Kauan a levasse para morar em um lugar melhor.

A casa dos pais de Kauan era gigantesca, mas naturalmente ele não era obrigado a transferi-la para lá. Por certo, Geovane e Isadora queriam manter a privacidade dos recém-casados, além da própria privacidade. Diana não era uma mulher ambiciosa e sempre se contentava com o necessário para sobreviver. Ela só não conseguia esconder a pontada de decepção com o fato de Kauan não compartilhar do mesmo desejo que ela.

— Meu apartamento tem dois quartos e ambos são bem pequenos. Não acha que ficará desconfortável para nós quando nosso filho chegar? — ele abriu a boca para responder, e Diana apressou-se a acrescentar: — Não precisamos nos mudar agora, mas é algo sobre o qual devemos refletir.

— Sua preocupação é o fato de eu ir morar com você? — Kauan a cortou de forma ríspida. A interrupção foi tão profunda que até o motorista os olhou pelo retrovisor interno.

Surpresa com a resposta do marido, Diana sacudiu a cabeça negativamente. Por um breve instante, o carinho, a ternura e a docilidade na voz de Kauan desapareceram.

— É claro que não — ela contestou. — Eu moraria com você até em um barraco de papelão e tenho certeza de que não me arrependeria.

O comentário não arrancou um sorriso de Kauan, como ela esperava. Porém, quando ele tornou a falar, a voz de Kauan estava macia outra vez:

— Vamos viver no seu apartamento até termos condições de comprar nosso cantinho. Eu sempre disse que não era rico. São meus pais que têm boa condição financeira, não eu. Se eu quiser prover meu sustento, tenho que trabalhar, assim como você. Não precisa apressar os acontecimentos, querida. Quando a hora certa chegar, eu prometo que encontrarei um excelente apartamento para nos mudarmos. Dou minha palavra de que isso acontecerá antes de o nosso bebê nascer.

Diana assentiu, e ele a calou com um beijo profundo e demorado. Ela não queria instigá-lo a ficar nervoso, nem desejava ser repetitiva. Estava claro que Kauan não queria mais ouvir falar naquilo, e ela prometeu a si mesma que respeitaria a vontade do marido. Amava-o demais para provocar a primeira briga entre eles. Para seu casamento, mentalizava somente paz, harmonia, segurança, respeito e felicidade. Se pensasse positivo, não havia razão para que as coisas dessem errado.

Capítulo 7

Assim que Diana chegou ao hospital na manhã do domingo, corada e bem-disposta, foi cercada por três enfermeiras e duas faxineiras. As mulheres a rodearam como formigas em volta de um torrão de açúcar. Todas queriam saber o motivo de ela não ter ido trabalhar durante toda a semana anterior.

— Você voltou das férias outro dia — recordou Karen, agitada pela curiosidade que a dominava. — E, pela aparência, tenho certeza de que não estava doente.

— Estou trabalhando há mais de dois meses — discordou Diana, mantendo a mão esquerda dentro do bolso do jaleco branco. — O assunto que me afastou foi pessoal e prefiro não fazer comentários sobre ele.

— Sabe o gato de duas pernas? — Maria Rita cutucou o ombro de Diana para atrair sua atenção. — Aquele tal Kauan? Acredita que ele também não veio trabalhar durante esses dias? Pelo menos eu não o vi.

— Ele não veio — confirmou uma das faxineiras. — Eu limpo o escritório em que ele trabalha. Ouvi comentários de que ele estava de licença.

— E nós, que não acreditamos em coincidências, achamos muito estranho vocês dois desaparecerem nos mesmos dias — completou Eliete, outra enfermeira. — Aposto meu salário deste mês que amanhã ele dará as caras por aqui, com uma expressão tão misteriosa e suspeita quanto a sua.

— O que vocês estão querendo insinuar? — desconversou Diana, sabendo que fora descoberta mais cedo do que previra.

Karen colocou as mãos na cintura.

— Maria Rita e eu estivemos naquele almoço em que você e ele também estavam. Acha que não percebemos que você era o centro da atenção dele?

— Suspeitamos que vocês mantiveram contato às escondidas, sem que nenhuma de nós percebesse — ajuntou Maria Rita, quase acusadora.

— E por qual motivo nós ficaríamos afastados por uma semana? — questionou Diana, pensando no que deveria fazer para livrar-se daquele bando de curiosas.

— Essa é a pergunta cuja resposta não conseguimos encontrar. — Eliete coçou o queixo. — Mas pode ter certeza de que ainda desvendaremos o mistério.

— Boa sorte na pesquisa — Diana recuou alguns passos. — E agora, se me dão licença, preciso começar meu turno antes que Marcélia apareça e dê uma bronca em todas nós.

Diana virou as costas para as colegas e afastou-se quase correndo. Pouco depois, descobriu que quase todos os leitos do setor que cobria estavam ocupados. Havia alguns pacientes conhecidos que ainda permaneciam internados e outros novos que tinham chegado recentemente.

Durante todo o dia, Diana conseguiu esquivar-se das bisbilhoteiras. Entretanto, não teve a mesma sorte com Marcélia. Com os olhos que a própria profissão aguçara, ela abordou Diana, quando ela estava aplicando uma injeção em uma idosa. A paciente reclamou:

— Essas picadas doem tanto que nem o diabo aguentaria!

— Não é verdade, dona Celeste — Diana sorriu para ela. — A senhora já deveria estar acostumada. Recebe uma aplicação duas vezes ao dia.

Celeste fora internada devido a uma infecção na garganta e, por ser diabética, tinha que tomar doses diárias de insulina.

— E quem se acostuma com a dor? — Celeste olhou feio para Diana. — Se fosse em seu corpo, duvido que me diria isso.

Marcélia entrou no quarto da paciente com uma prancheta na mão e parou ao lado de Diana, que a fitou sem fazer comentários. Assim que baixou os olhos para acompanhar o trabalho de Diana, viu a aliança dourada na mão esquerda. Subitamente, Marcélia compreendeu tudo.

— Podemos conversar lá fora? — a enfermeira-chefe sussurrou a Diana.

— Dona Celeste, caso precise de alguma coisa, basta me chamar — recomendou Diana, com gentileza.

— O que eu preciso você não vai poder me dar — Celeste virou o rosto para o outro lado, esfregando a região em que Diana lhe aplicara a injeção. — Eu gostaria de ver alguns rapazes seminus fazendo um *show* particular para mim.

— Esse desejo, infelizmente, está além de minhas possibilidades — Diana piscou um olho para Marcélia. — E sugiro que evite falar tanto. Lembre-se de que tem uma infecção na garganta.

— Blá-blá-blá! — Celeste olhou de Diana para Marcélia. — Eu falando em homens seminus, e ela falando sobre doenças de garganta. Essa menina é maluca!

— Talvez seja — concordou Marcélia, acenando para despedir-se de Celeste. Quando ambas saíram no corredor, a enfermeira-chefe continuou: — Talvez você seja realmente pirada por ter se casado e não contar nada a ninguém. Posso ao menos perguntar o motivo?

Diana empalideceu um pouco e olhou para a aliança no dedo. Não poderia esconder o pequeno acessório para sempre. Dando de ombros, retorquiu:

— Não creio que minha vida pessoal interesse às pessoas com quem trabalho. Desculpe, Marcélia, mas aqui eu tenho bons colegas e nenhum amigo.

— Algumas pessoas gostam de você, inclusive eu. Seria uma honra para mim ter comparecido ao seu casamento. Não precisa agir como se estivesse cometendo um crime.

— Você, mais do que ninguém, sabe que aqui as fofocas se espalham feito uma epidemia. Uma está sempre procurando vasculhar a vida da outra. Eu sou discreta e detesto cuidar dos acontecimentos alheios. Prezo minha privacidade e não quero deixar brechas para que os outros a invadam.

— Não posso tirar sua razão — Marcélia parecia neutra. — Eu conheço o marido?

— Conhece. Creio que em breve todas saberão com quem me casei, então não vejo problemas em desvendar o segredo. Eu me casei com Kauan.

— Nossa! — espantada pela inesperada revelação, Marcélia não encontrou palavras que expressassem seu assombro. — Nossa! — repetiu.

— Ele também não queria que nada disso viesse a público. As outras mulheres vão me odiar quando souberem que ele é meu marido agora. A gente se conheceu há menos de três meses, e já estou esperando um filho dele. Tudo foi rápido demais.

— Quem diria... Você, com essa cara de sonsa, passou a rasteira em todas as outras candidatas.

Diana riu, sem encarar o comentário como uma ofensa. Sabia que seria rechaçada pelas colegas quando a bomba estourasse. Se acontecesse, ela não ficaria preocupada. Não tinha amizade com nenhuma delas e não dependia de ninguém para desempenhar sua função. Se a tratassem bem ou a ignorassem, a vida de Diana seria a mesma de sempre.

Ao fim da semana seguinte, o hospital inteiro já estava a par do casamento. Os colegas de Kauan também não tardaram a perceber a aliança e o obrigaram a confessar o nome da sortuda. Diana fez o mesmo. Sem nenhum temor, revelou às outras enfermeiras que estivera de licença-gala e que agora era uma mulher oficialmente comprometida. Também falou sobre a gravidez e que Kauan, tanto quanto ela, estava ansioso pela chegada do bebê.

As previsões de Diana se concretizaram. Karen, Maria Rita e Eliete foram as primeiras a se afastarem dela. Acusaram-na de traidora e mentirosa e todas estavam de comum acordo de que Diana era uma pessoa falsa, que merecia ser deixada de lado. Ela nem sequer as convidara para o casamento! Enquanto elas pensavam em como seduzir Kauan, Diana arranjara um filho dele e o levara ao altar numa velocidade assustadora.

Sem mais nada a esconder, Kauan e Diana passaram a ir e voltar juntos do trabalho. Kauan levou mais alguns pertences para o apartamento da esposa, e o assunto sobre a mudança nunca mais foi discutido.

Na primeira segunda-feira de agosto, Diana estava no apartamento quando o telefone tocou. Chovia forte, e Kauan tinha avisado à esposa que chegaria mais tarde em casa. A diretoria do hospital agendara uma reunião extraordinária para o início da noite, para negociar a compra de novos medicamentos vindos de outro laboratório.

Diana atendeu ao telefone, pensando em ouvir a voz do marido, mas escutou Pamela dizer:

— Boa noite, Diana! Tudo bem?

Pamela e Diana não conversavam desde antes do casamento. Nunca ficaram tanto tempo sem se falarem, e Diana descobrira o quanto sentia falta da melhor amiga.

— Eu estou bem e você? Como vão as meninas?

— Bem... Marina está um pouco resfriada, mas o médico garantiu que logo estará melhor.

— Que bom! — Diana olhou o relógio. Eram sete e meia da noite. Quis adivinhar o motivo de Pamela lhe telefonar naquele horário.

— Você está sozinha agora? Pode falar?

— Kauan deve chegar a qualquer momento — Diana fez uma pausa. — Em que posso ajudá-la?

Do outro lado, Pamela percebeu que Diana estava fria e usava um tom formal ao falar. Para onde fora a intimidade que elas sempre mantiveram entre si?

— Você ainda está morando no mesmo endereço? — quis saber Pamela.

— Sim. Kauan veio morar aqui comigo — informou Diana a contragosto. Não queria tocar no nome do marido para que não começassem a discutir outra vez.

— E como vai a gravidez?

— Tranquila — foi tudo o que Diana respondeu.

— Eu estou com saudades de você — Pamela revelou de repente. — Minha vida tem sido vazia desde o dia em que brigamos. Liguei para saber se nós não podemos nos encontrar qualquer hora. Você é praticamente a madrinha de minhas filhas, esqueceu?

— É que eu ando meio sem tempo...

— Se você quiser me visitar em casa, será muito bem-vinda. Em outras palavras, eu queria lhe pedir desculpas por tudo o que falei sobre Kauan. Gostaria que as coisas continuassem a ser como antes. Sua amizade é muito importante para mim.

Diana percebeu que Pamela estava sinceramente arrependida e quase chorou ao ouvi-la. Por um momento, teve vontade de largar tudo e correr até o apartamento da amiga para dar-lhe um abraço apertado e dizer-lhe que a amava de coração. Contudo, o orgulho foi mais forte e, quando o motivo da briga entre elas assomou em sua mente, Diana sentiu todos os seus sentimentos congelarem.

— Nada será como antes, Pamela. Você tentou tirar meu marido de mim. É algo que nunca vou perdoar.

— Diana, você me conhece há mais tempo do que ele e acompanhou todo o meu casamento com Wesley — Pamela falava pausadamente, sentindo um nó na garganta. — Você é a maior testemunha do meu amor por meu marido. Até hoje, sinto a falta dele, até hoje molho minhas fronhas derramando lágrimas por ele. O que senti por Wesley dificilmente sentirei por outro homem. Acha que eu trocaria tudo isso por alguns momentos de sexo com Kauan?

Pamela sabia que seu telefonema, mais uma vez, havia sido inútil e que elas estavam a caminho de outra discussão calorosa.

— Você estava e ainda deve estar carente. O sexo é uma necessidade do corpo. Seu coração ainda está atrelado a Wesley, mas seus hormônios não entendem isso. Kauan é um homem que desperta o desejo sexual nas mulheres.

— Não é possível... — Pamela parou de falar, e Diana percebeu que ela estava chorando. — Sozinha, eu não darei conta de lutar pela nossa amizade. Intimamente, você sabe que não estou mentindo. Foi Kauan quem passou a mão em mim, quem...

— Você não deveria ter me ligado — Diana apertou o fone com força. — Talvez eu a compreendesse, se você tivesse sido sincera e aberto o jogo comigo. Porém, lançar a culpa sobre Kauan não vai funcionar. Ele é maravilhoso, é um homem dos sonhos. Eu o amo mais do que a mim mesma.

— Ele é um homem dos sonhos, mas não um homem da vida real — devolveu Pamela. — Nada tira da minha cabeça que você está iludida, Diana. Que ele tem um plano e que você faz parte dessa jogada. Não faço ideia do que seja. Só sei que isso vai feri-la, mais cedo ou mais tarde.

— Não preciso dos seus conselhos. Se você voltar a me ligar, lamento dizer, mas serei obrigada a trocar o número do meu telefone. Passe bem!

Diana desligou o telefone, fazendo um grande esforço para controlar a raiva. A emoção cedera lugar ao nervosismo. Como pudera ter se enganado tanto com Pamela, que, na primeira oportunidade, tentara golpeá-la pelas costas, oferecendo-se para Kauan? Ainda bem que ela era esperta e sagaz e conseguira excluir a falsa amiga de sua vida. Não podia permitir que falassem de Kauan pelas costas, que naquele momento estava inocentemente trabalhando no hospital.

***

Pamela colocou o fone no gancho, secando as lágrimas sinceras que banhavam seu rosto. Era duro perceber que estava perdendo Diana para Kauan. A amiga não enxergava um palmo à frente. Não via nada que não fizesse parte de seu mundinho com o marido. Se continuasse com aquela ingenuidade, a dor e a decepção seriam mais devastadoras, destrutivas e perigosas. Em algum momento, ela descobriria que Kauan não era quem ela pensava ser, e então seu coração se partiria, enchendo-se de cicatrizes.

"Eu juro que tentei ajudá-la, Diana", pensou Pamela indo até o quarto das meninas. O resfriado não deixava Marina dormir direito. Tamires estava largada sobre o berço, ignorando as preocupações da mãe e a saúde da irmã.

Pamela estava contemplando as crianças, quando algo estalou na direção da cozinha. Por um segundo, ela pensou ter esquecido uma panela no fogo, mas, quando chegou lá, lembrou-se de que ainda não preparara o jantar. Pamela olhou para todos os lados, mas percebeu que nada tinha caído ou estava fora do lugar. A janela estava fechada, e não havia corrente de ar. Por precaução, conferiu também a sala, o banheiro e seu próprio quarto. Tudo aparentava normalidade. Ela não conseguiu descobrir o que provocara o ruído.

Ela, no entanto, sabia que algo não estava normal. Havia algum tempo que ela vinha percebendo e sentindo que algo estava acontecendo, embora não soubesse decifrar o que era. Sua única certeza era de que, às vezes, tinha a impressão de estar sendo observada. E agora, lamentavelmente, não tinha mais Diana para compartilhar seus temores e suas inquietações.

**

A reunião da qual Kauan participava terminou às 20 horas em ponto. Em torno da mesa em formato oval havia seis homens, que olhavam fixamente para a única mulher presente na sala. Além de representante do novo laboratório, que forneceria ao hospital uma grande remessa de medicamentos e produtos exclusivos com um preço menor em relação ao atual fornecedor, Tayná também era advogada da empresa. Ela apresentara-se aos três sócios e proprietários do hospital pela primeira vez naquela noite. Até então, eles só haviam se comunicado por telefone e e-mail.

Os responsáveis pelo departamento financeiro e pelo setor de compras também estavam presentes na reunião. O último a integrar a equipe era Kauan, que estava responsável pela administração do hospital. Assim como os outros homens, ele não conseguia desgrudar os olhos de Tayná, que terminava sua explanação, garantindo que a entrega dos produtos seria feita o mais breve possível.

— Somos conhecidos por cumprir nossos prazos — ela garantiu —, mas geralmente a entrega é feita antes da data combinada. E, como poderão comprovar futuramente, tanto os nossos produtos quanto os medicamentos produzidos em nosso laboratório são de alta qualidade. Muitas clínicas e muitos hospitais já são clientes nossos há um bom tempo.

Os três sócios que compunham a diretoria do hospital sabiam que a empresa representada por Tayná era idônea, pois ao contrário nem teriam agendado aquela reunião. A advogada, por sua vez, era uma excelente negociante e trazia na ponta da língua uma resposta para qualquer pergunta que lhe fizessem.

Tayná tinha 26 anos e advogava havia três anos. Quando a reunião foi encerrada, todos os homens se levantaram para despedir-se dela, aproveitando o momento para analisá-la de corpo inteiro. Ela usava uma blusa branca de mangas compridas e uma saia cinza, que revelava porções generosas de suas coxas grossas, encobertas pela meia-calça fumê. Os cabelos eram bem curtinhos e tingidos de vermelho, o que acrescentava feminilidade e sensualidade ao mesmo tempo. Os olhos pareciam duas gotas de café e destacavam-se num rosto bonito e maquiado sem exagero.

Tayná despediu-se de cada um dos clientes com um forte aperto de mão. Era uma mulher de negócios e estava acostumada a lidar com um grande número de homens. Entretanto, quando cumprimentou Kauan, percebeu que ele reteve a mão dela por um tempo maior que o necessário.

— Que pele macia! — ele murmurou num tom tão baixo para que os demais não o escutassem. — Aposto que usa creme nas mãos.

— Ah, sim — ela respondeu com um sorriso amável. Também estava treinada para lidar com as eventuais insinuações masculinas. — Faz parte do meu ritual de beleza.

— Você não precisa de ritual para ficar bonita — Kauan soltou a mão de Tayná, e cravou seus olhos verdes nos dela. — Você é uma obra-prima de Deus.

Tayná contraiu a sobrancelhas, achando graça no que Kauan dissera. Ele sim era uma obra-prima de Deus. Não lembrava de ter visto um homem tão encantador quanto ele nos últimos tempos. Mas, como nem tudo pode ser perfeito, Tayná lançou um olhar discreto para a aliança dourada que ele usava.

— Obrigada — Tayná virou o rosto para os outros e elevou o tom de voz: — Foi um prazer fechar negócio com vocês.

— Nós vamos acompanhá-la até seu carro, doutora Tayná — informou um senhor de cabelos grisalhos fartos. Era o sócio majoritário do hospital. — Imagino que o tenha deixado em nossa garagem subterrânea.

— Na verdade, hoje é o rodízio da minha placa e não quis arriscar. Vim de táxi.

— Então vamos levar a senhora até o ponto de táxi — sorriu o senhor. — Apesar de ainda não ser muito tarde, já está escuro. E, neste bairro, surgem de vez em quando umas figuras não muito bem-intencionadas.

— Eu poderia lhe dar uma carona — ofereceu Kauan de repente. — Posso deixá-la na metade do seu percurso. É uma forma de ganhar tempo.

Tayná não sabia, mas Kauan dissera quase a mesma coisa para Diana, quando ofereceu carona para ela durante uma tarde chuvosa. Os outros homens, que olhavam para ele, não compreenderam muito bem o propósito daquele convite, mas sabiam que Kauan era respeitoso e confiável. Afinal, ele estava casado havia menos de seis semanas.

— Bem... — embora fosse algo raro de acontecer com ela, Tayná ficou momentaneamente sem reação. Por fim, ela respondeu: — Se não for atrapalhá-lo, eu aceito sua carona.

— Então está resolvido — confirmou Kauan.

Eles se separaram do grupo no estacionamento, e Kauan a guiou até seu carro. Após desligar o alarme do veículo, ele abriu a porta para que Tayná se sentasse. Segundos depois, estavam na rua.

— Qual é a direção? — ele perguntou, esbanjando gentileza.

— Eu moro na Vila Mariana. Pode pegar qualquer retorno para a zona sul.

— Seu pedido é uma ordem — brincou Kauan.

— Daqui até minha casa é uma grande distância — Tayná segurou o cinto que cruzava seu peito. — Já falei que não quero causar-lhe incômodo.

— Se me incomodasse, eu não teria oferecido carona.

— E sua esposa? — Tayná indagou direta. — Não vai se zangar com seu atraso?

Kauan abriu os dedos da mão esquerda e a apoiou sobre o volante. Ele analisou a argola dourada no dedo anelar, como se a visse ali pela primeira vez.

— Meu casamento fracassou — ele explicou. — Ela me pediu o divórcio.

— Jura? E vocês estão casados há muito tempo?

— Três anos — ao parar num semáforo, Kauan baixou o rosto, demonstrando evidente tristeza. — Três anos de sofrimento intenso. Não sei como pude suportar tantas brigas, tantas traições...

— Foi ela quem o traiu? — espantou-se Tayná. Não conhecia a esposa de Kauan, mas o esperado era que ele "pulasse a cerca". Ele tinha todo o porte para isso.

— Umas duas vezes, pelo que soube. Eu a amei muito. Hoje, já não sinto mais nada — Kauan voltou o rosto para Tayná, discretamente contemplando as belas pernas da advogada. — E você? Namora? É casada?

— Solteira — ela passou os dedos pelos cabelos curtos e avermelhados.

— E está namorando alguém atualmente? — a pergunta dele foi acompanhada pela mão, que ele pousou sobre a coxa de Tayná. — Ou quer estar?

Kauan continuou dirigindo e só tirou a mão da perna de Tayná para mudar a marcha do carro. A advogada, por sua vez, quase agarrou a mão de Kauan, fazendo um grande esforço para se segurar. Não faria nada para evitar aquele homem. Havia tempo que não se envolvia seriamente com alguém e, pelo jeito, ele também estava carente.

— Quero estar — ela balbuciou, olhando para frente. E desejando provocá-lo, repetiu o gesto, colocando a mão na coxa de Kauan.

Lavas incandescentes percorreram as veias de ambos. Subitamente excitado, Kauan reduziu a velocidade do carro até parar em uma esquina.

— Tem certeza de que quer ir para casa? — ele perguntou, inclinando o corpo para o lado de modo que seu rosto quase encostasse no de Tayná. — Meu dia foi longo e a reunião, embora satisfatória, foi cansativa. Creio que nós dois merecemos uma recompensa.

— E o que me sugere? — ela olhou para os lábios de Kauan, tão perto dos dela, e hesitou entre beijá-lo ou não.

— Conheço um motel de ótima qualidade... A não ser que você tenha pressa em voltar para casa.

— Eu moro com minha mãe, que não se preocupa com meus horários. Já sou bem crescida, não acha?

— Crescida e gostosa — ele completou, antes de atacar a boca de Tayná.

O beijo foi intenso e eletrizou a ambos. Por pouco, Kauan e Tayná não se amaram ali mesmo, no carro. Ele, então, dirigiu o mais depressa possível até o motel que conhecia nas redondezas. No quarto, enquanto arrancavam as roupas um do outro, ele lembrou-se de que o celular deveria continuar desligado. Nos braços de Tayná, ele nem lembrou que Diana existia.

Capítulo 8

Pela sétima vez, Diana telefonou para o celular de Kauan e escutou a enjoativa gravação dizendo que a ligação seria encaminhada à caixa de mensagem. Ela deixou o aparelho de lado e aproximou-se da janela. Esquadrinhou a rua, mas não viu o carro do marido chegando. Fizera aquilo uma dezena de vezes na última hora.

Kauan não dissera que a reunião demoraria tanto. Ela até pensara em telefonar para alguma das enfermeiras de plantão no hospital, para pedir que averiguasse se Kauan ainda estava por lá. Porém, as colegas continuavam com raiva de Diana, irritadas por não terem sido comunicadas sobre o casamento, e Marcélia pedira folga para aquela noite. Diana também não tinha o número dos chefes e, mesmo que tivesse, ficaria receosa de telefonar-lhes.

Era a primeira vez que Kauan demorava tanto para voltar para casa desde o casamento. Diana já começava a pensar no pior. Ele poderia ter sido assaltado ou sofrido um acidente. E se estivesse gravemente ferido? Lembrou-se do que acontecera a Wesley. O marido de Pamela saíra de casa para nunca mais voltar.

O desespero tomou conta de Diana, quando ela viu os ponteiros do relógio de parede marcarem onze horas. Poderia sair às ruas para procurá-lo, contudo sabia que Kauan costumava fazer vários trajetos diferentes para chegar ao apartamento dela. Nervosa, ela roía as unhas e olhava para o celular, esperando que o marido ligasse.

Quando deu meia-noite, Diana não se conteve mais. Engolindo uma onda de choro, vestiu a primeira roupa que encontrou, calçou um par de tênis, pegou a bolsa e saiu para o corredor do prédio. Iria até o hospital. Rezava para que ele ainda estivesse lá, embora fosse algo praticamente impossível, considerando o horário.

A porta do elevador se abriu, e Diana avançou, colidindo com Kauan. Ele a olhou espantado, e, ao notar que aparentemente o marido estava bem, Diana o apertou com os braços, dando livre curso às lágrimas.

— Onde você estava, meu amor? — Diana perguntou, soluçando. — Eu entrei em pânico. Já passa da meia-noite, e você não dava sinal de vida...

— Fique calma, querida, eu estou aqui — Kauan a afastou e ergueu a cabeça de Diana pelo queixo, para que ela o fitasse nos olhos. Ele viu preocupação e medo genuínos nos olhos de Diana e quase se arrependeu pelo que fizera. Quase. — Vamos entrar.

De volta ao apartamento, Diana enxugou o rosto com as mãos trêmulas. A tensão estava se dissipando aos poucos, mas o horror que sentira ainda fazia seu coração bater descompassado.

— O que aconteceu? Eu quase tive um infarto. As horas passavam, e você não aparecia. Pensei em mil coisas terríveis.

— Foi meu pai — depois de se despedir de Tayná na saída do motel, ele começou a maquinar um bom pretexto para ludibriar Diana. Sabia que ela era ingênua e que se convencia facilmente. — Ele caiu no banheiro e torceu a perna. Minha mãe ficou em pânico e me pediu que fosse até lá para ajudá-la. Não quis levá-lo ao médico.

— E por que seu celular estava desligado?

Kauan tirou o aparelho do bolso, mostrou-o para Diana com expressão desalentada e o guardou novamente, para que ela não o tocasse.

— A bateria arriou. Esses telefones duram menos que os de brinquedo. Fazem isso para que gastemos dinheiro comprando outro. Essa sociedade capitalista...

— Não mude de assunto, Kauan — Diana ainda estava assustada. — Por que não me telefonou para me tranquilizar? Eu poderia ter pegado um ônibus e me encontrado com você na casa dos seus pais.

— A reunião do hospital terminou depois das nove — mentiu novamente. — Nisso, minha mãe já estava tentando falar comigo. Voei para lá. De forma alguma, eu permitiria que você atravessasse a cidade por causa do meu pai.

— Eu sou enfermeira, esqueceu? Poderia ser útil.

— Mas não é médica — contrapôs Kauan.

— Você deveria tê-lo levado ao hospital. Ele pode estar com algum osso quebrado sem que você saiba.

— Meu pai é exagerado. Você ainda não o conhece a fundo. Amanhã, ele estará melhor.

Para que Diana silenciasse, Kauan a beijou com força nos lábios. Foi nesse momento que ela sentiu o aroma de uma fragrância feminina.

— Que cheiro é esse? — ela farejou o ar. — Está vindo de você.

— Sim — ele concordou. Tayná usava um perfume forte, e ele tinha certeza de ter apagado todos os rastros do aroma. Infelizmente, Diana tinha um olfato digno de um cão de caça. — Minha mãe estava usando esse perfume hoje. Acho que o cheiro passou para mim quando ela me abraçou, desesperada. Eu deveria ter imaginado que você estava tão ou mais desesperada do que ela.

Diana assentiu e o beijou outra vez. Ela, então, levou Kauan até o quarto e abriu os botões da camisa do marido, percebendo, quase em seguida, que Kauan não estava se excitando e que demonstrava sinais de exaustão. Antes que perguntasse, ele confirmou suas suspeitas:

— Hoje não, Diana. A longa reunião e o susto com meu pai me deixaram em frangalhos — ele beijou-a de leve na bochecha. — Prometo que amanhã cedo compensarei o que não pude fazer agora.

Diana tornou a concordar com a cabeça, vendo Kauan deitar-se e adormecer logo em seguida. Ele nem sequer quisera tomar banho e nem mencionara estar com fome.

Após se deitar ao lado do marido, Diana apagou a luz. O perfume que sentira ainda impregnava o ar. No íntimo, ela sabia que alguma coisa estava estranha naquela história.

Sem saber por que, Diana lembrou-se de Pamela dizendo-lhe que Kauan não prestava e que ela deveria se afastar dele, antes que viesse a sofrer. Até doze horas antes, aquele comentário pareceria um absurdo, mas dessa vez não soara tão ofensivo.

Quando acordaram na manhã seguinte e antes de partirem para o hospital, Kauan fez o que prometera. Levou-a para debaixo do chuveiro e amou-a intensamente. Depois de tomarem o café da manhã e de se vestirem, ele abriu a porta do apartamento e chamou o elevador. Diana começou a apalpar os bolsos da calça.

— Meu amor, eu esqueci meu celular lá dentro — Diana avisou.

— E daí? Quase ninguém liga para você.

— Estou tão acostumada que não consigo sair de casa sem ele — Diana apontou para o elevador que acabava de abrir as portas. — Me espere no carro. Desço em um minuto.

Kauan assoprou um beijo para ela, e o elevador desceu. Ela deu meia-volta e foi direto para o banheiro, onde deixara o celular propositadamente ao lado do vaso sanitário. Ela apanhou o aparelho e vasculhou os números da agenda. Por sorte, adicionara aos seus contatos o telefone da casa dos pais de Kauan. Mesmo que não fossem íntimos e que eles nunca a tivessem visitado, eram seus sogros.

— Alô? — ela ouviu a voz de Isadora atender.

— Bom dia! É a Diana quem está falando.

— Está tudo bem com você? — a pergunta não fora casual. Parecia que Isadora lhe exigia uma pronta-resposta.

"E por que não estaria?", questionou-se Diana mentalmente.

— Sim, está tudo ótimo — tornou em voz alta. — Só estou ligando para saber como estão a senhora e seu Geovane. Precisamos nos ver, não acha?

— É verdade — concordou Isadora. — E Kauan, como está?

Um calafrio percorreu o corpo de Diana ao ouvir aquela indagação, porém ela se conteve novamente. Isadora não o vira na noite anterior?

— Ele está ótimo. Seu Geovane está por aí? Será que eu poderia trocar uma palavrinha com ele?

— Sim, ele está lendo o jornal na sala. Vou passar o telefone para ele.

— Obrigada, dona Isadora. Um grande beijo.

— Quando quiser vir aqui, basta avisar. Vou mandar preparar um excelente almoço para você e Kauan.

— Farei o mesmo, caso decidam conhecer meu apartamento — prometeu Diana. Um momento depois, Diana ouviu a voz do sogro. — Como está o senhor, seu Geovane?

— Bem, obrigado. Como vai meu netinho?

— A cada dia, eu o fabrico um pouco mais — riu Diana. — Só liguei para saber se o senhor e a dona Isadora estavam bem.

— É uma atitude louvável de sua parte — aprovou Geovane. — Kauan, que é nosso filho, raramente nos telefona.

— Vou cobrar isso dele — e, antes de desligar, Diana fez a pergunta crucial: — E como está sua perna?

— Minha perna? — após uma pausa confusa, Geovane emendou: — As duas estão ótimas. E por que não estariam?

***

Diana achou que o mais sensato a fazer seria retomar o assunto à noite. Não queria dar início a uma discussão antes de começar a trabalhar, para que seu desempenho no atendimento aos pacientes não fosse prejudicado. E, por mais que tentasse, não conseguia afastar da memória as palavras do sogro. Não havia nada de errado com a perna dele. Pelo que ela deduzira, Kauan não aparecera na casa dos pais na noite passada.

Diana já não tinha certeza se aquela era a primeira mentira que Kauan lhe contava. Novamente, ela lembrou-se da discussão entre ele e Pamela. A amiga, aos prantos, quase suplicara para que Diana acreditasse no que ela dizia. Porém, ela confiou no marido, assim como confiara no suposto incidente de Geovane. Esperava descobrir a verdade quando o colocasse contra a parede.

Se aquela fragrância que sentira não era de Isadora, onde Kauan a conseguira? Por um instante, imaginou-o nos braços de outra mulher e sentiu um calafrio que a deixou toda arrepiada. Ele não tinha motivos para traí-la. Estavam casados havia menos de dois meses. Era pouco tempo para ele ir buscar conforto com outra. Estava convicta da fidelidade que ele jurara manter por ela.

O dia pareceu se arrastar, e Diana teve dificuldade para se concentrar no trabalho. Ela agradeceu a Deus quando viu o relógio marcar cinco horas e por não ter que dar plantão naquela noite.

Diana desceu até o estacionamento, onde Kauan já a aguardava no carro. Assim que ela entrou no veículo, percebeu que o marido parecia ansioso.

— Como foi seu dia? — interessou-se Diana, beijando o marido nos lábios.

— Bem, apesar de ter telefonado para meu pai o dia inteiro, sem obter resposta. Queria saber se a perna dele melhorou.

A frase foi dita com tanta naturalidade por Kauan que Diana ficou surpresa. Não sabia que ele tinha aquele talento para inventar mentiras. Ela, então, resolveu adiar a discussão mais um pouco. Não queria falar enquanto ele estivesse dirigindo, pois pretendia encará-lo nos olhos.

Kauan estava aflito e mal podia conter a agitação. No decorrer daquela tarde, recebera duas mensagens enviadas por Tayná. Na primeira, ela agradecia pelos momentos que passaram juntos no motel e dizia que estava ansiosa para encontrá-lo outra vez. Na segunda, muito mais provocante do que a anterior, Tayná falava sobre uma calcinha que comprara e que esperava estrear com ele.

A advogada descreveu a peça íntima minuciosamente, e Kauan quase não conseguiu controlar sua excitação.

Kauan pensou em várias maneiras de despistar Diana para ir ao encontro de Tayná, contudo sabia que a esposa estava atenta. Ela não desconfiara de nada, mas ele não queria extrapolar. Ainda não chegara a hora de ela saber que ele tinha uma amante.

Quando chegaram ao apartamento, Kauan comentou que estava faminto, e Diana avisou-lhe que prepararia o jantar.

— Antes de começar a preparar o jantar — ela iniciou a conversa um pouco temerosa —, queria saber por que você mentiu para mim.

Os olhos verdes de Kauan brilharam, e Diana não conseguiu decifrar o que aquele brilho representava.

— Eu menti? — ele demonstrava assombro e inocência. — Do que você está falando?

— Você não esteve na casa dos seus pais ontem — revelou Diana, de pé diante do marido, fitando-o com atenção. — Conversei hoje cedo com dona Isadora e com seu Geovane. Ele não fez nenhuma menção a uma perna torcida.

O rosto de Kauan ficou um pouco pálido, enquanto ele apertava os lábios.

— E você esperava que ele lhe contasse isso? Vocês ainda não são íntimos.

— Eles perguntaram como você estava, Kauan. Isso quer dizer que você não os visita há algum tempo. Quando ele falou que as pernas estavam ótimas, disfarcei e fingi que havia sonhado com ele e que no meu sonho ele machucava uma das pernas. Seu Geovane deu risada e disse que eu estava me preocupando à toa.

Kauan encarou Diana em silêncio por alguns segundos, como se esperasse que ela continuasse falando. Por fim, ele soltou um suspiro resignado, tirou as mãos dos bolsos e deixou os braços caírem ao longo do corpo, enquanto caminhava pela sala do apartamento.

— Era para ser surpresa — ele esclareceu, mantendo-se de costas para Diana.

— Você mentiu para mim — ela acusou em tom ríspido. — Chama isso de surpresa?

— Não — ele girou o corpo e a fitou com tristeza. — Confesso que sou um péssimo mentiroso e que você tem todo o direito de estar fula da vida comigo. Inventei que meu pai havia se acidentado, porque não queria que você soubesse a verdade... ainda.

— Por favor, Kauan, deixe de rodeios — Diana franziu a testa. — O que aconteceu ontem à noite?

— Eu estive com uma mulher chamada Tayná — ele disparou, calculando rapidamente as palavras que diria a seguir.

A confissão assustou Diana, que em poucos segundos levantou uma infinidade de hipóteses sobre quem seria a tal pessoa a que ele se referia, mas achou que seria preferível manter-se em silêncio.

— Ela é corretora de imóveis — Kauan colocou as mãos nos bolsos da calça. — Eu a conheço desde a época da faculdade. Havia agendado um encontro com ela depois da reunião do hospital. Ela está vendendo um excelente apartamento, que seria perfeito para nós três — ele esticou o dedo na direção da barriga de Diana. — Eu só queria dar a notícia quando ele estivesse mobiliado e pronto para nos receber. Você falou tanto sobre a mudança que eu me vi na obrigação de arranjar um lugar melhor para nós.

Kauan falava baixinho e suavemente. Até seu tom de voz fora planejado para comover Diana. E, conforme ele imaginara, sua tática dera certo. Emocionada, Diana o abraçou, deixando cair lágrimas de alívio.

— Você não precisava ter mentido, seu tolo! — ela o beijou no pescoço, e Kauan a apertou com mais força. — Onde já se viu dizer que o próprio pai está machucado?

— Eu sei — Kauan riu. — O velho Geovane ficaria furioso comigo se soubesse dessa história — ele empurrou Diana delicadamente para trás e estudou a expressão no rosto da esposa. — O perfume que você sentiu é de Tayná. Nós nos abraçamos ao nos despedirmos. Espero que não fique com ciúmes.

— Se ela for bonita...

— Tayná? Nem um rescaldo de incêndio é tão horrível — ao dizer isso, ele quase se engasgou com as próprias palavras, pois se lembrou do corpo nu de Tayná, macio e sensual, que amara por horas a fio. — É gorda, atarracada, míope e tem bigode. Só faltou a verruga na ponta do nariz.

— Coitadinha! — Diana riu com prazer. Aquele homem não existia. Kauan era um verdadeiro anjo. Pensava no melhor para ela. — E você conseguiu fechar a compra do imóvel?

— Mais ou menos — ele secou as lágrimas do rosto de Diana. — Na verdade, eu pechinchei o valor, e ela prometeu me dar um retorno. Se ela aceitar a proposta que lhe fiz, o apartamento será nosso.

— Tomara que Deus nos ajude.

— Ele vai nos ajudar. Tayná vai dar um jeito de chegar ao preço que propus. Não é muito abaixo do valor inicial do imóvel. Além disso, uma corretora que trabalha até tão tarde deve ser capaz de vender a alma em troca de um bom cliente, não acha?

— Sim, com certeza — mais feliz do que nunca, Diana mostrou um largo sorriso. — Agora, vou preparar nossa comida. Não sabe como estou me sentindo leve.

— Eu estarei aqui na sala, ajeitando alguns documentos para amanhã — Kauan beijou Diana na boca. — Amo você.

— Eu também — ela retrucou a caminho da cozinha.

Depois que a esposa sumiu de vista, Kauan deixou-se cair no sofá. Ele estava mais aliviado do que ela. Agora, tinha uma boa desculpa para encontrar-se com Tayná. Diria que a "corretora" agendara uma reunião para discutir o valor do apartamento. Ele recusaria o preço e faria uma suposta nova proposta, que mais uma vez seria analisada e discutida em uma reunião futura. E nas noites em que Diana estivesse dando plantão no hospital, ele estaria completamente livre para curtir sua nova aventura.

80

Capítulo 9

O mês de agosto avançou rapidamente, e setembro chegou, trazendo a primavera, o que deixou a natureza ainda mais colorida e renovada. O inverno de 2007 fora um dos menos frios de São Paulo, e todos aqueles que celebram o calor estavam contentes, porque as altas temperaturas ainda se mantinham.

No quarto mês de gestação, era perceptível que a barriga de Diana crescera, mas não muito. Ela e Kauan tinham combinado que o sexo da criança seria surpresa. Só descobririam no momento do parto e, assim, escolheriam um nome para o bebê.

Kauan manteve seus encontros furtivos com Tayná. Tudo fora mais fácil do que ele imaginara. Kauan dizia a Diana que a negociata do apartamento estava quase finalizada, mas que a corretora inexistente ainda não queria dar o braço a torcer. Ele alegou ter oferecido uma razoável quantia em dinheiro como entrada, de forma que o valor e a quantidade de prestações do financiamento fossem menores. Diana não dispunha de uma quantia muito grande guardada em sua conta no banco, mas a ofereceu ao marido para ajudá-lo na aquisição do imóvel. Afinal, ambos viveriam juntos nele.

Sem sentir remorso, Kauan afirmava que Tayná o convidara a reunir-se com os proprietários do apartamento para novas negociações. Em uma dessas supostas reuniões, Diana ofereceu-se para acompanhá-lo, contudo ele foi rápido em inventar um pretexto. Não queria que ela fizesse nenhum esforço além daqueles a que já estava habituada. Ele mesmo vinha fazendo o jantar todos os dias e já prometera que contrataria alguém para limpar o apartamento, lavar e passar as roupas para Diana. Desejava preservar a gravidez da esposa.

Kauan não sabia se estava apaixonado por Tayná. Na verdade, ele não sabia dizer se algum dia realmente amara uma mulher pelo que ela era e não por causa do seu corpo. Diana nunca tivera um corpo exuberante e formas curvilíneas, só que algo nela o cativara no início. Ele, no entanto, sabia que não se tratava de amor. Talvez fosse apenas atração sexual. Ela era uma ótima companhia na cama, melhor do que muitas com quem já se deitara. Ademais, já estava na hora de se assentar com uma mulher, e por isso a pedira em casamento. Não havia planejado a gravidez, mas, depois que acontecera, o jeito seria assumir o filho. Entretanto, até lá, ele já estaria divorciado de Diana.

No hospital, o clima entre Diana e as demais enfermeiras não havia melhorado. Karen, Maria Rita e Eliete conversavam o mínimo possível com ela. Não tratavam com ela nada além de assuntos profissionais. Outras enfermeiras, com as quais Diana tinha menos contato, ignoravam-na completamente. A única que lhe dispensava mais atenção era Marcélia, sua chefe imediata.

Diana estava no quarto de um paciente, um rapaz de 19 anos que quebrara um braço em um acidente de moto, quando ouviu a namorada do jovem comentar sobre como os dias vinham passando depressa.

— Hoje já é 25 de setembro. Parece que nós comemoramos o ano-novo há menos de dois meses.

— E daqui a três meses, vamos completar um ano de namoro — recordou o rapaz, com o braço direito engessado. — A gente se beijou pela primeira vez no Natal, lembra?

A moça assentiu, e Diana pediu licença, após trocar os curativos da perna do rapaz, que ficara toda esfolada. Ao sair do quarto, ela pensou em Pamela. Tamires e Marina estavam completando um ano de idade naquele dia. Se ela e a ex-amiga não estivessem brigadas, já teria comprado dois lindos presentes para as meninas. Mesmo assim, achou que não soaria provocativo se telefonasse para Pamela.

Diana conseguiu ligar para o celular da amiga. Teria que falar depressa para que seus créditos não acabassem e para não atrapalhar o serviço de Pamela. Ao ouvir a voz da amiga, Diana sentiu uma grande emoção invadi-la. Sentia falta de Pamela muito mais do que seria capaz de admitir.

— Pamela, você está muito ocupada agora? Pode conversar comigo?

— Diana? — espantou-se Pamela. Nem conseguia se lembrar da última vez que conversaram. — Você está bem?

— Estou, obrigada. E você?

— Também. Pedi uma folga para hoje. Quis passar o dia ao lado das minhas filhas.

— Foi por isso que eu liguei — Diana estava sem graça com aquele telefonema, mas continuou: — Como não posso desejar parabéns diretamente para elas, quis fazê-lo por seu intermédio.

— Obrigada por ter se lembrado.

Silêncio. Cada uma queria dizer tantas coisas uma para a outra, mas não sabiam como começar ou se seria de bom-tom puxar assunto. Diana fora agressiva. Fora ela quem decidira manter Pamela afastada por causa de Kauan.

— Acho que era só isso — tornou Diana, após quase um minuto em silêncio. Seus créditos estavam acabando, e ela não queria gastá-los sem falar nem escutar nada.

— Fiquei muito feliz por você ter me ligado — declarou Pamela com sinceridade. — Achei que nós nunca mais fôssemos conversar.

— Fiz isso pelas meninas. Elas não têm culpa de nossa briga.

— Nós não brigamos, apenas discordamos sobre uma pessoa.

— Está vendo qual é o seu problema? — indignou-se Diana. — Você sempre dá um jeito de alfinetar Kauan. E isso me deixa muito irritada.

— Eu não invoquei o nome dele — rebateu Pamela. — E o problema não é esse. A questão é que nós duas nunca mais teremos a mesma amizade enquanto você estiver casada. Seu marido será uma sombra entre nós duas.

— E você acha que eu vou me divorciar dele? Kauan é...

— Maravilhoso, fantástico e incrível — cortou Pamela irônica. — Um verdadeiro super-herói. O melhor marido do mundo. Isso já se tornou repetitivo, não acha?

— Você é uma idiota — declarou Diana, furiosa.

— E você é uma sonsa que ainda não percebeu que levou uma cobra para dentro de casa.

Diana mal ouviu as últimas palavras de Pamela, pois desligara o telefone. Defenderia Kauan até o dia de sua morte.

Pamela também desligou o telefone, implorando paciência a Deus. Nem mesmo suas filhas de um ano de idade eram tão bobinhas como Diana. Tinha certeza absoluta de que a amiga deveria ter sido traída uma infinidade de vezes.

Disposta a não ficar nervosa por causa de Diana, olhou para as gêmeas, que brincavam sobre o tapete emborrachado e colorido que ela colocara no chão da sala. As duas já se sentavam sozinhas e engatinhavam pela casa. De vez em quando, murmuravam algo semelhante a um dialeto indígena, e Pamela sabia que em pouco tempo elas estariam falando.

Pamela dispensara a babá naquele dia, já que ficaria em casa. Queria curtir a companhia das meninas, que estavam fazendo aniversário. Mais do que nunca, ela gostaria que Wesley estivesse presente, para que, ao lado dela, pudesse ver o quanto as filhas se desenvolviam rapidamente.

Convidara algumas pessoas para a festinha que faria mais à noite. Excluiu Diana da lista porque sabia que ela não compareceria. Fora um milagre ter-lhe telefonado.

Encomendara um bolo de chocolate com os nomes das filhas escritos com chantili e ainda tinha de encher as bexigas. Alguns convidados trariam crianças à festa, algumas mais velhas que Tamires e Marina. Para Pamela, o primeiro aniversário de um filho deveria ser um momento histórico.

Havia algum tempo, Pamela comprara três pacotes de bexigas coloridas, mas ela não se lembrava de onde as deixara. Vasculhara todas as gavetas do armário da cozinha e os móveis da sala, mas ainda tinha de procurar nos dois quartos. Se não encontrasse os pacotes, teria de pegar um ônibus até a loja mais próxima que vendia artigos para festas de aniversário. Acabaria se atrasando e não queria deixar as crianças sozinhas. Os convidados chegariam nas próximas horas.

Pamela colocou uma cadeira diante do guarda-roupa e fez uma revista geral no maleiro. Apalpou a parte superior do móvel e sentiu um tecido grosso. Ao puxar, deparou-se com uma bolsa de couro gasto que pertencera a Wesley. Nem se lembrava de que aquilo ainda existia. Pensava ter se desfeito de todos os objetos pessoais do marido.

Pamela desceu da cadeira com a bolsa na mão e sentou-se na cama. Abriu o zíper e, naturalmente, as bexigas não estavam lá dentro. Porém, ela encontrou um envelope branco no fundo da bolsa. Não havia mais nada, além disso. Com toda a cautela, retirou um DVD de dentro do envelope, como se aguardasse que alguma coisa ruim fosse acontecer. Notou a inconfundível caligrafia do marido, quando leu a frase no envelope: "Assista-me".

Após confirmar que aquele era todo o conteúdo do envelope, Pamela seguiu devagar até a sala, segurando o DVD como quem retém um pequeno troféu entre os dedos. De repente, a festa de aniversário, as bexigas e a chegada dos convidados foram esquecidas. Aquilo era tudo o que importava.

Pamela ligou a televisão e inseriu o DVD no aparelho. Agia como uma mulher hipnotizada, o coração aos saltos. Sentou-se no chão, em frente à TV e apertou o botão *play* do controle remoto. No instante seguinte, o rosto de Wesley surgiu na tela.

Ela cobriu a boca com a mão, enquanto via os olhos do marido fitando os dela. Era quase como se ele estivesse vivo, olhando-a através de uma janela. Jamais tomara conhecimento daquela gravação, assim como nem fazia ideia do que ele diria.

— Eu espero que um dia nós possamos assistir juntos a este vídeo e tenho certeza de que você vai zombar da minha cara.

A voz que ela não ouvia havia quase um ano e meio estava ali, firme, grave, poderosa, ainda que ele tivesse sido um homem tímido. Pamela sentiu que os olhos marejavam.

Na imagem, Wesley usava uma camisa branca, e ela distinguiu, no fundo, alguns móveis da sala. Provavelmente, aquele vídeo fora gravado enquanto ela dormia, pois a casa parecia silenciosa, e, naquela época, as meninas ainda não tinham nascido.

— Não sei por que senti vontade de filmar a mim mesmo... É como se uma força maior do que eu me obrigasse a fazer isso — ele sorriu por alguns segundos e continuou: — Hoje, posso dizer que sou o homem mais feliz do mundo. Você, Pamela, é a mulher que amo e que vai me conceder a graça de ser pai. Não sabe como é grande a alegria que faz meu coração bater fora de ritmo. Não sabe como me considero sortudo por ter encontrado você.

As lágrimas caíam aos borbotões dos olhos de Pamela. Na tela, o rosto de Wesley assumiu uma expressão de desânimo e cansaço.

— Tenho certeza de que, se um dia a gente se separar, não será devido a um divórcio. O amor que nos liga é profundo demais, é terno demais, é verdadeiro demais para permitir uma separação causada por brigas e desentendimentos. Nós somos um só ser, e o coração de um está em sintonia com o do outro, assim como nossas almas.

Aquelas palavras eram as mais lindas que Pamela ouvira. Nem mesmo quando estava vivo, Wesley lhe dissera algo tão comovente.

— Quero falar sobre algo que venho sentindo e que tem me incomodado um pouco. Venho sentindo um vazio dentro de mim. Tenho a impressão de que perdi alguma coisa muito valiosa... ou que vou perder. Espero que esse vídeo seja assistido por nós dois no futuro, para que você saiba que, de minha parte, eu nunca me afastarei de você. Não enquanto não tiver a certeza de que você é uma mulher plenamente feliz.

Wesley olhou para um ponto à esquerda e tornou a se concentrar na lente da câmera. Ele já não sorria mais.

— Na corporação, nós temos vivido tempos difíceis. O crime organizado vem crescendo cada vez mais e o perigo nos persegue como nossa própria sombra. Na semana passada, um grande colega meu foi assassinado, e no mês passado mataram um major de outro batalhão. Não lhe contei nada disso para que não ficasse assustada, afinal você está esperando nossas gêmeas. A situação está bastante tensa, Pamela... Não quero dizer que estou com medo, afinal optei por essa profissão, mas admito que não tenho tido noites muito tranquilas, assim como a de hoje, em que perdi o sono e vim até aqui gravar este vídeo.

Foi então que Pamela se deu conta do que aquilo significava. Era como se Wesley estivesse prevendo a própria morte, como se ele soubesse que os dois iriam se separar. Como aquilo era possível? Será que ele vinha sendo ameaçado, mas preferira não contar nada a ela?

— Hoje é terça-feira, e o Dia das Mães é no próximo domingo — ele continuou falando.

Pamela não conseguia conter o pranto. Ele gravara aquele vídeo cinco dias antes de morrer. Ela não conseguia conceber a ideia de vê-lo ali, lindo, cheio de vida, falando com ela, e imaginar que o mesmo homem estava enterrado havia dezesseis meses. Era quase como acreditar em vida após a morte e receber o espírito dele por meio de um médium.

— Isso é tudo por ora. Mais uma vez, repito que você é a mulher que amo e que sempre amarei. Só serei feliz quando você também for, mesmo que não seja ao meu lado. Mesmo assim, darei um jeito de estar onde você também estiver. Fique bem, Pamela, e tente não se esquecer de mim. Do homem cujo coração está ligado para sempre ao seu...

Wesley mostrou um último sorriso, e a tela ficou escura. Pamela não tinha a menor dúvida de que aquilo era uma espécie de despedida. Ele pressentira que não viveria por muito tempo e que ela deveria trilhar sua jornada com as próprias pernas. Jurara estar com ela em todos os momentos, mas essa promessa ele não pôde cumprir. Pamela queria dizer que o amava, que nunca seria completamente feliz sem ele, contudo era uma perda de tempo. Wesley se fora. Estava tão distante quanto as estrelas no céu. Talvez até fosse uma delas agora.

Ao retirar o DVD do aparelho e recolocá-lo no envelope, Pamela não poderia imaginar que ela e as filhas não eram as únicas presenças no apartamento. Se tivesse a sensibilidade mais desenvolvida, teria visto o espírito do homem que estava encostado no cantinho de uma das paredes, olhando-a a distância. Estava sujo e maltrapilho, e havia uma crosta de sangue seco na lateral de sua cabeça. Usava uma farda cinza e segurava um boné amassado.

— Eu nunca deixaria você sozinha, meu amor — sussurrou Wesley chorando baixinho, como se temesse ser percebido. — Meu lugar é ao seu lado e é aqui que eu vou ficar.

Wesley tinha uma vaga lembrança do que acontecera no momento de seu desencarne. Lembrava-se de estar em uma viatura, no banco do carona, com outro policial que assumira o volante. Trafegavam lentamente pela avenida, quando foram abordados pelo lado direito do veículo por dois sujeitos montados em uma moto. Os vidros das janelas estavam abertos, mas, mesmo que estivessem erguidos, não teriam detido as balas disparadas por um dos bandidos.

A última recordação que assomava à mente dele fora a dos disparos. Sabia que não tivera tempo de gritar ou de reagir. Não sentira dor nem desespero. Mais tarde, soubera que uma das balas penetrara seu crânio, causando instantaneamente sua morte. Tudo fora muito rápido.

Wesley acordou em uma câmara redonda, com uma dúzia de leitos dispostos em semicírculo. Pessoas usando roupas claras moviam-se apressadamente entre os leitos ocupados pelos pacientes, conversando com alguns ou apenas verificando a situação de outros. Confuso demais para tentar descobrir o nome do hospital para onde fora levado, Wesley achou mais conveniente aguardar por algumas informações.

Duas senhoras, ambas familiares para ele, vieram trazer-lhe as informações que ele tanto esperava. A primeira apresentou-se como sua mentora espiritual, e a segunda afirmava ser a avó de Wesley, desencarnada quando ele ainda era garoto. Evitando deixá-lo chocado, embora falassem com firmeza, as duas mulheres tentaram convencê-lo de que seu espírito havia se separado do corpo quando ele foi baleado e que ele estava em um local de recuperação. Em outras palavras, elas lhe disseram que ele havia morrido.

Inicialmente, ele riu, mas logo se deu conta de que não se tratava de uma brincadeira. As duas mulheres explicaram a Wesley que seu corpo estava enterrado havia cerca de quatro meses e que ele permanecera inconsciente durante todo esse período. Segundo elas, alguns espíritos despertavam bem antes, enquanto outros levavam um tempo muito maior para despertar.

Assim que pôde raciocinar com clareza, um único nome lhe veio à mente:

— Onde está Pamela?

— Ela está bem — informou a senhora que fora sua avó na última existência. — Suas filhas já nasceram e são encantadoras.

— Ela aceitou bem a minha morte? — Wesley indagou novamente, enquanto a confusão cedia lugar à incredulidade.

— Ela o ama muito. Não é fácil lidar com a morte de alguém tão próximo — explicou a mentora de Wesley. — Pamela precisa de tempo para se...

— Eu não vou deixá-la sozinha — ele fez um grande esforço para conseguir sentar-se no leito. — Pamela precisa de mim.

— Ela vai seguir com a vida dela, assim como você precisa continuar a sua aqui. Ainda não está em condições de agir por conta própria.

Wesley mal escutara o que sua mentora dissera. A partir daquele momento, decidira não escutar qualquer coisa que elas falassem. Toda aquela conversa sobre morte era estranha, fantasiosa e questionável, e ele pretendia descobrir o que realmente estava acontecendo. Ele, então, mentalizou com tanta força seu antigo lar, que seu espírito foi automaticamente guiado até sua casa, como se um campo magnético o atraísse. E, quando viu Pamela amamentando as filhas simultaneamente, seu coração enterneceu-se e ele soube que não podia ir embora.

Com o passar do tempo, no entanto, não lhe restaram dúvidas de que ele era um espírito agora e que estava invisível à esposa e aos demais. A avó e a mentora vieram atrás dele, porém Wesley pediu que elas o deixassem em paz. Não poderia partir vendo Pamela chorar pelos cantos, batalhando sozinha para sustentar a si mesma e as meninas. Ele havia prometido fazê-la feliz.

Gravara até um vídeo sobre isso e não tinha intenção de faltar com a palavra. O fato de estar morto não modificava sua promessa.

Wesley, com o tempo, aprendeu sozinho a interagir com objetos físicos. Na primeira vez, tudo aconteceu ao acaso. Ele derrubara acidentalmente o porta-retratos por três vezes seguidas. Alguns espíritos adotam essa técnica por meio do ectoplasma, uma substância que, associada à energia de um médium ou à sensibilidade mais desenvolvida de alguém e mesclada com elementos astrais, permite afetar a matéria. É preciso conhecimento para desempenhar tal tarefa, porém Wesley não teve dificuldade para lidar com aquilo. Logo depois, vieram outros episódios, como o vento repentino no cemitério e o barulho na cozinha, além da constante sensação que Pamela tinha de estar sendo observada.

Pamela, no entanto, não via nem ouvia o marido. Wesley estava triste por ela e Diana terem brigado e muito mais por não poder conversar com Pamela nem pegar as filhas no colo. Houve ocasiões em que as gêmeas o viram, e ele sorriu para elas. Para Pamela, as filhas estavam apenas olhando para o mesmo lugar, ao mesmo tempo.

Wesley sabia que estava em péssimas condições. Sentia dores horríveis na cabeça e era comum sentir o sangue escorrer do ferimento por onde a bala penetrara em sua cabeça. Usava a farda policial com que fora morto e que agora não passava de farrapos. Sua energia estava ficando cada vez mais escassa, e ele sabia que em breve não teria mais condições de mover nenhum objeto. Perdera os sentidos várias vezes. Sentia fome, frio e sede. Entretanto, dispensava a ajuda de qualquer espírito mais instruído que surgisse para levá-lo dali e recusava-se a ouvir o que a avó e a mentora tinham a lhe falar. Dizia que, se já estava morto, nada pior poderia lhe acontecer.

Wesley ficou feliz quando Pamela encontrou o DVD. Vinha tentando havia meses fazer a esposa notar o objeto, mas a tarefa era cansativa e trabalhosa. Ele era totalmente ignorado por ela. Era como tentar se comunicar com uma pessoa que está na tela de uma televisão. Uma grande perda de tempo.

— Você não sabe, querida — ele sussurrou, vendo Pamela assoprando as bexigas recém-encontradas —, mas o homem que a ama está aqui. E vai ficar para sempre.

Capítulo 10

Fazia calor na noite daquela quarta-feira de outubro. O feriado de Nossa Senhora Aparecida seria dali a dois dias. Diana contemplou-se no espelho do banheiro e analisou o ventre. A barriga estava redonda e pontuda. Ainda não havia feito ultrassom para identificar o sexo do bebê, que já contava cinco meses de gestação. Há muito ela e Kauan haviam decidido que só saberiam o sexo da criança quando ela nascesse.

Por insistência do marido, Diana continuava dando plantão noturno no hospital. Kauan dizia que a movimentação do trabalho faria bem a ela e à criança. Na realidade, ele não queria que a esposa ficasse em casa. Se ela trabalhasse à noite, ele teria mais liberdade para seus encontros com Tayná, que agora aconteciam três ou quatro vezes por semana, às vezes até no horário de almoço. Uma das filiais do laboratório para o qual ela trabalhava não ficava distante do hospital.

Para Diana, Kauan alegava que estava sobrecarregado de trabalho e que, portanto, não poderia almoçar com ela. Por outro lado, ele não queria que a esposa desconfiasse de nada. Ainda não era o momento apropriado para isso.

Kauan apareceu na porta do banheiro e apoiou as costas no umbral, vendo Diana com a blusa enrolada abaixo dos seios e a barriga exposta.

— Menino ou menina? — ela perguntou distraída. — Eu me faço essa pergunta todos os dias.

— Nosso filho não será menos amado por causa do sexo — Kauan respondeu, parecendo ser o melhor dos maridos. — Se não estiver ocupada, gostaria de conversar com você agora.

— Nunca estou ocupada para você, meu amor — Diana abaixou a blusa e virou-se para Kauan com um sorriso nos lábios. — O que aconteceu?

Ele segurou a esposa pela mão e levou-a até o sofá. Quando se sentaram, ela esticou as pernas e as colocou sobre as dele. Sabia que quando a barriga estivesse maior, não poderia mais se dar ao luxo de fazer aquele movimento.

— Finalmente convenci a corretora a aceitar minha proposta. Aquela mulher é osso duro de roer. Foram semanas de insistência e muita discussão, mas o imóvel é praticamente nosso.

Diana soltou uma exclamação de alegria, inclinou o corpo para frente e o abraçou, beijando-o na boca em seguida. Kauan continuou:

— O valor está bem abaixo do preço inicial, mas mesmo assim ainda não tenho o dinheiro suficiente. A quantia que falta é irrisória, contudo, não me atrevo a pechinchar mais. Tayná vem sendo muito paciente comigo — ele esfregou os olhos, que pareciam arder. — E não quero pedir nem um centavo aos meus pais.

— Concordo. Precisamos ser capazes de arcar com nossas próprias despesas.

— Você me disse que tinha um dinheiro guardado no banco. Sabe se é muito?

— Estou com o último extrato na minha bolsa. Tirei ontem — Diana saltou do sofá e correu até a bolsa. Após vasculhar as aberturas das laterais, voltou com um papel dobrado, que entregou ao marido. — Veja se é o suficiente.

— Você tem quase dez mil reais, meu bem — Kauan sorriu e devolveu o extrato bancário a Diana. — É praticamente o valor que falta para fecharmos negócio.

— Então, nosso problema chegou ao fim.

— Acha que pode ir ao banco amanhã cedo e efetuar o saque?

— Devido ao valor, tenho que pedir ao gerente da conta para liberar a retirada, portanto só conseguirei sacar após a agência abrir — Diana deu de ombros. — Posso telefonar para o hospital e avisar que vou chegar atrasada. Saio mais tarde para compensar.

Kauan assentiu. Franzindo a testa, ele ergueu o olhar e virou a cabeça para os lados, como se estudasse o ambiente pela primeira vez.

— Quando você vai vender seu apartamento? — ele quis saber de repente.

— Como assim?

— Ora, se vamos para um lugar maior, não precisaremos mais deste imóvel.

— Eu pretendia alugá-lo. Auxiliaria em nossa fonte de renda.

— Ainda acho que vender seria a opção mais viável. Deve valer um dinheiro razoável. Podemos contratar a própria Tayná para se encarregar da venda.

Diana hesitou. Aquele não era o local em que nascera e fora criada pelos pais, mas o adquirira após a morte deles. Não lhe agradava a ideia de vendê-lo. Sabia que Kauan estava com a melhor das intenções e que só pensava no bem-estar de ambos, contudo, ainda preferia mantê-lo vazio a ter de transferi-lo a outro dono.

— Querido, não estou bem certa...

— Parece que não confia em mim — Kauan desviou o olhar e fez sua melhor expressão de tristeza. Era mestre em fazer-se de vítima, principalmente com Diana. A cada dia treinava um pouco mais sua performance. — Talvez eu não seja o marido com que você sonhou.

— Ah, meu amor, não fale assim — Diana foi até ele e beijou-o na bochecha. Odiava vê-lo triste. — Você é a pessoa em quem mais confio. Faça o que deve ser feito. Se encontrar um bom cliente, venda meu apartamento. Já temos o nosso agora.

— Está falando sério? — ele conteve o sorriso da vitória.

— Por que eu iria brincar com algo assim?

Para mostrar o quanto estava satisfeito, Kauan ergueu-a no colo e levou-a diretamente para a cama. Não acendeu a luz do quarto, porque se encontrara com Tayná durante a tarde e ela deixara uma sugestiva marca de batom em sua cueca. Como ainda não tivera tempo de trocar a peça íntima, precisava agir às escondidas para que a esposa não percebesse nada. Assim que ela dormisse, como sempre acontecia logo após fazerem amor, ele jogaria a cueca no cesto de lixo do andar de baixo do prédio.

No dia seguinte, Diana fez o que prometera. Foi até a agência bancária e sacou todas as suas economias. No hospital, foi até o escritório em que Kauan trabalhava e depositou o envelope pardo sobre a mesa do marido.

— Aí está o dinheiro — ela inclinou a cabeça para o lado. — Como você vai efetuar o pagamento à corretora?

— Já depositei minha parte na conta da imobiliária. Só faltava a sua.

— Não teria sido melhor se eu tivesse feito uma transferência bancária? Assim, nem correria o risco de andar na rua com tanto dinheiro.

Kauan deu um tapa na testa, que estalou com um ruído engraçado.

— Duas cabeças pensantes, e ninguém se lembrou disso! — ele fez um biquinho, pedindo um beijo a Diana, que o atendeu. — Mas agora já foi. Farei questão de levar o dinheiro pessoalmente até Tayná. Ela vai me entregar a escritura hoje.

— Que bom! Então nos falamos mais tarde — Diana acenou e já estava saindo do escritório, quando emendou: — Quando você for encontrá-la, eu vou acompanhá-lo. Quero conhecer essa mulher tão inflexível, que vem adiando a compra do apartamento há quase dois meses!

Quando terminou de falar, Diana retirou-se antes que Kauan pudesse impedi-la. Balançando a cabeça para os lados, ele abriu o envelope e conferiu o dinheiro. A quantia não era grande se comparada ao valor que renderia a venda do apartamento da esposa. Era uma pena que ela não tivesse outros bens.

Naturalmente, ele teria de usar todos os argumentos para convencê-la a ficar em casa. Iria ao encontro de Tayná, mas a amante não veria nem um centavo de todo aquele dinheiro. Dela, ele queria apenas sexo.

Uma faxineira bateu à porta e, quando sua entrada foi autorizada, ela abriu a porta arrastando uma vassoura e uma pá. Era jovem e tinha um corpo formoso. Aparentemente, não reparara em Kauan, o que era uma tarefa quase impossível para qualquer mulher.

Enquanto ela fazia seu serviço silenciosamente, ele parou suas atividades apenas para observar a forma como o traseiro da mulher avolumava-se quando ela se abaixava ou inclinava o corpo. Kauan ficou excitado, mas tentou disfarçar. Era uma pena trabalhar na mesma empresa que a esposa. Se não fosse isso, aquela funcionária já estaria no papo.

***

Kauan encontrou Diana no corredor, parada ao lado de uma porta fechada. Ela escrevia alguma coisa em uma prancheta e mostrava para Marcélia, que concordava com a cabeça. Já passava das cinco da tarde, e Kauan já encerrara seu expediente. Por sorte, Diana teria de ficar até mais tarde para compensar o atraso na parte da manhã, quando tivera que passar no banco para sacar o dinheiro. Era a chance de que ele precisava para ir ao encontro de Tayná.

A amante enviara-lhe uma mensagem pelo celular meia hora antes, revelando que trabalhara durante todo o dia usando apenas o vestido. Estava inteiramente nua por baixo e queria que Kauan comprovasse por si mesmo. Ela já escolhera o motel para onde deveriam ir, para aproveitarem algumas horas. Finalizava a mensagem dizendo que ele não deveria ter pressa, já que o dia seguinte seria feriado.

Ao ler o recado, o sangue de Kauan pareceu fazer o caminho inverso nas veias, enquanto borbulhava como refrigerante. Já tivera inúmeras mulheres antes de se casar, mas não se lembrava de nenhuma que o provocasse tanto quanto Tayná. A amante tinha o dom de enlouquecê-lo apenas usando palavras sensuais e eróticas, e, quando estavam juntos, o desejo redobrava e ele a possuía até a exaustão. Precisava extravasar todo o fogo que tomava seu corpo, e Diana, há muito tempo, deixara de ser a opção ideal para essa tarefa.

— Desculpe interromper a conversa — ele sorriu timidamente para Marcélia e encarou Diana —, mas a corretora me ligou há pouco. Ela vai viajar ainda hoje e não poderá nos aguardar até tão tarde. Preciso me encontrar com ela agora para pegar a documentação do apartamento. É uma pena que não possa ir comigo, já que terá de cumprir algumas horas.

— Não será necessário — Diana exultava de alegria. — Eu estava explicando a situação para Marcélia, e ela me liberou no mesmo horário de todos os dias. Vou sair agora mesmo. Ela está muito feliz por mim.

— Não é todos os dias que vemos um casal tão unido quanto vocês — argumentou a enfermeira-chefe. — Diana está morta de curiosidade para conhecer o novo local onde vai morar. — Ela esticou a mão direita para Kauan. — Meus parabéns, rapaz. Escolheu a melhor moça do mundo.

Tentando disfarçar a raiva, Kauan cumprimentou Marcélia a contragosto. "Por que essa velha tinha de dar palpites em nossa vida e ainda liberar Diana justamente no dia em que eu precisava mantê-la longe?", perguntava-se intimamente.

— Tem certeza de que não haverá problemas para Diana? — Kauan insistiu, fitando Marcélia. — Afinal, ela terá de repor horas, não é mesmo?

— Foram apenas três horas de atraso. — Marcélia brincou com o crachá pendurado no uniforme branco. — Ninguém vai se importar com isso. Diana jamais faltou ou chegou atrasada. Sei reconhecer quando um funcionário é dedicado, esforçado e trabalhador. Modéstia à parte, eu também sou uma dessas.

— Eu trabalho na administração do hospital e não sabia que era uma prática comum perdoar faltas ou atrasos dos funcionários. — Kauan enfiou as mãos nos bolsos da calça, para que não tremessem devido à irritação que estava sentindo. — Claro que estamos falando de minha esposa, e eu serei cúmplice desta vez, mas espero que essa informação não chegue ao departamento de Recursos Humanos.

— Não chegará — garantiu Marcélia com ar de camaradagem. — Eu trabalho aqui há anos e sei em quais pessoas devo confiar e quais devo proteger. Diana é uma delas.

— Obrigada, Marcélia — Diana lançou um sorriso de gratidão à senhora e voltou-se para o marido. — Se quiser me esperar no estacionamento, volto em um instante. Vou apenas trocar de roupa.

— Claro — ele mostrou um sorriso amarelo. Vendo Diana afastar-se, confrontou Marcélia pela última vez. Havia rancor, duro e frio, sendo extravasado por seus olhos. Aquela enfermeira não perdia por esperar. — Obrigado pela ajuda — Kauan acrescentou.

— Disponha! — Marcélia também sorriu. — E mais uma vez, desejo muita felicidade a vocês e ao bebezinho que está a caminho.

Kauan anuiu e seguiu na direção dos elevadores. Olhou por cima do ombro e viu Marcélia tomar o sentido inverso. "Você deveria desejar sorte a si mesma, velha desgraçada", pensou furioso. "Vai precisar dela, quando eu der um jeito de colocá-la na rua. E, na sua idade, duvido que consiga emprego em outro lugar!".

***

O tráfego estava intenso devido à saída de veículos para o feriado, o que só contribuiu para piorar o humor de Kauan. Ele tamborilava sobre o volante e só respondia com monossílabos e resmungos às perguntas que Diana lhe fazia. Desconfiada de que alguma coisa estava acontecendo, indagou:

— Como foi seu dia hoje? Quando o vi de manhã, você parecia bem.

— E por que não estaria? — Kauan rebateu sem olhar para a esposa. Tinha urgência em agarrar o corpo macio e perfumado de

Tayná e estava sem qualquer disposição para aturar Diana e suas preocupações infundadas.

— Não sei. Tenho a impressão de que você está meio nervoso.

— Estamos presos há quase cinco minutos no mesmo trecho. Qual motorista não ficaria irritado?

— Por que não telefona para a corretora e explica que chegaremos atrasados? Como ela vai viajar, talvez aceite se encontrar conosco em algum lugar mais próximo.

— Ela vai me esperar no local e no horário combinados. Já estávamos contando com o trânsito.

— E você está com o dinheiro?

— Já fiz depósito na conta dela durante a tarde — foi tudo o que ele respondeu.

Diana deu de ombros e calou-se. Ainda não tinha entendido por que Kauan não pedira para que ela mesma fizesse o depósito para a corretora por meio de transferência bancária. Ele alegara ter se esquecido dessa possibilidade, mas era estranho o fato de um homem formado em administração não pensar em todos os detalhes que envolvessem transações financeiras.

Estranha também era a aquisição do tal apartamento. Diana evitava puxar o assunto para que o marido não se ofendesse, contudo, em dois meses de discussão e apresentações de propostas, ele nunca a convidara para participar de um dos encontros. Ela nem sequer conversara com a tal Tayná por telefone. Quando insistia em conhecer o imóvel, Kauan desconversava, dizendo que queria fazer uma surpresa para a esposa.

Como uma comichão incômoda, ela recordou-se de que toda aquela história começara na noite em que Kauan chegou tarde em casa, cheirando a perfume de mulher. No auge da agonia, Diana chegara a cogitar a hipótese de que ele pudesse estar com outra pessoa, porém o marido fora tão convincente que ela acreditou nele. Kauan mentira sobre o suposto incidente com o pai, que jamais torcera a perna. Por que não mentiria de novo?

Diana não tinha muitas amigas que haviam sido traídas por namorados ou maridos, mas sabia que um dos primeiros sinais de adultério era o homem chegar ao lar pretextando reuniões tardias e esgotamento físico. Era exatamente o que Kauan fazia de vez em quando. Já não eram raras as noites em que dormiam sem fazer amor. Sua barriga não atrapalhava a relação íntima, e mesmo assim ele a evitava.

Em algum lugar nos recônditos de sua mente, Diana lembrou-se de duas palavras ditas pela sogra, quando se conheceram. Isadora recomendara que ela tivesse cuidado com alguma coisa. Estaria se referindo ao próprio filho? E ela, por que fora tão omissa a ponto de não conversar com a mulher em outra ocasião e exigir saber o motivo de ela ter dito aquilo? E ainda havia Pamela, que sempre foi uma amiga fiel até Kauan se interpor entre elas. O que faria se tudo o que a amiga dissera sobre ele fosse verdade?

Diana estava tão distraída com suas recordações que mal reparava na paisagem, por isso nem notou que o veículo trafegava normalmente agora e que o congestionamento ficara para trás. Kauan dirigia na direção do apartamento da esposa.

Ela não se manifestou até Kauan estacionar o carro diante do prédio. Como Diana não fez nenhum movimento — nem sequer desatara o cinto de segurança —, ele destravou as portas, numa clara indicação de que ela deveria descer.

— Por que viemos para cá? — Diana questionou-o com firmeza na voz.

— Não é aqui que você mora? — ele devolveu sarcástico.

— Não sei o que deu em você hoje. Se está aborrecido com alguma coisa, a culpa não é minha. Viemos do hospital até aqui, e você mal abriu a boca. Imagino que não queira dividir comigo o problema que o aflige.

— Está tudo bem. Só estou um pouco nervoso, porque hoje seremos os novos donos de um apartamento — Kauan tentou dissimular com uma risadinha, mas percebeu que Diana estava longe de se convencer.

— E daí? Tudo isso deveria ser motivo de comemoração, mas estamos quase brigando.

— Acontece que marquei com Tayná em um restaurante de certo nível. Eu não a avisei que levaria você, por isso creio que ela não tenha reservado mesa com três lugares.

Diana franziu a testa. Que conversa era aquela agora?

— Você vai jantar com essa mulher em um restaurante requintado? Até onde vai essa relação profissional entre vocês?

Kauan apertou os lábios, percebendo que, quanto mais mentia, mais se enrolava.

— Espero que não esteja com ciúmes, pois já lhe disse que Tayná é feia...

97

— A beleza física dela não está em discussão, mas sim seu vínculo com ela. Você nunca me contou que costumava levá-la para jantar.

— Porque eu nunca a levei, meu amor. Hoje é nossa despedida — Kauan fez uma carícia no rosto de Diana, que não surtiu o efeito desejado. — Não fique desconfiada de algo que não existe. Parece até que duvida de mim.

— Resolveremos a questão da mesa no próprio restaurante — decretou Diana, cruzando os braços. — Eu irei com você, e ponto-final. Se você concordar, então não haverá razão nenhuma para que eu fique com dúvidas.

Era a primeira vez que Diana o afrontava daquele jeito, e Kauan, movido pela ira, sentiu o coração disparar. Imediatamente, ele saltou do automóvel, contornou-o e abriu a porta pelo lado da esposa.

— Desça do carro — ordenou com rispidez.

— Por quê?

— Porque estou mandando! Desça agora.

Kauan nunca usara aquele tom de voz para falar com Diana, que ficou assustada. Assim que ela desembarcou, ele bateu a porta e puxou-a pelo braço na direção do portão de entrada do edifício. Passaram pelo atônito porteiro e entraram no elevador.

— Kauan, você ficou maluco ou está bêbado? — gritou Diana, quando ele a largou com um solavanco. Esfregando o braço, concluiu: — Você me machucou, sabia?

— Ninguém mandou você me desobedecer! — ele grunhiu, quando o elevador abriu as portas no andar. E, quando entraram no apartamento, ele encarou Diana com raiva no olhar. — Quer mesmo saber o que Tayná representa para mim?

Ela assentiu, quase chorando diante daquele homem violento que ela parecia ver pela primeira vez. Implacável, Kauan jogou tudo para o alto ao revelar:

— Ela é minha amante. É a mulher que levo para cama quase todos os dias.

As últimas palavras de Kauan provocaram um forte zumbido nos ouvidos de Diana, seguido de uma vertigem que nublou suas vistas. Em outra ocasião, pensaria estar com labirintite, mas sabia que aquele mal-estar tinha outra causa: dor, medo, decepção e mágoa. Cada um daqueles sentimentos chegava por um lado diferente, atingindo-a ao mesmo tempo.

Os olhos de Diana estavam marejados, porém, ela recusou-se a chorar. Não na frente dele, não enquanto não compreendesse o que estava havendo ali. Durante dois ou três segundos, chegou a pensar que Kauan estivesse fazendo uma brincadeira de mau gosto, todavia, o que estava vendo nos olhos verdes do marido era ódio em vez de gracejo. Era a vitória estampada no olhar de um guerreiro diante da evidente derrota de seu oponente. E, naquele momento, Diana estava derrotada.

Eles estavam em pé, encarando-se mutuamente. Como estava zonza, Diana obrigou-se a sentar-se na primeira cadeira que encontrou. Num gesto protetor, cobriu a barriga com ambas as mãos.

— Não entendi o que você falou — ela murmurou, sentindo a boca seca.

— Claro que entendeu. Se não tivesse entendido, não teria empalidecido — Kauan andou até a janela e voltou para perto de Diana com largas passadas. — Eu não queria que você soubesse dessa forma. Juro que tentei evitar o quanto pude.

— O que eu fiz de errado? — Os olhos cor de café de Diana estavam úmidos e não puderam mais conter as lágrimas. — Onde foi que falhei?

— Você é muito... normal — ele respondeu, após encontrar a palavra que melhor definia Diana. — É a típica mulher sem sal. Até mesmo a maneira como faz sexo deixa um homem enjoado na terceira vez. Eu fiz das tripas coração para suportá-la até agora.

A torrente de ofensas e humilhações não podia feri-la mais, porque ela já estava destroçada. Novamente, a tontura obrigou-a a fechar os olhos, e Diana implorou a Deus para não desmaiar. Kauan era doente, um insano que ela desconhecia.

— Por que não falou comigo? Bastava me dizer que estava descontente com o casamento. — Ela secou o rosto, sabendo que era inútil, uma vez que novas lágrimas brotavam. — Eu não sabia que duraria tão pouco.

— Nem eu — Kauan falava baixinho agora. — Assim como eu não contava com essa gravidez. Eu deveria ter lhe sugerido que abortasse enquanto era tempo.

Diana massageou as têmporas, sentindo o coração apertar. Definitivamente, aquele não era o homem por quem se apaixonara e que a pedira em casamento com doçura e romantismo. Aquele não era o marido com quem vinha dividindo a cama todos os dias nos últimos meses. Aquele não era o futuro pai de seu filho.

— Por que está fazendo isso comigo, Kauan? — havia cobrança, súplica e sofrimento nos olhos de Diana. Tudo o que ela mais queria era que aquilo fosse um pesadelo horrível, do qual pudesse dar boas risadas quando despertasse.

— Venho me encontrando com Tayná há algum tempo. Ela me completa na cama. Nela encontrei o que não achei em você. Ela é uma mulher sensual, provocante, quente. Você nunca foi grande coisa, e, depois que essa barriga cresceu, eu perdi totalmente o tesão. Pensa que era fácil transar com você?

— Essa é a forma que você usou para convencê-la a reduzir o valor do apartamento? — Diana sorriu entre as lágrimas. — Você realmente se rebaixou.

— Que apartamento? — Kauan encarou-a com estranheza.

— Como assim "que apartamento"? — ao perguntar isso, um alarme soou na mente de Diana e ela foi abraçada pelos dedos gelados do medo. Aquilo era muito pior que a confissão da traição.

"Ele não seria capaz de fazer algo assim. Não comigo", pensou e perguntou:

— Nunca houve um apartamento?

— Claro que não. — Ele riu com deboche e deu de ombros. — Você é muito burra se acreditou nisso. Tayná nem é corretora. As reuniões que eu alegava fazer com ela aconteciam nas camas redondas de motéis.

Fria até os ossos, Diana ficou em pé, sem saber se as pernas a sustentariam. Ela tremia como se estivesse com mais de quarenta graus de febre. Todos os seus órgãos internos pareciam ter se deslocado de seus respectivos lugares.

— O que você fez com meu dinheiro? — Diana murmurou com a voz apagada.

— Que dinheiro? — Dessa vez ele riu descaradamente.

— Não se faça de imbecil, droga! — explodiu Diana, soltando um súbito grito. — Hoje cedo eu lhe dei um envelope com quase 10 mil reais. Raspei minha conta para atender ao seu pedido, porque pensei que havia um imóvel em jogo. Pensei que teríamos um futuro. E se tudo não passou de um jogo de mentiras, quero que me devolva o dinheiro agora mesmo.

— Ele já não existe mais. — Kauan balançou a cabeça para os lados, demonstrando compaixão. — Você deve esquecê-lo. É uma soma irrecuperável.

100

— Você me roubou para gastar com sua vagabunda?! — berrou Diana, certa de que em pouco tempo os vizinhos viriam reclamar da discussão. — Além de me trair, ainda me deu um golpe?!

Como Kauan ficou calado, Diana avançou sobre ele tentando estapeá-lo.

— Canalha! Cretino! Monstro!

Kauan deteve Diana pelos pulsos e empurrou-a com tanta força que ela se viu de volta à cadeira. Ele nunca lhe parecera tão alto nem tão forte. E nem tão assustador.

— Eu fui muito burro. Deveria ter me segurado um pouco mais. Os trocados que você tinha no banco eram uma mixaria perto do que esse apartamento deve valer. Meu faturamento teria sido muito maior, se eu não tivesse perdido a cabeça.

— Faturamento? — como se uma força a incentivasse, Diana levantou-se outra vez. — Você também pretendia ficar com o dinheiro da venda do meu apartamento?

Kauan estalou os dedos diante do rosto de Diana e respondeu ironicamente:

— Adivinhona!

— Quem é você, afinal? O que pretendia, quando se casou comigo?

— Com você eu só perdi meu tempo. Joguei meses no lixo, para embolsar menos de 10 mil reais — Kauan deu as costas para Diana, ignorando as perguntas que ela lhe fizera. — Com as outras meu lucro foi maior.

— Que outras?! Que lucro?! — Os olhos de Diana estavam arregalados, e a cada segundo Kauan mostrava-se mais ensandecido. Ela começou a olhar ao redor à procura de algo que pudesse pegar para se defender, se fosse preciso. — Do que está falando agora?

— Do meu passado, sua tonta! Comecei errando, quando concordei em me casar. Deveria ter feito como das outras vezes, para que não houvesse problema. Mas agora não importa mais. O jeito é assinar o divórcio.

Era como se cada um falasse de algo diferente. Quando Kauan se aproximou de Diana, ela recuou sem perdê-lo de vista.

— Eu lhe darei o divórcio com o maior prazer. Só lhe aviso que quero meu dinheiro de volta, ou darei queixa na polícia.

— Está me ameaçando, princesa? — como uma cobra dando o bote, Kauan esticou o braço para frente e segurou o pescoço de Diana, sem apertá-lo. Ele apenas manteve a mão quente e suada em contato com a pele da esposa durante alguns segundos antes de soltá-la. — Volte a me ameaçar, e verá o que vai lhe acontecer.

— Eu vou até a delegacia — ela prometeu, massageando a garganta.

— E o que vai alegar? Você sacou seu próprio dinheiro por livre e espontânea vontade. O gerente do banco a recebeu sozinha, portanto, não havia testemunhas. Ninguém a forçou, ninguém a assaltou. Você trouxe a grana até minhas mãos. E também não há ninguém que possa confirmar que recebi a quantia. Seria sua palavra contra a minha. E eu diria que você está tentando se vingar de mim, porque me apaixonei por outra pessoa, lhe pedi o divórcio e a deixei grávida. Sua ganância a impede de se contentar com o dinheiro que lhe darei como pensão para que sustente a criança. Minha teoria não lhe soa convincente?

Era óbvio que Kauan pensara em tudo. Ele provavelmente tinha alguma espécie de plano maligno, quando se envolveu com ela. Um homem bonito como aquele nunca se interessaria de verdade por uma moça sem grandes atrativos. Diana não era rica nem elegante. Como ela pôde ser tão estúpida? Por que vendou os próprios olhos, quando a verdade sempre estivera ali, clara como água?

Diana recordou-se das discussões que tivera com Pamela e da maneira como destratara a melhor amiga somente para defender aquele homem. Ela sentiu o remorso subir-lhe o esôfago feito bile.

— Você tentou assediar Pamela, não foi? E eu nunca acreditei nela.

— Eu passei a mão naquela mulatinha gostosa, sim. Se ela tivesse me dado bola, teria feito uma coisa rápida com ela, até no elevador mesmo. Ou no meu carro, já que ela não quis ir ao motel. Depois, poderíamos pensar em uma boa desculpa para você. Só que ela foi tão fiel que me recusou. Não adiantou muito, já que saiu perdendo.

— Pobre Pamela... — lamentou Diana. — Vou pedir perdão a ela, nem que eu faça isso ajoelhada.

— Isso não é problema meu. — Kauan consultou as horas no relógio de pulso. — Tayná está me esperando agora. Não precisa se preocupar com minhas coisas. Vou mandar alguém vir até aqui retirá-las.

— Eu ainda não consigo acreditar que tudo isso esteja realmente acontecendo. Nosso casamento não pode terminar assim, como se nunca tivesse significado nada.

— Significou sim. Pelo menos a levei até Buenos Aires em nossa lua de mel! — ele troçou, repuxando os lábios em um sorriso cruel.

Durante toda a discussão, que já durava mais de meia hora, ele manteve-se sarcástico e zombeteiro. Era como se gozasse de Diana, após lhe soltar a bomba. Kauan espezinhava a esposa, como faria com uma completa estranha. E talvez fosse isso o que Diana representava para ele: uma estranha com quem passara alguns bons momentos.

— O que seus pais dirão quando souberem disso?

— Não dirão nada, porque já estão acostumados.

Ela cobriu a boca com as mãos. "Tome cuidado", lembrou-se. Então Isadora e Geovane, que pareciam pessoas íntegras e honestas, eram coniventes com toda a sujeira do filho? Era por isso que eles pareciam sentir tanto medo de Kauan? Talvez ele os ameaçasse de alguma forma, e por isso o casal permanecia de boca fechada. Independente do que Kauan já tivesse aprontado antes com outras mulheres, os pais estavam cientes.

— Quando você passar por aquela porta — ela mostrou —, nunca mais colocará os pés aqui dentro.

— Eu não tenho mais nada a fazer aqui. Meu próximo passo é Tayná. Sua vez já passou, e hoje o ciclo terminou de uma vez por todas.

A forma como ele disse aquilo fez Diana perder o controle. Ele já estava tocando na maçaneta da porta, quando a ouviu dizer:

— Darei um jeito de fazer com que o hospital inteiro saiba quem você é. Ainda que isso custe meu emprego, tenha certeza de que você também será demitido. Sou capaz de fazer um escândalo sem proporções, e não adianta ameaçar me estrangular.

Diana mal concluiu a frase, quando Kauan se virou de repente e lhe acertou um tapa violento no rosto. Ela não teve tempo de reagir, quando o marido agarrou um tufo de seus cabelos lisos e castanhos e os puxou com força, obrigando-a a virar o rosto. Em seguida, Kauan acertou outro tapa em Diana, dessa vez com as costas da mão. O impacto cortou os lábios dela, que soltaram um filete de sangue.

— Você não me conhece, vadia! — Ele rosnou com voz grossa e o semblante fechado.

Com a face dolorida e em chamas, ela tornou:

— Você também não me conhece — ao dizer isso, Diana apanhou um vaso pequeno de cerâmica que enfeitava o aparador e o utilizou para golpear o ombro do marido.

Kauan soltou um gemido de dor e rugiu quando Diana o atingiu novamente com o vaso, dessa vez na testa. A peça rachou e partiu-se em vários pedaços, que caíram no chão. Ela, então, experimentou uma pequena sensação de prazer ao notar que o marido também começara a sangrar.

Ele balbuciou alguns palavrões e avançou sobre Diana novamente. Por um momento, nenhum deles se lembrou da gravidez. Ele conseguiu acertá-la com um soco no queixo, que quase a colocou fora de combate, porém, movida pela sede de vingança, ela apenas massageou o local atingido e pegou um lápis apontado que retirou às pressas de um porta-caneta. Quando Kauan se moveu para acertá-la, ela enterrou a ponta do lápis na bochecha do marido e agradeceu o fato de a ponta não ter se quebrado.

Mais sangue escorreu do novo ferimento. Diana sabia que precisava gritar e pedir socorro, antes que um matasse o outro. Ela estava em desvantagem por estar grávida. Como se adivinhasse os pensamentos da esposa, Kauan encarou-a com fúria, usou o punho fechado para estancar o sangramento do rosto e seguiu até a porta, deixando o apartamento em seguida.

Assim que o marido saiu, Diana trancou a porta por dentro e soltou um suspiro de alívio. Teria de trocar a fechadura o mais depressa possível e avisar aos porteiros do edifício que não autorizassem a entrada de Kauan.

Depois que o marido saiu de casa, Diana ainda permaneceu parada no mesmo lugar por um tempo, inerte como uma boneca sem pilha. O lápis caído no chão e os cacos em que se transformara o vaso provavam que aquilo tudo fora realidade. As dores que faziam seu rosto latejar também confirmavam isso. Seu casamento terminara de uma forma monstruosa, digna de um filme de terror de péssima qualidade. Ela descobrira que o marido era um psicopata e que só vivera de ilusões até aquela noite.

Diana pensou em telefonar para Pamela, mas não teve coragem. Ainda não estava preparada para se redimir. Sabia que seria ouvida pela amiga, só que não havia o que lhe pedir, além de implorar-lhe seu perdão. Desistiu, por fim, da ideia e foi ao banheiro, onde avaliou o rosto inchado e marcado por hematomas. Kauan machucara a esposa por dentro e por fora, mas ela também não deixara por menos.

104

Se o preço a pagar para livrar-se daquele crápula eram os 10 mil reais que ele levara, então até que não saíra tão caro. Diana, no entanto, esperava que ele não tentasse armar outro jogo para cima dela. Só o que queria era divorciar-se do marido e esquecer que um dia o conhecera. Por outro lado, sabia que não seria algo muito simples, já que ainda o amava com toda a força do coração. Levaria algum tempo até deixar de amá-lo. Tempo suficiente para assimilar melhor todo o mal que ele lhe fizera em menos de uma hora. Mas até lá, por mais que se odiasse por isso, não teria como negar que continuaria apaixonada por Kauan.

Capítulo 11

O momento de dormir foi um dos mais dolorosos da vida de Diana, quase comparável ao dia em que recebeu a notícia da morte dos pais. Pela primeira vez em meses, ela não teria a companhia de Kauan para dividir a cama, que nunca parecera a Diana tão larga, fria e vazia.

Ela esfregou uma pomada no queixo e um medicamento nos lábios cortados. Sabia que no dia seguinte sua aparência estaria péssima, assim como seu coração.

Diana trocou as roupas de cama e, ao sentir o cheiro do marido impregnado nos tecidos, entregou-se às lágrimas outra vez. Ainda não assimilara direito o que acontecera naquela noite. Kauan transformara-se em um homem doentio e agressivo. Talvez ele já fosse daquele jeito e mascarasse sua verdadeira personalidade com os modos gentis e românticos que a cativaram desde o princípio.

Ela sabia que não era a primeira mulher a sofrer uma desilusão amorosa e nem seria a última. Quando esticou o lençol limpo e ajeitou as beiradas sob o colchão, pensou no que pessoas que foram traídas fizeram para superar a rejeição — se é que haviam superado. Certamente, sofreram como ela estava sofrendo, choraram como ela chorava naquele momento e sentiram-se tão mortificadas quanto ela também se sentia.

Kauan não telefonou nem enviou mensagem ao celular de Diana, e ela nem esperava que o marido fizesse isso. Ele não lhe pediria perdão, até porque sabia que não iria obtê-lo. O casal casara-se no dia 30 de junho e separara-se em 11 de outubro. Fazia menos de quatro meses, um tempo relativamente curto para tudo ter se desintegrado daquela forma. Da parte dela, o matrimônio duraria muitos anos.

Diana deitou-se de barriga para cima, porque o rosto estava dolorido demais para apoiá-lo no travesseiro. Além disso, o ventre avantajado já a incomodava em algumas situações. Ela fez movimentos circulares com o dedo ao redor do umbigo, como se quisesse acalmar o filho. Independente do que Kauan fizera, Diana estava disposta a defender a criança com todas as suas forças. O bebê não seria afetado com a separação dos pais. Cuidaria para que ele não sofresse.

O sono demorou a chegar, porque Diana só conseguia lembrar-se da maneira como o casal discutira, da forma irônica com que Kauan a tratou o tempo todo e da tranquilidade do marido ao falar do dinheiro de que se apropriara. Pensou na troca de acusações e pancadas e sorriu tristemente ao relacionar o ocorrido à cantiga *O Cravo e a Rosa.* Ele saiu ferido e ela, despedaçada.

Passava das duas horas da manhã, quando Diana finalmente conseguiu dormir. Não jantara, mas seu corpo estranhamente não dera sinais de fome. Agia como se estivesse dopada ou sob efeito de hipnose. Ela sabia que, apenas quando o dia raiasse, conseguiria raciocinar com coerência.

Logo após fechar os olhos e adormecer, Diana sentiu-se içada. Ela ergueu a cabeça para o alto, mas nada viu além do céu enevoado de São Paulo. Era como se cordas invisíveis a erguessem cada vez mais e, por um breve momento, ela achou que o céu se aproximava dela.

Sua visão seguinte foi a de um jardim, cujas flores prateadas brilhavam no escuro como se tivessem luz própria. Diana tornou a olhar para cima e desta vez viu a lua, que antes não estava lá. A grossa camada de névoa cedera lugar a ela e às estrelas. As flores, à frente dela, reluziam como lantejoulas.

Diana olhou em torno e avistou um banco de madeira vazio, que ficava debaixo dos galhos de uma imensa árvore. Durante o dia, quem se sentasse nele seria agraciado com a sombra natural fornecida pelas folhas da árvore.

Aquele lugar não lhe era estranho. Diana sabia que já estivera ali antes. Quando percebeu a aproximação de alguém, virou a cabeça e deparou-se com um homem, cujo rosto era igualmente familiar. O sorriso que ele lhe mostrou foi lindo e parecia cintilar como as estrelas e as flores.

— Como vai, criança? — ele perguntou, abraçando-a carinhosamente.

Diana fechou os olhos e, ao abri-los, finalmente o reconheceu:

— Mestre! — exclamou retribuindo o sorriso.

— Prefiro que me chame de Igor. Ou será que já se esqueceu do meu nome?

— Parece que faz anos que o vi pela última vez e, ao mesmo tempo, é como se o tivesse visto ontem. Como isso é possível?

Igor tornou a sorrir, como se já esperasse por aquela indagação.

— A memória do corpo é limitada, mas o espírito nunca esquece. Somos grandes amigos, e esta não é a primeira vez que nos encontramos após seu reencarne.

— O que estou fazendo aqui de novo? — Diana olhou em volta mais uma vez. — Não me diga que deixei o mundo corpóreo.

— Apenas temporariamente. Você está sonhando, ou melhor, seu corpo está repousando enquanto seu espírito conversa comigo. As pessoas que permanecem no plano físico conseguem se comunicar com aquelas que estão do lado de cá dessa maneira.

— Ainda não entendi por que me trouxe para cá.

Igor indicou o banco a Diana, e ambos sentaram-se. Ela fitou-o com atenção, aguardando pelas explicações.

— Sempre respeitarei qualquer decisão que você tomar, mas preciso alertá-la sobre algo muito importante. É chegada a hora de você se dar o devido valor. De viver sua vida para cultivar seu bem-estar, e não vivê-la em função dos outros.

— Como assim? Eu me valorizo.

— Você realmente ama Kauan?

— Ora, mas é claro que sim. Eu me casei por amor.

— Disso eu não duvido, porém, não foi isso o que lhe perguntei exatamente. Quero saber se o ama de verdade, se sente a força do amor em seu peito cada vez que o vê, cada vez que o toca.

— Isso não vai mais acontecer. Ele me deixou.

— Você já parou para pensar que tudo o que viveu com Kauan até agora pode ter sido mera ilusão?

— Ilusão? De minha parte, não. — Diana sacudiu a cabeça para os lados, encarando Igor como se ele estivesse louco. — Eu o amo muito e não sei como vou reagir daqui em diante.

— E se você foi atraída pelo fascínio que ele exerceu sobre você? Passou por cima de todas as outras mulheres que estavam interessadas nele e o conquistou. Namoraram, casaram-se, e agora você está esperando uma criança. Ele é charmoso, elegante, simpático e muito bonito. Não teriam sido essas as características de Kauan que a cativaram?

— Eu teria me apaixonado por ele da mesma maneira, mesmo se ele fosse feio.

— A questão não está centrada apenas na beleza exterior — Igor deu de ombros. — Por que estava sozinha até então? Desde que seus pais vieram para cá, você nunca se envolveu amorosamente com ninguém até conhecer Kauan.

— Meus pais estão aqui? — Os olhos dela brilharam. — Posso vê-los?

— Eles estão aqui no astral, contudo, não estão nesta colônia.

— A vida vem sendo muita injusta comigo, sabia? Primeiro foram meus pais que morreram, e agora perco Kauan. Não sei se terei estrutura emocional para suportar esse baque.

— A vida não é injusta com ninguém, ao contrário. Ela dá ou tira de acordo com a necessidade e sempre visando ao melhor dos envolvidos. Você se viu separada dos seus pais, porque precisava aprender a caminhar com suas próprias pernas, a conquistar seu espaço na sociedade e a apoiar-se.

— E eu fiz tudo isso.

— De certa forma, sim. Quando conheceu Pamela, passou a viver em nome dessa amizade. Foi algo sublime e verdadeiro, mas você dava mais valor a ela do que a si mesma. Nunca se colocou em primeiro lugar.

— Como não? Eu me formei e trabalhei para me sustentar. O que esperava que eu fizesse?

— Quantas vezes dedicou um tempo somente a você? Quando parou para descansar, desfrutar de um bom entretenimento, viajar e relaxar o corpo e a alma? Trabalhava durante o dia e dava plantão quase todas as noites, porque seu apartamento vazio e solitário não a cativava. Você estava carente de companhia e esqueceu-se de que qualquer pessoa tem total condição de ser feliz sozinha.

— Eu não me divertia como devia, porque não tinha dinheiro suficiente.

— As melhores coisas que a vida oferece são gratuitas. Por que não apreciou as belezas da natureza nos parques públicos? Por que não se envolveu na leitura de bons livros, por que não procurou fazer novas amizades, em vez de prender-se somente a Pamela? As possibilidades são infinitas.

— Você me trouxe aqui somente para criticar os meus atos?

— Ao contrário, criança, eu a trouxe para orientá-la mais uma vez. Percebe que você vinha experimentando uma vida sem graça e rotineira até conhecer Kauan? Apaixonou-se pelo o que ele demonstrou ser, porque intimamente precisava de um companheiro, precisava sentir-se valorizada por outra pessoa, mesmo que você mesma nunca tivesse se dado este valor. Você alimenta a necessidade de ter alguém ao seu lado somente para mostrar-lhe aquilo que você mesma se recusa a enxergar, como a sua beleza, a sua bondade, a sua sensibilidade e o seu potencial.

— É por isso que você diz que eu vivi uma ilusão? Que eu não amei Kauan de verdade e sim a imagem que ele me transmitiu? Que eu somente o usei como muleta? — Diana voltou a negar com a cabeça. — Você está errado, Igor. Eu o amo sim, e muito. Mas, no fim das contas, foi ele quem me usou.

— Eu gostaria de responder às suas indagações, mas agora estamos sem tempo. Farei isso em um momento oportuno — ele encarou-a com carinho, emendando: — Apoie-se. Essa é a palavra-chave para sua encarnação. Só vencemos, quando acreditamos em nossa capacidade de conquista e de vitória. Chore o quanto precisar, grite, enfureça-se, extravase tudo o que estiver machucando seu coração, mas não abandone a si mesma.

Diana estava confusa, tinha muitos outros questionamentos, porém, Igor levantou-se e lhe estendeu as mãos.

— Sei que você tem muitas dúvidas, mas agora precisa retornar ao seu corpo. Voltaremos a nos encontrar em breve. Ao despertar, você não vai se recordar deste encontro na íntegra, contudo, saberá que teve um sonho diferente e que alguém lhe deu um recado importante. Se não deixar de se amparar em outras pessoas, mesmo que não de forma intencional, começará a atrair mais sofrimento e novas desilusões.

Ela tentou protestar, dizer que nunca se apoiara em ninguém, mas se sentiu deslocada novamente, enquanto seu corpo perdia altura. Era como estar em um elevador que descia numa velocidade vertiginosa. Diana sentiu um estremecimento e abriu os olhos, sentando-se na cama em seguida. Estava de volta ao seu quarto escuro, com o queixo dolorido e os lábios latejantes.

O painel luminoso do rádio-relógio mostrava que eram quase cinco horas da manhã. Com alívio, Diana lembrou que não iria trabalhar, pois era feriado. Ela massageou o alto da cabeça e lembrou-se de ter sonhado com um homem simpático, que lhe dissera coisas interessantes. Tão interessantes, mas ela não se lembrava de nenhuma dessas coisas.

Diana voltou a adormecer e despertou às nove horas da manhã. Levantou-se, fez a cama e foi ao banheiro. Olhou-se no espelho e ficou chocada ao ver que seu rosto estava pior do que na noite anterior. Seus lábios estavam inchados e um hematoma imenso marcava seu queixo. Nas maçãs do rosto também havia sinais avermelhados.

Ela tomou banho com cuidado para não sentir muita dor. No armário do banheiro, viu a escova de dente de Kauan, o barbeador e o pente que ele usava. Aquilo pareceu esmigalhar seu coração, enquanto uma súbita e repentina vontade de chorar a acometia.

Diana sentou-se sobre a tampa fechada do vaso sanitário e entregou-se ao pranto sentido e silencioso. Não saberia dizer por quanto tempo ficara ali, imóvel, com os ombros sendo sacudidos pelos soluços intermitentes. Quando reagiu, voltou ao quarto, trocou de roupa e dirigiu-se à cozinha. Não estava com fome, mas preparou uma omelete e um copo de suco de laranja. Era como se tivesse voltado do velório de uma pessoa querida. Se isso tivesse acontecido, talvez a dor não fosse tão grande.

Depois de lavar as poucas louças que usara, descobriu que não sabia o que fazer. Talvez devesse empacotar todos os pertences de Kauan e deixá-los na portaria do prédio, à espera de ele ir buscá-los. Por outro lado, uma parte de Diana ainda relutava em aceitar que o casamento chegara ao fim. Talvez, pensava, ele tivesse refletido durante a noite e voltasse para ela, implorando-lhe para ser perdoado. A princípio, ela não daria o braço a torcer, mas, como o amor falaria mais alto, aos poucos as mágoas seriam deixadas de lado e eles voltariam a ser felizes como antes.

Diana pulou, quando ouviu o celular tocar em algum lugar na sala. Esquecera-se de como o apartamento podia ser silencioso sem a presença de outra pessoa. Ela correu até o aparelho e gelou ao ler o nome de Kauan no visor. Nem por um breve instante, pensou em ignorar a ligação.

— Alô?

— Vou pedir a um serviço de carreto para buscar minhas coisas até o fim da tarde — disparou Kauan, sem cumprimentos, rodeios e suavidade. — Faça o favor de jogar todas as minhas roupas em caixas de papelão, assim como meus calçados. Não precisa dobrar nem ter muito cuidado.

"Bom dia para você também, meu amor", ela pensou, sentindo-se ridícula.

— Deixe tudo com o porteiro — ele prosseguiu, falando com voz baixa e abafada, como se não quisesse incomodar alguém. — Os objetos menores são dispensáveis. Posso comprar outros mais tarde.

— Você está na casa de seus pais? — ela arrependeu-se de ter feito aquela pergunta no instante seguinte. Não queria demonstrar que estava preocupada com ele.

— Não. O serviço de carreto saberá para onde levar minhas coisas.

— Quem é? — uma voz feminina e manhosa perguntou ao fundo. Kauan sussurrou algo para a mulher, e Diana não compreendeu sobre o que falavam.

— Essa mulher que está aí com você é a tal Tayná? — Diana indagou com ironia.

— Não é de sua conta. Já dei meu recado.

— Aproveite enquanto pode, afinal você tem os 10 mil reais que roubou de mim. Faça bom proveito do dinheiro.

A linha ficou muda. Diana não esperava mesmo que a conversa fosse mais amistosa.

Diana colocou o celular sobre uma prateleira da estante e olhou para o relógio de pulso. Ainda era cedo. Se Kauan não estava com os pais, ela teria a oportunidade de ter uma boa conversa em particular com Isadora e Geovane. Os sogros tinham muitas explicações a lhe dar. E ela não sairia de lá enquanto não descobrisse quem seu marido era realmente.

Capítulo 12

Marcélia não escondeu o suspiro de exaustão, quando abriu a porta de seu apartamento. Trabalhara a noite toda, e o movimento no hospital fora intenso. Três enfermeiras, dentre elas Diana, estavam de folga. Agora, ela poderia descansar durante o restante daquele dia, para retornar no primeiro horário do dia seguinte.

Com mais de 60 anos, Marcélia acreditava não ter mais idade para trabalhar por tantas horas nem disposição para cobrir seu turno normal e os plantões. Todavia, era uma das enfermeiras-chefes e não podia se dar ao luxo de recusar serviço. Era muito bem remunerada por ele e, apesar de ser aposentada por tempo de serviço, não pretendia deixar o cargo, pois era de onde tirava sua renda extra.

Mesmo considerando o cansaço adquirido ao final de cada turno, ela gostava de sua profissão. Em mais de três décadas de carreira, já vira de tudo. Presenciara as dores dos familiares que choravam ao receber a notícia da morte de um ente querido e fora testemunha de festivas comemorações, quando alguém recebia alta ou despertava de um coma profundo.

Era vista como uma funcionária fofoqueira. As pessoas não compreendiam que ela apenas tecia comentários casuais sobre a vida alheia. Que mal havia nisso? Não difamava ninguém nem inventava o que não existia. Talvez aumentasse uma história ou outra, mas fazia isso apenas para acrescentar certo dinamismo aos bochichos.

O que ninguém sabia era que Marcélia se interessava pela vida de seus colegas, porque a dela deixara de ser interessante havia tempo. Discorrer sobre o que os outros faziam era muito melhor do que se lembrar de sua vida particular, das atitudes que tivera anos antes e que às vezes ainda voltavam para assombrá-la. Talvez a situação pela qual vinha passando tivesse a ver com seus atos passados. Se ela mesma não se perdoara pelo que fizera, por que Deus haveria de perdoá-la?

Ao entrar em seu apartamento, jogou a chave sobre o aparador e arrastou-se pela sala, onde se deixou cair sobre o sofá. Marcélia tirou a bolsa do ombro e colocou-a sobre uma almofada. Ainda era cedo e estava faminta, mas a preguiça era maior que a vontade de preparar almoço. A qualquer momento, sua filha iria chegar e daria início às queixas irritadas, porque não havia nada pronto no fogão à sua espera. Marcélia sabia que ela sempre brigava por qualquer coisa e parecia sentir prazer em irritar a mãe. Tinha certeza de que a filha a odiava.

As duas nunca tiveram um relacionamento pacífico. Viveram às turras desde que a garota começara a falar. O marido de Marcélia falecera muito cedo, e a jovem foi criada somente pela mãe. Na adolescência, culpava-a por não ter se casado outra vez e inserido na exígua família um homem que representasse o papel de pai. Marcélia ficou traumatizada com essa acusação, contudo, jamais tirou a razão da filha. Com o passar dos anos, descobriu, por fim, que nada do que fizesse poderia agradar a moça. Sempre seria a errada, a incompetente, a pior mãe do mundo.

Trabalhara dia e noite para pagar os estudos da filha, pois desejava que ela tivesse uma formação superior. Inteligente e dedicada, a jovem mergulhou nos estudos em uma das melhores universidades particulares de São Paulo. Todas as despesas estudantis da moça foram assumidas por Marcélia, e ainda assim a jovem nunca lhe fora grata. Não levava as colegas de grupo ao apartamento, porque achava o imóvel pequeno, desorganizado e humilde demais e ainda insistia em dizer que se sentiria humilhada, quando as amigas experimentassem a comida preparada por sua mãe, a quem taxava de "cozinheira de mão vazia".

Uma lágrima escorreu pelo canto do olho de Marcélia, seguida por outra, que se apressou a alcançá-la. Não sabia por que estava pensando na filha, hoje uma mulher madura, advogada, que só estava esperando encontrar o homem certo para ir embora do apartamento. Ela dizia que ainda tinha que aturar a mãe, porque não queria viver sozinha. Era independente, ganhava bem, mas Marcélia achava que a filha não tinha condições de se sustentar.

Fora mimada demais, protegida demais, agradada demais, e o resultado foi catastrófico. Se houvesse algum culpado em toda aquela história era ela mesma. Marcélia sabia.

Soubera, por alto, que a filha estava namorando. A moça não lhe dera muita satisfação, mas insinuara que estava dormindo na casa do rapaz. Marcélia não se atrevia a lhe fazer perguntas, porque sabia que ouviria respostas grosseiras e ásperas. Discutiam por muito pouco e nos últimos tempos mal se aturavam. Marcélia lembrava-se de que quase fora agredida, quando expulsou a filha do apartamento da última vez. Sabia que provavelmente era isso o que aconteceria se ela levasse a ideia adiante.

Deixando escapar outro suspiro, que só demonstrava o cansaço que seu corpo sentia, Marcélia seguiu com passos pesados até a cozinha. Estava morta de sono, após ter trabalhado a noite inteira, todavia, o horário de almoço se aproximava. Se a filha chegasse e não encontrasse a refeição pronta, o bate-boca começaria, e Marcélia estava disposta a tudo para ter um pouco de paz e sossego.

***

Tayná encostou o chumaço de algodão embebido em um medicamento na bochecha ferida de Kauan. Ao vê-lo machucado, ela decidiu ir à farmácia e comprar alguns produtos de primeiros socorros antes de passarem a noite no motel.

Kauan tinha um furo no rosto, a testa cortada e um de seus ombros estava inchado. Ele telefonara para a amante dizendo que estava saindo de casa definitivamente, mas Tayná não poderia imaginar que o casamento de Kauan, que já estava fracassado, terminasse de forma tão violenta.

— Minha esposa tem uma mente doentia — foi a primeira coisa que ele disse, quando ela entrou no veículo. — Veja só o que ela me fez.

— Meu Deus! — o espanto de Tayná era verdadeiro. — E por que tanta violência?

— Sempre soube que ela me traía, mas nunca lhe disse nada. Desta vez, no entanto, quando falei que havia conhecido uma pessoa, Diana se transformou em um monstro. Xingou-me dos piores nomes possíveis e me ameaçou com um processo. Enfiou um lápis na minha bochecha e me acertou com um vaso aqui — e mostrou a testa e o ombro.

— Que mulher louca! Fez bem em se livrar dela. Se continuasse assim, ela poderia até matar você durante o sono.

— Eu sei, meu amor — com sua incrível capacidade de interpretação, Kauan conseguiu fazer duas grossas lágrimas rolarem de seus olhos verdes, o que comoveu Tayná de imediato. — Graças a Deus, eu a conheci.

— Estou aqui — ela colocou a mão delicadamente sobre o braço de Kauan para não atrapalhá-lo a dirigir. — Vamos passar em uma farmácia para comprar uns curativos e, se você quiser, podemos seguir para um motel. Infelizmente, não posso levá-lo para meu apartamento, pois minha mãe é careta demais.

Da farmácia seguiram para o motel. Fizeram amor até altas horas da madrugada, e, quando já amanhecia, ele lembrou-se de que precisava retirar seus pertences do apartamento de Diana. Ao comentar com Tayná sobre o assunto, ela disse que conhecia uma empresa de carreto que costumava atender em feriados. Por sorte, Tayná tinha o telefone gravado em seu celular, e Kauan conseguiu acertar todos os detalhes assim que a empresa começou o expediente.

Após contratar o carreto, Kauan ligou para Diana e não precisou esforçar-se para ser ríspido e frio. Essa era sua natureza, que ele conseguia dissimular com muita facilidade. As mulheres viam um homem bonito, gentil e carente de amor, porque isso era o que ele queria que elas vissem. A verdade por trás da máscara era omitida o máximo possível. Esperava que Tayná não o descobrisse antes de se cansar dela.

Fizeram amor mais uma vez, antes de deixarem o motel. Kauan falou que tinha dinheiro para hospedar-se em um *flat* até resolver onde ficaria definitivamente. Saíra do apartamento de Diana com a roupa do corpo, porém, o dinheiro que ela lhe entregara estava em seu carro. Com aquela quantia, poderia se virar durante as próximas semanas.

Kauan não estava nem um pouco preocupado com o que ela pudesse fazer. Tudo o que mais queria era assinar o divórcio e se esquecer de que a conhecera um dia. Diana fora a maior furada em que ele se metera. Conseguira até se casar com ele, além de arranjar um filho, mesmo sendo pobre e sem graça. Ele fora muito tolo. Por sorte, nunca cometia o mesmo erro duas vezes.

Naturalmente, os dois se encontrariam no hospital, mas não por muito tempo. Se fosse rápido o bastante para confiscar tudo o que Tayná tinha de bem material, em breve poderia deixar o emprego e migrar para outro melhor. Não era isso que ele vinha fazendo desde que começara com aquela vida? Desde que se envolvera com a primeira mulher e lhe tirara tudo de valor até deixá-la praticamente na sarjeta?

Depois de se vestirem e acertarem a conta do motel, Kauan e Tayná seguiram para o carro. Ele a fitava com o canto dos olhos, que dardejavam luxúria. Ela era uma amante e tanto. Tinha um emprego sólido e, pelo que pudera apurar, ganhava muito bem. Deveria ter um bom pé-de-meia guardado, e Kauan não tardaria a descobrir o quanto aquela transação lhe seria lucrativa.

Tayná beijou Kauan com força nos lábios, quando ele a deixou novamente em casa, como tantas vezes fizera com Diana quando namoravam. Depois que ele partiu rumo ao *flat* em que se hospedaria, ela entrou no prédio. Estava cantarolando enquanto subia no elevador. Há tempos não se envolvia com um homem tão fogoso quanto Kauan. Por sorte, Kauan estava se livrando da esposa agressiva, embora ela nunca tivesse sido impeditivo para os encontros que os dois mantinham.

Ao entrar no apartamento e sentir cheiro de molho de tomate, o bom humor de Tayná evaporou-se como água. Sua mãe estava preparando macarronada em plena sexta-feira? Por tradição, macarrão se comia às quintas ou domingos.

Tayná entrou na cozinha como um tornado, assustando Marcélia, que mexia a panela distraidamente. A jovem advogada colocou as mãos na cintura, com uma ruga vertical entre as sobrancelhas. Estava furiosa.

— Qual é o cardápio de hoje? — bufou. — Macarrão?

— Estou muito cansada para preparar pratos sofisticados — redarguiu Marcélia, voltando a atenção para o fogão. — Como não vamos receber ninguém, não vejo razão para me esmerar.

— E desde quando você se esmera em alguma coisa? — Tayná aproximou-se e lançou um olhar de desdém para as panelas. O cheiro da carne que estava sendo cozida estava muito convidativo, contudo, ela ignorou-o completamente. — Você sabe fazer o básico e olhe lá.

— Agradeça a Deus por eu fazer o básico, pois, se não fosse por mim, nós duas morreríamos de fome.

— Acha que não posso me virar? Quando você morrer, contratarei uma cozinheira experiente, para que não tenha que comer essas gororobas.

Marcélia empalideceu, sentindo o rosto arder. Esforçando-se para não demonstrar o que sentia, virou-se de costas para o fogão, brandindo a colher de pau.

— E por que não contrata a cozinheira agora? Vai me poupar trabalho. Não sei por que come minha comida, se a detesta tanto.

— E tenho outra opção? — Tayná seguiu até a pia, encheu um copo com água e bebeu o líquido em grandes goles. Depois, depositou o copo debaixo da torneira fechada para que a mãe o lavasse depois. — Termine isso logo, porque estou com fome.

Marcélia não respondeu. Baixou o fogo do macarrão, que cozinhava lentamente, foi até a pia e enxaguou o copo que Tayná usara. Como a filha ainda permanecia ali, aproveitou para perguntar:

— Onde passou a noite?

— Interessa?

— Tayná, você não tem mais idade para bancar a adolescente malcriada e respondona.

— Justamente por não ser mais adolescente é que não lhe devo satisfações sobre minha vida. Tenho 26 anos e sou dona do meu próprio nariz — rindo, escorregou as mãos pelas laterais do corpo. — E desse tesouro que sacia qualquer homem.

Marcélia sacudiu a cabeça em sinal de reprovação.

— Passou a noite com seu namorado novo?

— Passei. Veja só — Tayná caminhou até a mãe e agitou os braços, girando o corpo. — Sentiu? É cheiro de sexo. Tomei banho ao sair de lá, mas o odor permaneceu. Imagino que desconheça esse aroma, já que não vai para a cama com ninguém desde que meu pai morreu.

— Quanta falta de respeito! Eu sou sua mãe, Tayná!

— E o que posso fazer quanto a isso? — Tayná mostrou as panelas. — Vá! Termine essa droga que está fazendo e pare de cuidar de minha vida.

Lágrimas brotaram dos olhos de Marcélia, que lutou para não chorar. Por que Tayná tinha que ser daquele jeito? Parecia que a filha sabia o que ela cometera no passado e adotara aquele comportamento impessoal e frio como uma forma de vingança. Parecia que, mesmo sem suspeitar de toda a história, Tayná queria castigar Marcélia por aquilo que ela considerava ser seu pecado mais escuso.

— Espero que saiba o que está fazendo — finalizou Marcélia.

— Cuide-se, porque não quero cuidar de nenhuma criança depois.

— Que criança? Ficou louca? Acha que não tomo os devidos cuidados? E mesmo que engravidasse, eu daria conta de criar meu filho.

— Você não cuida nem de si mesma.

— Cale a boca! Que inferno!

— Estou lhe dizendo a verdade. Se você não fosse tão...

— Já não mandei calar a boca?

Sem usar muita força, porém com firmeza descontrolada, Tayná colocou as duas mãos nos ombros de Marcélia e empurrou-a para trás. Despreparada em relação àquele gesto violento, ela recuou alguns passos e bateu o cotovelo contra uma das panelas aquecidas. Marcélia gritou quando a pele foi queimada e não escondeu uma careta de dor. Em poucos segundos, uma rodela vermelha formou-se no local atingido.

— A culpa foi sua — Tayná parecia mais surpresa do que assustada ou arrependida. — Deveria cuidar somente de sua vida medíocre. Passe álcool para não formar bolha no cotovelo. Quando a comida estiver pronta, avise-me, tá? Estou faminta!

Tayná saiu da cozinha, sem notar que a mãe estava chorando. A dor que consumia o coração de Marcélia era muito mais forte e destrutiva do que aquela provocada pela queimadura.

Capítulo 13

Diana saltou do ônibus e percorreu a pé a curta distância de dois quarteirões até a casa dos pais de Kauan. Era a primeira vez que ia até lá desacompanhada. Não teve dificuldade de achar o endereço, e a condução já a deixara próxima à residência.

Ela tocou o interfone fixado no portão alto e bem trabalhado e informou à voz feminina que desejava falar com os donos da casa. Apresentou-se como a esposa de Kauan e em menos de cinco minutos foi introduzida na elegante e bem decorada sala de estar.

A empregada que a recebeu só se afastou, quando Isadora desceu a escadaria de piso branco e a dispensou com um gesto de cabeça. A mulher beijou a nora duas vezes e não deixou transparecer se notara os evidentes hematomas no rosto de Diana.

— A que devo a honra desta visita? — mostrando seus dentes perfeitos, que adornavam um sorriso igualmente perfeito, Isadora indicou o sofá a Diana. Quando se sentaram, colocou ambas as mãos sobre o ventre da nora. — E meu netinho, como está?

— Está bem, assim como eu também espero ficar — Diana olhou na direção das escadas de onde Isadora chegara. — Seu marido está aqui? Se possível, eu gostaria de conversar com os dois, pois não desejo repetir toda a história nem quero que ela chegue distorcida aos ouvidos dele.

A voz da enfermeira estava fria e impessoal, o que fez o sorriso de Isadora diminuir um pouco. Ela chamou a criada que atendera Diana e lhe pediu que chamasse Geovane. A moça subiu as escadas rapidamente.

— Ele está descansando, mas não se sentirá importunado em recebê-la — ajeitando-se melhor no sofá, Isadora perguntou: — E Kauan? Por que não quis vir com você?

— Porque ele está... ocupado — Diana ajeitou uma mecha de cabelo atrás da orelha, num gesto de impaciência. — E o motivo que me trouxe aqui é particular, embora esteja diretamente ligado a ele.

Diana encarou Isadora ao dizer isso e notou o brilho que surgiu rapidamente nos olhos da anfitriã. Ela percebeu instantaneamente que a sogra já sabia o que tinha acontecido, mas duvidava que Kauan tivesse dito algo à mãe.

— Entendo. E como vai seu emprego no hospital? — Isadora sorriu outra vez. — Não deve ser fácil para uma enfermeira gestante exercer sua função. Você vai trabalhar até quando?

— Por que a senhora não deixa de falsidade e me pergunta como consegui esta mancha roxa no queixo e essas marcas vermelhas no rosto? — cortou Diana, nervosa. Detestava enrolação.

Isadora abriu a boca para responder alguma coisa, quando ouviram os passos de Geovane, que descia as escadas acompanhado pela empregada. Ao contrário da esposa, que se vestia com elegância, ele usava um traje fino e esvoaçante que mais parecia um pijama.

— Não posso acreditar que minha nora e meu netinho vieram nos ver — ele ostentava o mesmo sorriso que Isadora mostrara no início. Diana levantou-se, e Geovane recebeu-a com um abraço apertado. Quando a soltou, olhou ligeiramente para os ferimentos no rosto da nora, mas não fez nenhuma pergunta a respeito.

— Sua nora e seu netinho por pouco não deixaram de existir ontem à noite — Diana olhava de um para outro. — E imagino que nenhum de vocês vá me perguntar o motivo destas marcas, porque não é a primeira vez que isto acontece. Estou errada?

— Do que está falando, querida? — Isadora também ficou em pé.

— Quando Kauan me trouxe aqui para me apresentar a vocês, percebi o quanto pareciam acuados. A senhora, dona Isadora, me recomendou ter cuidado. Eu não perguntei o que isso significava e acabei dando o assunto por encerrado. Fui muito burra por ter agido assim.

— Não me lembro de ter lhe dito isso — desconversou Isadora.

— Oh, coitadinha! Que memória fraca ela tem! — Diana falava com voz debochada. — O senhor também não faz a menor ideia do que estou falando. Certo, seu Geovane?

— Sinceramente? — ele fez um sinal negativo com a cabeça. — Não.

— Vocês estavam apavorados e mantiveram a mesma postura em meu casamento. Agora, compreendo o porquê de tudo isso. Vocês nunca me destrataram, é verdade, mas creio que fizeram isso para não desagradar Kauan. Ele é o "x" da questão, não é mesmo?

Isadora e Geovane trocaram um breve olhar, enviando um ao outro uma mensagem silenciosa. Diana não desistiu:

— Não vou sair daqui, enquanto não deixarmos os joguinhos de lado, largarmos o fingimento para lá e conversarmos às claras. Com quem eu me casei?

Geovane hesitou e olhou para Isadora, que fez um sinal discreto de aprovação com a cabeça. Por fim, ele focou o olhar derrotado em Diana.

— Você se casou com um louco — Geovane confessou em um fio de voz.

Por mais que Diana já soubesse daquilo, ouvir tal revelação do próprio sogro deixou-a desarmada. Ela sentou-se abruptamente no sofá, e o casal imitou-a.

— Como você mesma disse, não é a primeira vez que isso acontece — Isadora falava lentamente, num tom quase sussurrante. — Você é a sexta mulher com quem Kauan se envolveu. Não sabemos se houve outras, entretanto, antes de acrescentar qualquer informação, gostaria de lhe fazer um apelo.

Diana não respondeu, mas aquiesceu. Isadora, cada vez mais nervosa, pediu:

— Rogo a você que esta conversa não saia dos muros desta casa, Diana. Por favor, não o denuncie à polícia nem leve esse caso adiante.

— Por sua própria segurança — emendou Geovane. — E a do seu filho.

— Não sei se tenho condições de atender a este pedido — Diana entrecruzou as mãos. — Ele roubou todo o meu dinheiro. Tentou...

— Foi pouco perto do que ele é capaz de fazer — Isadora fechou os olhos ao acrescentar: — Da última mulher com quem se envolveu Kauan roubou a vida.

Diana perdeu toda a cor do rosto e apertou a boca com a mão. Custaram-lhe alguns segundos para reagir. Isadora parecia aterrorizada, e na testa de Geovane já apareciam gotículas de suor.

— Vocês estão dizendo que Kauan matou uma mulher? — Diana pigarreou, porque o medo já sufocava sua garganta. — Eu me casei com um assassino?

— Ele não a matou diretamente — informou Isadora, ainda de olhos fechados. — Depois que Kauan tirou tudo o que ela possuía, esfregando na cara da moça que a usara e que nunca a amara de verdade, ela cometeu suicídio.

— Se ele roubou apenas seu dinheiro, dê-se por satisfeita — Geovane murmurou fitando o piso, como se fosse incapaz de levantar o olhar. — Assine o divórcio e afaste-se dele o máximo que puder.

— E vocês ainda não querem que eu o denuncie à polícia? — inconformada, Diana pulou do sofá, assustando ainda mais o casal. — Então, vocês são cúmplices de toda essa sujeira? O que mais estão escondendo de mim? Todos vocês deveriam ir parar na cadeia!

— Acalme-se, por favor — suplicou Isadora. A mulher levantou-se novamente e aproximou as mãos da boca de Diana, como se tentasse impedi-la de falar tão alto. — Os empregados não sabem de nada.

— O importante é manter as aparências, não? Vocês são ricos, provavelmente muito conhecidos, e temem que as tramoias macabras de seu filho maculem a imagem que devem se esforçar para manter.

— Por favor, não grite — rogou Geovane, unindo as mãos como se fosse rezar.

— Não tentem me calar! — em vez de cumprir a ordem, Diana elevou o tom da voz. — Vocês são tão ou mais culpados que ele! Não fizeram nada para impedir que eu me casasse com um golpista, que ilude as mulheres com seu charme e beleza para depois lhes tirar tudo o que possuem de valor. E o que ele faz com os lucros? Na certa, divide com vocês dois.

— Não nos atrevemos a perguntar, mas garantimos que ele nunca nos deu nada — Isadora chorava agora, o que não comoveu Diana. — Ele já chegou a nos ameaçar.

— Pois deveria cumprir as ameaças. Estou casada e esperando um filho de um homem que não conheço. Amei um completo estranho — e foi o fato de ainda o amar que fez Diana começar a chorar também.

— Compramos esta residência por méritos próprios — esclareceu Geovane. — Kauan nunca nos deu um real do dinheiro que...

— Rouba! — completou Diana, implacável. — O filho de vocês é um ladrão da pior espécie, um bandido que há muito deveria estar na prisão! E não estou nem um pouco interessada na forma como adquiriram a mansão. Só quero que me digam quem Kauan é. Contem-me tudo o que sabem a respeito dele, e, se eu perceber que estão mentindo ou omitindo alguma informação, sairei daqui direto para a delegacia e começarei denunciando vocês dois.

Isadora assentiu, secando as lágrimas do rosto. Àquela altura, todos os empregados da casa provavelmente já tinham ouvido a conversa e tirado suas próprias conclusões. Por outro lado, talvez fosse bom acabar com a fachada de vida perfeita que eles exibiam aos amigos e conhecidos. Por trás, tudo era mentira, ilusão e farsa.

— Tudo começou quando Kauan tinha 23 anos — pela terceira vez, Isadora sentou-se no sofá sem olhar para Diana, que continuava de pé. — Ele trouxe uma namorada para nos apresentar. Haviam se conhecido na faculdade, onde ele estudava Administração. O nome da moça era Giselle. Ela estudava na sala dele, e os dois pareciam sinceramente apaixonados um pelo outro.

Diana lembrou-se de que Kauan mencionara aquele nome no segundo encontro que tiveram. Ele dissera algo sobre ela o ter abandonado antes do casamento.

— Ela era não era rica, mas vinha de uma família de classe média alta. Após três ou quatro meses de namoro, ele simplesmente falou que tinham terminado. No dia seguinte, Giselle veio até aqui com os pais, fazendo acusações contra Kauan — Isadora fungou e examinou as unhas, sem enxergá-las realmente. — Falou que ele a convencera a comprar uma chácara em nome dele e que Kauan a revendera logo em seguida, embolsando todo o dinheiro. Ela era uma moça independente e todo o dinheiro que havia investido na transação era apenas dela, e não dos pais.

— Na verdade, esse era todo o dinheiro que ela possuía — esclareceu Geovane, pegando a deixa da esposa. — Kauan se fez de vítima o tempo todo, e nós não acreditamos que ele tivesse participado daquele golpe. Sempre demos a ele tudo o que desejava. Por que tentaria enriquecer ainda mais, usando meios ilícitos?

124

— Como Giselle comprou a tal chácara e a deu de presente a Kauan — prosseguiu Isadora —, não havia como provar que ele tinha sido interesseiro e que a tinha ludibriado de forma cruel e inteligente. Os pais da moça chegaram a processá-lo, contudo, o caso não foi longe. Ela fez isso somente por estar apaixonada demais, por estar convicta de que iriam se casar em breve. Quando o colocamos contra a parede, exigindo saber a verdade, ele foi grosso e violento. Enfrentou Geovane e por pouco não bateu no próprio pai.

— Naquele momento, não reconhecemos aquele homem como nosso filho — Geovane sentou-se ao lado da esposa e colocou um braço sobre os ombros de Isadora. — Ali não estava o menino que criamos com tanto amor e carinho, ensinando-lhe princípios e bons valores. Aquele homem era insano. Ele riu de nós, quando o recriminamos pelo que havia feito, e nos confessou o que tinha feito a Giselle. Por fim, Kauan ainda nos disse que faria tudo outra vez, futuramente.

— Então, Geovane tentou impedi-lo novamente — Isadora suspendeu a camisa do pijama que o marido usava e mostrou a Diana a lateral da barriga de Geovane, onde havia uma cicatriz de uns cinco centímetros de cumprimento. — Acredite se quiser, mas Kauan feriu o pai com uma faca. Foi aí que tivemos a certeza de que nosso filho tinha a mente de um psicopata.

Diana recebia a saraivada de informações, como se estivesse ouvindo a leitura de um conto de terror. O caso era muito pior do que ela pensava.

— Dissemos a todos que eu havia me cortado sem querer — Geovane sorriu e baixou a camisa. Não havia, porém, humor em seu sorriso. — Era uma desculpa imbecil, mas ninguém a contestou. Ficamos apavorados, reféns de nosso próprio filho. Ele dividia o mesmo teto que nós, contudo, tínhamos a impressão de que um *serial killer* morava em nossa casa. E sabíamos que, se chamássemos a polícia, ele poderia ferir gravemente um de nós — estremeceu — ou até mesmo nos matar.

— Depois vieram as outras mulheres — lembrou Isadora. — Todas elas se encantavam pela beleza quase angelical de Kauan. Ricas ou pobres, velhas ou jovens, bonitas ou feias, casadas ou solteiras, nenhuma resistia à tentação do sorriso marcante de nosso filho, de seus galanteios e da gentileza que ele sabe demonstrar quando quer.

"O conjunto de fatores que me fizeram me apaixonar por ele", pensou Diana, tentando esconder o sofrimento.

— Ele aplicou golpes semelhantes em todas elas — era a vez de Geovane falar, e Diana percebeu que eles se revezavam nas confissões sobre as ações do filho. — Conseguiu carros, casas e muito dinheiro. Pelo menos é o que nós deduzimos, pois, como lhe dissemos, ele nunca nos deu um centavo, ainda que não precisássemos de seu dinheiro sujo. Sobre a última garota, Kauan a convenceu a vender todas as ações que tinha de uma empresa e lhe entregar o dinheiro. Iriam se casar em breve, e ele dizia estar procurando um bom apartamento. Comovida, apaixonada e iludida, ela não relutou e fez o que ele pediu.

— Foi o mesmo golpe que ele usou comigo... — balbuciou Diana.

— Ele nos contava, com orgulho, como conseguia enganar cada uma das moças — Isadora apertou firmemente a mão do marido, pousada em seu ombro. — O que ele fazia era desumano, mas não podíamos reagir. A ameaça estava ali, velada, silenciosa, oculta nas brumas do terror e do medo. Ainda sobre a última moça, além das ações, ele conseguiu fazê-la vender a casa também. Ao descobrir que estava sem nada e que Kauan nunca a havia amado, ela cortou os pulsos.

Uma história era pior que a outra. Diana começou a pensar que, apesar de tudo, ela fora a mulher que menos tivera prejuízo.

— Você foi a primeira mulher, digamos... mais simples que ele conheceu — afirmou Geovane. — Quando vocês se casaram e anunciaram a gravidez, chegamos a pensar que ele estava mudando e que tinha se apaixonado pela primeira vez na vida. Afinal, o que tinha para tirar de você?

— Dez mil reais, além de todos os meus sonhos e minha felicidade.

— Até que durou muito — o pai de Kauan soltou um suspiro desalentado. — Era por isso que você nos via com tanto medo, Diana. Erramos por não avisá-la do que estava por vir. Poderíamos tentar entrar em contato com você, sem que ele percebesse. Fomos coniventes, é verdade, e lamentamos muito por isso. Se tivéssemos coragem suficiente, ele estaria na cadeia.

— Talvez os avisos não tivessem muita utilidade... — foi a vez de Diana confessar. — Minha melhor amiga tentou me abrir os olhos, garantindo-me que ele não prestava. Apaixonada, fui contra ela, e até hoje estamos brigadas. Acho que eu também não teria dado ouvidos a vocês — Diana deu tapinhas suaves no ventre redondo. — Não entendo por que essas moças não o denunciaram após os golpes.

— Porque nem sempre ele usava o nome verdadeiro — desfechou Isadora. — Você e Giselle foram as únicas moças que ele trouxe aqui. Não sabemos onde ele investiu todo o dinheiro que conseguiu com os golpes e não entendemos também por que conseguiu um emprego no hospital em que está agora. Na verdade, ele é uma incógnita para nós também.

— Garantimos que você terá toda a ajuda financeira de que precisar para criar o bebê — atalhou Geovane, como se isso pudesse suavizar aquele relato de horror. — Conte conosco para o que precisar, mas sem que ele saiba. Se o denunciar à polícia, provavelmente ele conseguirá se vingar de você ou de um de nós. Ele pode fazer muito mais do que deixar seu rosto marcado.

Diana contou-lhes como fora a discussão que levara ao rompimento da relação e que Kauan alegara ter outra mulher. Isadora e Geovane juraram que não conheciam Tayná e ficaram desesperados ante o perigo iminente que ela corria, mas disseram que não havia nada que pudessem fazer, além de rezar pela moça.

A conversa chegara ao fim, e Diana não sabia como agir. Ela não tinha provas que pudessem incriminá-lo, pois retirara o dinheiro do banco e o entregara nas mãos do marido, confiando nas promessas românticas de um futuro perfeito. Se soubesse quem era a tal Tayná, trataria de avisá-la para que não caísse na armadilha de Kauan.

Chegara à mansão irada com Isadora e Geovane e agora saía penalizada. Não estava, no entanto, completamente convencida de que todos eram vítimas de Kauan. Talvez não fossem, mas o mal já estava feito e de nada adiantaria se lamentar.

Diana despediu-se do casal e voltou ao seu apartamento. Sentiu vontade de ouvir um consolo de Pamela, contudo, ainda não estava preparada para ter novas emoções. Já vivera sua cota de surpresas e decepções para o dia.

Dali para frente, precisava reunir o que sobrara e seguir em frente. Arrancar de dentro de si o amor que ainda nutria pelo marido. Ao contrário das outras moças, pelo menos ela saíra lucrando, afinal, uma vida formava-se dentro dela. Dentro de mais quatro meses, veria o rostinho de seu filho, da criança muito amada que criaria sozinha.

Capítulo 14

Diana foi trabalhar de má vontade no sábado e no domingo, mas grata por não correr o risco de encontrar-se com Kauan naqueles dois dias. Conforme informara, ele mandou uma transportadora retirar os objetos pessoais do apartamento da ex-esposa. Diana colocou os pertences de Kauan em caixas e sacolas e deixou tudo na portaria. Não estava em casa, quando foram buscar as coisas nem quis saber se ele estivera presente no edifício.

No hospital, foi questionada pelos colegas e pacientes sobre o hematoma no queixo e o corte nos lábios. Por sorte, as marcas dos golpes no rosto já tinham clareado e a base que ela usava a ajudava a esconder o restante. Diana disse ter batido o rosto na porta do armário e evitou estudar a expressão no rosto das pessoas, para não descobrir se seu pretexto fora convincente ou não.

Marcélia não lhe fez perguntas, uma vez que também tinha seus próprios ferimentos. Passou todo o feriado com a queimadura ardendo no braço, sem que Tayná lhe perguntasse se ela estava melhor. Não estava interessada nisso.

Na segunda-feira, Diana viu Kauan saindo de um dos elevadores e sentiu as pernas bambearem. Aparentemente, ele não a vira e seguiu diretamente para seu escritório. Não havia como encará-lo agora sem se recordar de tudo o que ele lhe dissera e fizera, ou das confissões sinistras feitas por Geovane e Isadora.

Não tardou para que as fofocas e os comentários insidiosos tivessem início. Diana já imaginava que, quando vissem Kauan com o rosto igualmente ferido, chegariam à conclusão de que eles tiveram uma briga feia, principalmente se notassem que o casal não estava conversando. Durante uma pausa que fez para tomar um café na lanchonete, ouviu Eliete, Karen e Maria Rita murmurando às suas costas:

— A pessoa se achou, quando conseguiu casar com o bonitão — provocou Maria Rita. — Agiu pela traição, porque sabia que também estávamos interessadas nele, mas viram no que deu?

— Acho que eles se acariciaram com força demais — retrucou Karen, soltando uma gargalhada. — Se Kauan quiser, posso ir até lá fazer uns curativos nele. Daríamos certinho. Até as iniciais do nome são iguais.

Mais risadinhas irônicas. Diana mastigou depressa o quibe que estava comendo e tomou o último gole do café, na tentativa de afastar-se daquelas mulheres. Como já havia pagado a conta, ergueu-se da banqueta e escutou:

— Casamento de curta duração esse, hein? — Eliete olhou fixamente para Diana. — Boa tarde, Diana! Tudo bem com você?

— Comigo está tudo ótimo — ela caprichou no sorriso que mostrou às três mulheres. — Com vocês, talvez, não. Contentam-se com pouco, com tão pouco, que estão dispostas a correr atrás de minhas sobras.

Diana sentiu uma agradável satisfação quando viu as três mulheres empalidecerem ao mesmo tempo e seus sorrisos sarcásticos sumirem depressa, como se tivessem ensaiado o gesto.

— Você acha que não percebemos que seu casamento acabou? — reagiu Maria Rita. — Nem sei por que ainda usa essa aliança.

"Nem eu", pensou Diana, que nem se dera conta de que ainda estava com a argolinha dourada no dedo. Mais tarde, quando se sentisse forte o suficiente para isso, se livraria dela.

— É verdade, acabou mesmo — confirmou Diana. — E vocês não têm nada a ver com isso.

— Vai pedir pensão alimentícia para ele? — Karen voltou a sorrir. — Espero que a nova mulher que ele arranjar, o que não deve demorar a acontecer, não seja ciumenta a ponto de interferir na relação de Kauan com o filho que vai nascer.

— Isso também não é da conta de vocês. Da vida futura do meu filho cuido eu. Em breve, vamos nos divorciar — Diana esticou o braço apontando para trás. — Ele deve estar no escritório dele neste momento. Se o querem tanto, é só procurá-lo. Façam a dança da chuva, apresentem um número de mágicas, imitem cadelinhas. Algo assim deve convencê-lo a lhes dignar um mísero olhar.

As três mulheres tornaram a ficar lívidas, e Diana não conseguiu deixar de rir. Como podiam ser tão patéticas?

— Nós tínhamos uma grande amizade, Diana — tornou Eliete controlando a raiva. — Mas pelo jeito você prefere nos tratar como inimigas.

— Eu estou aqui para trabalhar e respeitar meus colegas, quando eles fazem o mesmo comigo. É para isso que sou paga. Agora, me deem licença...

Diana girou o corpo para ir embora. Tinha dado três passos, quando Karen soltou:

— No mínimo, ele a chifrou. Com aquele rosto de modelo, deve ter caído nas graças de outra mulher. A tonta ficou chupando o dedo e agora carrega na barriga o que sobrou do casamento. E depois ainda diz que nós ficamos com as sobras!

Diana respirou fundo, torcendo para que Marcélia não a ouvisse dizer aquilo:

— Sabe qual é o problema de vocês? Inveja e medo da solidão. É por isso que correm atrás de qualquer homem deste hospital, do auxiliar de limpeza ao presidente. A situação de vocês é digna de compaixão. Fazem isso porque sabem que, com esse corpo e essa aparência, nem para prostitutas vocês têm utilidade.

Não esperou para vê-las perder a cor outra vez. Sabia que elas iriam queixar-se a Marcélia ou à própria diretoria. Não estava preocupada e sabia que não perderia o emprego, tanto por estar grávida quanto por causa de uma discussão frívola com três desocupadas.

Diana não voltou a ver Kauan no restante daquele dia, o que foi um alívio. Porém, não teve a mesma sorte na terça-feira. Carregando uma cesta com esparadrapos e gazes, ela entrava no elevador, quando o viu lá dentro, a caminho do andar em que ficava seu escritório. Os dois encararam-se por alguns segundos, e ela hesitou em entrar. O olhar de Kauan sobre a ex-esposa foi tão intenso que por pouco a cesta com os suprimentos médicos que Diana segurava não foi ao chão.

As portas do elevador fecharam-se sem que tivessem trocado uma única palavra. Diana permaneceu onde estava e apertou o botão do painel novamente. A visão do rosto do marido fora breve, contudo, ela pôde notar os sinais dos ferimentos que causara nele. Durante um ou dois segundos, sentiu-se tentada a ir até sala de Kauan e implorar-lhe perdão. Desejou pedir-lhe uma segunda chance e que voltasse para casa naquela mesma noite.

Diana amava-o e continuava completamente apaixonada pelo ex-marido, todavia, sabia que ele não estava nem aí para seus sentimentos. Sabia ainda que fora usada e enganada por um homem sem escrúpulos, mas o que sentia por ele era genuíno, era produzido por um coração cheio de esperanças e promessas e que ainda tinha fé em Kauan.

Os dias seguintes foram semelhantes. Em algum momento do expediente, inevitavelmente Diana cruzava com Kauan, fosse pelos corredores, nos elevadores ou na recepção, quando estavam saindo ou retornando do almoço. Ela nunca o via com outra mulher. Quando não estava sozinho, era visto conversando com algum colega. Diana guardara sua aliança e, em uma dessas vezes em que o encontrou, reparou que o ex-marido também não usava mais a dele.

A discussão com as demais enfermeiras não dera em nada. Se elas reclamaram de Diana, a denúncia não fora levada em conta. O clima no ambiente profissional estava péssimo, e ninguém mais conversava com ela, com exceção de Marcélia e dos pacientes.

Na primeira semana de novembro, Diana recebeu um telefonema de um homem que se apresentou como sendo o advogado de Kauan. Queria tratar do divórcio. Ela ficou apavorada com aquela ligação, pois continuava apoiando-se na vã ilusão de que Kauan se transformaria em uma pessoa melhor e que lhe pediria para recomeçarem a vida amorosa. Quando assinasse o divórcio, tudo o que viveram chegaria ao fim de uma vez por todas. Na realidade, já acabara na noite em que ele saíra de casa, mas Diana recusava-se a admitir o fato para si mesma.

Marcaram uma reunião no escritório do advogado para o dia seguinte, quando ela estaria de folga. Ele afirmou que o processo de divórcio se encerraria rapidamente, caso não houvesse nenhum impeditivo. Como ambas as partes pareciam propensas à separação, terminariam aquilo o quanto antes.

Diana acordou atrasada na manhã seguinte. Sonhara novamente com o homem que parecia aconselhá-la durante o sono. Ela não conseguia se recordar de nada do que ele dissera, porém, despertara mais confiante, embora estivesse preocupada com o compromisso com o advogado de Kauan.

Ao terminar de se trocar, Diana viu que faltava apenas meia hora para a reunião. O escritório ficava no centro da cidade, e ela viu-se obrigada a caminhar até a rua de trás de seu prédio, onde havia um ponto de táxi. Ao aproximar-se, viu que havia apenas dois veículos disponíveis e notou em seguida um senhor de cabelos brancos sentado no banco de madeira, mordendo prazerosamente um pão francês recheado com mortadela.

— Bom dia! — cumprimentou Diana. — O senhor está liberado para fazer uma corrida?

Ele ergueu a cabeça, olhou-a por cima das lentes dos óculos e ficou em pé. Engoliu às pressas um pedaço do pão e apontou para um dos carros.

— Eu sou o próximo da fila, mas, como não terminei de tomar meu café da manhã, vou continuar me alimentando — ergueu a mão com o restante do pão. — Se a senhora não se importar, vou pedir ao Riquelme que faça a corrida.

O senhor gritou o nome do outro motorista, e fragmentos de pão e mortadela voaram em direção ao rosto de Diana como balas em um tiroteio. Ela ainda estava se limpando, quando viu um rapaz sair de um bar, enfiando um saquinho com dropes no bolso da calça. Tinha um corpo magro e estreito e era apenas alguns centímetros mais alto do que ela. Vestia calça jeans e uma camisa xadrez. Os cabelos eram castanhos-claros e, apesar de não ser tão jovem, tinha a aparência de um adolescente graças às espinhas no rosto fino. Os olhos eram escuros e exalavam tranquilidade como as águas plácidas de um lago deserto.

O rapaz sorriu para Diana, mostrando dentes brancos e ligeiramente tortos, o que não desmerecia seu charme. Ele abriu a porta traseira de seu carro e fez um gesto para que ela entrasse.

— Se você não se importa, eu prefiro me sentar no assento da frente.

— Nesse caso — ele fechou a porta de trás e abriu a da frente, repetindo o gesto anterior —, seja bem-vinda.

Diana agradeceu, sentou-se e cruzou o cinto sobre o peito. O taxista ligou o taxímetro e deu partida, enquanto ela informava o endereço do advogado de Kauan, que anotara em um pedaço de papel.

Rodaram alguns quarteirões em silêncio, e, quando pararam em um semáforo, o taxista olhou para Diana com o canto dos olhos.

Nunca a vira antes pelas redondezas. Era uma mulher bonita, embora não fosse nenhuma *miss*. Tinha cabelos castanhos e lisos, que naquele momento estavam presos em um coque. Mantinha as mãos pequenas e delicadas sobre a barriga esticada.

— Desculpe lhe perguntar, mas você é daqui? — quando Diana voltou o rosto para encará-lo, Riquelme pareceu confuso com a própria pergunta. — Só queria saber se você mora aqui.

— Aqui onde? Em São Paulo?

— Sim... Quer dizer, no bairro onde fica o ponto em que trabalho.

— Moro, sim. Nunca uso táxi, porque pego ônibus para ir ao serviço. Hoje estou de folga e acabei acordando atrasada para este compromisso.

— Entendi — Riquelme apertou os lábios. Era conhecido por ser bom de prosa com seus passageiros, e a maioria gostava de seus papos. Todavia, por mais que se esforçasse, não sabia como puxar assunto com aquela moça. Preferia que ela tivesse se sentado atrás, pois ao menos poderia fitá-la discretamente sem ter de virar a cabeça.

— Só espero que não haja trânsito, senão, estarei ferrada! — Diana murmurou.

— Neste horário é pouco provável — olhou-a de revés e percebeu que agora as mãos dela pareciam agitadas. Não se conteve: — Perdoe-me outra vez, mas a senhora me parece um pouco nervosa. Está tudo bem com a criança?

— Como? — Diana saiu de seus devaneios e sorriu para o taxista. — Está tudo ótimo. Eu que sou muito distraída.

— É seu primeiro filho? — Riquelme quis saber, retomando seu costume habitual de puxar assunto.

— É, sim — Diana olhou carinhosamente para a barriga, como se estivesse vendo o rostinho do bebê.

— Menino ou menina?

— Não sei ainda. — Ela e Kauan haviam combinado de que só saberiam o sexo da criança após o parto. Agora não tinha mais necessidade de manter o mistério. — Em breve, farei a ultrassonografia.

— A senhora e seu marido têm alguma preferência quanto a isso?

— Pode me chamar de você — pediu Diana.

Quando pararam atrás de um ônibus, que aguardava a liberação do semáforo, Riquelme a olhou mais atentamente.

— Para mim, tanto faz. O importante não é o sexo, mas o amor que tenho pelo bebê — Diana tornou.

— Boa resposta. Acho que é disso que todo espírito necessita: amor.

— Espírito? — Diana lançou um olhar sério para o taxista. — Estamos falando de bebês, não de espíritos.

— E os bebês são o quê? Aliás, o que somos nós, sem o princípio inteligente que nos anima e nos dá vida? Nosso verdadeiro íntimo é o nosso espírito.

— Você acredita em espíritos, fantasmas e coisas do tipo?

— Acredito. Eles são reais, mesmo aqueles que tentam nos assustar, como vemos em filmes de terror. Claro que nas produções cinematográficas sempre há um toque de fantasia e de dramatização.

— Nunca pensei muito nessas coisas. Acho que teria medo se me deparasse com um na minha frente.

— Alguma pessoa querida e próxima de você já faleceu?

Diana pensou rapidamente em seus pais e, em seguida, em Wesley e balançou a cabeça afirmativamente.

— Meus pais já morreram. E no ano passado o marido de minha amiga foi assassinado. Eu o conhecia há pouco tempo, mas tinha um carinho especial por ele.

— Se você pudesse se encontrar com qualquer um deles e tivesse a oportunidade de trocar abraços, de manter uma boa conversa e de matar a saudade com essas pessoas, teria medo?

— Não sei. Se pensasse por esse lado, acho que não.

— Pois essa é a nossa realidade. Aquelas pessoas que conhecemos e que já desencarnaram não desapareceram para sempre. Elas continuam vivas, muitas vezes, do mesmo jeito que nos lembramos delas, com as mesmas manias e os mesmos costumes e, principalmente, com os mesmos sentimentos.

Diana voltou a pensar nos pais e sentiu um aperto no peito, seguido de uma grande vontade de chorar. Havia anos deixara de chorar por eles. Ela, então, esforçou-se para não derramar algumas lágrimas.

— Seria lindo se isso fosse verdade. Quando estava na faculdade, conheci uma moça que era espírita e me dizia coisas parecidas. Ela tinha fé absoluta na sobrevivência do espírito após a morte e tinha tanta convicção no que dizia que era difícil discordar de suas palavras.

— Eu já estudei o espiritismo e hoje me considero um espiritualista independente, pois não me prendo a nenhum dogma moral nem a preceitos definidos por outras pessoas. Para estudar a espiritualidade, basta apenas acreditar em Deus e no poder da vida. O restante nós descobrimos aos poucos.

— E por que você comparou meu bebê a um espírito?

— Porque é mais um que está retornando ao mundo corpóreo cheio de novos sonhos e projetos, embora não se lembre deles. É mais um que está chegando para ser feliz e para talvez ensinar a muitos outros sobre a importância do amor.

— Você está falando em reencarnação?

— Sim. Vivemos muitas existências antes desta. Em cada uma aprendemos muito e vamos crescendo com cada experiência adquirida.

Riquelme calou-se, e Diana não respondeu. Se o que ele estava dizendo fosse verdade, era algo a se pensar, caso quisesse colocar seu relacionamento tempestuoso com Kauan em um momento de reflexão. Qual experiência ela abstraíra de seu casamento? Aprender com a desilusão, a intolerância, o ciúme e a decepção amorosa? Ou perceber que não faria sentido apegar-se ao ódio, à mágoa, ao ressentimento e ao desejo de vingança? Ou, ainda, aprender a conhecer melhor as pessoas, antes de se entregar totalmente a elas, ressaltando sua própria força e sua percepção?

Teriam ela e Kauan se conhecido em outras vidas? Se a resposta fosse positiva, para Diana isso pareceria ainda mais romântico. Um amor que nem o tempo fora capaz de destruir. No entanto, ao pensar nisso, ela percebeu que não havia amor algum. Não da parte dele, pelo menos. Ela fora usada para que Kauan saísse lucrando financeiramente.

Diana preparou-se para fazer outra pergunta, quando Riquelme lhe mostrou o edifício. Haviam chegado ao destino, e ela nem se dera conta, de tão entretida que estava com aquelas novas ideias.

— Chegamos ao endereço — sorriu Riquelme.

— Obrigada. — Ela conferiu as horas. Estava dentro do horário. Diana desprendeu o cinto e abriu a bolsa para pegar o dinheiro. — Você se importaria de me dar o número de seu celular? Se ainda estiver aqui pelo centro, gostaria de retornar com você.

— Com muito prazer — Riquelme retirou um cartãozinho branco do bolso da camisa xadrez e entregou-o a Diana. — Aí está meu contato. Vou aproveitar para almoçar em um boteco perto daqui. Quando a senho... quando você sair, é só me chamar.

— Obrigada — ela repetiu. Diana pagou a corrida e desceu do carro com um sorriso. — Você é o taxista mais gentil que conheci.

— Espere até me encontrar com fome. Meu bom humor vai para o espaço. É por isso que vou almoçar agora — Riquelme acenou para Diana.

Despediram-se, e Diana sorria. Quando encarou a fachada sóbria do edifício, no centro de São Paulo, ela respirou fundo e entrou.

Capítulo 15

Empurrando o carrinho duplo que alugara no Aeroporto Santos Dumont, Pamela chegou à área externa, onde conseguiu pegar um táxi. O voo da ponte aérea São Paulo-Rio durara menos de uma hora. As meninas dormiram durante todo o trajeto, o que foi um alívio para ela.

Quando foi visitar os sogros pela última vez, Pamela ainda estava noiva de Wesley. Os pais do marido foram a São Paulo apenas duas vezes após a morte do rapaz, sendo que a última visita acontecera no dia em que Tamires e Marina completaram um ano de vida.

Moravam no bairro Recreio dos Bandeirantes, na Zona Oeste da cidade, em um amplo apartamento, em um edifício tranquilo e confortável de apenas três andares. Assim como Diana, eles nunca se recuperaram totalmente da tragédia. Na última vez em que conversaram por telefone, a mãe de Wesley confessou que, quase todas as noites antes de dormir, chorava pela morte do único filho.

Pamela estava de férias e aceitou o convite dos sogros para passar alguns dias na companhia deles. Queriam curtir as netas e a presença da nora, que admiravam muito, não somente por ter sido a mulher que Wesley escolhera e que o amara tanto, mas por criar duas crianças sozinha, conciliando seu papel de mãe e pai com sua profissão na área de enfermagem. Pamela era admirável.

A temperatura na capital carioca estava bem mais elevada do que em São Paulo, e a brisa amena proveniente do mar não aliviava muita coisa. Pamela deu graças a Deus quando sentiu o ar-condicionado do interior do prédio. O pai de Wesley auxiliou-a, carregando o carrinho desmontado, enquanto ela subia dois lances de escadas até o segundo andar, segurando ambas as filhas.

Os pais de Wesley eram alegres e despojados, mas certamente parte desse entusiasmo e dessa descontração se foi junto com o filho. Mesmo assim, eles faziam o possível para não deixar que a tristeza e a saudade tomassem conta deles.

Cumprimentaram Pamela com alegria, sinceramente felizes com a presença dela. A mãe de Wesley chamava-se Ismênia, e o pai, Augusto. Ambos estavam na casa dos 60 anos e aparentavam dez a menos, graças à alimentação balanceada e à constante prática de exercícios físicos.

Enquanto aguardavam a empregada terminar os preparativos para o almoço, Pamela estudava Ismênia, que ninava Tamires carinhosamente. Ela era uma mulher pequenina, com cabelos curtos e escuros e olhos astutos, que brilhavam atrás dos óculos. Já Augusto era o oposto da esposa. Alto e musculoso, orgulhava-se do abdome reto e da postura ereta que sempre mantinha. Os cabelos eram grisalhos e o rosto quadrado e marcante. Pamela não achava que Wesley se parecesse com eles, mas a personalidade carismática era indiscutivelmente muito semelhante.

Ninguém poderia imaginar que, sentado tristemente em uma cadeira, um espírito vestindo uma farda militar esfarrapada observava a pequena reunião.

— Até hoje não consigo acreditar no que aconteceu — Ismênia beijou a testa de Tamires e olhou para Augusto, que segurava a outra menina. — Quando Wesley nos contou que desejava entrar para a polícia, eu não concordei com isso. É uma profissão tão perigosa, de alto risco.

— Nós nunca conseguimos demovê-lo dessa ideia — lamentou Augusto. — Desde pequeno, o sonho dele era defender os cidadãos dos ladrões e criminosos.

— Acho que não adianta pensarmos assim — discordou Pamela. — Sei o quanto ele foi feliz, durante o tempo em que serviu à polícia — um sorriso melancólico surgiu nos lábios de Diana. — Era o que ele amava fazer. E o fato de ter morrido durante o exercício do dever transformou-o em uma espécie de herói para todos nós.

Wesley ergueu a cabeça e olhou demoradamente para Pamela. Como amava aquela mulher. Faria de tudo para que ela pudesse vê-lo ali.

— Não falemos disso agora — pediu Augusto, enxugando as lágrimas que já estavam brotando. — Ainda é um assunto muito doloroso para todos nós. É cutucar uma ferida que não vai cicatrizar tão cedo.

Pamela e Ismênia concordaram. Ela indagou à nora:

— E como vai esse coraçãozinho? — como Pamela sorriu sem graça, ela continuou: — Não precisa nos esconder se estiver interessada em outra pessoa, porque somos os pais de seu marido. É uma mulher linda. Não há necessidade de guardar luto eternamente.

— Eu não estou com ninguém — confessou Pamela timidamente.

Era verdade. Nos últimos meses, Pamela recebera vários convites de homens solteiros e divorciados que tentaram conhecê-la melhor, entretanto, nenhum deles lhe despertara o mínimo interesse. Ela tinha a impressão de que trairia a memória de Wesley caso se envolvesse com alguém, afinal, ele morrera havia um ano e meio, um tempo relativamente curto, em sua opinião, para dar início à outra relação.

Wesley tentou sorrir, porém, só conseguiu chorar. Era uma faca de dois gumes. Às vezes, queria que Pamela seguisse em frente e encontrasse um bom homem que pudesse substituí-lo, para amar e criar as filhas que ele deixara para trás. Por outro lado, sabia que não suportaria vê-la beijando outra pessoa e entregando-se a outro homem. O fato de estar morto não influenciava suas decisões em nada.

Estar invisível e ser ignorado era, na opinião dele, o pior castigo pelo qual um ser humano poderia passar. Falava e não era ouvido, abraçava e não era sentido, chorava e não era consolado. As únicas pessoas que o notavam de vez em quando eram Tamires e Marina, que ainda não sabiam falar para contar aos outros o que estavam vendo.

A conversa entre Pamela e os sogros foi interrompida pela empregada, que anunciava que o almoço seria servido. Eles se acomodaram à mesa, e Pamela colocou as meninas no carrinho, aproximando-o de sua cadeira. As gêmeas, contudo, pareciam mais interessadas em apreciar o lustre no teto.

— Sei que um dia, se aparecer alguém, começarei tudo de novo — continuou Pamela, dando a primeira garfada num pedaço de frango assado. — Acho importante a presença masculina na criação de uma criança... — sorriu. — Na criação de duas, no caso.

— Temos certeza de que Wesley, de onde estiver, vai aprovar isso — garantiu Augusto.

Ele mesmo pedira para que não voltassem a falar do filho, mas era inevitável. Wesley era o elo entre eles e Pamela.

— Nosso menino a amava muito e tinha um coração gigantesco. Às vezes, costumávamos dizer que ele era um anjo que Deus mandou para nós. Talvez por isso tenha partido tão cedo.

— Eu amo o senhor, papai — lágrimas escorriam dos olhos de Wesley e misturavam-se ao sangue seco que tingia a lateral de seu rosto. Ele sabia que logo o ferimento voltaria a sangrar, o que o faria sentir dor. Estava disposto a fazer aquele sacrifício, se este fosse o preço para permanecer ao lado das pessoas que amava, principalmente de Pamela e das filhas. — Também amo a senhora, mamãe — ele confessou, mesmo suas palavras sendo levadas pelo vento. — Só queria que soubessem que estou aqui, bem pertinho de vocês.

— Sabe o que me deixa mais triste em tudo isso? — Ismênia olhava na direção de Pamela, embora parecesse não vê-la ali. Seus olhos estavam marejados. — Ele morreu sem que tivéssemos tempo de lhe pedir perdão.

— Perdão pelo quê? — questionou Pamela, tomando um gole do suco de laranja. — Até onde eu sei, vocês foram os pais mais incríveis que Wesley poderia ter. Ele sempre os elogiou muito.

— Porque ele tinha um bom coração, Pamela — Augusto falava com a voz embargada, faltando-lhe pouco para se entregar ao pranto. — Não via maldade nas pessoas. É difícil entender por que ele se tornou um policial. Nosso filho era capaz de passar a mão na cabeça de um bandido que prendesse e lhe pedir que não voltasse a cometer maldades.

Wesley e Pamela sorriram com aquela comparação.

— Então, por que estão dizendo que deveriam ter pedido perdão a ele?

Ismênia baixou o olhar para o prato à sua frente.

— Porque nós mentimos para ele. Wesley não sabia que Augusto e eu guardávamos um segredo. Um segredo que nos esforçamos para manter.

Wesley levantou-se da cadeira e aproximou-se um pouco mais da mesa. Do que sua mãe estava falando?

— Vocês querem falar sobre isso? — perguntou Pamela, intrigada.

— Wesley não era nosso filho biológico — revelou Augusto num murmúrio. — Nós o adotamos quando ele tinha apenas três meses de vida.

Surpresa, choque, frustração e dor cruzaram o olhar de Wesley em um só instante. Ele deu passos para trás, como se alguém o empurrasse. Pamela também estava lívida e soltara os talheres como se eles estivessem em brasa.

— Do que estão falando? — questionou Pamela. A expressão nos olhos do casal revelava que eles não estavam brincando.

— Ismênia descobriu que era estéril seis meses depois do casamento. — Augusto olhou carinhosamente para a esposa. — Tentávamos ter o nosso primeiro filho, quando buscamos ajuda médica e descobrimos esse inconveniente.

— Isso nos abalou no início, mas jamais prejudicou nosso relacionamento. — Ismênia sorriu para o marido, como se estivesse grata pelo apoio que ele lhe dera no passado. — Eu jamais poderia dar à luz uma criança, pois não havia nenhum tipo de tratamento que pudesse reverter esse problema. E como o desejo de sermos pais era muito forte, optamos pela adoção.

Wesley acompanhava a confissão profundamente abalado. Subitamente, seus olhos haviam secado. Pamela não estava menos espantada.

— Na tentativa de não permitir que minha esterilidade nos prejudicasse emocionalmente — continuou Ismênia —, nós fizemos uma viagem a São Paulo. Não tínhamos parentes lá, mas era importante mudar de ares, conhecer lugares novos e desanuviar a mente. Não acredito muito nessa história de destino, todavia, penso que as coisas não acontecem por acaso. Durante um passeio pelas ruas da cidade, passamos por um parque e pedimos informação a uma mulher que encontramos. Estávamos meio perdidos, pois não conhecíamos a região muito bem. A desconhecida nos informou o que queríamos saber, enquanto puxava assunto. Gostamos de conversar com ela e, quando nos demos conta, mais de uma hora havia transcorrido durante o bate-papo.

— Soubemos que ela estava passando por dificuldades financeiras, que o marido estava doente e que recentemente tiveram um casal de gêmeos — Augusto olhou rapidamente para as netas. — Não era uma história inventada para conseguir algum dinheiro. Ela estava bem-vestida, tinha dentes bem cuidados e até uma profissão. Era formada e tinha um emprego, porém, ganhava pouco e quase tudo o que recebia utilizava para comprar leite para as crianças e medicamentos para o marido.

Pamela assentia, fascinada com aquela história que estivera enterrada até então.

140

— Lhe oferecemos dinheiro, mas ela não aceitou a princípio — prosseguiu Augusto. — Entretanto, ela nos disse que não poderia sustentar as duas crianças e o marido durante muito tempo. Faltava ao trabalho para cuidar dele e temia ser demitida a qualquer momento, o que deixaria a família definitivamente na ruína.

— Perguntamos se poderíamos conhecer os filhos dela, e ela concordou. — Ismênia fitou a comida à sua frente totalmente desinteressada. Perdera o apetite. — Ela morava em uma casa bem simples, a três quarteirões de onde estávamos. Ao chegarmos lá, descobrimos que ela fora sincera sobre tudo o que nos contara. O marido, embora ainda jovem, padecia de câncer nos pulmões, e os gêmeos, com apenas três meses de idade, choravam em coro, clamando por alimento.

Embora Pamela já pudesse deduzir o final daquela história, esperou que eles a concluíssem.

— Nós acabamos nos oferecendo para ficar com uma das crianças — informou a mãe de Wesley. — Confidenciamos a ela a nossa dificuldade de ter filhos e o quanto seríamos felizes se pudéssemos ter um. Ela pareceu hesitante com a nossa proposta, mas não tardou a se decidir. Nem mesmo consultou o marido, dizendo que se entenderia com ele depois. Contudo, falou que só abriria mão de um dos filhos se recebesse por isso. Todos nós sabíamos o quanto aquela transação era desumana, mas, de certa forma, parecia ser a melhor solução. Ficamos com o menino e, naquela mesma tarde, lhe entregamos a quantia solicitada.

— No hotel em que estávamos hospedados, ninguém questionou a presença da criança — completou Augusto. — Se isso tivesse acontecido, teríamos inventado alguma desculpa. Talvez disséssemos que o bebê era um sobrinho nosso. Fechamos a conta do hotel e voltamos para o Rio de Janeiro. Por sorte, tínhamos vindo de carro, o que evitou a burocracia do aeroporto ou da rodoviária.

— No Rio, procuramos uma delegacia e alegamos ter encontrado a criança num cesto de lixo, diante da casa em que morávamos — tornou Ismênia, com a voz carregada de emoção. — Explicamos que estávamos interessados em adotá-la, e o delegado nos informou que, se ninguém reclamasse o bebê durante determinado período, poderíamos iniciar o processo de adoção. O menino ficou sob a proteção do Conselho Tutelar, enquanto dávamos entrada nos papéis. Tivemos muita sorte nisso tudo, e, por fim, Wesley se tornou oficialmente nosso filho. Nunca mais tivemos notícias da tal mulher nem soubemos o destino da irmã dele. Não sei se um dia teríamos coragem de contar a verdade a ele.

Ismênia começou a chorar. Pamela, por sua vez, levantou-se da cadeira e abraçou a sogra com força. Augusto uniu-se às duas, e todos choraram por alguns minutos. Enquanto isso, Wesley permanecia afastado, ainda tentando assimilar o que ouvira. Então, eles não eram seus pais? Augusto e Ismênia haviam mentido para ele por todos aqueles anos?

Quando conseguiram se recompor, Pamela disse:

— Não estou aqui para julgá-los. Sei que vocês foram excelentes pais para Wesley. Ele sabe disso e de onde estiver vai perdoá-los.

— Eu gostaria de ter essa certeza — choramingou Ismênia, secando os olhos.

— Ele era maravilhoso! Wesley certamente saberá entender que vocês tiveram seus motivos para adotá-lo.

— Mas nós o compramos! — rebateu Augusto. — E o que dizer da mãe biológica, que vendeu o próprio filho?

— Também não podemos julgá-la, senhor Augusto, principalmente se ela passava por uma situação difícil — contrapôs Pamela, sendo sensata. — Nunca saberemos se ela se arrependeu do que fez. Ninguém é inocente ou culpado nessa história. Cada um agiu movido pelo que o coração mandava.

As palavras de Pamela tiveram o poder de serenar a mente angustiada dos pais de Wesley. Era bom saber que contavam com o apoio da nora, mas ainda imaginavam o que Wesley diria de tudo aquilo. Será que ele os perdoaria?

Como se respondesse àquela pergunta, Wesley sacudia a cabeça negativamente. Mesmo depois de morto, não tinha sossego. Acabara de descobrir que nem sequer conhecia seus verdadeiros pais e que possuía uma irmã perdida por aí. Acreditara em dois mentirosos, que foram capazes de enganá-lo sem compaixão. Ele merecia conhecer a verdade, mas não da forma como ela apresentava-se naquele momento.

E ainda diziam que Wesley precisava seguir seu caminho em outras esferas astrais. Até parece que ele iria embora! Além de ficar no mundo físico por Pamela e pelas filhas, agora se dedicaria a descobrir sua verdadeira origem. Quem seria a tal irmã gêmea? Como ela se chamaria? Será que era parecida com ele? E os pais biológicos? Será que o pai faleceu ou se recuperou? E a mãe que não se importara em vendê-lo? Onde e o que estaria fazendo naquele momento?

Quanto a Ismênia e Augusto, ele só tinha uma certeza: jamais os perdoaria.

Capítulo 16

Diana saiu do escritório do advogado de Kauan com a cabeça estourando. A reunião fora rápida e direta. Ele explicara o que ela tanto temia: Kauan queria se separar o quanto antes e esperava que Diana não lhe criasse empecilhos. Diana sabia que não havia motivos para não concordar, mesmo que ainda se recusasse a acreditar que todos os seus sonhos com o marido tinham sido destruídos.

Ela telefonou para o celular de Riquelme, que em poucos minutos encostou o carro para pegá-la. Diana sentou-se no banco do carona e prendeu o cinto. Com um único olhar, Riquelme reparou que ela parecia nervosa e irritada.

— Vai direto para casa ou deseja parar em algum outro lugar? — ele começou, tentando ser educado.

— Quero ir para casa — Diana fechou os olhos, grata por estar de folga. Para onde mais iria?

— Você me parece um pouco agitada. Não quer tomar um pouco de água? Tenho uma garrafa fechada no porta-luvas, só não está gelada.

Diana ia recusar, mas mudou de ideia. Encontrou a garrafa e tomou um longo gole. O advogado de Kauan a informara sobre todos os trâmites de um processo de divórcio amigável e marcou outra reunião para a semana seguinte, em que o marido — ou ex--marido — também estaria presente. Ela limitara-se a ouvi-lo e não fizera uma única pergunta. Não queria dar nenhum sinal de que ainda queria Kauan de volta. Sabia que isso era indício de fraqueza.

— Obrigada pela água — ela agradeceu a Riquelme e fechou a garrafa.

— Já almoçou? Eu comi como uma sucuri. Veja o tamanho da minha pança.

Diana virou o rosto e olhou para a barriga de Riquelme, que estava murcha como um balão vazio. A brincadeira fê-la sorrir e aliviou a tensão.

— Como um filhote de sucuri, você quer dizer.

— Pode ser. Não respondeu o que perguntei. Já almoçou?

— Não. Eu saí de casa direto para uma reunião e nem sequer tomei café da manhã, porque acordei atrasada — talvez aquilo explicasse a dor de cabeça.

— Aposto que o bebê está protestando em sua barriga. Posso imaginar a cara feia que ele está fazendo agora.

Diana riu de novo e acariciou o ventre, percebendo que estava faminta.

— É... eu acho que preciso comer algo. Você pode me deixar em qualquer lanchonete que encontrarmos ao longo do percurso.

— Se quiser, eu posso levá-la ao boteco onde acabei de almoçar. A comida é excelente! Prometo zerar o taxímetro e só religá-lo quando sairmos de lá.

— De jeito nenhum. Eu me viro com um lanchinho qualquer.

— Seu filho merece uma boa refeição, não acha? — Riquelme mostrou um sorriso alegre. — É isso que eu penso quando dou comida para meu garoto.

— Você tem filhos?

— Um só. Ele se chama Inglas. É minha razão de viver.

— Gostei do nome — mais calma, Diana acomodou-se melhor no assento. — Se não for muito trabalho, vamos ao tal boteco, então.

— Seu marido não vai ficar zangado?

Diana quase contou a Riquelme que não tinha mais marido. Pela primeira vez, a ideia fê-la rir, embora pensar nisso ainda a machucasse.

— Ele não se preocupa comigo.

Apesar da resposta estranha, Riquelme não insistiu no assunto. Diana descobriu que o tal boteco era, na verdade, um restaurante bonito e acolhedor, cujos anúncios expostos do lado de fora garantiam que a comida caseira era feita em fogão à lenha. E o sabor, conforme ela soube mais tarde, confirmava a propaganda.

Como já estava satisfeito, Riquelme pediu apenas uma água com gás, enquanto a observava comer. Diana descobriu que gostava da companhia dele. Não tinha amigos homens e os únicos com quem conversava ultimamente eram seus pacientes.

Riquelme era alegre, extrovertido e bem-humorado. Era de Bauru, interior de São Paulo, e se mudara para a capital aos 18 anos, tentando a independência. Conquistou tudo o que queria. Tinha seu próprio apartamento, o carro que lhe dava o sustento e um filho que amava. Em nenhum momento, mencionou a presença de uma mulher em sua vida.

— Com fé e vontade de lutar, nós conquistamos tudo o que queremos — ele finalizou. — Eu nunca desisto daquilo que desejo. Acho que nós somos fortes demais para desistirmos de nossos sonhos.

— Às vezes, as circunstâncias nos levam a isso — afirmou Diana, pensando em sua situação. — Eu tinha os meus sonhos, mas uma pessoa acabou com eles.

— Isso aconteceu porque você permitiu — Riquelme bebeu um gole da água. — Você colocou sua felicidade nas mãos de quem a decepcionou e entregou-se de tal forma que se esqueceu de cuidar de si mesma. Para você, o outro era mais importante. Mais importante do que você.

Diana parou de mastigar, impressionada com aquelas palavras. Era como se Riquelme conhecesse sua história. Além disso, algo na fala do taxista a fez pensar no rapaz com quem sonhava de vez em quando.

— Eu me casei com o homem errado — Diana confessou. Ela não sabia por que estava desabafando com um desconhecido, mas precisava colocar tudo o que a afligia para fora. — Me apaixonei pelo sujeito mais bonito do hospital em que trabalho. Sou enfermeira.

— Parabéns! É uma linda profissão.

— Até poucos dias atrás, eu estava convicta de que Kauan, meu ex-marido, me amava, então descobri que ele era um aproveitador. Antes de mostrar a verdadeira face, Kauan me iludiu para me dar um golpe e levou uma quantia que eu vinha guardando havia anos. Ele tinha aspirações maiores que, graças a Deus, não deram certo.

— E ele vai dar pensão alimentícia ao bebê?

— Acho que sim. Hoje estive com o advogado dele, que me garantiu que Kauan não se esquivará das obrigações legais. — Os olhos de Diana encheram-se de lágrimas. — Ele estava me traindo com outra mulher, não sei há quanto tempo. Ainda estou muito ferida.

— Eu faço ideia. E o que sua família pensa de tudo isso?

— Não tenho ninguém. — Diana parou de comer e enxugou as lágrimas grossas que rolavam por seu rosto. — Só esta criança — cutucou o ventre.

— Então tem alguma coisa, muito valiosa por sinal. E seus amigos?

— Briguei com minha única amiga por causa de Kauan. Ainda não encontrei uma forma de me desculpar com ela. Fui estúpida, grosseira e indelicada com Pamela.

— Basta procurá-la e lhe pedir perdão. Não é tão difícil, a menos que você seja muito orgulhosa. Quando nos redimimos com alguém, sentimos um peso enorme sair de cima dos ombros.

— Eu ainda não estou preparada para conversar com ela. Não sei se Pamela vai querer falar comigo.

— Se ela gosta de você, certamente vai perdoá-la. Em vez de imaginar qual será a reação dela, por que não telefona para sua amiga e resolve isso de uma vez por todas?

Diana concordou com a cabeça. A cada minuto, apreciava mais a companhia de Riquelme. Ele era o tipo de pessoa que todos querem ter por perto e ainda parecia compreendê-la perfeitamente, como se a enxergasse por dentro.

— Antes de me deixar no escritório do advogado, você estava falando de espiritualidade e mencionou algo sobre reencarnação. Será que eu fui uma pessoa muito má em minha última vida? Talvez isso explique o fato de eu estar pagando por meus erros.

— Para começo de conversa, ninguém paga ninguém. A reencarnação não é um carnê de crediário, que nós quitamos parcela por parcela. Ao contrário, é uma bênção, que só nos traz coisas boas, como a valorização do espírito, novas experiências, amadurecimento, evolução, aprendizado e conhecimento. Graças a ela, aprendemos sobre a importância do perdão, da fé e do amor. Rompemos correntes de ódio e de revolta, substituindo-as por laços de amizade, carinho e ternura. A reencarnação nos ajuda a crescer e a nos aproximar da felicidade. Aliás, é por isso que renascemos tantas vezes. Quem não quer ser feliz?

— Então, estamos aqui para ser felizes?

— Sim. E para amar e conquistar coisas boas.

— Então, onde foi que eu errei? Minha vida virou de cabeça para baixo, está um verdadeiro caos.

— É no meio do caos que a vida floresce. — Sorriu Riquelme. — Muitas vezes, é a partir da dor que aprendemos a nos valorizar, a nos colocar em primeiro lugar. Precisamos ser amigos de nós mesmos. Se uma pessoa bagunçou sua vida, é hora de reorganizar tudo o que está revirado e seguir em frente. Só depende de você.

— Você acha que tudo isso que estou vivendo servirá para me mostrar alguma coisa?

— Como lhe disse, aprendemos coisas novas a cada nova jornada aqui na Terra. Talvez seu espírito necessite de um determinado ensinamento. Não posso arriscar dizer o que é, mas lhe garanto que a vida está tentando lhe ensinar algo que fortalecerá sua alma.

— Você é muito inteligente — ela elogiou, arrancando risadas de Riquelme. — Onde aprendeu tantas coisas?

— Eu lhe disse que estudo a espiritualidade há algum tempo. Fui em busca de respostas. Obviamente, não encontrei todas, mas continuo procurando. E sempre me surpreendendo ao perceber como a vida trabalha e ao descobrir que uma força mágica nos move para o progresso interior e para a felicidade. Uns diriam que essa força é Deus, outros, que é o poder do amor. O que importa, na verdade, é que aprendemos com cada escolha que tomamos, e com seus resultados.

— Você falou em perdoar. Não sei se um dia poderei perdoar Kauan.

— Talvez você não consiga perdoar agora, porque os fatos ainda são muito recentes, mas o tempo se encarregará de levar embora qualquer dor que a machuque. Futuramente, você não pensará em seu ex-marido com tanta mágoa e só assim poderá perdoá-lo com sinceridade.

— Vou fazer 24 anos no fim deste mês e descobri que sou uma completa tapada. Estou me sentindo uma criança diante de você.

— Não se menospreze. A falta de conhecimento não desabona ninguém. — Riquelme tomou o último gole de sua água com gás. — Falando nisso, você leu meu nome no cartão que lhe dei, mas até agora não descobri qual é o seu.

— Diana — ela mostrou um sorriso tímido. — Por outro lado, você sabe minha idade, e eu não sei a sua. Estamos empatados.

Riquelme soltou uma gargalhada, e Diana riu também. Há tempos não conhecia uma pessoa tão simpática.

— Tenho 27 e sou taxista há cinco. Na verdade, entrei na área, quando meu filho tinha apenas dois anos.

— E sua mulher? — Foi a vez de Diana descobrir algo mais sobre a vida de Riquelme. — Ou vocês são divorciados?

— Eu nunca me casei. Só namorei a mãe de Inglas durante algum tempo. Como você disse, às vezes tomamos atitudes das quais nos arrependemos depois, mesmo que nos sirvam de experiência. Na época, ela era menor de idade, e eu estava com 19 anos. Rosane tinha 16 e era usuária de drogas.

— Puxa! Sinto muito.

— Eu fiz de tudo para tirá-la desse mundo sórdido e deprimente. Ela se recusava a se tratar. Insisti ainda mais quando ela engravidou, pois temia que nosso filho nascesse com algum problema. Rosane estava mergulhando cada vez mais no vício.

— Ela faleceu?

— Não, está presa. Ela tem sua idade agora e está cumprindo pena por tráfico de drogas. No começo, eu levava Inglas para visitá-la na penitenciária, mas nenhum dos dois gostava disso. Ela não se mostrava animada em ver o filho, e vice-versa. É como se um não gostasse do outro, então, nunca mais o levei. Para ser sincero, há anos eu não a visito, e ela jamais entrou em contato comigo durante esse tempo.

— Ela tem família?

— Sim, a mãe e o padrasto que nunca deram a mínima para ela. Os dois criaram caso quando Rosane engravidou aos 16 anos, mas nunca deixei que algo faltasse a ela. Enquanto esperava por Inglas, Rosane chegou a morar comigo durante alguns meses e drogava-se muito. Quase morreu, inclusive.

— Que horror! E o uso desenfreado de narcóticos por parte dela não acarretou em alguma sequela ao seu filho?

— Veja por si mesma.

Riquelme apanhou a carteira do bolso e dela retirou três fotografias dobradas. A primeira mostrava um menino bem moreno, quase negro, que sorria mostrando as janelinhas entre os dentes. Apesar da cor da pele, era parecidíssimo com Riquelme. Era uma criança linda, porém, o que mais comoveu Diana foi o fato de ele não possuir os braços.

Diana analisou as fotografias seguintes. Em uma delas, pai e filho estavam juntos, cabeça com cabeça, sorrindo para a câmera. Fora o próprio Riquelme quem tirara aquele retrato. E a última imagem mostrava Inglas na praia, sentado na areia, segurando uma bola colorida com os dois pés, como se estivesse pronto para lançá-la longe. Curiosamente, nas três fotos o garoto demonstrava alegria. Era como se sua deficiência física não o atrapalhasse em nada.

Como se lesse os pensamentos de Diana, Riquelme explicou:

— Inglas é uma criança saudável, inteligente e muito feliz. Naturalmente, tem muitas limitações, mas consegue fazer tudo o que quer usando os pés. Ele se alimenta sozinho, toma banho sozinho e até consegue trocar de roupa sem me pedir ajuda. E ainda desenha. Adora fazer caricaturas de tudo o que vê. — Riquelme guardou as fotos e tirou um papel da carteira. — Esta foi ele quem fez.

Diana viu a imagem de Riquelme reproduzida em preto em branco. Os traços eram delicados, o sombreamento perfeito e os detalhes foram caprichados ao máximo. Mantinha certa característica infantil, mas valia lembrar que o desenho fora feito por uma criança.

— Ele coloca o lápis na boca e manda ver — Riquelme revelou, contente. — Às vezes, também consegue desenhar usando os dedos dos pés.

Diana quase chorou outra vez. Aquela criança deveria servir de exemplo para muitas pessoas, principalmente para ela mesma. O que Inglas fazia era uma lição de vida, uma autoafirmação pelo gosto de viver.

— Rosane nunca se culpou pela deficiência de Inglas. — Riquelme guardou o desenho, devolvendo a carteira ao bolso. — Ela dizia que as drogas não causam nenhum dano à gestação de uma criança, o que a ciência já nos provou ser mentira. No início, eu a culpava em silêncio, mas hoje a agradeço.

— Você a agradece por seu filho ter nascido assim? — espantou-se Diana.

— Claro! Não faz ideia do quanto eu tenho aprendido por ter ao meu lado uma criança diferente das outras. Inglas me surpreende a cada dia com suas habilidades. Ele faz coisas que aos nossos olhos pareceriam impossíveis. Raramente, ele chora e, quando o faz, não culpa sua deficiência por nada. Claro que ele tem necessidades diferenciadas. Não estuda em uma escola "normal", porque teria dificuldade de acompanhar o restante da turma, além de correr o risco de se tornar alvo de insultos e brincadeiras de mau gosto. Eu pago uma professora aposentada, que comparece ao meu apartamento três vezes por semana para ensiná-lo. Foi ela quem o alfabetizou.

— Você nunca tentou... — Diana hesitou. — Colocar próteses nos braços dele?

— Já, sim. É um serviço caríssimo, que está além de minhas posses. Existem locais que fornecem esse atendimento gratuitamente, contudo, a fila de espera é muito longa. E acredite: o próprio Inglas já me disse que não quer ter braços mecânicos. Ele nasceu assim, portanto, está acostumado. Meu filho não se importa em ser diferente dos demais meninos. Se alguma criança na rua zomba dele, Inglas simplesmente mostra seu melhor sorriso, como se as provocações não o afetassem. Ele tem somente sete anos, mas é uma criança muito especial e astuta. Compreende por que agradeço a Rosane por dá-lo de presente a mim?

Diana fez que sim com a cabeça, emocionada com aquela relação tão bonita entre pai e filho.

— E quando ela sair da cadeia? Não vai procurar o filho?

— É um direito dela, entretanto, tenho a guarda de Inglas. E, sinceramente, duvido muito que ela queira essa responsabilidade. Rosane ainda é muito jovem, e Inglas seria um fardo para ela.

Pensativa, Diana fitou Riquelme por alguns segundos e pediu a conta ao garçom. De fato, era como se aquele encontro não fosse ocasional. Enquanto ela chorava por um marido que não valia nada, havia pessoas que sorriam ante dificuldades muito maiores que as dela.

Mais uma vez, como se pudesse ler a mente de Diana, Riquelme completou:

— Gosto muito de uma frase que diz o seguinte: "Há pessoas que choram por saber que as rosas têm espinhos, mas há outras que sorriem por saber que os espinhos têm rosas". Chorar ou sorrir diante de um obstáculo é uma escolha nossa. Quando um desafio surgir, podemos superá-lo cantando ou nos lamentando. Basta conferir o que dá mais certo.

— Riquelme, não posso perdê-lo de vista! — avisou Diana em tom de brincadeira. — Você é um verdadeiro anjo que apareceu em meu caminho.

— Bem... isso é o que eu tenho para hoje — eles levantaram-se da mesa e encaminharam-se na direção do caixa. — E anjos taxistas? Não garanto que existam muitos por aí.

Os dois riram descontraídos e pagaram a conta. Mais tarde, no táxi, trocaram telefones e prometeram manter contato. Ambos sabiam que uma grande amizade estava nascendo ali. E fariam de tudo para mantê-la.

Capítulo 17

A partir daquele dia, Riquelme e Diana passaram a conversar todos os dias, por meio de mensagens pelo celular ou por telefonemas que duravam horas. Em uma dessas ocasiões, ele colocou Inglas para conversar com a nova amiga, e a primeira pergunta do menino foi:

— Você é a namorada do meu pai?

Por sorte, eles não puderam ver o rubor que avermelhou o rosto de Diana, que ouviu Riquelme sussurrando uma repreensão ao filho, que soltava risadinhas maliciosas. Para quebrar o clima constrangedor, ela disse que desejava muito conhecê-lo, e Riquelme prometeu marcar um encontro para breve.

Quando Diana conversava com Riquelme, sentia uma leveza muito grande tomar conta de seu espírito. Era como se ele lhe transmitisse boas vibrações até mesmo por meio de um telefonema. Estava sempre alegre, constantemente sorridente e com uma piada pronta na ponta da língua. E, antes de se despedirem, ele costumava dizer: "Isso é o que eu tenho para hoje".

Todo o bem-estar que Riquelme proporcionava a Diana desapareceu na manhã chuvosa em que ela retornou ao escritório do advogado de Kauan, na semana seguinte. Desta vez, ela pegara um ônibus e se arrependeu por não ter dito nada a Riquelme. Certamente, ele teria lhe transmitido palavras de otimismo e incentivo.

Ao entrar no suntuoso escritório, todo decorado e em tons de madeira escura, ela sentiu uma opressão no peito. O ambiente austero e severo assemelhava-se a um calabouço, e Diana teve vontade de sair correndo de lá. Logo na sala de espera, deparou-se com uma mulher de cabelos curtos e vermelhos, cujos lábios estavam pintados num tom igualmente vermelho. Diana não gostou da mulher e achou que ela emanava tanta luxúria quanto uma prostituta, embora não estivesse vestida de maneira vulgar.

A secretária do advogado recolheu a sombrinha molhada de Diana e comunicou-lhe que já a aguardavam. Ao entrar na sala, deparou-se com Kauan e sentiu o coração dar um salto. Com os cabelos negros penteados para trás, ele aparentava estar mais lindo do que nunca. Os estonteantes olhos verdes fitaram com desinteresse a barriga que abrigava seu filho.

Enquanto se sentava na cadeira de espaldar reto, Diana associou a presença do marido à elegante visitante que aguardava na sala de espera e imediatamente deduziu que aquela mulher devia ser a tal Tayná, o pivô da separação. Isso se aquele fosse seu verdadeiro nome.

O advogado repetiu tudo o que já dissera a Diana uma semana antes. Explicou que, se ambas as partes estivessem de comum acordo em tudo e concordassem com os termos do divórcio, o processo poderia ser encerrado num único dia, dependendo do juiz. E completou dizendo que o fato de não haver litígio agilizaria as coisas.

— Não entendo, Kauan... — foi a primeira vez que Diana dirigiu a palavra ao ex-marido desde que ela chegara. — Se você só queria meu dinheiro, por que não quis unir nossos bens?

— Não sei do que está falando — ele rebateu cinicamente.

— Eu a amei sem interesse algum, mesmo você estando de olho em meu carro e na herança que um dia receberei dos meus pais.

As palavras de Kauan emudeceram Diana durante alguns segundos. Ao reagir, devolveu:

— Um momento! Parece que você está invertendo os fatos. Eu nunca...

— Eu só quero pôr um fim nisso, Diana — a voz de Kauan estava tão trêmula que ele parecia prestes a chorar. — Este casamento foi um erro, uma verdadeira tortura para mim. Vamos nos dar a devida e merecida libertação.

Pela primeira vez, Diana convenceu-se de que estivera casada com um louco.

— Em uma coisa eu concordo com você — foi o que Diana disse ainda aturdida. — Isso precisa acabar o quanto antes, pois nunca mais quero vê-lo.

O que Diana falava não era totalmente verdade e ela achava que Kauan sabia disso. Ela, no entanto, acreditava que precisava mostrar-se superior, inabalável. Tinha ao menos de tentar passar a impressão ao ex-marido de que o casamento também não representara grande coisa para ela.

O advogado elaborou alguns documentos, que atestavam que ambos estavam de comum acordo com os termos do divórcio e que, inclusive, haviam concordado com o valor que Kauan pagaria de pensão alimentícia ao filho. Ele não queria esperar a criança nascer e prometeu que depositaria a quantia combinada no primeiro dia de cada mês, a começar pelo próximo.

Não era uma soma vultosa, nem Diana esperava que fosse. Não esperava nada de Kauan. Ele lhe tirara 10 mil reais, mas, em pouco mais de um ano, lhe devolveria o mesmo valor por meio da pensão mensal. Fora uma jogada imbecil por parte de Kauan. Certamente, ele não pensara no futuro, mas por outro lado, fisgara como prêmio a ruiva que o aguardava na sala da secretária.

Com os documentos assinados, o advogado informou ao casal que, no dia seguinte, as partes deveriam ir ao fórum protocolar o acordo, que seria remetido imediatamente a um promotor de justiça. Diana agradeceu e saiu sem se despedir de Kauan. Ela também evitou encarar Tayná, que, ao ver a gestante sair, sacudiu a cabeça e sorriu.

Diana e Kauan faltaram ao trabalho no dia seguinte e tornaram a se encontrar em um fórum no centro de São Paulo. Desta vez, Tayná não estava presente, e Diana agradeceu intimamente por isso.

Ao final daquela semana, o divórcio foi homologado pelo juiz, e eles estavam legalmente separados. Diana ainda não sabia ao certo se aquilo representava uma grande vitória ou uma derrota. Estava livre de um homem insano, o mesmo que um dia fora carinhoso, gentil e romântico, razões que a levaram a se apaixonar por ele.

No dia em que o divórcio foi homologado, ela voltou a seu apartamento completamente desolada. Queria deitar-se e dormir durante cinco dias seguidos. Queria se esquecer de todo aquele pesadelo. Queria que sua vida voltasse a ser como era antes de conhecer Kauan, embora não estivesse arrependida pela gravidez.

Antes de adormecer, telefonou para Riquelme e contou-lhe a novidade. Sua voz, no entanto, logo ficou embargada, e ela lutou contra as lágrimas:

153

— Não posso dizer que não estou sofrendo com tudo isso. É uma perda muito grande e dolorosa para mim. Eu ainda o amo muito.

— Ninguém perde o que nunca possuiu, Diana — considerou o amigo com doçura na voz. — Você não pode arrancar esse sentimento do coração da noite para o dia, mas pode aprender a lidar com ele e a transformá-lo em outro tipo de emoção.

— Como assim? — ela estancou o pranto para compreendê-lo melhor.

— Pense em Kauan como o homem que lhe deu um filho e ponto-final. Não sinta raiva, desprezo, mágoa ou revolta. Sinta apenas gratidão. Foi assim que eu agi para não odiar Rosane, que de tanto se drogar deu à luz uma criança sem braços — como ele não abaixou o volume da voz, Diana deduziu que Inglas estivesse dormindo. — Seu ex-marido vai seguir com a vida dele e, para você, não interessa com quem ele seguirá. Sua vida também vai prosseguir. É uma mulher jovem e muito bonita para achar que vai passar o restante da vida fazendo tricô e frequentando os bailes da saudade.

Diana não conteve uma risada nervosa. Riquelme era mesmo um palhaço.

— Ele é muito hipócrita. Mentiu o tempo todo para mim e para o advogado. Provavelmente também deve estar iludindo a nova namorada.

— Isso não é problema seu, Diana. Sua vida deve seguir normalmente agora. Não é a primeira mulher a sair de um casamento fracassado. Outras já passaram por isso e superaram. Por que não pode fazer o mesmo?

Diana não respondeu, porque não estava tentando fazer nada para sair daquela situação. Até quando pensaria em Kauan? Ele, certamente, nem deveria se lembrar de que ela existia. Fora apenas uma aventura na vida dele.

— Se você não for a primeira a se valorizar, por que os outros fariam isso por você?

"Apoie-se", dissera o homem em seu sonho. Era mais ou menos a mesma coisa que Riquelme tentava lhe dizer naquele momento. Diana precisava se dar o devido valor, mas não sabia como nem por que deveria fazer isso.

— Isso é o que eu tenho para hoje, querida — finalizou Riquelme. — Me prometa que vai pensar com carinho sobre o que acabei de lhe dizer.

Diana prometeu ao amigo que faria isso, agradeceu e desligou. Ao se deitar, não viu nem percebeu a presença do radiante espírito de Igor, que naquele momento fitava fixamente o rosto de Diana:

— Minha criança, você continuará sofrendo enquanto não estiver do seu lado, não se amar e não perceber que, independente de outras pessoas, é você quem cria seu destino e sua felicidade. A vida quer que você reaja e lute com todas as forças que possui em seu espírito para vencer esse desafio com a cabeça erguida.

Ele fez uma pausa enquanto a admirava com carinho e prosseguiu:

— A dor, muitas vezes, é opcional. Você não precisa dela para crescer, porém, está caminhando exatamente para isso. E crescer moral e espiritualmente por meio da dor sempre nos leva a uma direção mais difícil.

Diana, embora não tenha escutado as palavras do amigo espiritual, foi invadida por uma grande sensação de bem-estar. Precisava parar de se iludir, de acreditar que uma versão mais humana e renovada de Kauan retornaria para ela. Ela não teria a família perfeita com que tanto sonhara, pelo menos não com ele. Sabia também, que se não fosse com Kauan, não aceitaria nenhum outro homem em sua vida.

Igor pousou um delicado beijo na testa de Diana, fez uma rápida oração e partiu. Na escuridão de seu quarto silencioso, ela exalou um suspiro que denotava cansaço e desânimo, pensou em todas as coisas que vivenciara naquele ano e finalmente adormeceu.

***

No dia do seu aniversário, Diana conheceu Inglas. Riquelme lhe telefonara dizendo que gostaria que ela fosse até seu apartamento, pois uma tia dele chamada Etelvina desejava conhecê-la. Mesmo que o amigo nunca tivesse comentado algo sobre a tal tia, Diana colocou uma de suas melhores roupas, deixou os cabelos soltos e aguardou Riquelme, que veio buscá-la com o táxi na porta do seu edifício.

— Sua tia é irmã de sua mãe ou de seu pai? — ela perguntou curiosa.

— Da minha mãe — ele estava sorrindo como uma criança.
— E está louca para conhecê-la.

— Nossa! E o que você falou de mim a ela?

— Contei que você é uma enfermeira excêntrica, que assassina dois ou três pacientes por semana desligando seus aparelhos, que está grávida de trigêmeos e que tentou queimar seu ex-marido vivo.

Diana arregalou os olhos, enquanto ele soltava uma gargalhada. Ainda brincando, ela deu dois tapinhas de leve no braço de Riquelme.

— Sua tia vai chamar a polícia para mim, embora eu tenha chegado muito perto de pôr fogo em Kauan.

Levemente arrependido de ter tocado naquele assunto, Riquelme desviou o rumo da conversa para a gestação de Diana. Ainda faltavam três meses para a criança nascer, e ele perguntou se poderia ser o padrinho do bebê.

— E quem será a madrinha? — ela quis saber, dando risada.

— Tia Etelvina, talvez?

Diana chamou o amigo de bobalhão, e pouco depois saltaram do carro. O edifício em que ele morava era tão simples quanto o dela. Ela estava um pouco tensa, quando ele destrancou a porta para que Diana entrasse. Não pensou no que diria para a tia dele nem em como se comportaria diante do menino. Não sabia se seria adequado abraçá-lo, já que ele não possuía braços para corresponder ao gesto.

No momento em que Riquelme fechou a porta atrás de Diana, um garoto de pele escura, que usava um chapeuzinho de aniversário e que assoprava uma língua de sogra listrada, surgiu de uma porta e foi correndo na direção dela. Ele tinha olhos escuros e brilhantes e, ao jogar no chão o brinquedo, mostrou a Diana o sorriso mais angelical que ela já vira.

Os dois disseram ao mesmo tempo:

— Feliz aniversário, Diana!

Ante a emoção de Diana com a surpresa, Inglas facilitou seu dilema aproximando-se e encostando seu corpo ao dela. O menino usava uma camiseta branca, cujas mangas frouxas balançavam conforme ele se movia. Ela rodeou o corpo do garotinho com os braços e apertou-o com força, deixando que lágrimas pingassem sobre os cabelos crespos de Inglas. Riquelme pegou mais dois chapeuzinhos de uma gaveta, colocou um sobre a própria cabeça e o outro na de Diana.

Assistindo àquela cena, em que seu filho amado abraçava e apoiava sua cabeça na barriga da amiga, Riquelme não resistiu e uniu-se ao abraço, puxando os dois para perto de si.

— Como você sabia que hoje era meu aniversário? — Encarando Riquelme, ela quis saber.

— Outro dia, você me contou sem querer durante uma conversa. E Inglas adora festas-surpresa.

— Puxa, mas que pança enorme você tem! — Inglas exclamou, admirado com a barriga de Diana. — Mas eu já vi maiores! A do seu Anselmo, o síndico do prédio, é tão grande, mas tão grande, que ocupa todo o elevador. Primeiro ele sobe, e só depois sobem a esposa e a filha.

— Inglas, isso é maneira de falar dos outros? — Riquelme fingiu estar bravo. — Não está vendo que Diana está grávida?

— Sim, você me disse — Inglas revirou os olhos e fez careta. — Esqueceu que você fala nela todos os dias? É Diana pra lá, Diana pra cá...

O rubor que tomou conta do rosto de Riquelme fez Diana rir alegremente. Olhando ao redor e percebendo que, além dos três, aparentemente não havia mais ninguém no apartamento, ela perguntou:

— E onde está sua tia? Ela não vai se zangar com tanto barulho?

— Tia Etelvina? Só se ela ficar brava no plano espiritual, pois desencarnou há treze anos.

Diana franziu o cenho, e Inglas começou a rir.

— Que coisa feia, Riquelme! Onde já se viu brincar com o nome de sua tia falecida?

Riquelme mostrava um sorriso encantador, e Diana viu-se obrigada a rir de novo. O apartamento tinha uma energia serena e convidativa. Era como se algo leve e benfazejo flutuasse no ar, o que dava a ela vontade de permanecer ali.

— Inglas, apresente o restante do nosso apartamento para Diana.

O menino prontificou-se a atender o pai e pediu para Diana segui-lo. Inglas apresentou os cômodos tão depressa que ela mal pôde distinguir os contornos dos móveis. Por fim, ele parou diante da cozinha, apertou o interruptor com o queixo e, assim que a luz inundou o ambiente, o garotinho indicou a mesa com a cabeça.

No centro dela, sobre uma toalha branca rendada, havia um bolo cor-de-rosa com as palavras "Feliz Aniversário" escritas com *chantilly*. Em volta, havia salgados, brigadeiros, duas garrafas de refrigerante e copos descartáveis.

— Agora vamos cantar *Parabéns a você* — gritou Inglas entusiasmado.

Riquelme colocou uma vela sobre o bolo, acendeu-a com um isqueiro e apagou a luz. Diana, ainda atordoada com tudo aquilo, viu quando Inglas se acomodou em uma cadeira, inclinou as costas para trás, ergueu as pernas e começou a bater palmas usando os dois pés descalços. Ela precisou virar o rosto para que ele não visse o brilho em seus olhos. Não queria passar a imagem de uma mulher chata e chorona.

Quando terminaram a comemoração, Riquelme pediu que Diana cortasse o bolo. Inglas, com toda a peraltice de um menino de sete anos, assoprou a vela junto com Diana e perguntou a quem ela ofereceria o primeiro pedaço do bolo.

— Ou é para mim, ou é para meu pai — ele concluiu todo animado. — Só tem a gente mesmo.

— Como seu pai me enganou, a primeira fatia será sua — meio desajeitada, ela estendeu o prato com o bolo e surpreendeu-se ao ver a agilidade com que ele prendeu o prato entre os dentes e retornou à cadeira para comer. Ainda grata a Riquelme por pensar nela daquela forma, voltou-se para ele: — Não sei como lhe agradecer...

— Você tem um sorriso tão bonito — ele confessou sem querer. — Fico feliz por vê-la sorrir.

— Não tenho sorrido muito ultimamente. — Ela cortou outro pedaço de bolo e entregou a Riquelme.

— Pois deveria começar a fazer isso. Um sorriso sincero é mais eficiente para o corpo do que qualquer medicamento. Traz inúmeras melhorias à saúde. Já viu uma pessoa verdadeiramente feliz adoecer?

— Acho que não.

— Papai, que horas vamos dar o presente dela? — resmungou Inglas, falando com a boca cheia.

— Termine de comer, e depois veremos isso — Riquelme devolveu.

— Fique aí — Inglas pediu a Diana e saiu correndo na direção do quarto. Voltou trazendo um embrulho de papel colorido entre os dentes, que mordiam o laço azulado. — Veja se gosta.

Diana desembrulhou o presente e deparou-se com o último modelo de uma câmera digital. Sonhava com uma daquelas, mas sabia que seu salário não lhe permitia tal luxo.

— É para você fotografar todos os seus momentos felizes — explicou Riquelme. — Sempre que estiver alegre, registre a ocasião e guarde todas as fotos reveladas em um álbum. Quando a tristeza chegar, basta olhar as imagens para voltar a sorrir.

— Meu pai parcelou a câmera em dez vezes, porque custou muito caro — acrescentou Inglas inocentemente, fazendo Riquelme corar novamente e Diana achar graça da situação.

— Sendo assim, quero começar a tirar fotos agora mesmo. Este é um momento feliz, que desejo guardar de lembrança.

Esperto, Inglas rapidamente foi dizendo tudo o que ela precisava fazer para ligar a câmera. Os três ficaram bem próximos, olharam para a objetiva e sorriram. Foi Riquelme quem congelou a imagem, que ficou perfeita. Depois tiraram outras fotos, enquanto Inglas atacava os brigadeiros.

Diana colocou a câmera de lado e, num gesto impensado, abraçou Riquelme e deu-lhe um beijo no rosto. Ele a olhou nos olhos por um longo momento. Por ter experimentado muitas emoções naquela noite, Diana talvez não tenha percebido o que aquele olhar representava nem tenha se dado conta de que Riquelme estava apaixonado por ela.

Capítulo 18

O mês de dezembro chegou com graça e encanto. Nas ruas, o clima natalino estava presente em lojas, árvores e residências. Os dias estavam quentes e as pancadas de chuva que aconteciam de vez em quando não amenizavam o calor.

Naquela abafada manhã de domingo, Tayná acordou contente, sentindo-se leve como uma pluma. Kauan estava divorciado e livre para ela. A sensual e agitada rotina dos dois amantes era tudo o que ela esperava. Era avessa à palavra casamento tanto quanto à ideia de ter filhos. Não queria terminar deprimida como Diana e ainda não conseguia imaginar o que Kauan vira naquela mulher insossa e apagada.

Nos últimos dias, ele vinha comentando algo sobre a compra de um apartamento, pois desejava se mudar com Tayná para um lugar que se tornaria um santuário para ambos. Teriam uma vida de casados, mesmo que não houvesse nada oficial, pois Tayná detestava burocracia.

Kauan mostrava-se constrangido quando tocavam no assunto, dando a Tayná a impressão de que não tinha dinheiro suficiente para negociar a compra do imóvel. Nunca falara abertamente, mas estava claro que ele esperava uma contribuição financeira da parte dela. Como era advogada e conhecedora de leis e negócios, Tayná, no entanto, deixara claro que esperaria pelo momento oportuno e que não gostaria que ele fizesse nada sem consultá-la antecipadamente.

Durante a semana, Tayná passava quase todas as noites com Kauan no *flat* em que ele estava residindo temporariamente. Desde a separação, ele estava hospedado naquele lugar. As diárias eram caras e abocanhavam quase todo o seu salário, todavia, Kauan tinha um bom pé-de-meia guardado em uma conta segura, dinheiro que fora conquistado por meio dos golpes aplicados nas ex-namoradas apaixonadas. Não queria voltar a morar com os pais, para evitar os questionamentos de Isadora e Geovane. De vez em quando, telefonava-lhes apenas para dizer que estava bem, sem lhes dar, no entanto, mais informações sobre sua localização.

Quando não podia estar com Kauan, Tayná resignava-se a ter de dormir em casa. Sua cama confortável assemelhava-se a uma manjedoura somente por não contar com o corpo quente e provocante do namorado. Ela não sabia se voltaria a se acostumar à vida de solteira, mesmo que não tivesse nenhum compromisso oficial com ele.

Naquele domingo, excepcionalmente, ela despertara alegre, ainda que Kauan não estivesse por perto. Adorava jantar fora com ele, passear no shopping de mãos dadas e sentia um frenesi de prazer, quando as outras mulheres o admiravam silenciosamente e direcionavam um olhar de inveja para ela. Eram poucas que dispunham do privilégio de andar ao lado de um homem daquele porte.

Tayná saltou da cama e não se deu ao trabalho de arrumá-la. Sua mãe que fizesse isso depois. Ao sair do quarto, deparou-se com Marcélia agachada, recolhendo duas bolas vermelhas que se desprenderam de um dos galhos da árvore que ela enfeitava para o Natal. Como odiava aquela época do ano por razões desconhecidas, Tayná fez um muxoxo e entrou no banheiro. Quando reapareceu, foi cumprimentada por Marcélia:

— Bom dia! Ainda vai dormir mais?

— Agora você também vai implicar com meu horário de sono? — A resposta foi tão áspera quanto a estrela coberta de glíter prateado que Marcélia apanhara de uma caixa. — Se eu durmo ou deixo de dormir, não é problema seu.

— Só lhe fiz uma pergunta, Tayná — Marcélia subiu numa banqueta de madeira e encaixou a estrela no topo da árvore. — E eu não cuido de sua vida. Você mal tem dormido em casa.

— Não enche! — dispensando a mãe com um gesto, Tayná voltou para o quarto e bateu a porta com tanta força que as paredes vibraram.

Tentando manter uma expressão impassível no semblante, Marcélia continuou decorando a árvore com movimentos rígidos como os de um robô.

161

Tayná tornou a sair do quarto vinte minutos depois. Estava arrumada e parecia estar pronta para sair.

— Não quer tomar café? — indagou Marcélia, tentando ser educada. — Eu comprei pães e requeijão.

— Então temos um banquete! — exclamou Tayná com ironia na voz. — Praticamente podemos abrir nossa própria padaria.

Marcélia prendeu o último enfeite num galho da árvore e confrontou a filha.

— Não sei por que você tem todo esse ódio de mim, Tayná. Eu sempre lhe dei o melhor e jamais lhe neguei coisa alguma. A forma como você me trata é injustificável, sabia?

— Acontece que não estou de bom humor.

— Então você está mal-humorada há mais de vinte anos. Tempo demais, não?

Tayná emitiu um suspiro longo, demonstrando seu enfado. Como não obteve resposta e acreditando que a filha lhe dera uma trégua, Marcélia resolveu tentar outra tática: a da reconciliação.

— Vamos à cozinha. Vou preparar seu café.

— Tá, eu já vou — murmurou Tayná, parecendo arrependida de suas palavras.

Assim que Marcélia desapareceu cozinha adentro, Tayná abriu a porta do apartamento, mas, antes de partir, voltou até a árvore que a mãe enfeitara com tanto carinho. Ela, então, esticou ambas as mãos e empurrou a árvore para trás com força. Alguns enfeites caíram, e três bolas se quebraram. Os fios dos pisca-piscas saíram todos do lugar. Com um sorriso que revelava a crueldade que trazia dentro de si, Tayná rodou nos calcanhares e afastou-se a passos largos.

***

Pouco depois, Tayná encontrou Kauan no *flat* e, assim que o beijou, desabafou:

— Minha mãe é uma desgraçada! Não sei por que não morre e me dá sossego.

O horrível comentário de Tayná teria chocado qualquer pessoa mais sensível, contudo, ao ouvi-lo, Kauan abriu um largo sorriso e a abraçou pela cintura.

— O que a velha fez dessa vez?

— Ela só me torra a paciência. Eu acordei toda animada, porque vou passar o domingo inteiro com você, e ela ficou me perturbando, dizendo coisas que não estou interessada em ouvir. Ah, que droga!

— É por isso que não quis voltar para a casa de meus pais — Kauan sentou-se numa poltrona de couro e a puxou, obrigando-a a acomodar-se no colo dele. — Ela não é aposentada?

— É, mas insiste em continuar trabalhando. Ainda por cima é gananciosa. Acha que vai levar dinheiro para o caixão. Como se eu não fosse extrair cada centavo que ela juntou durante todos esses anos.

— Faz bem. Tudo o que ela tiver será seu um dia. — E ele esperava que fosse muito.

Tayná logo o desanimou:

— Ela não tem quase nada. Já viu enfermeira rica?

— Não. E quero distância de pessoas dessa área. Já lhe contei que minha ex-mulher é enfermeira?

— Eu sei. Ela trabalha no mesmo hospital em que você e minha mãe trabalham. Se eu não confiasse em sua fidelidade, não aprovaria que continuasse próximo dela.

— Eu nem olho para ela. Diana, para mim, é como uma peça de roupa que não me serve mais e que passei para frente — ele bateu com a mão na coxa de Tayná. — Eu só não sabia que sua mãe também trabalhava lá. Você esteve várias vezes no hospital, tanto para reuniões com a diretoria quanto para me aguardar sair, mas nunca fez menção à sua mãe.

— Porque não gosto dela e conversamos o mínimo possível. Como lhe disse, ela é uma velha muito chata, curiosa e enxerida, que acha que eu ainda lhe devo satisfações.

— Conheço quase todos os funcionários por nome. Tenho uma ótima memória. Como sua mãe se chama?

— Marcélia.

— A enfermeira-chefe? — ele pareceu espantado.

— A própria — surpresa, Tayná beijou-o no queixo. — Vocês se conhecem?

— Esse mundo é realmente pequeno. Ela é encarregada de supervisionar o trabalho das demais enfermeiras, inclusive o de Diana.

Foi a vez de Tayná ficar chocada.

— A megera da minha mãe conhece a mocreia da sua ex-mulher? Não acredito!

— E ainda por cima são amigas. Devo admitir que nunca gostei de sua mãe — confessou Kauan. — Ela é fofoqueira, adora se

163

intrometer na vida alheia e sondar o que os demais funcionários fazem fora do hospital.

— Ela deveria ser demitida. — Tayná olhou o amante por cima do ombro. — Você não pode dar um jeito nisso?

— Eu não trabalho no departamento de Recursos Humanos, Tayná. E mesmo que trabalhasse, o que eu poderia alegar para justificar uma demissão? Ela realiza um excelente trabalho e está na equipe há mais de duas décadas. A direção não quer perder uma funcionária considerada exemplar.

— Entendi. De qualquer forma, tudo é possível — Tayná percorreu o queixo de Kauan com a ponta da língua. — Nada que uma boa conversa com as pessoas certas não resolva. Além disso, você, com seu charme, pode muito bem convencer duas ou três pacientes a darem queixa dela à ouvidoria do hospital.

Subitamente excitado, Kauan agarrou-a com mais força.

— Por que você tem tanta raiva de sua mãe?

— Sei lá — ela sacudiu os ombros com desprezo. — Nós duas nunca nos demos bem. Eu a detesto. Vai ver que me trocaram na maternidade.

Os dois riram, e continuaram conversando, tramando em segredo a melhor forma de derrubar Marcélia. Para Tayná, que não sentia o menor vestígio de remorso, era como tirar do caminho uma inimiga mortal e não a própria mãe.

***

Pamela deixou o hospital e seguiu apressada até a estação de metrô. Não gostava de dar plantão até mais tarde, porque temia andar sozinha nas ruas àquela hora da noite. Nunca fora assaltada, mas algumas colegas do trabalho não tiveram a mesma sorte. A distância do hospital até a estação era de quatro quarteirões, distância que ela percorria praticamente correndo.

Tamires e Marina estavam com a babá. Pamela pretendia matricular as filhas em uma creche particular no ano seguinte. Ela passara as últimas semanas das férias com as filhas e com os sogros no Rio de Janeiro e ainda estava impressionada com a história da adoção de Wesley. Quando poderia imaginar que o falecido marido não era filho biológico de Ismênia e Augusto e que ainda possuía uma irmã gêmea perdida por aí?

Apertando a bolsa com mais força contra o corpo, Pamela dobrou a esquina e avistou a estação com certo alívio. Embora não se considerasse uma mulher medrosa, nunca mais fora a mesma após o assassinato do marido. À noite, a cidade parecia guardar sombras misteriosas em cada esquina.

Ao sentir uma mão pesada fechar-se em seu braço, Pamela não conteve o susto. Pronta para gritar, ela virou-se para o homem que a deteve, quando o reconheceu como sendo o técnico de enfermagem que trabalhava com ela. Soltando o ar lentamente pelos pulmões, Pamela parou de andar e abriu um sorriso.

— Joel, se queria me matar de susto, quase conseguiu.

— Desculpe — o rapaz negro e musculoso soltou-a com expressão arrependida. — Não pretendia assustá-la.

— Vai pegar o metrô? Não sabia que saía neste horário. Teríamos vindo juntos.

— Vou descer na Sé e fazer baldeação — consultou as horas no visor do celular. — É meia-noite e meia, e ainda há trens circulando.

Mais tranquila, Pamela acompanhou-o, e juntos retomaram o trajeto conversando amenidades sobre o trabalho. Enquanto aguardavam o metrô na plataforma, Joel fitou-a.

— Você é uma mulher muito bonita, Pamela — ele sabia o que acontecera com Wesley, por isso perguntou: — Não pretende se casar outra vez?

— Essa pretensão nunca esteve em minha mente.

— Pois deveria pelo menos namorar — Joel mostrou um sorriso travesso e petulante. — Se me escolher, vou ficar muito contente.

— Engraçadinho — ao perceber que o colega não estava brincando, Pamela ficou séria. Joel nunca se declarara antes, embora ela já tivesse notado os olhares intensos que o colega lhe direcionava. — Estou muito bem assim.

— Suas filhas precisam de um pai — de repente, Joel olhou para trás. Como não avistou ninguém, voltou a fitar Pamela. — Toda criança precisa de um.

— Desconheço essa lei. As crianças precisam de amor, tolerância, educação e respeito, e tenho tudo isso de sobra para oferecer às meninas.

— Eu gosto de você, Pamela. É uma mulata linda, que combina perfeitamente comigo.

— Está muito tarde para cantadas — o metrô aproximou-se, e Pamela entrou rapidamente assim que as portas se abriram. Joel continuou a segui-la. — E eu não namoraria uma pessoa que combina comigo só por causa da cor da pele. É cada uma que escuto...

O metrô partiu. Joel abriu a boca para retrucar, quando tornou a olhar para trás empalidecendo, o rosto transformado numa máscara de pânico. Ao perceber que ele estava transfigurado, Pamela, assustada, acompanhou o olhar do colega. Tudo o que ela viu, no entanto, foram algumas pessoas de aparência inofensiva sentadas nos bancos. O vagão estava quase vazio.

— O que foi, Joel? Por que fica olhando para trás a cada minuto?

Sem responder, Joel afastou-se de Pamela até se deter a uma das portas. Cada vez mais perplexa, ela aproximou-se, mas o colega fê-la parar ao mostrar a mão aberta e estendida para frente.

— Fique onde está. Ele me mandou ficar longe de você.

— Ele, quem? Joel, você está bem?

O semblante de Joel ainda revelava medo e assombro. Quando o metrô saiu do túnel e a estação ficou visível, ele virou-se de costas para Pamela, com o nariz quase tocando a porta.

— Você vai descer? Ainda não chegamos à Sé.

Joel não respondeu até o trem parar. Quando as portas se abriram, ele encarou-a. Pamela viu, então, um misto de pânico e confusão no olhar do colega.

— Acabei de ver um policial todo ensanguentado. Ele me olhou com raiva e ordenou que eu me afastasse de você. Depois, sumiu diante dos meus olhos, como se fosse uma miragem.

Pamela preparou uma pergunta, mas Joel já se afastava com largas passadas. As portas fecharam-se outra vez, e, apesar de não ter compreendido o que se passara ali, ela só conseguiu pensar em Wesley.

Capítulo 19

Diana passou o Natal e o Ano-Novo na companhia e no apartamento de Riquelme e Inglas e aquele foi para ela o melhor fim de ano que teve desde a morte dos pais. Com sua nova câmera, Diana registrou todos os momentos alegres, captou sorrisos, eternizou abraços e celebrações. Inglas, por sua vez, sugeria como as fotos poderiam ser tiradas para que ninguém saísse feio e para que nenhuma imagem precisasse ser apagada.

No Natal, trocaram presentes, e Diana fez questão de clicar cada instante, cada acontecimento. Ela ganhou de Riquelme um lindo relógio de pulso e de Inglas, uma caricatura sua, colocada em uma moldura ricamente detalhada. O garoto contou-lhe que desenhara o rosto de Diana baseando-se apenas em sua memória, e o resultado ficou fantástico. Poucas crianças com gosto pela pintura e tendo as duas mãos obteriam algo parecido.

Diana presenteou Inglas com um estojo completo para desenhistas e deu um perfume de aroma amadeirado para Riquelme, que adorou o presente, borrifando um pouco em si na mesma hora. Já no Ano-Novo, todos cearam a comida que ele preparara. Não era nenhum banquete, mas Diana achou que cada prato estava mais divino que o outro, principalmente o pavê e o manjar de abacaxi que ele serviu como sobremesa.

Assim que o relógio marcou meia-noite, e os fogos de artifício que recepcionavam o ano de 2008 começaram a espocar, Riquelme deu um abraço bem apertado em Diana usando uma das mãos, enquanto fazia o mesmo com o filho. Na sacada do apartamento, os três contemplavam as luzes coloridas que subiam velozmente até o céu e se abriam em uma explosão de cores, emitindo estrondos violentos antes de se desvanecerem no ar.

Ela pensou que, um ano antes, não conhecia Riquelme e Inglas, assim como também não sabia da existência de Kauan. Conhecera-o em abril, quando retornou das férias. Namoraram por um curto período de tempo antes de se casarem. Imaginara mil vezes como seria passar os festejos de fim de ano ao lado do ex-marido, a quem admirava como a um ídolo naquela época. Tão rápido quanto seu casamento veio o divórcio. Diana considerava--se a mulher mais sonsa do mundo por ainda pensar nele com uma frequência maior do que a aceitável.

— Não usei minha clássica roupa branca, porque nenhuma me serve no momento — comentou Diana acariciando a imensa barriga. A gestação entrava no oitavo mês. — Estou redonda como um barril e quase nada me cabe.

— Há muitas pessoas que acreditam na influência das cores das roupas na época do *Réveillon*. Especialistas têm se dedicado ao estudo da influência das cores na cura de doenças ou na restauração do equilíbrio físico e emocional, por meio de um tratamento conhecido como cromoterapia.

— Já ouvi falar.

— Porém, creio que mais importante do que a escolha da roupa a ser usada, o início de um novo ano representa também o recomeço íntimo de cada um.

— Como assim? — Diana perguntou e piscou em seguida, quando um rojão estourou a poucos metros dali.

— Vamos entrar, porque o barulho aqui fora está terrível — Riquelme a conduziu pela mão, e os dois se acomodaram no sofá. Inglas permaneceu na sacada acompanhando um grupo de pessoas que dançava alegremente à porta de um bar.

— Eu sempre faço projetos e promessas, que tento cumprir no começo de cada ano. Nunca consegui nada — divagou Diana.

— É sempre assim. As pessoas planejam iniciar uma nova dieta, entrar na faculdade, arranjar um novo amor, matricular-se em uma academia, abandonar o vício do cigarro ou da bebida, mas, meses depois, pouco ou quase nada foi conseguido. E é assim que promessas são colocadas de lado e levadas pelo vento.

— Acho que é porque não nos empenhamos verdadeiramente.

— Ou porque, talvez, essas não sejam as prioridades de nossa vida. Quando realmente queremos alguma coisa e colocamos fé nisso, a vida nos traz o que foi pedido, desde que realmente haja uma utilidade para nosso crescimento interior. Por que vou me inscrever em uma academia, se, em vez de emagrecer, eu preciso mudar a forma de agir e pensar? Por que deveria arranjar uma namorada, se não amo nem a mim mesmo? Por que vou parar de fumar, se, no fundo, acredito que o vício me satisfaz?

— Isso significa que a gente não toca para frente nossos projetos, porque a vida não quer?

Pequenas explosões em sequência foram ouvidas, sobressaltando Diana outra vez. Riquelme sorriu antes de continuar:

— A vida conhece as necessidades primordiais de cada um de nós, Diana. A vida sabe o que precisamos para amadurecer e evoluir. Ela não tenta nos impedir de nada; ela nos faz perceber que aqueles planos irrelevantes podem ser adiados, por não serem importantes no momento. Aí vem o desânimo, a má vontade que nos faz esquecer do que tínhamos combinado com nós mesmos. O problema é que muitas vezes não seguimos pelos caminhos que a vida nos mostra.

— Então, como devemos agir no começo de cada ano?

— A palavra-chave é renovação. Precisamos nos despir de tudo o que é negativo, deixar essas coisas para trás junto com o ano que foi embora. É necessário abandonar o orgulho, o desrespeito, a maldade, a mágoa, a falta de amor-próprio, a tristeza e a insegurança. Devemos saber derrotar os fantasmas interiores para que eles não continuem a nos assombrar. E o importante é realmente se esforçar para conseguir isso, porque não adianta nada discorrer sobre o quanto é difícil perdoar, como é complicado encontrar uma razão para viver ou sobre o quanto a vida é infeliz, se não correr atrás de seus objetivos. A vida de uma pessoa parada também para, não se recicla, não sai daquela rotina estafante.

— Ou seja, minha história com Kauan deve ficar no ano passado, bem como todas as desilusões que vieram com ela.

— Ele foi uma experiência em sua vida. Negativa, é verdade, mas serviu para lhe mostrar que você tem condições de caminhar com as próprias pernas.

— Será que tenho? — os olhos castanhos de Diana pareceram perder o brilho. — Às vezes, penso que não sou tão independente quanto tento acreditar. Sempre me encosto em alguém. Em meus pais, Pamela e Wesley, Kauan e agora em você e Inglas.

— Relacionar-se com as pessoas não é se encostar nelas — corrigiu Riquelme.

— Mas me sinto carente de companhia, Riquelme. Não conheço quase ninguém, não tenho amigos. Se não fossem você, Inglas e meu filho, que está chegando, eu seria a criatura mais solitária do mundo.

— O termo solidão é muito relativo. Conheço pessoas que vivem sozinhas, mas veem nos amigos e nos colegas de trabalho sua verdadeira família, enquanto existem outras que estão sempre rodeadas de pessoas e ainda se sentem abandonadas. — Riquelme mostrou um sorriso espontâneo. — Acho que é justamente isso que você precisa transformar em si mesma, Diana. Parar de pensar que é um ser humano jogado às traças, esquecida por Deus e mal-amada pelo mundo. Você é uma mulher linda, perfeita, que está no mundo para crescer e ser feliz. Se isso é o que você quer, a vida fará o resto.

— Não foi assim que Kauan...

— Esqueça-o — Riquelme cortou. — Deixe-o em seu passado. Você só tem o agora e é daqui em diante que começará a construir seu futuro. Programe para ele apenas coisas boas. Pense na criança maravilhosa que vai chegar no próximo mês e imagine como sua vida será feliz com a maternidade. Uma nova fase se iniciará. Você só precisa colocar uma pedra no que passou para sentir-se totalmente livre. Bem... isso é o que eu tenho para hoje.

Diana finalmente sorriu, anuindo com a cabeça. Mais uma vez, Riquelme proporcionava-lhe uma indescritível sensação de bem-estar por meio de suas palavras positivas e motivadoras. Ele a inspirava a colocar mais fé em si mesma.

— E o sexo? — Riquelme perguntou no instante seguinte.

— Oi?! — pega desprevenida com a pergunta, ela arregalou os olhos.

Riquelme desatou a rir ante a expressão de espanto que ela mostrou.

— Estou perguntando se já descobriu o sexo da criança.

— Ainda não — ela estava levemente corada. — Desculpe-me, ainda estou reflexiva com tudo o que me disse.

— É, eu percebi. — Riquelme pousou a palma da mão na barriga de Diana. — Este campeão não chuta, não?

— Raramente ele se mexe — admitiu Diana. — Às vezes, passa uma semana sem fazer nenhum movimento.

— E isso é normal? Como é enfermeira, deve saber.

— Não trabalho no setor de neonatal, mas acredito que esteja tudo bem. Não sinto dor nem nada que me preocupe. Tive pacientes que me contaram que o bebê permaneceu parado como uma estátua até o momento do parto e que ainda assim nasceu absolutamente saudável.

— Você tem ido ao médico?

— Fiz meu último exame há três meses. Com toda essa dor de cabeça causada pelo divórcio, acabei ficando um pouco relapsa.

— Não deveria, Diana, já que é a saúde do seu filho que está em jogo.

— Eu sei. De qualquer maneira, em breve entrarei em licença-maternidade. Meu tempo será exclusivamente voltado para meu filho.

Inglas reapareceu e pediu a câmera de Diana para ver as fotos que haviam tirado. Eles se distraíram olhando as imagens, e o assunto da gravidez foi temporariamente esquecido.

***

Três dias depois, quando saía do quarto de um senhor que rompera a clavícula após uma queda no banheiro de casa, Diana notou uma movimentação estranha no corredor do hospital. Duas mulheres reclamavam em voz alta para o supervisor do setor, enquanto Marcélia as observava em silêncio, com espanto estampado no rosto.

— Ela foi grosseira com minha mãe! — a mais jovem das mulheres indicou a que estava de pé ao seu lado. — Não é porque ela recebeu alta hoje que pode ser destratada!

— Em nenhum momento, eu lhe faltei com o respeito — justificou-se Marcélia. — Apenas falei que ela deveria tomar os medicamentos na hora certa, assim como fez todos os dias em que permaneceu aqui.

— Sim, mas você falou como se estivesse dando uma ordem — retrucou a filha da paciente. — Pagamos um preço alto de convênio pelo atendimento deste hospital. Quem pensa que é para falar com minha mãe nesse tom?

O supervisor pediu que as mulheres falassem mais baixo, a fim de não incomodarem os demais pacientes. Em seguida, ele as conduziu à sua sala para que pudessem conversar. Era a primeira vez, desde que começara a trabalhar ali, que Diana escutava alguém reclamar da enfermeira-chefe. Ela estranhou o fato, todavia havia pessoas encrenqueiras em todos os lugares.

No início da semana seguinte, um fato parecido voltou a ocorrer. Uma mulher, que também recebera alta naquele dia, alegava convictamente ter visto Marcélia mexendo em sua bolsa. Para manter a privacidade dos enfermos e de seus familiares, não havia câmeras de segurança nos quartos, o que fez a palavra da paciente se opor à de Marcélia, que negou tudo às lágrimas. Novamente, todos foram para a sala do supervisor.

As reclamações contra a enfermeira-chefe não pararam por aí. Todas vinham de mulheres que a acusavam de ter feito algo errado, como gritar com um paciente, sacudi-lo com brusquidão ou simplesmente prestar um péssimo atendimento. Marcélia confidenciou a Diana que não fazia a menor ideia do motivo de aquilo estar acontecendo. Era como se um complô tivesse sido organizado para tirá-la de cena. Ela ainda revelou que o supervisor levara o caso à direção da instituição, que disse estar descontente com tantas queixas consecutivas e que o trabalho da enfermeira-chefe seria avaliado.

No fim da segunda semana de janeiro, Diana bateu de leve no quarto de uma paciente e entrou, empurrando um carrinho com seringas e medicamentos. Ao analisar pelas costas o homem que sussurrava algo à mulher deitada no leito, ela pensou que se tratasse de algum parente.

— Senhor, o horário de visita já terminou. Se quiser, pode voltar...

O homem olhou para trás rapidamente, e Diana viu-se cara a cara com Kauan. A paciente, uma moça bonita na casa dos 30 anos, que fizera uma microcirurgia nos pés, fitou Diana com irritação, como se estivesse enfezada com a interrupção.

— Enfermeira, por que não bateu antes de entrar?

— Eu bati, mas acho que a senhora não me ouviu — Diana observou o ex-marido levantar-se da cama e caminhar em direção à porta sem dizer nenhuma palavra e não deixou por menos: — Caso a paciente seja sua amiga, Kauan, peço que respeite o horário de visitação. Não é porque trabalha aqui que tem prioridade.

Ele virou-se lentamente e mostrou um sorriso sarcástico.

— E desde quando eu devo me reportar a uma subalterna? Aqui dentro, meu cargo é mais importante que o seu.

Longe de dar-se por ofendida, Diana apoiou as mãos no carrinho.

— A discussão não está focada em quem tem um cargo melhor, mas sim na segurança e no bem-estar dos pacientes pelos quais sou responsável. Se desejar visitar alguém fora do horário, deve notificar uma das enfermeiras ou comunicar Marcélia.

— Que está com os dias contados...

Diana piscou e mirou o rosto escandalosamente bonito de Kauan.

— Do que está falando?

— Não tem reparado na onda de reclamações contra ela? Já não serve para trabalhar em nossa equipe. A senhora Lucinda — mostrou a moça sobre a cama — estava me contando que Marcélia a tratou como um pedaço de carne em um açougue na noite de ontem e acha que a enfermeira-chefe está muito velha para trabalhar numa área que exige tanta responsabilidade. E eu concordo plenamente com isso.

Diana virou-se para a paciente.

— E por que a senhora reclamou logo para o administrador do hospital em vez de procurar um dos diretores... — Diana apertou os lábios antes de completar em tom vingativo: — Que possuem um cargo ainda mais importante que o dele?

— Pedi para chamá-lo, porque achei que resolveria o problema — a paciente fungou e ficou agitada. — Pretendo processar o hospital por causa dessa enfermeira. Velha louca!

— Quem está dizendo isso é uma paciente, não eu. Vou conversar com os responsáveis. Marcélia precisa ser demitida — satisfeito com o desfecho, Kauan abriu a porta e saiu.

Intrigada com tudo aquilo, Diana aproximou-se dos pés de Lucinda para trocar os curativos. Entretanto, em sua mente corria a impressão de que algo estava errado e que aquela maré repentina que se levantara contra Marcélia não era natural. E ela podia apostar que havia o dedo de Kauan naquela situação.

Capítulo 20

No domingo seguinte, uma paciente berrava de forma ensandecida alegando que Marcélia a empurrara, enquanto tentava guiá-la até o toalete. A enfermeira responsável por ela estava almoçando e coubera a Marcélia aquela tarefa. Com os olhos cheios de lágrimas, a enfermeira-chefe repetia que não fizera aquilo e que sempre tratou todos os pacientes com profundo carinho e respeito. Ela ainda completou dizendo que não entendia por que, de repente, parecia que todos estavam tentando prejudicá-la.

A discussão foi pública, o que levou outras pessoas a procurarem a direção do hospital para exigir que Marcélia não chegasse perto dos pacientes internados. Diana ficou apavorada, temendo que a amiga fosse repreendida severamente, porém, quando a reencontrou na saída do expediente, ela estava pálida e murcha como uma flor. Os olhos vermelhos provavam que Marcélia estivera chorando.

— Você não deve levar essas acusações em consideração, Marcélia — Diana tentou consolá-la. — Acho que poderíamos...

— Fui demitida — a voz de Marcélia estava rouca e abafada. — Acabaram de me comunicar sobre minha demissão. Querem me ver longe daqui o mais depressa possível, tanto que fui dispensada de cumprir o aviso prévio.

— Eu não acredito nisso — chocada, Diana abraçou-a com força. — Não tem como recorrer? Essas acusações das pacientes são infundadas.

— E quem vai acreditar em mim, Diana? Em um hospital particular quem manda é quem paga. Eles fazem de tudo para agradar aos pacientes. Nós, funcionários, não temos valor.

Marcélia afastou Diana delicadamente e esfregou o nariz avermelhado.

— Só não sei por que isso aconteceu. É tudo muito estranho. Nenhuma das acusações que me lançaram era verdadeira. Parecia até que as mulheres que me denunciaram enlouqueceram. Elas inventaram coisas a meu respeito. Uma história mais estapafúrdia que a outra.

À mente de Diana veio a imagem de Kauan murmurando algo para Lucinda.

— A direção não apurou as queixas?

— Sim. Até conversaram com outros pacientes, que afirmaram o contrário. Deixaram claro que eu era uma ótima profissional, mas pelo jeito o que vale é a voz de quem reclama. Mais de vinte anos de dedicação jogados no lixo, já que fui praticamente chutada para fora.

A tristeza foi substituída pela mágoa, e Marcélia nem percebeu isso. Diana comentou:

— Outro dia, vi Kauan conversando com uma paciente fora do horário de visitação. Quando o questionei, ele ficou nervoso, e nós discutimos. Eu estaria fantasiando se achasse que ele está envolvido nessa história?

Marcélia pensou um pouco e balançou a cabeça para os lados.

— Não é porque não gosto dele nem porque ele é seu ex-marido que nós devemos acusá-lo, Diana. Kauan pode ser um grande canalha, mas tenho certeza de que não se prestaria a esse papel. Nunca lhe fiz nada para que ele me desejasse mal. Se Kauan tentasse fazer alguém perder o emprego, esse alguém certamente seria você.

— Provavelmente, ele ainda vai tentar. Não fez nada ainda, porque estou grávida do filho dele. Como poderia me demitir?

Marcélia sacudiu os ombros. Naquele momento, só queria chegar em casa, tomar um longo banho e se atirar na cama, onde choraria mais à vontade. Torcia para que Tayná não estivesse em casa, pois não estava com ânimo para discutir com a filha.

***

Tayná realmente estava disposta a brigar, contudo, tinha outro alvo em mente. Kauan enviara-lhe uma mensagem pelo celular dizendo que finalmente conseguira o que eles tanto queriam. Graças a algumas palavras certas, dois ou três sorrisos e uns apertos carinhosos em mãos necessitadas, ele conseguira convencer algumas pacientes a dar queixa contra Marcélia, que acabou sendo despedida. Para cada uma inventava uma história diferente, mais miraculosa que a outra. Duas pacientes, no entanto, só se mostraram convencidas quando ele prometeu jantar com elas. Esperto, ele teve todo o cuidado de estudar as fichas de cada uma e só investiu nas solteiras, divorciadas e viúvas.

Tayná preparava-se para dar o grito da vitória, quando Kauan mandou outra mensagem, quase em seguida, explicando que chegaria mais tarde ao *flat*, pois seria obrigado a levar uma das mulheres para jantar. Falou que ela era feia e que sabia exatamente como se livraria da mulher. Aquele seria o primeiro e último encontro entre eles.

Tomada pelo ciúme, Tayná atirou o telefone na cama e rugiu como uma fera. Aquilo não fora combinado. Kauan nunca lhe dissera que, para dissuadir as mulheres a fazer o que ele queria, teria de se encontrar com elas. Se o namorado estivesse mentindo ou pensando em traí-la, ele pagaria muito caro por isso.

O relógio marcava 21 horas, e a raiva de Tayná aumentava a cada segundo. Ela pensou em ir para casa insultar a mãe, só porque isso lhe daria prazer. Adoraria ver a cara de Marcélia, que agora estava no olho da rua. Se realmente conhecia a mulher que lhe dera à luz, ela deveria estar chorando, deprimida num cantinho do sofá ou estendida na cama como um cadáver. Aquela visão lhe acalmaria as emoções.

Porém, nem isso animou Tayná, que pensava insistentemente no que Kauan estaria dizendo à ex-paciente. O que estariam comendo? Com que roupa ela teria ido ao encontro? Seria jovem e bonita como ela?

Tayná agarrou o celular que estava caído aos pés da cama e começou a discar para Kauan, quando uma ideia melhor a acometeu. Já que queria tanto descontar sua ira em alguém, nada melhor do que procurar um alvo óbvio.

Procurou o telefone na agenda que ele costumava guardar na primeira gaveta do *rack* e foi direto para a letra D. Tayná discou para o celular de Diana, vibrando para que fosse atendida, e prendeu a respiração quando ouviu a ex-esposa de Kauan atender à ligação. Não conhecia a voz dela, por isso sabia que também não seria reconhecida.

— Você tem dificuldade para atender a ligações? — Ela começou, emprestando à voz um tom sarcástico.

— O quê? Quem está falando?

— Imaginei que o par de chifres que carrega na cabeça a incomodasse um pouco — Tayná não conteve a risadinha debochada.

— Quem é você? — Diana baixou o fogo da panela que cozinhava seu feijão e olhou novamente para o número desconhecido que aparecia na tela de seu aparelho.

— Tayná, a mulher que geme loucamente sob o corpo quente e musculoso de Kauan.

Diana ficou lívida e apertou o celular com mais força. Quis desligar, mas parecia que algo a obrigava a continuar ouvindo.

— Por que está me ligando? Como conseguiu meu telefone?

— Eu sei que seu casamento foi uma droga. Kauan me disse que você o traiu com vários caras e que relutou em lhe dar o divórcio. Agora, está colhendo o que plantou! Foi a sua vez de carregar a galhada na testa. E devo acrescentar que ele está muito feliz comigo.

— Sua vida com ele não me interessa.

— Você é uma mulher esperta. Aplicou o velho golpe do baú sobre Kauan. Sabe que os pais dele são ricos e tratou de arranjar uma barriga. O tolinho nem cogitou a ideia de que a criança pode não ser dele.

— De tolo ele não tem nada e jamais concordaria em me pagar a pensão alimentícia se não estivesse certo da paternidade — uma pontada dolorida apertou a barriga de Diana, e ela associou a dor à situação pela qual estava passando. — E eu nunca o traí. Não sei que história mentirosa ele lhe contou, mas...

— Na verdade, também não estou interessada. Só quero que saiba que ele é muito bom na cama. Kauan me disse que somente comigo aprendeu a fazer sexo de verdade. Com você, ele mal conseguia se excitar.

A segunda risada provocante de Tayná deixou Diana ainda mais irritada.

— Pare de me telefonar, sua pervertida! O que você e ele fazem não me interessa. E se quer saber, eu estou namorando, portanto, me deixem em paz — mentiu.

— Namorando quem? Onde seu namorado estava que não a acompanhou nenhuma vez ao escritório do advogado? Kauan teria me contado, se você aparecesse lá com algum homem.

— Ele trabalha muito, e isso não é de sua conta. Se voltar a me ligar, levarei seu número até a delegacia e farei uma denúncia.

— Você parece uma criança chorona ao telefone. Deus, o que Kauan viu em você? Acredita mesmo que ele a amou algum dia?

— E você parece uma prostituta de telessexo. Não me atormente mais, sua vagabunda!

Com as mãos tremendo, Diana desligou o telefone e sentiu outra pontada no ventre ainda mais forte que a primeira. Pensou em tomar um pouco de água com açúcar para se acalmar, quando uma terceira fisgada surgiu tão forte, que a fez curvar-se sobre a imensa barriga.

As palavras de Tayná martelavam em seu ouvido, dizendo que Kauan nunca a amara realmente, o que ela mesma tinha provado ser verdade. Irritada e magoada, Diana desligou a válvula do gás, apagou a luz da cozinha e seguiu na direção do quarto. Pensava que, se ficasse deitada por alguns minutos, as dores iriam embora.

Porém, para o horror de Diana, uma grande quantidade de líquido escorreu por suas pernas. Rapidamente, ela despiu-se de suas roupas, ficando nua da cintura para baixo. Soltando um grito de pânico ao compreender que a bolsa se rompera, ela sentou-se no chão e tentou ligar para Riquelme. Estava tão nervosa e dolorida que não conseguiu se lembrar do telefone da equipe de resgate.

Diana soltou um segundo grito, quando uma dor violenta pareceu atravessar-lhe todo o corpo, como se alguém a tivesse atingido com uma lança. Ela pôs-se a berrar, na esperança de que algum vizinho a ouvisse, pois sabia que estava tendo um parto prematuro. O bebê nasceria ali, se não chegasse a tempo ao hospital.

Com os olhos embaciados de lágrimas, gritando e gemendo ao mesmo tempo, Diana conseguiu ligar para Riquelme, que a atendeu no segundo toque, no instante em que ela sentia a cabeça da criança projetar-se para fora. Ela contou em poucas palavras o que estava acontecendo, e ele garantiu que chegaria dentro de poucos minutos.

Riquelme deu graças a Deus, quando forçou a porta de entrada do apartamento de Diana e descobriu que esta estava destrancada. Não hesitaria em arrombá-la, se fosse necessário. Ele entrou como um furacão, olhando para todos os lados, e não tardou a encontrá-la no chão, com as costas apoiadas na parede. Diana estava com as pernas abertas, e, entre elas, via-se uma poça de sangue e o corpo imóvel de um recém-nascido.

Sem saber a quem acudir primeiro, ele optou por Diana. Bastou um olhar de relance para perceber que o bebê, cuja pele estava arroxeada, já havia falecido. Por ora, não saberia dizer se a criança nascera morta, ou se Diana, em seu desespero, fizera algo que pusera a vida do bebê em risco.

Ela não exibia uma aparência muito melhor. Com os olhos fechados e o rosto molhado de suor, Diana quase levou Riquelme ao pânico, que pensava que a amiga não tivesse sobrevivido. Ele correu até o quarto e voltou em seguida com uma toalha de banho nas mãos para cobri-la. Riquelme ergueu-a no colo, passou por cima da criança morta e saiu do apartamento. Quando a colocou no táxi para levá-la ao hospital, percebeu que Diana estava desmaiada.

Como Riquelme não sabia ao certo onde Diana trabalhava, dirigiu até o hospital público mais próximo. Ao chegar, informou o que supunha ter acontecido. Diana foi levada, e uma hora depois o médico retornou para conversar com ele. Ele foi sucinto em suas explicações. Falou que Diana ficaria bem, apesar de ter perdido uma quantidade considerável de sangue, e deduziu que a criança já estivesse morta no útero. O organismo teria a expelido naturalmente. Segundo o médico, Diana tivera sorte, já que estava com quase nove meses de gestação, e em muitos casos o corpo da criança só era retirado por meio de cirurgia.

Riquelme lembrou-se do que Diana comentara sobre raramente sentir o filho mexer-se na barriga e sabia que ela ficaria arrasada, assim que tomasse conhecimento do ocorrido. Se o que o médico concluíra fosse verdade, ele perguntava-se há quanto tempo Diana estaria carregando no ventre uma criança sem vida.

Tentando acalmar-se, já que o coração ainda não retomara o ritmo normal, Riquelme fechou os olhos e fez uma prece aos amigos espirituais. Pediu proteção e força para Diana, para que ela soubesse lidar bem com aquela situação, algo que, intimamente, ele sabia que era quase impossível.

Capítulo 21

Diana gritava e chorava. Estava revoltada e desconsolada e só recuperou totalmente a consciência assim que amanheceu. Recebera uma transfusão de sangue e reclamava que sentia dores por toda a barriga e no baixo-ventre. O médico garantiu que se ela tomasse a medicação que ele prescrevera, todo o mal-estar físico passaria dentro de três ou quatro dias.

Riquelme, no entanto, sabia que o mal-estar mental tinha efeito muito mais devastador para Diana. No quarto em que estava internada, ela exigiu saber o que tinha acontecido, e Riquelme relatou a cena que encontrara ao chegar ao apartamento. Com lágrimas escorrendo pelo rosto contraído, ela gritou, sacudindo-o pelo braço:

— E o meu filho?! O que você fez com ele?! Quero saber onde ele está agora!

— Na pressa em socorrê-la, tive de deixá-lo no chão. Como fiquei aguardando informações do médico e não havia mais ninguém que pudesse me substituir aqui, não consegui voltar ao seu apartamento. Contudo, posso ir lá ainda hoje para resolver essa questão.

— Resolver essa questão?! — Diana replicou com voz dura e fria. Ela dividia o quarto com mais duas pacientes, que se mexeram inquietas. — Você está falando do meu filho, Riquelme! Da criança que tiraram de mim. Mais uma vez, alguém que eu amava foi afastado de mim!

— Você desconhece os desígnios da vida, Diana! Este momento é delicado e pede serenidade, não conturbação. Procure...

— Pare de me dizer o que eu tenho que fazer! — ela gritou furiosa. — Eu vi quando meu filho nasceu. Vi que era um menino e tenho certeza de que ele se mexeu. Estava vivo...

— O médico acredita que se trate de um bebê natimorto. Portanto, ele já nasceu sem vida. Não foi culpa sua, Diana.

— Não acredito nisso! Meu filho estava vivo, Riquelme! Ele morreu por causa da ligação daquela vadia — rosnou Diana. — Eu fiquei muito nervosa e tive um parto prematuro. Foi isso que aconteceu. De fato, a culpada não sou eu e sim aquela infeliz. Assim que sair daqui, vou acabar com ela.

Riquelme agachou-se para que seu rosto ficasse no mesmo nível do de Diana.

— De quem você está falando? Quem ligou para você?

— Tayná, a mulher por quem Kauan me deixou. Ela me insultou, disse uma porção de coisas negativas a meu respeito.

— E por que você a escutou? — carinhoso, Riquelme acariciou os cabelos de Diana. — Por que deu tanta importância ao que ela disse, a ponto de passar mal? Até quando vai permitir que Kauan ou as pessoas que o cercam a atinjam?

Diana não respondeu. Fechou os olhos e mordeu os lábios com raiva. Novas lágrimas surgiram.

— Você dá muita atenção aos outros, querida. Uma atenção que não dá a si mesma. Você precisa se gostar em primeiro lugar, mas pelo jeito ainda não aprendeu a fazer isso.

— Como assim? Acha que não me amo?

— Se você prestar atenção, Diana, notará que a vida está lhe respondendo de acordo com suas atitudes. Ela levou seu filho, porque sabia que não era o melhor para você no momento. Talvez ainda não tivesse condições de ser mãe.

— Quanta baboseira! Como pode insinuar que eu não seria uma boa mãe?

— Não foi isso o que eu disse. Muitas vezes, quando a vida tira algo ou alguém de nosso caminho, é porque não contribuiria em nada para nosso crescimento interior. Além disso, sempre que a vida tira algo de nós, nos dá de volta algo ainda melhor.

— Não quero escutar essa visão espiritualista do assunto.

Riquelme quase sorriu ao vê-la tapar os ouvidos, como uma menina mimada.

— Se não consegue nem gostar de si mesma, como teria condições de gostar de seu filho?

— Então, eu sou uma criatura diabólica e incapaz de amar? — ela questionou, revelando que, apesar das mãos sobre as orelhas, continuava escutando cada palavra dele. — Esperava mais de você, Riquelme.

— E eu de você. Esperava sinceramente que, depois de tudo o que nós conversamos, você reagisse, colocando sua fé em prática. Diana, lembra-se de que havia garantido que tentaria deixar Kauan no passado e que não o traria à tona?

— O último vínculo que me ligava a ele se foi. — Ela mostrou tristeza ao dizer isso. — Quanto a você, já que está tão decepcionado comigo, pode ir embora. Eu sei me virar sozinha.

— É o que realmente quer? — mais uma vez, Diana permaneceu calada, e Riquelme continuou: — Tudo bem, eu já vou, mas quero acrescentar uma coisa. Enquanto você se colocar no papel de vítima e não aceitar que a vida está apertando o cerco à sua volta, forçando-a a sair do comodismo, as coisas irão de mal a pior. A espiritualidade só ajuda quem também está disposto a mudar, Diana. Eu achava que fosse o seu caso, mas, pelo visto, você quer continuar se lamentando. Primeiro a traição, depois a separação e agora a morte do seu filho. Futuramente, encontrará outras razões para se queixar, porque é só o que sabe fazer. Isso é o que eu tenho para hoje.

Riquelme virou as costas para ela e fez menção de sair, contudo, mal deu três passos, quando a ouviu chamá-lo:

— Por favor, Riquelme, não vá. Me perdoe! Não quero ficar sozinha aqui.

Ele girou o corpo novamente, sorriu e aproximou-se de Diana. Riquelme inclinou-se e pousou um suave beijo no rosto ainda pálido da amiga e enxugou as lágrimas que insistiam em escorrer, ao mesmo tempo em que a acariciava.

— Eu amo você, Diana! — ele admitiu de repente, falando baixinho.

Ela pensou ter ouvido mal.

— O que você disse?

— Ainda não percebeu? Eu amo você e seria o homem mais feliz do mundo se fosse correspondido. Sei que esta não é a hora mais adequada para fazer declarações românticas, porém não consigo esperar mais. Me deixe dividir com você todo o amor que tenho aqui dentro — Riquelme tocou o peito enquanto sua voz embargava.

Embora não fosse intencional, as palavras de Riquelme tiveram o dom de acalmá-la de imediato. Diana não sabia se deveria rir ou chorar diante daquilo.

— Tem certeza do que está dizendo? Está se confessando para uma mulher pálida, descabelada, dolorida, irritante, chorona e que foi rude com você?

— Sim, porque é a mulher que eu amo.

Diana segurou a mão de Riquelme, que entendeu aquilo como uma resposta positiva. Ele baixou a cabeça para beijá-la nos lábios, mas ela virou o rosto para o outro lado.

— Sinto muito, Riquelme, mas não posso aceitar. Eu o tenho como um grande amigo apenas. É o homem mais maravilhoso que conheci e merece alguém melhor que eu. Além disso...

— Você ainda ama Kauan — ele completou, e os dois se assustaram com aquela afirmação, talvez porque ambos soubessem que era verdadeira.

Ela não confirmou nem negou. Para Riquelme não era necessário. O beijo que ele pretendia pousar nos lábios dela ficou na testa de Diana. Ambos se olharam por um breve instante. Nos olhos dele ela enxergou um amor reprimido, frustração e até algo que julgou ser tristeza. Nos dela ele viu angústia, incerteza e preocupação.

O assunto morreu ali, e Diana recebeu alta no dia seguinte. Antes disso, ele foi até o apartamento dela, embrulhou o frágil corpinho em um lençol e entrou em contato com o Instituto Médico Legal. Fazia questão de comprar o caixão e providenciar o enterro.

Quando Diana regressou ao apartamento, parecia que nada acontecera ali. Riquelme limpara cada gota de sangue e cada resíduo do líquido que escorrera com o rompimento da bolsa. Estaria tudo igual, não fosse o fato de que agora ela não carregava mais o filho no ventre.

Diana voltou a chorar baixinho, ao pensar na criança que mal chegara a conhecer. Riquelme informara que o bebê seria velado na manhã seguinte. Ela não sabia ainda se gostaria de comparecer à cerimônia, assim como não estava interessada em saber em qual cemitério o filho seria enterrado. De repente, era como se tivesse perdido todo o encanto pela vida.

Diana conseguiu uma licença-médica de uma semana e recebeu duas ligações de enfermeiras que trabalhavam com ela. Poucas pessoas continuaram conversando com ela, após descobrirem que Diana se casara às escondidas. Eliete, Karen e Maria

183

Rita ignoravam-a completamente, e Marcélia já não estava mais por lá.

Pensando em alegrar Diana para que ela distraísse a mente, Riquelme levou Inglas ao apartamento da amiga naquela noite. O menino demonstrou compaixão pela situação de Diana. Inglas sentou-se ao lado dela no sofá e fê-la encostar a cabeça em seu ombro.

— Se eu tivesse braços, estaria abraçando você agora — foi tudo o que ele disse, mas o suficiente para emocioná-la.

Diana envolveu-o, tentando conter o pranto que estava por vir. Desde que recobrara a consciência após o parto, ela estava muito emotiva.

Para quebrar a seriedade do momento, Riquelme avisou que estouraria pipocas. Inglas falou que ele sempre as deixava queimar, e Diana abriu um sorriso apagado. Não tinha mais vontade de sorrir. De repente, era como se tudo ao seu redor tivesse se perdido nas brumas da escuridão.

Mais tarde, Riquelme e Inglas ofereceram-se para dormir com ela, mas Diana garantiu-lhes que poderia se virar sozinha. O enterro da criança fora agendado para as 11 horas da manhã seguinte, e ela não tinha resolvido ainda se iria ou não.

— Como você mesmo diria, o que vou enterrar é só um corpo de carne — ela considerou, encarando Riquelme. — O espírito do meu filho já está em outras dimensões astrais, portanto, não acho necessário comparecer.

Novamente, ele percebeu frieza e hostilidade na fala de Diana e, como não queria dar início à outra discussão, despediu-se, beijando-a no rosto.

Riquelme saiu com Inglas, e, assim que se viu sozinha, o semblante de Diana transformou-se. Lembrou-se da ligação zombeteira e cruel de Tayná e seu coração inflamou-se de ódio. Kauan, por certo, daria graças a Deus quando soubesse que o filho morrera, pois não teria de manter contato com ela.

Diana culpava Tayná pela morte da criança. Além de lhe tirar o marido, ela também lhe tirara o filho. Em seus devaneios causados pela ira, Diana mal concatenava os pensamentos com um fio de razão. Tudo o que queria era vingar-se dos dois, principalmente da amante do marido. Daria o troco naquela infeliz e saberia se sair bem da situação.

Decidiu que, para começar a colocar seu plano em prática, precisaria de um estímulo. Como não gostava de bebidas alcóolicas, não as tinha em casa. Naquela noite, no entanto, abriria um precedente. Riquelme não estava mais lá para observá-la nem para orientá-la a tomar as atitudes mais adequadas.

Sabia que na esquina de seu edifício havia um bar que sempre estava lotado. Quando chegou à rua, de longe avistou as mesas ocupadas nas calçadas e diversas pessoas tagarelando alegremente. Diana, no entanto, não sentiu nem percebeu a presença do espírito de Igor, que caminhava ao seu lado.

— Você não precisa buscar forças no álcool para praticar o mal. Não queira jogar nos outros a responsabilidade que lhe pertence. Tayná não é a assassina de seu filho. Ela nem sequer ligou para você com a intenção de prejudicar a criança. Como Riquelme já lhe explicou, você não estava preparada para assumir a maternidade. Antes disso, precisa aprender a cuidar de si mesma.

Diana estacou na calçada e olhou para os lados, com a impressão de que escutava uma voz longínqua, dizendo-lhe coisas que ela não conseguia compreender muito bem. Por um instante, refletiu se deveria seguir em frente. Nunca fora dada a beber e temia que, se começasse, não conseguisse mais se controlar e até se tornar uma alcoólatra.

— Minha criança, não estou aqui para condená-la nem para absolvê-la. Nem mesmo Deus faz isso conosco. Não fomos criados para julgar. Nós existimos apenas para amar — acrescentou Igor, vibrando para que ela desse meia-volta e retornasse ao apartamento. — Lembre-se do que sempre lhe digo: apoie-se, fique do seu lado, jogue em seu próprio time. Quando perceber a importância de se amar, descobrirá que ninguém mais pode atingi-la nem lhe fazer mal. Contudo, quanto mais você fugir de si mesma e adiar o momento de enfrentar suas verdades, mais a vida lhe cobrará. Tenha certeza disso.

Mais uma vez, Diana teve a impressão de que captara um sussurro distante e sentiu uma onda de bem-estar invadi-la. Apesar de ter perdido o filho, nada a impedia de tentar engravidar futuramente, principalmente agora que descobrira o amor de Riquelme. O que a proibia de tentar ser feliz com ele? Não o amava, mas gostava bastante dele. Além disso, havia Inglas, por quem ela nutria um carinho especial e que necessitava de uma presença materna.

Esses pensamentos, no entanto, cederam lugar à raiva que sentia de Kauan e de Tayná. Não era justo o que eles fizeram com ela. Não ficaria tranquila se não os fizesse pagar por tudo o que tiraram dela: sonhos, esperança, alegria e até uma criança. Reduzindo sua frequência vibratória e tornando as próprias energias mais pesadas, Diana continuou seguindo na direção do bar. Igor sacudiu a cabeça negativamente, porém, permaneceu ao lado dela.

Diana ouviu uma trovoada ecoar em algum lugar e lembrou-se de que não podia se demorar ali. Ela passou pelos fregueses que se acumulavam à porta do bar e entrou no recinto. Na televisão fixada na parede um jogo de futebol era exibido, mas a maioria dos homens voltou-se para fitá-la. Talvez por ser mulher e estar desacompanhada.

Ela fingiu que não era alvo dos olhares e parou diante do balcão. O atendente gordo, suado e careca, que aparentemente era também o proprietário, ouvia com irritação o cliente magricelo e embriagado, que lhe estendia um copo vazio.

— Só mais um golinho, Gilberto. Prometo que acerto tudo no dia 10.

— Já disse que não. Você já está bêbado como um gambá e ainda quer continuar enchendo a cara? Sabe que não vendo fiado.

— Então, não voltarei mais aqui — o bêbado cambaleou e quase caiu sobre Diana. — Acabou de perder um freguês!

— Por mim, você pode ir comprar no inferno! Agora, dê o fora do meu bar, antes que eu o expulse daqui a pontapés!

Revoltado, o cliente voltou-se para Diana, sorriu e rodou o dedo indicador diante da têmpora, sugerindo que Gilberto estava louco.

— Desculpe, moça — Gilberto também mostrou um sorriso constrangido. — Essa treva vem aqui todos os dias e sempre ameaça não voltar nunca mais. Mas, se passar aqui amanhã, o encontrará no mesmo lugar, firme e forte.

— Tudo bem — ligeiramente encabulada por estar ali, cercada por tantos homens, ela perguntou: — Preciso de uma bebida forte. Qual me recomenda?

— Sei que não é da minha conta, mas a senhora está bem? Mora por aqui, correto? Se não me engano, já a vi passando diante do meu bar.

— Sim, sou sua vizinha. O senhor tem uísque?

Gilberto ia retrucar, mas por fim deu de ombros. Não fazia ideia dos motivos que levavam àquela moça a querer se embebedar. O importante era faturar à custa do vício dos outros.

Quando estendeu o copo com a bebida para Diana, Gilberto estremeceu ao vê-la tomar tudo em um gole só. Bem-vestida e atraente, ela destoava daquele ambiente como um monge em uma escola de samba. Imitando o bêbado que partira, ela mostrou o copo e pediu que Gilberto o abastecesse de novo.

Assim que ele fez isso, um garoto de uns 13 anos disparou pela porta dos fundos, correndo até Gilberto e abraçando-o por trás. Quase em seguida, uma mulher usando um avental partiu no encalço do garoto. Diana ouviu o menino grunhir algo ininteligível. A mulher pegou-o pelo braço, mas ele pôs-se a espernear, atraindo a atenção da clientela.

— Eliseu, obedeça à sua mãe! — ordenou Gilberto em tom imperativo. — O pai está trabalhando agora e não pode lhe dar atenção.

Como mágica, o menino acalmou-se, deixando que a mãe o segurasse pela mão e o conduzisse passivamente. Gilberto mostrou outro sorriso desanimado.

— Me perdoe mais uma vez. Meu filho é autista e às vezes tem algumas crises, como essa que você acabou de presenciar — ele encarou um freguês, que achara graça da cena que Eliseu causara. — Está rindo do quê, seu desgraçado?

O cliente cerrou o cenho na mesma hora e voltou o rosto fixamente para a televisão, como se sua vida dependesse do jogo de futebol.

Outro trovão, desta vez mais próximo, fez-se ouvir. Diana bebeu mais duas doses, o suficiente para deixá-la tonta, e decidiu parar. Não queria embriagar-se até cair nem ficar presa no bar por causa da chuva que se aproximava. Ela pagou Gilberto e pediu:

— Cuide bem do seu filho, enquanto o tem ao seu lado. Tiraram o meu de mim, e até agora os responsáveis não foram punidos.

Sem compreendê-la muito bem, o dono do bar deu de ombros. Minutos depois, Diana estava de volta ao apartamento. Sua cabeça estava dolorida, e o espírito de Igor tentou novamente dissuadi-la de empreender um plano de vingança. Contudo, era tarde demais, porque ela já se decidira e sabia o que deveria fazer. Resolveria o assunto ainda naquela noite. Kauan e Tayná se arrependeriam amargamente por lhe causarem tanto sofrimento.

Capítulo 22

Uma tempestade desabou sobre a cidade de São Paulo. Em alguns momentos, a noite abafada parecia se tornar dia devido aos relâmpagos que cruzavam o céu em zigue-zague. Trovões explodiam como disparos de canhão, e as pedras de granizo pareciam balas atingindo o vidro da janela.

Kauan e Tayná estavam nus na cama, entregues à paixão e ao desejo, quando o celular dele começou a tocar. Ela tentou impedi-lo de atender, pois detestava ser interrompida durante o sexo. Contudo, sem fazer caso dela, Kauan saiu da cama e pegou o aparelho no *rack*. Viu o número de Diana no visor e não disfarçou a contrariedade.

— É Diana — ele informou a Tayná.

— Já passa das onze. O que ela quer com você? — perguntou irritada. Tayná não contara a Kauan que telefonara para Diana havia alguns dias e esperava que ela não estivesse ligando para queixar-se.

— Só vou saber se atendê-la. — Ele apertou um botão e encostou o aparelho na orelha. — Oi, Diana!

— Kauan, por favor — a voz dela estava arrastada e chorosa ao mesmo tempo. — Acho que nosso filho vai nascer. Estou passando muito mal. Preciso que venha para cá agora mesmo.

— O que você está sentindo? — ele quis saber, porém, ela havia desligado.

Kauan tentou telefonar de volta para Diana, mas ouviu a voz mecanizada da caixa postal. Olhou para Tayná e pela primeira vez ela percebeu preocupação genuína no semblante do namorado.

— Meu filho está nascendo e acho que Diana está sozinha. Quer que eu vá pra lá agora.

— Debaixo desse temporal? Não vou permitir que você vá.

— Não é uma questão de escolha, querida. Estou me lixando para Diana, mas meu filho não tem culpa de nada.

— Se a criança for sua, o que eu duvido.

— Por enquanto, isso não importa — Kauan já estava se vestindo. — Se quiser, pode vir comigo.

Tayná não hesitou e também apanhou as próprias roupas. Vinte minutos depois, ambos já estavam no carro de Kauan a caminho do apartamento de Diana. A chuva despencava do céu de forma impiedosa, e as pequenas pedras de gelo pipocavam sobre o capô do carro.

Diana estava deitada na cama com um sorriso de sagacidade nos lábios. Tinha certeza de que Kauan não seria tão desumano a ponto de repudiar o pedido de ajuda dela e fingir que nada estava acontecendo.

Assim que cortou a ligação propositadamente, Diana discou para Riquelme. Foi Inglas quem atendeu, e ela disse que precisava conversar com o pai dele. Ao ouvir a voz do amigo, ela comentou:

— Eu gostaria de saber como Inglas consegue atender ao telefone.

— Ele faz quase tudo e se esforça para tentar fazer o que não consegue. Ele é um guerreiro — pausou e indagou: — Você está bem? Aconteceu alguma coisa?

— Kauan me ligou há pouco — mentiu. — Disse que está vindo pra cá. Não estou preparada para recebê-lo sozinha, Riquelme. Quando ele perceber que perdi a criança e não o comuniquei, vai brigar comigo e pode até dizer que me calei para receber o dinheiro da pensão alimentícia.

— Talvez ele faça isso. Quer que eu vá até aí? Posso colocar Inglas para dormir e sair em seguida.

— Não é perigoso deixá-lo sozinho? E se acontecer alguma coisa?

— Ele sabe se virar bem e, se algo acontecer, pode me telefonar. Inglas usa os dedos dos pés com a mesma facilidade com que nós usamos os das mãos.

— Então, vou esperá-lo — Diana despediu-se e sentou-se na cama. Esperava que Riquelme chegasse antes de Kauan.

Realmente foi o que aconteceu. Por morar bem mais próximo, vinte minutos depois ele entrava no apartamento de Diana.

Assim que ela abriu a porta para Riquelme, ele percebeu que havia algo de errado com a amiga. Além disso, a energia do ambiente pareceu-lhe pesada e sufocante.

— O que aconteceu com você? — ele fitou-a com estranheza.

— Comigo? Nada! Estou ótima, apesar de nervosa.

Diana respondeu de uma distância suficiente, para que ele percebesse o hálito de álcool. A voz dela estava pastosa e meio engrolada.

— Você andou bebendo, Diana? Por que fez isso? Ainda está tomando os medicamentos que o médico lhe prescreveu?

— Foi apenas um gole de vinho. Não sabe que até faz bem ao coração?

Como não queria discutir com Diana, Riquelme preferiu adotar outra tática.

— Só espero que você não esteja pensando em afogar suas mágoas na bebida. Isso é um meio forçado de tentar se esquecer dos problemas, o que nunca dá certo. A única maneira de destruir qualquer forma de ressentimento é batendo de frente com a questão que a aflige. A fuga só transfere esse momento para depois.

— Não estou ressentida, Riquelme — ela estremeceu ao ouvir o sonoro estrondo de um trovão. — Depois de refletir muito sobre o que você me disse, acho que perdoei Kauan e Tayná. Ou, pelo menos, estou muito perto de conseguir isso.

Riquelme era observador o suficiente para perceber que aquilo era uma mentira deslavada. Não gostava quando Diana mentia para ele, pois parecia falta de confiança da parte dela.

— Sei que isso não é verdade. Diana, você não faz ideia do mal que o acúmulo de ressentimento no coração pode nos causar. Ele se transforma em falta de motivação, em queixas, culpas, autocrítica e até em depressão. O ressentimento anula nossa alegria de viver, colocando em seu lugar a tristeza, o sofrimento e a perda da vontade de melhorar. É o que deseja para sua vida?

— Minha vida já está um lixo, Riquelme! Não pode ficar pior.

— Sua vida é maravilhosa, basta notar. É uma mulher atraente, inteligente, estudada. Tem saúde, um corpo perfeito e não passa por dificuldades financeiras, embora não seja rica. Coisas negativas têm lhe acontecido, porque foram atraídas por você mesma. Sua vida é resultado daquilo que você escolhe. Experimente fazer coisas boas para ver o fantástico retorno que terá.

Diana olhou para o relógio de pulso, torcendo para que Kauan viesse logo. Não estava nem um pouco interessada em escutar Riquelme naquele momento. Mesmo assim, ele ainda insistiu:

— Ao fazer escolhas, opte por tomar decisões sábias e positivas. Deixe seu coração guiá-la, porque ele sabe como conduzi-la à felicidade. Adote pensamentos que estimulem sua força, ideias que a façam prosperar, atitudes que lhe tragam uma vida melhor. Faça uma coisa que lhe dê prazer, que a deixará feliz e satisfeita.

— Prometo que vou tentar, Riquelme. Só tenha um pouco de paciência comigo — ela garantiu, não porque realmente quisesse mudar, mas para que o amigo parasse de falar.

Quando o interfone tocou minutos depois e o porteiro anunciou a presença de Kauan e de uma acompanhante, Diana estremeceu. Ainda estava meio bêbada, porém, julgava estar com a mente lúcida. Invisível a ela, Igor mantinha-se em oração, tentando higienizar o apartamento para dispersar as energias densas que a própria Diana criava com suas ideias de vingança.

Diana ficou agitada ao descobrir que Tayná estava com Kauan, mas pensou que pelo menos capturaria dois coelhos com uma só armadilha.

Percebendo que Diana não estava em seu juízo perfeito, Riquelme caminhou até ela e abraçou-a com força.

— Independente do motivo que os trouxe aqui, mantenha a calma e não faça nada de que possa se arrepender depois. Eu a amo muito e a quero bem.

Diana fitou-o nos olhos por alguns instantes e sentiu seu corpo aquecer-se com o amor que via no olhar de Riquelme. Por uma fração de segundo, quis jogar tudo para o alto, beijá-lo com carinho e tentar reiniciar a vida ao lado dele, porém, o toque da campainha que ecoou em seguida a fez desistir rapidamente dessa ideia.

Riquelme adiantou-se e abriu a porta, deparando-se com um casal bem-vestido e perfumado que o olhava. Ele encarou Kauan atentamente, que também o fixou com curiosidade.

Tayná disfarçou um sorriso sarcástico. "Esse homem tem cara de paspalho. Deve ser o tal namorado a que Diana se referiu. Combina direitinho com ela", pensou.

Riquelme deu passagem ao casal, que entrou no apartamento. Diana tinha ido à cozinha e saiu de lá caminhando devagar, com uma das mãos ocultas atrás das costas. Ao ver Kauan, sentiu o coração dar uma cambalhota. Ele, contudo, ao notar que ela parecia bem, irritou-se. Como a barriga da ex-esposa estava bastante inchada, não percebeu que ela não estava mais grávida.

— Por que me telefonou, Diana? Não me parece estar tão mal como disse.

— Foi ela quem o chamou? — confuso, Riquelme olhou para Diana. — Por que mentiu para mim?

— Ela me disse que o bebê estava nascendo — tornou Kauan, cada vez mais irado. — Diana me pediu ajuda e vim correndo para cá, sob esse dilúvio.

— Para começar, ela nem disse que estava acompanhada — completou Tayná.

Perplexo, Riquelme tornou a mirá-la. Diana enganara-o também. Não sabia o que ela intencionava fazer, mas pelo visto Diana mentira tanto para Kauan quanto para ele.

Riquelme notou que os olhos de Diana se encheram de lágrimas e que ela apertou os lábios, como se não fosse responder. A mão direita continuava escondida atrás das costas.

— Sinto lhe informar, mas ela mentiu para você — esclareceu Riquelme falando baixinho.

— E quem é você? — interessou-se Kauan.

— Sou um amigo dela. Pelo jeito, Diana não lhe contou que perdeu o bebê há alguns dias. O enterro está previsto para amanhã cedo.

— O quê?! — atônito, Kauan olhava de um para o outro, sem saber quem era o mais louco naquela história. — Isso é verdade, Diana?! Você me fez vir aqui à toa?

— Cale a boca, Riquelme! — ela gritou, enquanto as lágrimas desciam velozmente. — Não se intrometa em meus assuntos.

— Ainda não entendeu o que está acontecendo aqui, meu amor? — Tayná virou-se para Kauan. — Essa piranha ainda o quer de volta e está fazendo de tudo para chamar sua atenção.

— Piranha é você! — Diana berrou e de seus olhos a fúria começou a brotar junto com as lágrimas. — Eu perdi meu filho, e foi tudo por sua culpa. Por acaso, contou a ele que me telefonou para me ofender?

— Não sei do que ela está falando — replicou Tayná calmamente, olhando para Kauan. — No mínimo, é outra mentira dessa mulher. Ela enganou até o próprio amigo — e apontou para Riquelme. — Que tipo de mulher é essa?

— Vocês dois me tiraram tudo! — Diana avançou devagar até eles. — Por sua causa, Kauan, perdi meus sonhos, minha amizade com Pamela, minha fé no amor e, por último, meu filho. E você, sua cretina, me deixou tão nervosa com aquele telefonema que sofri um aborto espontâneo. Meu filho nasceu sem vida! E vocês ainda acham que vão poder viver juntos, como se não tivessem me feito nada? Nunca vou permitir que isso aconteça!

Riquelme foi o primeiro a perceber o que Diana ia fazer. Adiantando-se, ele deu um passo para frente no instante em que ela tirou o espeto de churrasco de trás das costas e o bramiu para frente, lançando-o contra Tayná. Riquelme, então, empurrou-a com força a tempo de desviar a arma dos olhos da advogada. A ponta de aço, no entanto, cravou-se no ombro da mulher, que soltou um grito lancinante de dor.

Recuperado do susto, Kauan e Riquelme seguraram Diana, que se preparava para um novo golpe. Kauan tirou o espeto da mão dela, tentando livrar-se das bofetadas que ela conseguiu acertar nos braços e nas costas dele. Tayná tentava cobrir o ferimento com a mão, de onde o sangue jorrava em profusão.

— Você é doente, Diana! — disse Kauan olhando-a com ódio, ao vê-la ser contida por Riquelme. — Agora que meu filho morreu, nunca mais quero vê-la em minha frente. No hospital, vou fazer de contas que não a conheço. Para mim, você não passa de um despojo humano.

— Vamos denunciá-la à polícia! — choramingava Tayná.

— Vamos cuidar desse ferimento primeiro — contrapôs Kauan. — Depois, consideramos com calma se vale a pena lidar com essa bruxa outra vez. Venha, vamos embora!

Kauan abraçou Tayná, e os dois seguiram depressa para a porta de saída do apartamento sem olhar para trás. Riquelme ainda mantinha os braços em torno do corpo de Diana, que chorava e tremia convulsivamente.

— Diana, você enlouqueceu? — Riquelme perguntou. — Queria matar Tayná? O que passou por sua cabeça?

— Vamos segui-los, por favor.

— Nada disso. Sua mente está muito confusa, você não está raciocinando direito. Esqueça essa gente. Pare de viver em função deles, Diana!

— Juro que nunca mais tocarei no nome de nenhum dos dois. Eu só quero saber para onde eles vão. Vamos segui-los, depressa!

— Se vai esquecê-los, não tem por que segui-los. Desista. Não vou a lugar algum.

193

Igor mais uma vez tentou intervir, murmurando palavras tranquilizadoras ao ouvido de Diana, mas ela nem sequer o sentiu ou captou sua mensagem.

— Então, eu irei sozinha. — Diana deu um solavanco em Riquelme, agarrou a bolsa e saiu correndo porta afora.

Kauan e Tayná já tinham descido pelo elevador, e Diana embrenhou-se pelas escadas. Riquelme fechou a porta do apartamento e partiu no encalço dela. Assim que ela chegou ao térreo, ainda teve tempo de ver o carro de Kauan afastar-se cantando os pneus.

Ignorando a chuva que logo a deixou ensopada, Diana pisou na calçada tentando distinguir algum táxi. Riquelme tentou puxá-la de volta para dentro, mas ela parecia estar com a força multiplicada. Vendo que Diana não desistiria, ele suspirou e apontou para o próprio táxi, que deixara estacionado do outro lado da rua.

Os dois correram até o veículo, e ela suspirou de alívio quando entraram no automóvel. Riquelme, então, deu a partida, manobrou o carro e avançou na mesma direção que vira Kauan seguir.

— Devo estar tão louco quanto você para atender a seu pedido — ele lamentou.

— Juro que vou recompensá-lo por tudo. — Diana apertou a mão de Riquelme, que estava sobre o câmbio. — Também prometo que não sairei do carro, quando descobrir o destino desses dois. Confie em mim, só desta vez.

— Se eu não confiasse, não estaria aqui.

A chuva continuava intensa. A chuva de granizo acabara, contudo, as gotas d'água ainda estavam grossas e pesadas. Não tardou a avistarem o veículo de Kauan em alta velocidade, dois quarteirões à frente. Ele não respeitava os semáforos vermelhos e avançava como um louco. Queria chegar ao hospital o quanto antes para conter o sangramento do ferimento de Tayná.

— Lá estão eles! Não pode ir um pouco mais depressa?

Riquelme trocou a marcha do carro e pisou no acelerador. O motor do carro nem de longe era tão potente quanto o de Kauan, e ele sabia que provavelmente os perderia de vista se o ex-marido de Diana continuasse acelerando. Riquelme viu quando o carro da frente fez uma manobra perigosa em uma curva, sem reduzir a velocidade.

— Mais rápido, Riquelme! — gritou Diana. — Corra o quanto puder.

Ele acelerou ainda mais e, ao chegar à curva da rua, pisou no freio e rodou o volante. Um caminhão que vinha em sentido contrário estava ultrapassando um micro-ônibus e tomara parte da faixa em que Riquelme estava. Ele ainda pensou em jogar o carro para a direita, mas o automóvel derrapou na pista molhada. Nesse momento, Diana gritou ao se deparar com a dianteira do caminhão, que se aproximava como um monstro faminto, o facho de luz dos faróis praticamente em seus rostos.

O impacto foi certeiro. O táxi de Riquelme parecia estar sendo engolido pelo caminhão, enquanto o ruído de vidro se quebrando e de aço se retorcendo era ouvido, assim como os gritos de duas pessoas e a buzina do micro-ônibus, que, por pouco, não batera também. Instantes depois, sirenes soaram a distância. Era uma cena horrível, e dificilmente poderia haver sobreviventes.

O responsável pela equipe de resgate olhava penalizado para o local do acidente. Já presenciara situações terríveis, mas havia muito tempo que não se deparava com nada parecido. Assim como os peritos que chegaram ao local, ele já sabia que o motorista do caminhão estava morto.

Conseguiram distinguir mais dois corpos entre as ferragens. O que restara de um táxi jazia entre fios, pedaços de ferro e do caminhão. Os paramédicos iluminavam os corpos com lanternas, e um fio de esperança surgiu quando um deles gritou:

— O motorista do táxi também faleceu, mas a mulher ainda está viva!

Tocaram o rosto de Riquelme, que estava apoiado no local em que antes havia um volante. Já sabiam que ele morrera, por isso voltaram a atenção para Diana. O rosto dela quase não apresentava ferimentos, exceto por alguns arranhões, e por um instante chegaram a pensar que ela estava grávida, devido ao ventre ainda avolumado. Quando baixaram as lanternas para as pernas dela, todos empalideceram ao mesmo tempo.

— Veja isso! — um dos paramédicos mostrou o que vira ao responsável pela equipe.

— Não temos tempo a perder. O que sobrou das pernas dela ficou preso entre as ferragens. Precisamos serrar este ponto o mais depressa possível, ou ela terá uma hemorragia.

— Mas se fizermos isso...

— Sim, eu sei, mas não temos outra opção. Se quisermos que sobreviva, temos de amputar as pernas dela.

Capítulo 23

Camila era uma jovem de 17 anos tão sonhadora quanto as protagonistas das novelas mexicanas a que costumava assistir. Adorava os dramalhões e chorava quando os mocinhos brigavam, como se fossem velhos conhecidos. Sentia gana de estrangular as vilãs maldosas e dava altas gargalhadas com o elenco cômico. O tradicional enredo da mulher pobre, ingênua e sofredora, que se apaixonava por um rapaz rico, gentil e bonitão era o seu preferido.

Como já passava da meia-noite, a televisão da casa de Pamela estava desligada. Enquanto ganhava algum dinheiro trabalhando como babá das gêmeas, assistia a esse tipo de programação. Agora, tarde da noite, lia um romance "água com açúcar", com a sinopse bem semelhante às das novelas que tanto apreciava. Considerava-se pobre, ingênua e sofredora, por isso estava convicta de que o galã riquíssimo ainda surgiria em sua vida.

Era vizinha de Pamela e fora contratada pela enfermeira para cuidar das meninas, enquanto ela trabalhava. As crianças não davam trabalho, choravam pouco e demoravam a sujar as fraldas. Pamela, por sua vez, era uma mulher gentil, que trabalhava fora para sustentar a si mesma e as duas filhas. "Ela também merece como recompensa um homem apaixonado e cheio de dinheiro!", Camila pensava.

O espírito presente no recinto, no entanto, não concordava com aquilo. Camila teria gritado até desmaiar se soubesse que ela e as gêmeas, que repousavam placidamente, não estavam sozinhas. Wesley estava de pé ao lado do berço, olhando as filhas embevecido. Evitava movimentar-se, como se pudesse assustar as crianças ou a babá.

Queria ser tão sonhador quanto Camila, porém, a vida — ou a morte — levara seus sonhos consigo. Além de ter sido assassinado e forçado a se afastar de sua família, descobrira recentemente que fora adotado. Ismênia e Augusto não eram seus pais biológicos, e, como a cereja do bolo, Wesley ainda tinha uma irmã gêmea perdida por aí. Uma mulher com sua idade e, talvez, com um rosto semelhante ao seu, que dividira o útero de uma mãe desconhecida e sobre a qual nada sabia.

Desencarnara havia quase dois anos e estava cansado daquela rotina. A eterna farda que nunca tirava, o sangue que sempre escorria pelo ferimento do tiro, as dores constantes, o desânimo corrosivo, a tristeza que o deprimia. Tudo o que desejava era que aquilo acabasse, ou que ainda houvesse uma remota possibilidade de que não fosse real.

— Você não precisa passar por isso, meu amigo — ele ouviu uma voz masculina dizer.

Wesley voltou-se devagar e viu Igor, que lhe sorria com a mão estendida para frente.

— Eu posso ajudá-lo, se quiser. Há lugares bem melhores que este aqui. Você não pertence mais ao mundo corpóreo.

— Queria poder acompanhá-lo...

— E o que o impede?

— Não posso deixar Pamela sozinha. Ela precisa de mim.

— Ela não tem se virado sozinha durante todo esse tempo? — vendo Wesley assentir, Igor continuou: — Ela precisa trilhar o próprio caminho, e você precisa seguir o seu. Houve uma bifurcação no caminho de vocês que os separou, mas lá na frente se encontrarão de novo, ainda que demore algum tempo. A vida é assim, repleta de caminhos que se entrelaçam.

— Você sabe aonde ela foi? — perguntou Wesley. Embora Igor soubesse, fez que não com a cabeça. — Ouvi que ela foi conhecer um grupo de estudos espiritualistas.

Wesley afastou-se do berço, passou por Camila, que lia o romance com empolgação, e sentou-se no chão da sala. Pacientemente, Igor aproximou-se e sentou-se ao lado dele.

— E o que seriam estudos espiritualistas? — Igor questionou.

— Você não sabe?

— Eu gostaria de ouvir sua versão.

— Também não sei direito. Há algumas semanas, Pamela só tem pensado nisso. Desde o dia em que um colega dela me viu no metrô e repetiu o que eu lhe disse, ela tem considerado a possibilidade de que eu esteja aqui. Pamela não sentiu medo em momento algum, mas percebi aflição e preocupação vindo dela.

— O que ela fez a respeito? — indagou Igor, fitando-o com atenção.

— Pesquisou na internet sobre lares assombrados. — Wesley sorriu amarelo. — Será que ela supôs que eu realmente a assombraria?

— Sabe a que conclusão ela chegou?

— Ela não se convenceu com o que encontrou e foi em busca de mais informações. Comprou alguns livros, alguns romances, mas não do tipo que aquela ali está lendo — indicou Camila com o queixo. — Ela adquiriu romances espiritualistas.

— E eles abordam o quê, exatamente?

— No fundo, você já sabe de tudo isso, não é mesmo? Estou sentindo sua energia de paz e harmonia e me sinto bem ao seu lado. É como parar ao lado de uma fonte em uma tarde quente de verão. Os respingos trazem bem-estar ao corpo.

— Confesso-lhe que sei, sim... Assim como sei também que você está sentindo falta de conversar com alguém, de poder desabafar e de expor seus sentimentos. É por isso que estou aqui, embora meu tempo seja curto.

— Por quê?

— Porque uma amiga em comum precisa de minha ajuda e de sua ajuda também. Mas antes que me pergunte de quem se trata, termine de me falar sobre Pamela e sobre os livros que ela comprou.

— Pelo que entendi, esses romances abordam uma visão prática e moderna da espiritualidade, quebrando tabus, destruindo preconceitos e trazendo alegria, paz e serenidade ao coração dos leitores. — Wesley abraçou o próprio corpo e sorriu de novo. — Ela já leu uns três ou quatro. Eu gostaria que ela os lesse em voz alta, para que eu pudesse escutar o conteúdo também.

— De onde eu venho, existem vários livros desse tipo à disposição. E esses você poderá manusear, pois são feitos da mesma matéria que nós.

— Em sua busca por respostas, Pamela descobriu sozinha um local onde pessoas se reúnem para estudar fenômenos mediúnicos e discutir sobre a vida e a espiritualidade. Ela já foi lá duas vezes. Hoje foi sua terceira visita.

— Você a acompanha?

— Não. Tenho medo de que me prendam. Não estou em minha melhor forma.

— Por que fariam isso, se você mesmo disse que os livros deles falam sobre alegria e paz? Não acha que eles poderiam instruí-lo em vez de prendê-lo?

Wesley deu de ombros. Gostara de Igor, principalmente por ele ter sido seu ouvinte. Como ele mesmo dissera, acabaria enlouquecendo se não conversasse com alguém. Estava cansado daquela vida.

— Se está cansado, por que não vem comigo para se sentir melhor? — sugeriu Igor, lendo os pensamentos do outro.

Esse fato não surpreendeu Wesley, que meneou negativamente a cabeça.

— Ainda não. Tenho assuntos pendentes a resolver.

— Por exemplo?

— Preciso descobrir minha origem. Acredita que, depois de morto, soube que não sou filho biológico de meus pais? Que fui comprado como um objeto qualquer e que ainda tenho uma irmã gêmea?

— E você quer conhecê-la, assim como quer conhecer sua mãe verdadeira? Descobrir onde vivem, a que se dedicam e se pensam em você.

— Exatamente. E também não sei se posso deixar Pamela sozinha. Eu a amo muito.

— Prometo que vou ajudá-lo — Igor levantou-se. — Mas agora preciso visitar nossa amiga.

— Que amiga é essa?

— Diana. Ela sofreu um acidente e está em estado grave.

— Quando isso aconteceu? Eu gosto muito dela.

— Há pouco, mas prefiro que fique aqui. Suas energias poderão atrapalhá-la em vez de ajudá-la. Prometo lhe trazer notícias.

— Não me deixe sozinho — Wesley quase implorou. — Vai mesmo voltar?

— Tem minha palavra. — Igor sorriu e desapareceu.

Sem alternativa, Wesley passou por Camila e parou novamente ao lado dos berços das filhas. A babá soltou um suspiro distraído, ainda sonhando com o homem másculo, lindo e rico que um dia se casaria com ela.

***

Pamela abriu o guarda-chuva, apertou a gola do casaco e seguiu na direção do ponto de ônibus. A noite estava fria, e ela queria chegar logo em casa, conferir se as filhas estavam bem, tomar um banho quente e aninhar-se sob o edredom.

Ela estava adorando o grupo que vinha frequentando. Descobrira-o na internet. Como não confiava em quase nada do que era divulgado na rede virtual, fora até lá para conferir a seriedade do trabalho que eles desenvolviam e ficou surpresa. Pamela encontrou pessoas sérias, estudiosas, com diferentes histórias de vida, mas com um objetivo comum: estudar e aprofundar-se nas leis da vida e da espiritualidade.

Há meses, Pamela sentia que havia algo errado em sua casa. Objetos que caíam sozinhos, portas que se fechavam sem a presença de correntes de vento e ainda havia o relato surpreendente de Joel, o enfermeiro que trabalhava com ela, que alegara ter visto um homem com as características de Wesley.

Pamela queria ter certeza de que o marido estava por perto e, sobretudo, descobrir de que forma poderia auxiliá-lo. Ela amava-o demais, mas nem por isso queria que ele ficasse vagando por aí. Acreditava que Wesley precisava seguir seu caminho e desejava de coração que ele fosse feliz. Nunca deixaria de amá-lo.

Em sua primeira visita ao grupo de estudo, Pamela aprendeu que os espíritos realmente podiam se apegar a entes queridos e recusar-se a continuar sua jornada no mundo astral. E eles faziam isso por diversos motivos: medo, tristeza, preocupação, raiva e amor. Wesley talvez sentisse um pouco de cada coisa. Pamela imaginava que o falecido marido não estivesse conformado com a morte repentina e que tivesse se revoltado contra Deus por isso.

Todas as terças-feiras, ela saía do hospital diretamente para o salão onde o grupo se reunia. Vinha aprendendo muito com a equipe e já se sentia emocionalmente mais forte. Não era raro chorar de saudades de Wesley, mas ali aprendera que poderia transformar a tristeza pela ausência dele em algo positivo. Pamela vinha refletindo sobre como poderia fazer aquilo.

De repente, ela assustou-se com o toque de seu celular. Não gostava de atendê-lo na rua para evitar furtos, contudo, como o ponto de ônibus estava movimentado, ela achou que não havia perigo. Não reconheceu o número que apareceu no visor.

— Alô?

— É a senhora Pamela? — a voz feminina indagou.

— Isso mesmo. Quem é?

A mulher na linha explicou que falava de um hospital público, onde Pamela estagiara durante seu curso de enfermagem.

— Uma paciente deu entrada em nossa unidade há pouco, e a equipe de resgate encontrou entre os pertences dela uma agenda telefônica. Seu nome e telefone estavam destacados na contracapa, por isso foi a primeira pessoa a quem recorremos.

— De quem se trata? — subitamente o coração de Pamela disparou.

— Diana Camargo. Ela sofreu um acidente de carro e seu estado é grave. Não conseguimos localizar seus familiares. A senhora a conhece?

— Jesus amado! Eu a conheço sim. Estou indo para aí imediatamente.

Por trabalhar em um hospital, Pamela sabia que não lhe dariam mais informações por telefone. Ela, então, saiu do ponto de ônibus e seguiu a pé até onde avistara um ponto de táxi em uma rua por onde acabara de passar. Por sorte, o temporal mal passava de uma garoa agora.

Uma vez no táxi, fechou os olhos e fez uma prece por Diana. Não sabia o que tinha acontecido, mas torceu para que não fosse nada relacionado a Kauan. Não perdoaria o marido da amiga, se ele tivesse lhe causado mal.

Pamela telefonou para Camila, avisou que surgira um imprevisto e que não tinha horário para retornar. E completou dizendo que ficaria muito grata se a moça dormisse em seu apartamento para cuidar de Tamires e Marina.

Chegando ao hospital, Pamela identificou-se. Disseram-lhe, então, que o médico que atendera Diana viria conversar com ela pessoalmente, assim que a paciente fosse operada. Pamela não fazia ideia do que Diana tinha e rezou para que não fosse algo tão grave como eles estavam dizendo.

Pamela estranhou não encontrar Kauan em nenhum lugar. Certamente, ele se envolvera no acidente com Diana e, apesar de nunca ter gostado do marido da amiga, torceu para que Kauan tivesse sobrevivido também.

Foram duas longas horas de espera até que alguém deu sinal de vida. Não era o médico, mas uma enfermeira. Seu rosto estava pálido e exibia o ar exausto que Pamela conhecia tão bem.

— Qual é seu parentesco com a paciente? — indagou a Pamela.

— Somos amigas — ou pelo menos haviam sido um dia. — O que houve?

— Sabe se ela tem familiares mais próximos?

— Ela é casada, mas não tem parentes. Pode falar comigo. Também sou enfermeira e estou acostumada a lidar com todos os tipos de situações.

— Sua amiga estava em um táxi, que bateu de frente com um caminhão. Duas pessoas morreram no local, inclusive o taxista que estava com ela. Sua amiga sobreviveu, porém... — a enfermeira parou de falar, engolindo em seco.

— Porém o quê? Vamos, pode me dizer.

— Ela ficou presa entre as ferragens do carro, estava perdendo muito sangue, e só houve um jeito de ser retirada de lá...

— Que jeito?

A enfermeira deixou o ar escapar lentamente dos pulmões. Odiava dar aquele tipo de notícia.

— As pernas dela estavam presas às ferragens do carro. Tentaram serrar apenas a lataria, mas não adiantaria nada. Não tinham tempo a perder, por isso foi necessário amputar as duas pernas.

Pamela soltou um grito, tapando a boca com as mãos, enquanto lágrimas saltavam de seus olhos. Deixou-se cair em um banco próximo, e a enfermeira rapidamente lhe providenciou um copo com água. À mente de Pamela vieram imagens de Diana sorridente, passeando com ela, fazendo as unhas dos pés, passando creme hidratante nas pernas antes de dormir. Moraram juntas antes de ela conhecer Wesley, e não escondiam suas intimidades uma da outra.

A mesma Diana que fora tão cheia de vida não tinha mais as pernas. Se não trabalhasse naquela área, diria que a enfermeira estava fazendo uma brincadeira de mau gosto, porém, não havia o menor vestígio de humor naquilo. Embora parecesse, não se tratava de um pesadelo. Era tudo genuíno; era a realidade de Diana dali em diante.

— A incisão foi feita no local do acidente, mas aqui suturaram os cortes. Em momento algum ela recuperou os sentidos, por isso acreditamos que não tenha sentido dor. Sua amiga perdeu muito sangue e precisará de umas três transfusões, além das que já recebeu.

Pamela quis dizer que Diana não precisava apenas de sangue, mas das pernas também. Como alguém que caminhara durante toda a vida se veria sem as pernas de um momento para o outro? Como ela poderia lidar com isso, se é que conseguiria? Era inconcebível imaginar que uma mulher saudável e tão jovem como Diana ficaria presa a uma cadeira de rodas.

— Sabe o nome do homem que estava com ela? — Pamela finalmente conseguiu perguntar. A água no copo permanecia intocada.

— Foi identificado como Riquelme Telles. Era proprietário do táxi.

— Não o conheço. Precisamos telefonar para Kauan. É o marido de Diana.

— Todos os pertences deles estão em uma sala, aguardando liberação da perícia policial. Posso averiguar o número dele e entrar em contato.

Pamela agradeceu. Quando a moça se afastou, ela encostou a cabeça na parede e deu livre curso ao pranto. Simplesmente não conseguia projetar a imagem de Diana em uma cadeira de rodas. Como ela trabalharia daquele jeito? Como seria a vida dela naquelas condições? Não se tratava de alguém que nascera com alguma deficiência e que estava habituada àquela situação, mas de uma mulher que, de repente, se via sem partes essenciais de seu corpo.

Meia hora depois, o médico foi conversar com Pamela e apresentou-se como doutor Afrânio. Ele parecia arrasado, e ela conhecia aquela expressão. Era quase semelhante à de quando um médico via um paciente ir a óbito durante uma cirurgia. Tratava-se de um senhor distinto, na casa dos 50 anos. Naquele momento, porém, ele aparentava ter mais de setenta.

— Fizemos tudo o que foi possível por sua amiga. Ela está viva e internada na UTI, pois seu quadro é instável. Ainda não temos previsão de alta. Cessamos a hemorragia e já suturamos os cortes. Além disso, ela teve algumas escoriações nos braços, um corte não muito profundo no ventre e seu pescoço foi ferido por estilhaços de vidro. Nada muito grave.

— Nada pode ser comparado a perder as duas pernas — Pamela secou o rosto, o que foi inútil, pois não conseguia parar de chorar por Diana. — Ela estava grávida. O senhor tem notícias da criança?

— Percebi que ela passou por um parto recentemente. Não estava mais grávida.

— Quando poderei vê-la?

— Quando ela estiver em condições. Soube que você é enfermeira.

— Sou, assim como ela também é. Nos formamos juntas.

— Vou abrir uma exceção, então. Poderá visitá-la até o fim da manhã, caso ela não desperte. Esperamos que ela saia do coma o mais depressa possível.

Pamela não respondeu. Não sabia se era uma vantagem o fato de Diana acordar, pois a pior de todas as notícias a aguardava. Provavelmente, ela desejará nunca ter despertado.

A enfermeira retornou trazendo a agenda de Diana nas mãos. Uma sombra de perplexidade encobria seu rosto.

— Deve haver algo errado. O senhor Kauan disse que Diana não é mais sua esposa. Eles se divorciaram há algumas semanas. Tentei lhe explicar o que havia acontecido, mas ele pareceu furioso. Gritou que não estava interessado e me pediu que não lhe telefonasse de novo.

— Eu não sabia do divórcio... — foi tudo o que Pamela respondeu. Estava traumatizada demais para pensar naquilo. Ao que tudo indicava, Diana escondera-lhe muitas informações naqueles meses em que deixaram de se comunicar. Talvez nem tivesse sentido falta dela.

Como não havia muito a ser feito, Pamela avisou que iria para casa trocar de roupa, descansar e que retornaria assim que amanhecesse. Às 7 horas, no entanto, estava de volta. Não conseguira pregar os olhos e chorara durante toda a madrugada.

Pamela encontrou o médico, que não parecia melhor do que antes. A única diferença foi a informação que ele lhe deu:

— Diana acordou. Não se lembra do acidente com exatidão, mas, infelizmente, não podemos adiar a notícia. Chegou o momento de dizermos a ela o que realmente aconteceu.

Capítulo 24

Pamela, Afrânio e duas enfermeiras entraram no setor em que Diana estava. Ela fora isolada dos demais pacientes por uma espécie de biombo de vidro. Seu rosto estava ferido e pálido, e um lençol branco a envolvia da cintura para baixo.

Seus olhos, que antes pareciam quase mortos, brilharam ao avistarem Pamela. Os lábios dela repuxaram-se no que pareceu ser um sorriso, porém Diana não disse nada.

— Então é aqui que a senhora se escondeu? — Pamela tentou brincar.

— Você veio — ela sussurrou num tom quase inaudível. — E me perdoou.

— Nem teria por que não perdoar. Fiquei chateada com o que aconteceu, mas não enfurecida a ponto de nunca mais querer vê-la. Afinal, somos amigas ou não?

Diana começou a chorar, e uma das enfermeiras mediu sua pressão. Ela esticou um braço, onde havia uma agulha espetada, e segurou a mão de Pamela.

— Eu fui tão grossa com você, tão incompreensível. Me perdoe, Pamela, por favor. Não sabe o quanto tenho sentido sua falta.

Pamela chorava e desejou poder abraçá-la. Diana era mais que uma amiga, era uma irmã do coração. Pensou em perguntar sobre Kauan, mas achou que não era o momento adequado. Ela, entretanto, pareceu adivinhar seus pensamentos.

— Você estava certa quanto a Kauan. Ele não valia nada, Pamela. Estamos divorciados. Se eu a tivesse escutado... tudo seria diferente.

Novas lágrimas, novos soluços. O médico adiantou-se e pediu em voz baixa que ela mantivesse a calma. Depois, ainda tentou usar de bom humor para descontrair:

— Mal acordou e já quer futricar? Está parecendo minha esposa, que dorme e acorda falando da vida alheia. Aliás, sou o doutor Afrânio.

Ela sorriu entre lágrimas, e Pamela aproximou-se para beijá-la no rosto. Antes de entrar, o médico dissera-lhe que Diana necessitaria de acompanhamento psicológico depois de ser informada sobre as consequências do acidente. A forma como ela encararia sua nova realidade seria crucial para determinar sua vida dali em diante. Quando Pamela disse o nome do hospital em que a amiga trabalhava, Afrânio contou-lhe que conhecia o presidente da instituição e que conversaria com ele naquele mesmo dia. Por ser funcionária, ele esperava conseguir uma vaga para que Diana fosse transferida.

Também incumbiu Pamela de relatar o ocorrido. Diana não fora informada ainda sobre a morte de Riquelme. Ambos sabiam que ela não estava em condições físicas e emocionais para receber uma descarga dupla de tragédia, porém, não havia como protelar aquilo. Seria melhor que ela soubesse de tudo o quanto antes.

— Foi melhor você ter se livrado de Kauan — comentou Pamela. — Mas vamos parar de falar nele...

— Sabe o bebê que eu estava esperando? — vendo a amiga assentir, Diana emendou: — Ele morreu, Pamela.

— Percebemos que você passou por um parto recente — tornou Afrânio. — Só não sabia que seu filho havia falecido. Sinto muito.

— Fiquei com tanta raiva de Kauan e de sua atual namorada que decidi me vingar — Diana não saberia dizer de onde estava tirando forças para pronunciar tantas palavras. — Eu os atraí ao meu apartamento, porque queria feri-los. Não pretendia matar ninguém, apenas queria machucá-los fisicamente.

— Não precisa mais falar nisso — Pamela apertou a mão da amiga com carinho.

— Eu quero continuar. Por favor, me ouça — ignorando a presença do médico e das duas enfermeiras, ela prosseguiu: — Também chamei meu amigo Riquelme para meu apartamento. Precisava de um reforço, caso meu plano não desse certo. Não sabia se a tal Tayná compareceria, mas, quando soube que ela também estava lá, me preparei. Tentei atingi-los com um espeto de churrasco.

206

— Que horror! Por que se rebaixou ao nível deles, Diana?

— Eu precisava disso, mas infelizmente nada deu certo — Diana fungou, olhou para o lençol branco que a cobria e fixou Pamela. — Riquelme tentou me alertar o tempo todo. Ele quis abrir meus olhos, porém, eu estava cega de raiva. Queria dar o troco a eles por tudo o que me fizeram passar. Sabe por que Kauan e eu nos divorciamos?

— Não faço ideia.

— Porque ele só queria meu dinheiro. Ele é um golpista, que usa a beleza para seduzir as mulheres e depois lhes tirar até o último centavo. Se eu não fosse tão tonta, teria percebido desde o início que ele nunca me amou de verdade. Assim como meu amigo Riquelme, você também tentou me avisar, contudo, eu não quis ouvir ninguém. E qual foi o resultado de minha teimosia? — com dificuldade, ela afastou os braços para mostrar o entorno. — Acabei internada num hospital.

— Não se culpe, querida. Esqueça o que ficou lá atrás, Diana. Pense que há algo positivo em tudo isso. Reatamos nossa velha amizade.

— Eu sinto tanto, Pamela — soluços violentos sacudiram o corpo de Diana. A um discreto sinal do médico, uma das enfermeiras aplicou-lhe um sedativo. — Fui tão orgulhosa. Tive vergonha de lhe telefonar para pedir perdão.

— Que bobagem! E o que acha que eu ia fazer? Lhe pedir que me esquecesse?

— Sei lá. Não me sentia forte o bastante para falar com você. E também devo desculpas a Riquelme. Não sabe como ele tem sido bom comigo.

Pamela e Afrânio entreolharam-se rapidamente. Diana nada percebeu e sentiu que suas pestanas começavam a ficar pesadas.

— Riquelme é o amigo que estava no táxi com você?

— Sim — ela virou o rosto para o médico. — Ele está bem? Nunca vou me perdoar, se ele tiver se machucado.

— Do que você se lembra? — devolveu Afrânio, esquivando-se da pergunta.

— Como eu lhes dizia, tentei machucar Kauan e Tayná em meu apartamento. Consegui furar o ombro dela com o espeto, e logo depois Kauan a levou embora, me ameaçando com a polícia — ela soltou um bocejo sonolento. — Tentei segui-los, porém, Riquelme me impediu. Como sou muito teimosa, saí correndo com ele atrás de mim. Eu queria saber aonde Kauan e Tayná estavam indo. Reconheço que estava totalmente desequilibrada, pois havia bebido.

Pamela não respondeu. A Diana que ela conhecia jamais faria aquele tipo de coisa. Ela estava muito mudada.

— Convenci Riquelme a segui-los em seu táxi. Pouco depois, ao virarmos em uma curva, vimos um caminhão na nossa faixa, vindo de frente. Acho que gritei e depois só me lembro de acordar aqui — ela ergueu os braços e analisou as mãos. — Parece que não me machuquei muito. Alguém pode me trazer um espelho? Espero que meu rosto esteja bem.

Os olhos de Diana, no entanto, começaram a fechar-se automaticamente. Instantes depois, ela já estava adormecida. O médico conduziu Pamela para fora da UTI, onde ela deixou escapar um longo suspiro.

— Não posso dar a notícia a ela, doutor Afrânio. Não me peça isso, eu lhe imploro.

— Qualquer um de nós pode contar, porém, a reação de Diana pode variar. Tudo depende de quem lhe dará a informação e de como ela será passada. Por isso, conto com sua ajuda. Vocês são amigas e têm proximidade. Não podemos lhe esconder a verdade e temos de ser precisos e diretos.

Pamela concordou, mas imaginava que destruiria Diana quando lhe revelasse o que ela ainda não sabia.

Tentou tomar café na lanchonete do hospital, porém, estava sem apetite. Três horas depois, foi chamada mais uma vez à UTI. Diana estava novamente acordada. A enfermeira contou a Pamela que agora ela se mostrava mais nervosa e agitada.

Em companhia do médico, Pamela foi até Diana. Ela notou lágrimas no rosto da amiga e imaginou que alguém a poupara de revelar o ocorrido, contudo, não tardou a perceber que Diana chorava de dor. O efeito da anestesia estava passando, e ela reclamava que as coxas estavam muito doloridas.

— Eu machuquei minhas pernas? — Diana olhou diretamente para Afrânio. — As enfermeiras não quiseram me mostrar a parte de baixo do meu corpo e nem sequer me deixaram tirar o lençol — desviou o olhar para Pamela e contraiu as vistas. — O que estão me escondendo? Eu exijo saber de tudo, porque tenho esse direito.

O médico fez um sinal, incentivando Pamela a contar. Ela contornou a cama e acomodou-se em uma poltrona. As duas enfermeiras ficaram de prontidão.

— Querida, não conheci seu amigo Riquelme — iniciou Pamela, sentindo a voz embargar e desejando poder sumir dali. — Pela forma como fala dele, creio que seja um rapaz muito especial.

— Ele é maravilhoso — a simples menção ao nome do amigo acalmou-a. — Riquelme disse que está apaixonado por mim. E ele é tão diferente de Kauan.

— Você correspondeu ao amor dele?

— Não. Ele sabe que ainda não me desvinculei totalmente de meus sentimentos por Kauan. O que ele não sabe é que vou me esforçar para fazer isso. Riquelme mora com o filho, um menino fantástico, um verdadeiro vencedor que soube superar sua deficiência física. A mãe está presa, e ele tem apenas sete anos.

— E você quer ser a nova mamãe dele?

— Se Riquelme ainda me quiser, vou aceitar — Diana sorriu. — Ele se machucou? Deve estar preocupado comigo, assim como estou com ele.

Percebendo que Pamela estava com dificuldades de prosseguir, Afrânio desfechou:

— Infelizmente, Riquelme não sobreviveu ao acidente.

Diana ficou ainda mais lívida do que já estava e seus olhos ficaram marejados. De repente, ela soltou um grito apavorante. A dor nas coxas seguira para o coração.

— Não! Não! Não! — ela repetia, sacudindo a cabeça para os lados. — Não pode ser verdade! Riquelme está vivo! Por favor, doutor, me diga que ele está vivo.

— Ele faleceu na hora, assim como o motorista do caminhão — o médico sabia que não havia razão para omitir os fatos. — Você foi a única sobrevivente.

— Não pode ser! Meu Deus, eu matei meu melhor amigo! — Diana olhava do médico para Pamela, que também chorava baixinho. — Eu praticamente o obriguei a seguir comigo! Ele não queria, mas eu o forcei. E agora Riquelme está morto!

Pamela não encontrou palavras para consolar Diana e sabia que de nada adiantaria. Igor, do lado astral, aplicava-lhe um passe fluídico tentando acalmá-la. Fizera também uma prece, pedindo luz e equilíbrio para Diana, pois sabia que ela precisaria muito de ambas as coisas.

— Eu nem tive tempo de me despedir dele — Diana começou a agitar os braços, e as enfermeiras adiantaram-se, forçando-a a recostar-se e ficar imóvel. — Sou uma assassina!

— Você não matou ninguém — Pamela interveio, sem saber direito se diria algo útil. — Penso que as pessoas se vão, quando chega a hora. Como acha que me senti quando soube da morte de Wesley? Posso ter aceitado, porém, nunca mais serei como antes. Por outro lado, descobri que brigar com Deus não adiantaria nada.

Diana fechou os olhos e foi sacudida por uma nova onda de soluços. As lágrimas pingavam insopitáveis, e as mãos tremiam como se estivesse em convulsão. Pamela deslizou a palma da mão pela testa da amiga e pediu forças à espiritualidade para revelar a próxima e ainda mais chocante notícia.

— Há algo mais que deve saber. Algo que aconteceu com você no acidente.

— Não é uma informação fácil — emendou Afrânio, sendo complacente. Já pegara um caso semelhante ao de Diana dois anos antes. Tratava-se de um adolescente que fora atropelado e perdera uma das pernas. O rapaz não soube lidar com sua nova condição de vida, dispensou acompanhamento psicológico e suicidou-se. E era exatamente isso que ele queria evitar.

— Nada pode ser pior que a morte do homem que eu mais gostava — Diana abriu os olhos e encarou o teto. — Quando o acidente aconteceu?

— Na noite de ontem — ele respondeu de pronto.

— Perdi meu filho há menos de uma semana. O enterro seria hoje. Riquelme estava cuidando de tudo. Mal sabia ele que seria enterrado praticamente no mesmo dia.

— Sei que é algo idiota de ser dito, mas, se quiser, posso verificar se seu bebê foi enterrado e o local exato... — Pamela hesitou: — Também posso conversar com a família de Riquelme.

— Inglas era tudo o que ele tinha — sob efeito dos medicamentos, Diana nem sequer pensou em quem seria o responsável pelo menino agora. — O que vocês queriam me contar sobre o acidente? O que de tão grave pode ter me acontecido?

De repente, Diana tentou levar as mãos ao rosto.

— Não me digam que meu rosto está desfigurado! É disso que estão falando?

— Seu rosto está perfeito — chorando, Pamela sentiu o próprio coração ficar apertado. — Da cintura para baixo, você ficou presa entre as ferragens do carro. Não estavam conseguindo tirá-la de lá.

Por instinto, Diana olhou para o lençol que escondia suas pernas. Afrânio tomou a palavra:

— Você estava perdendo muito sangue, Diana. Os paramédicos não podiam demorar para reagir. Foi a única forma de garantir sua sobrevivência.

— Já entendi — murmurou Diana. — Minhas pernas estão quebradas, não é? Terei de usar gesso por quanto tempo?

— Eles precisaram cortar — Pamela revelou quase gritando. Sua voz estava rouca e trêmula. — Sinto muito, querida. Sinto muito mesmo...

— Cortar o quê? — os olhos de Diana abriram-se muito, e o pânico despontou neles. Fitou o médico: — O que exatamente eles cortaram?

— Suas pernas foram amputadas — Afrânio levantou-se e, num movimento que pareceu cruel a Pamela, retirou o lençol que cobria Diana. — É assim que você está agora.

Uma violenta tontura apoderou-se de Diana, quando ela encarou o espaço vazio onde deveriam estar suas pernas. Durante alguns segundos, não conseguiu esboçar nenhuma reação. Não gritou, chorou nem balbuciou coisa alguma. Naquele breve instante, foi como se ela estivesse morta.

Tentando ser mais forte que a tontura, o olhar de Diana deteve-se na região de sua genitália. Ela usava algo que ela definiu como uma fralda geriátrica, o que já seria o suficiente para deixá-la constrangida em qualquer outra situação. Um pouco mais abaixo da virilha vinha o local onde as incisões foram feitas. De ambos os lados restaram-lhe menos de 10 centímetros de coxas, e esparadrapos encobriam as suturas e os ferimentos. A própria Pamela estava horrorizada com aquela visão.

Afrânio tornou a cobrir Diana com o lençol. Ela, por sua vez, permaneceu imóvel, ainda com o olhar fixo no mesmo ponto. Não era preciso ser perito para constatar que ela entrara em estado de choque.

— Nada é irremediável, a não ser a morte — foi a primeira coisa que o médico conseguiu dizer. — Hoje em dia, existem diversas técnicas de implante que podem...

— Implante? — Diana reagiu saindo de seu torpor. — Eu acabei de descobrir que fui mutilada, e você vem me falar em colocar pernas artificiais?

Diana recomeçou a chorar. Pamela adiantou-se para abraçá--la, mas foi afastada por um gesto brusco da amiga.

— Não toque em mim — ela ordenou baixinho. — Não quero que ninguém toque em mim. Eu me transformei em um monstro. Sou uma inválida agora, uma porcaria de uma inútil.

— Não diga isso, querida — pediu Pamela com a voz macia. — O que importa é sua vida. Graças a Deus, não morreu no acidente.

— Mas eu queria ter morrido — ela gritou descontrolada. — Por que tenho que continuar vivendo, se perdi tudo? Perdi meu marido, um filho, meu melhor amigo e agora minhas pernas! Acha mesmo que vou tolerar passar o restante dos meus dias sentada em uma cadeira de rodas?

— Sua amiga está certa! — Afrânio sabia que estava sobrando naquela conversa, porém, tinha que dar seu parecer profissional. — Se acredita em milagres, pode-se dizer que houve um, que garantiu sua sobrevivência. Apesar do que aconteceu com suas pernas, note que da cintura para cima você quase não sofreu danos. Poderia estar em situação muito pior, Diana. Vários pacientes escapam de acidentes graves e tornam-se tetraplégicos para sempre. Já examinei sua coluna vertebral, e ela está intacta. Não houve nenhuma fratura óssea nem...

— Isso não é nada, se comparado ao que me aconteceu — Diana interrompeu-o novamente e tentou retirar o lençol, mas foi impedida pelas enfermeiras. — Fui decepada ao meio. Metade do meu corpo desapareceu — ela percorreu o rosto de cada um dos presentes, fixando Pamela por último. — Para vocês está tudo bem, porque continuarão andando, correndo, calçando sapatos. E eu? Como vou me virar para fazer minhas coisas, já que moro sozinha?

— Eu já decidi que, assim que receber alta, vou me mudar para seu apartamento com Tamires e Marina até que possa adaptar cada cômodo.

Diana encarou Pamela sem conseguir parar de chorar.

— E vai cuidar da pobre aleijada, não é? Assim como qualquer outra pessoa, vai sentir pena de mim, porque serei tão dependente quanto um recém-nascido.

Pamela achou mais viável ignorar a resposta malcriada da amiga, que logo recebeu outra dose de sedativo e adormeceu. Afrânio, por sua vez, falou que tentaria interná-la no hospital particular em que ela trabalhava, para que tivesse um melhor atendimento. Pamela, arrasada, apenas meneava a cabeça em concordância.

***

Afrânio conversou com a diretoria do hospital particular, e o sócio majoritário ficou transtornado quando soube da notícia. Diana sempre fora uma funcionária excelente e não havia dúvidas de que ela seria acolhida e atendida como qualquer outro paciente pagante. Ele garantiu que isso era o mínimo que poderiam fazer por ela.

Diana não percebeu a transferência entre os hospitais por estar inconsciente. Afrânio acompanhou-a na ambulância, junto com Pamela que já solicitara aos seus superiores um afastamento para cuidar da amiga. Até temia correr o risco de ser demitida, se eles assim o decidissem, contudo, nenhum emprego valia mais que sua amizade por Diana.

Pamela também esteve presente no cemitério para o qual Riquelme fora levado. O corpo do taxista estava muito ferido, por isso o enterraram em um caixão lacrado. Ela pensou que era estranho ir ao enterro de alguém que nunca vira antes.

Havia apenas alguns taxistas durante o cortejo, mas ela não conversou com nenhum deles. Estava com os pensamentos tão conturbados que nem indagou aos colegas de Riquelme se ele realmente possuía um filho, como Diana dissera. Se assim fosse, era preciso averiguar qual destino seria dado à criança.

Já o bebê natimorto de Diana fora levado a outro cemitério. Como Pamela estava sem tempo para averiguar a questão, resolveu deixar o assunto de lado até que pudesse apurar melhor se o menino também fora enterrado, uma vez que Riquelme aparentemente estava cuidando disso antes de falecer também.

Se ela não estivesse estudando e lendo livros sobre espiritualidade, observando e aprendendo sobre como a vida funciona, acharia que Diana era a mais azarada das mulheres e que sobre ela recaía toda sorte de tragédias. O que a consolava era saber que, para tudo, sempre havia uma explicação e que nada acontecia por acaso.

O novo médico, que ficara responsável pelo atendimento de Diana no hospital, chamava-se Edmundo. Era um homem enorme, com mais de 60 anos, e sisudo como uma estátua. Para Pamela, não importava a expressão mal-humorada que ele ostentava, desde que auxiliasse a amiga em seu processo de recuperação.

Pamela foi informada de que Diana receberia uma nova dose de medicamentos, pois reclamava que as dores estavam insuportáveis. Ela gritava e chorava, e Pamela não tinha coragem de presenciar isso. Às vezes, sentia-se até covarde por não querer testemunhar de perto o sofrimento da amiga.

Kauan soube da chegada de uma nova paciente e não tardou a descobrir de quem se tratava. Nem por um instante, todavia, sentiu pena, compaixão ou remorso pela ex-mulher. Constatou que o acidente ocorrera na mesma noite em que foi ao apartamento de Diana, atraído pela mentira que ela contara. Não sabia mais detalhes sobre o que tinha acontecido, porém, relataram-lhe que Diana estava impossibilitada de andar.

Quando se viu sozinho em seu escritório, telefonou para Tayná. Foi breve em suas palavras e finalizou dizendo:

— E agora ela está aqui, dependendo do nosso atendimento.

— Ela tem convênio médico para estar aí? — questionou Tayná irritada. Parecia que, de uma forma ou de outra, Diana e Kauan sempre estavam próximos.

— Não. Veio para cá por caridade da diretoria. Em outras palavras, eles sentiram pena dela e a aceitaram por ser funcionária da instituição.

— E como ela está?

— Não sei. Só o que me disseram é que ela não está podendo andar.

— Bem feito! — Tayná olhou com raiva para o ferimento no ombro. — Fez por merecer.

Kauan desligou, e discretamente saiu indagando a algumas enfermeiras sobre Diana até descobrir que ela estava na UTI. Sem Marcélia no pedaço, ele agia como bem queria. A maior parte das funcionárias continuava lhe direcionando suspiros, quando ele lhes dirigia um olhar, e Kauan especulava qual delas teria um bom pé-de-meia na conta bancária.

Estava chegando à UTI, onde buscaria informações com o médico, quando se deparou com Pamela na sala de espera. Os dois trocaram olhares cheios de ressentimento até que ele se aproximou com a mão direita estendida. Kauan abriu um sorriso que paralisaria o coração de qualquer mulher.

— Você não é a amiga de minha ex-esposa? Seu nome é Pamela, correto?

Ela nem sequer olhou para a mão que lhe fora estendida.

— Não precisa ser fingido, Kauan. Por sua causa, Diana e eu ficamos meses sem conversar. Não venha me dizer que está interessado no quadro clínico dela.

— O que houve? Soube que ela não pode andar.

— Pergunte ao médico que a atende. De mim não vai saber nada.

214

— Eu ainda me lembro daquele nosso momento no elevador — ele passou a língua pelos lábios de forma maliciosa. — Sei que você curtiu a passadinha de mão.

— Repita isso, e passarei minha mão na sua cara, cobrindo-a de bofetadas — Pamela elevou o tom de voz e baixou-o rapidamente ao lembrar que estava na UTI. — Eu o detesto. A melhor coisa que Diana fez foi se divorciar de um ser tão asqueroso como você.

Kauan deu de ombros, indiferente às ofensas de Pamela. Quando Edmundo apareceu, Pamela interveio:

— Por favor, doutor, não informe a ele sobre o estado de Diana. O senhor sabe que ele é o administrador do hospital, mas é também um tremendo picareta. É o ex-marido de Diana e quer tripudiar sobre sua saúde.

— Ela é minha ex-mulher — atalhou Kauan com expressão de pesar. Sabia bancar a vítima como ninguém. — Além disso, sou o administrador deste hospital e tenho o direito de conhecer a situação de cada paciente internado aqui.

— Não, o senhor não tem esse direito — rebateu Edmundo com frieza, pois detestava aquele tipinho petulante. — A área administrativa e a área médica são independentes. Esta moça — referiu-se a Pamela — está acompanhando a paciente desde antes de ela ser transferida para cá. Como não há mais familiares, vou me reportar unicamente a ela.

Pamela quase deu um beijo no rosto do médico, tamanha a satisfação que sentiu ao ver o rosto de Kauan corar de irritação. Ele fulminou-a com os olhos, rodou nos calcanhares e voltou pelo mesmo caminho de onde viera.

Edmundo desculpou-se com Pamela pela descompostura que passou no rapaz e explicou que Diana estava acordada, chorosa, deprimida e praguejando contra a vida.

— De qualquer forma, ela é uma mulher muito forte. Passou por um parto alguns dias antes do acidente, no qual deve ter perdido sangue e recebido uma transfusão. Nesse acidente, ela poderia ter ficado em coma durante dias, ou tido um destino semelhante ao do acompanhante — Edmundo já sabia de todo o histórico do acidente e também lamentava por Diana. Trabalharam juntos em várias cirurgias, e sempre admirara a rapidez e eficiência da moça.

— Posso vê-la?

— Pode, sim. Não é hábito abrir esse tipo de precedente quando os pacientes estão internados na UTI, mas abrirei essa exceção por ela. Diana é uma ótima pessoa!

Momentos depois, Pamela estava diante de Diana, que estava coberta da cintura para baixo. Havia alguns monitores ligados a ela, e uma agulha para o soro estava fincada em seu braço esquerdo. Estava tão pálida quanto o lençol debaixo do seu corpo.

— Você de novo? — Diana desviou os olhos lacrimosos para a parede. — Veio conferir se estou precisando de alguma coisa?

— Não. Vim para saber até quando vai bancar a menina chata e turrona.

O comentário surtiu o efeito desejado, e Diana encarou Pamela vivamente.

— Qual é a sua, Pamela? Acha que estou me fazendo de coitadinha? Acredita que eu só esteja querendo chamar a atenção dos outros? Por acaso, já lhe informaram que sou uma aleijada agora?

— Pare de dizer isso! Nós duas trabalhamos na área da saúde há tempo suficiente para saber que esse termo está em desuso. É até ofensivo chamar uma pessoa deficiente de aleijada.

Diana ficou calada por alguns segundos. Ao falar, estava chorando outra vez:

— Posso lhe pedir um favor, Pamela?

— O que você quiser, querida! Diga.

— Me mate. Eu lhe imploro! Acabe com meu sofrimento.

— Pedido negado e esquecido. Vou fingir que não escutei essa blasfêmia.

— Então eu mesma vou dar um jeito nisso. Assim que eu puder, vou pôr fim a essa tortura.

— Você vai ficar aqui até receber alta. Depois, iremos para seu apartamento e faremos várias adaptações para facilitar sua locomoção. Não lhe resta outra opção a não ser se acostumar com a ideia de ser uma cadeirante, ou de usar próteses para substituir suas pernas.

Pamela sabia que estava sendo dura, porque não aguentava mais ver Diana chorar e reclamar. Algo precisava ser feito por ela, que tinha de reagir.

Edmundo aproximou-se do leito e revelou o que deveria ser uma boa notícia, mas Diana mal se interessou em saber. Ele contou que conseguira uma fisioterapeuta e uma psicóloga especializada em atendimento a pessoas com deficiência, com quem ela deveria iniciar o tratamento. A resposta dela foi a mesma de antes:

— Não quero saber de nada disso, porque não aceito viver assim. Vou acabar com minha vida. Podem ter certeza disso.

Pamela sabia que ela só estava falando da boca para fora, contudo, no dia seguinte, recebeu um telefonema do médico.

216

Diana arrancara a agulha do soro do braço e tentara fincá-la na região do coração. Só conseguiu perfurar a pele e perder sangue. Levou uma bronca das enfermeiras e outro sermão ainda maior do médico.

Na noite daquele mesmo dia, Pamela estava em seu apartamento trocando as fraldas das meninas, quando o telefonou tocou novamente. Diana aprontara mais uma vez, e agora achavam que ela estava fazendo graça. Ela arrancara o lençol de cima do corpo e pôs-se a gritar tão vigorosamente quando viu os cotos que alarmou os demais pacientes. Próxima a ela havia uma senhora que passara por uma cirurgia no coração e que não podia se assustar em hipótese alguma.

De acordo com Edmundo, se tudo corresse bem e se a situação dela permanecesse estável, Diana seria transferida para o quarto até a semana seguinte.

Foi com certo alívio por parte da equipe médica que ela foi transferida para um quarto dez dias depois. Só se alimentava quando era forçada a isso, resmungava palavras ininteligíveis e gastava o restante das horas chorando. Frustrada a tentativa de suicídio, ela rendia-se às lágrimas a cada vez que lhe trocavam as fraldas e a limpavam como se fosse um bebê. Aquilo continuaria acontecendo até que ela tivesse condições de usar o banheiro sozinha.

A própria Pamela não conteve as lágrimas, quando viu Diana ser erguida da cama por duas enfermeiras, que a colocaram em uma cadeira de rodas para dar-lhe banho. A amiga, que era da mesma altura que ela, fora reduzida à metade. As mulheres suspenderam-na com a facilidade de quem levanta uma boneca. Diana cobria o rosto com as mãos e chorava a cada vez que olhava para o que restara de suas pernas.

Pamela contou-lhe sobre o enterro de Riquelme, o que só serviu para piorar a situação. Espantosamente, Diana não lhe fez nenhuma pergunta e apenas proferiu uma frase:

— Que Riquelme possa me perdoar, pois eu o matei.

Ela emagrecera bastante e permanecia o tempo todo de cabeça baixa. Não assistia à televisão, não lia um livro e mal trocava algumas palavras com Pamela. Só o que desejava era morrer. Sabia que entrara em depressão e não sentia mais nenhum ânimo pela vida. Gostaria de dormir e nunca mais acordar. Para ela, sua vida era apenas um mar de sombras e escuridão, sem nenhuma perspectiva de esperança.

Capítulo 25

Naquela noite, logo após adormecer, Diana viu-se sentada sob uma árvore de copa imensa. O lugar era-lhe familiar. Intimamente, sabia que alguém viria conversar com ela e também lembrava que aquele local era uma espécie de ponto de encontro.

Uma névoa esbranquiçada a impedia de visualizar o chão e chegava quase até seu queixo, mas, apesar da estranha visão, a sensação de bem-estar que sempre a tomava ao chegar ali a dominou.

— Estava na hora de conversarmos outra vez, criança — Igor pareceu sair de trás do grosso tronco da árvore. A neblina também o encobria do peito para baixo.

— O que aconteceu aqui? De onde veio essa névoa?

— Não existe névoa alguma, Diana. Você está enxergando assim, porque não quer ver a realidade. A ilusão a está cegando aos poucos.

— Que ilusão? Eu perdi minhas pernas, e não há ilusão nenhuma nisso.

— Você não perdeu o gosto pela vida? Não abriu mão de sua felicidade à espera da morte? Não acha que, se fosse sua hora, não teria vindo para cá junto com Riquelme?

Ao pensar no amigo, os olhos de Diana brilharam.

— Ele está aqui? Posso vê-lo?

— Está sim, mas ainda não pode receber visitas. Garanto que está se sentindo muito bem. Quando for o momento certo, vocês se encontrarão novamente.

— Quero pedir perdão a ele. Se não fosse por minha causa, Riquelme ainda estaria vivo.

Igor deu alguns passos na direção do banco, embora Diana não enxergasse as pernas dele. Sorrindo radiosamente, ele sentou-se ao lado dela e passou o braço por cima dos ombros de Diana.

— Riquelme nunca foi de guardar rancor das pessoas e certamente já a perdoou. O que ele não aceitaria é saber que você se fechou em copas, apagou seu brilho, aceitou a derrota e está tentando se esconder da vida.

— Eu mereço o castigo que Deus me deu — Diana baixou a cabeça, fitando a grossa camada de neblina. — Só fiz besteira em minha vida e aprendi que é real o ditado que diz: "Aqui se faz, aqui se paga".

— Deus não castiga, Diana, e esse ditado nunca foi correto, porque ninguém está pagando nada a ninguém. Prefiro dizer que aqui se faz, aqui se aprende. E quando aprendemos, nos tornamos mais fortes e confiantes em nós mesmos.

Igor ergueu o queixo de Diana com o dedo, forçando-a a levantar a cabeça.

— Pare de se condenar pelo desencarne de Riquelme, Diana, nem aceite culpas ou autocríticas, pois isso corrói nossa autoestima como ácido. Aconselho-a também a parar de pensar que tudo o que fez a alguém voltará para você em forma de castigo. A vida não pune ninguém, e a Lei de Ação e Reação não funciona dessa forma.

— E de que forma ela funciona?

— Mostrando que nossas escolhas trazem resultados e que por meio deles amadurecemos nosso espírito e conseguimos evoluir. A vida, como uma sábia professora, está nos ensinando o tempo todo e sempre estamos aprendendo com ela. Todos nós seguimos em frente pela inteligência. Quando conquistamos a sabedoria, nada pode nos impedir de ser feliz.

— Eu só queria lhe fazer uma pergunta.

— Você quer saber por que ficou sem as pernas — adiantou-se Igor. Vendo-a sacudir a cabeça em consentimento, ele emendou: — Você sabe que nós já reencarnamos muitas vezes, não sabe?

— Sim, mas não consigo me lembrar do que fiz em minha última encarnação. Devo ter sido o demônio para que tenha ficado deficiente. Acho até que arranquei as pernas de alguém e por isso tenho de aprender a dar valor à falta delas, para sentir na pele o que infligi aos outros.

Igor soltou um suspiro paciente, sem deixar de sorrir. Ainda mantinha o braço sobre os ombros de Diana.

— A reencarnação é um projeto que favorece nossa aprendizagem. É uma das inúmeras ferramentas de que a vida dispõe para nos fazer crescer pelo amor e pela felicidade. Muitas pessoas têm essa mesma visão e pensam que, se algo está dando errado agora, isso é fruto de uma situação mal resolvida de uma encarnação passada. Obviamente, casos assim acontecem, mas não se trata de uma regra geral. Às vezes, experienciamos situações que tiveram origem nesta mesma vivência na Terra. Um exemplo é seu caso.

— Então, quer dizer que não fiz nada de mal a ninguém em outras vidas?

— Esqueça o passado e concentre-se no presente, Diana. Não podemos apagar o que passou, mas podemos lidar com isso, transformando-o em algo proveitoso. Em suas últimas experiências na Terra, você foi uma mulher orgulhosa e que nunca aceitou mudar, pois acreditava estar fazendo o que achava ser o certo. Valorizava todos que a cercavam, porém, nunca soube se dar o devido valor. Jamais notou sua própria beleza, seu encanto natural e a luz que a divindade lhe concedeu.

— E no que isso me transformou?

— Em uma mulher solitária, deprimida e sem ânimo para nada. Não foram poucas as encarnações em que você desencarnou de tristeza, porque havia perdido a alegria de viver. Desta vez, garantiu que tentaria fazer diferente e que aprenderia a vencer o orgulho, pois voltou com vários ideais diferentes. Você deixou claro que queria ser uma vencedora.

— E agora sou uma derrotada.

— Nem sempre uma derrota representa o fim, Diana, assim como nem sempre uma vitória significa a glória. A mudança pode acontecer a qualquer momento. Só depende de você. O destino é como cabelo. Você o modela do jeito que achar melhor. Tem seu arbítrio para decidir o que deve ser feito daqui para frente.

— Você ainda não me respondeu por que fiquei deficiente — lembrou Diana.

— Apoiar-se era o objetivo principal do seu reencarne. Eu sempre a orientei quanto a isso por meio dos sonhos, e a vida ainda colocou Riquelme em seu caminho para que ele a ajudasse a despertar para a vida. Você sempre foi dependente de alguém, pois nunca se julgou capaz de agir sozinha. Apoiava-se em seus pais e assumiu sua independência após o desencarne deles. Contudo, alguns anos depois, você conheceu Kauan e se apoiou nele também. E, acreditando estar apaixonada, não quis ouvir os conselhos de ninguém.

Diana fitou Igor em silêncio, sabendo que ele tinha razão em cada palavra dita.

— Pamela também é outra pessoa importantíssima em sua jornada no mundo terreno. Perdida nas amarras da paixão, você rejeitou a amizade dela por Kauan. Ao descobrir que fora ludibriada, deixou seu orgulho aflorar mais uma vez e não pediu perdão à sua amiga. Você nunca a procurou e talvez não o tivesse feito se a vida, sabiamente, não cruzasse seus caminhos de novo.

Igor falava com voz pausada e firme. Prosseguiu:

— Você precisa mudar e aprender a se colocar em primeiro lugar. Ninguém é feliz, quando não sabe amar a si mesmo. Depois de se ver separada de seu marido, tentou se apoiar em Riquelme e, por último, na criança que estava esperando. Como você precisava trilhar o próprio caminho individualmente, Riquelme e seu bebê também foram afastados. Ao rechaçar a mudança de uma vez por todas, a vida lhe tirou seu principal apoio: suas pernas.

— Eu perdi minhas pernas porque elas eram meu apoio? Não acha que a vida me cobrou um preço alto demais por essa mudança?

— Você desperdiçaria mais uma encarnação, se isso não tivesse acontecido. Como seu orgulho não aceitou a mudança, a vida lhe tirou as pernas, pois assim você poderá provar a si mesma que é a vencedora que garantiu que seria antes de reencarnar.

— Que sucesso vou alcançar sentada em uma cadeira de rodas?

— Você não será a primeira cadeirante da Terra, Diana. Existem muitas pessoas com diferentes tipos de deficiência que encontraram em si mesmas muitas habilidades. Vencendo o orgulho, você poderá mostrar ao mundo o quanto é poderosa. Pare de bancar a vítima, porque é uma pessoa repleta de potenciais. E jogue fora a culpa. Aprenda a não se sentar no banco dos réus.

— Não sei o que fazer. Eu nem queria continuar encarnada.

— Ainda há muito a ser feito, muito a ser aprendido. Aproveite enquanto está na Terra, pois é lá que começamos a desenvolver e aprimorar nossa consciência. Espero que nunca mais atente contra a própria vida.

— Acha mesmo que tenho capacidade de fazer alguma coisa? Como vou sobreviver? Em quê vou trabalhar?

— Faça o que puder que a vida faz o resto. Agarre as oportunidades que ela lhe oferecer e faça acontecer. Quem confia nela não tem medo do amanhã.

— Não sei se vou conseguir lidar com essa grande mudança — Diana lamentou com voz sofrida. — Quero acreditar que posso seguir em frente e conquistar essa felicidade da qual você tanto fala. Quero fazer valer minha promessa que fiz antes de reencarnar: a de que sairia vitoriosa.

— Então, assim que eu a levar de volta ao corpo, você reagirá e colocará sua força para fora. É hora de dar a volta por cima, Diana, sem cultivar o medo e sem nutrir a insegurança. Se sustente apenas na capacidade que Deus lhe deu.

Diana finalmente sorriu, sentindo respingos de fé surgirem em seu interior. Ela afundou as mãos na névoa densa, fechou os olhos e sentiu a paz banhar seu coração, como as ondas do mar beijando a areia da praia. Pela primeira vez em meses, fez uma prece e pediu amparo espiritual para que soubesse vencer os desafios que surgiriam em seu caminho. Sabia que seriam muitos e queria estar preparada para superar todos eles. Era hora de parar de reclamar da vida e buscar uma forma de melhorar.

— Vou vencer, mestre. Agora estou decidida a virar esse jogo. Infelizmente, esperei demais para perceber a realidade da vida.

— Já lhe disse que sou seu amigo, não seu mestre. E saiba que nunca é tarde para conquistar seu espaço e abraçar o que tem direito. Conhecendo as leis da vida, você aprenderá a viver melhor.

Ela riu e abraçou-o com força, soando convicta ao dizer:

— É o que vou fazer. A vida pode ter me tirado muitas coisas, mas vou saber lidar com o que me restou.

— Quando ela nos tira alguma coisa, sempre nos dá algo melhor — Igor sorriu com ar misterioso. — Ela levou seu bebê, porém, vai presenteá-la com outro filho.

O sorriso de Diana murchou um pouco, e ela olhou assustada para Igor.

— Outro filho? E de quem vou engravidar?

— Será um filho do coração. Ainda não parou para se perguntar a quem caberá a responsabilidade de cuidar de Inglas?

Diana cobriu a boca com ambas as mãos.

— Santo Deus! Como pude ter me esquecido dele? Fiquei tão revoltada com o acidente e suas consequências que simplesmente deixei Inglas de lado! Tenho que descobrir quem tem cuidado dele desde que o pai veio para cá.

222

— Ele está sendo bem assistido por pessoas bondosas. Já sabe o que aconteceu com Riquelme e, assim como você, chora de saudades. Inglas está muito carente e precisa de um coração materno para acalentá-lo.

— Achei que eu não tivesse condições de ser mãe.

— Do filho de Kauan, não. Inevitavelmente, você enxergaria nela a figura do homem que nunca perdoou. Com Inglas será o contrário. Cada vez que você o vir, se lembrará do seu amigo tão querido.

— E que me ensinou tantas coisas, mesmo que eu não tenha seguido nenhum dos seus conselhos — Diana respirou fundo e abriu um largo sorriso. — Essa foi a melhor notícia que recebi em meses. Vou cuidar de Inglas com todo o meu amor.

— Vocês passarão por muitas dificuldades, além de serem alvo de pessoas preconceituosas. Isso é outra coisa que você deve aprender a superar. Não dê atenção a quem discrimina pessoas com deficiência.

— Pode deixar, Igor. Desta vez, nada mais vai me derrubar. Prometo-lhe que ainda ficará orgulhoso de mim.

Eles trocaram um abraço apertado e repleto de carinho. Antes de guiá-la até o corpo que repousava adormecido no leito do hospital, ela ainda ouviu Igor dizer:

— É hora de florescer. Assuma-se no bem e encare sua realidade. Não atrase seu bem-estar nem abandone nenhuma oportunidade. Você pode vencer.

Diana despertou de repente e olhou para os lados como se estivesse perdida. Demorou alguns segundos para reconhecer onde estava e por breves instantes achou que veria vestígios da névoa ali também. Seu quarto estava escuro, e uma figura silenciosa estava adormecida na poltrona ao lado do leito.

Meio torta, com a cabeça caída para frente, Pamela ressonava baixinho. Diana sentiu um pouco de remorso por ter tratado a amiga de forma grosseira nos últimos dias.

Movida por uma súbita euforia, Diana chamou quase gritando:

— Pamela!

— Aaai! — numa expressão que beirava o pânico, Pamela deu um pulo e ficou em pé. — O que aconteceu? Está sentindo alguma dor?

— Nenhuma. Eu a acordei?

— Imagina! Eu estava o tempo todo encarando você com dois olhos arregalados, como um caranguejo gigante.

Diana não reprimiu uma gargalhada, e Pamela quase chegou a pensar que estava sonhando. O que dera naquela mulher, afinal?

— Acenda a luz, por favor. Nós precisamos conversar.

Pamela obedeceu, soltando um bocejo profundo. Viu que eram 3h15 da manhã.

— Por que você acordou tão feliz, Diana? Não me diga que teve sonhos indecentes com algum rapazinho.

— Sonhei com um homem, sim, mas me lembro de pouca coisa. Só o que sei é que preciso tomar uma providência em relação à minha vida. Você pode me ajudar a chegar até a cadeira?

Pamela assentiu e encostou a cadeira de rodas do hospital ao lado da cama. Segurou Diana pelas axilas e colocou-a sentada. Ela não pesava quase nada.

— Se queria dar um passeio, não podia pelo menos esperar amanhecer?

— Não vamos passear — uma vivacidade que Diana não demonstrava há quase duas semanas apareceu em seu olhar e seu rosto pálido pareceu ganhar traços de um rubor. Ela vestia uma camisola branca que chegava até onde deveriam estar seus joelhos. — Nós vamos planejar minha vida, e, para isso, vou precisar muito de você.

— O que você está aprontando? Diana, se tentar qualquer gracinha contra sua vida, juro que nunca mais falarei com você.

— Deixe disso e preste atenção. Lembra-se de quando mencionei que Riquelme tinha um filho?

— Sim, mas você nunca mais tocou no assunto.

— Porque fui demasiadamente egoísta em só pensar em mim mesma. Sei que estou horrível e que, quando começar a lidar com as dificuldades, ainda derramarei muitas lágrimas amargas, contudo, não posso mais continuar assim. Inglas precisa de mim.

— Quem é Inglas?

— É o filho de Riquelme. Ele não tinha mais ninguém além do pai. Soube que a mãe está presa e que nunca se importou com ele. Acho que ele mal a conhece. Preciso vê-lo o quanto antes, Pamela.

— Posso procurá-lo para você. Lembra-se do endereço?

Diana assentiu e explicou como Pamela chegaria ao edifício em que Riquelme morou. Por um momento, recordou-se da festa de aniversário que eles haviam preparado para ela e da felicidade que sentiu ao passar o Natal e o Ano-Novo na companhia dos dois amigos. Ao pensar que Riquelme comemorara seus últimos festejos, novas lágrimas caíram de seus olhos.

Pamela guardou na bolsa o endereço do taxista, e Diana também lhe forneceu o telefone de Marcélia. Queria muito ser visitada pela ex-supervisora, por quem nutria tanto carinho. Certamente, ela nem sequer fora informada do que lhe acontecera.

— Quando for possível, traga-me Tamires e Marina. Estou com muitas saudades delas.

— Farei isso. Modéstia à parte, minhas filhas estão lindas — elogiou Pamela sem esconder o orgulho que sentia pelas gêmeas. — Se o doutor Edmundo permitir, eu as trarei ainda hoje.

Diana agradeceu e pediu ajuda para usar o banheiro. Com boa vontade, Pamela empurrou a cadeira até o banheiro, girou-a sobre as rodinhas e ofereceu os ombros para que Diana pudesse se apoiar neles e se sentar no vaso.

— Para me ver livre daquelas fraldas horrorosas, faço qualquer coisa — sorriu Diana. Brigara com a equipe médica, alegando que tinha plena condição de fazer suas necessidades no banheiro, desde que tivesse alguém para auxiliá-la.

Quando retornaram ao quarto, Pamela ajudou a amiga a deitar-se na cama. Diana estava decidida a depender o mínimo possível dos outros. Lembrava-se perfeitamente do teor da mensagem recebida por meio de seu último sonho. Precisava garantir sua independência, mesmo que suas condições físicas lhe exigissem o contrário.

Capítulo 26

Assim que amanheceu, Pamela lançou-se em campo. Diana incumbira-lhe de várias pequenas tarefas, e ela estava disposta a fazer o possível para agradar à amiga. Por isso, saltou do ônibus e seguiu a pé até o endereço de Riquelme.

Na portaria, Pamela apresentou-se como amiga de Riquelme e disse que precisava conversar com as pessoas que estavam cuidando de Inglas. O porteiro contou que ele estava no apartamento de um vizinho do mesmo andar e interfonou para comunicar a chegada da visitante. Assim que desligou, o porteiro fez um sinal de positivo com o dedo polegar.

— Pode subir. Você vai conversar com seu Danilo. Ele mora no apartamento 201, no segundo andar.

Pamela agradeceu e entrou no elevador tentando conter a ansiedade. Nem sequer sabia o que diria ao menino, muito menos às pessoas que o estavam abrigando.

No corredor, viu três portas e tentou imaginar qual das outras duas teria pertencido a Riquelme. Diana prometera-lhe horas antes que lhe mostraria fotografias do rapaz assim que localizasse sua máquina fotográfica.

Pamela tocou a campainha do apartamento 201 e aguardou. Esperava que o tal Danilo fosse um senhor beirando os 70 anos, com fartos cabelos brancos e óculos na ponta do nariz. Não esperou dar de cara com um rapaz alto, forte, de pele clara e barba por fazer, que só acrescentava mais charme ao seu rosto viril e atraente. Usava os cabelos escuros penteados para trás e seus olhos amendoados encararam a recém-chegada com curiosidade. Deveria ter cerca de 30 anos.

Ele segurava uma tigela de plástico nas mãos com uma massa branca e trazia um pano de prato dobrado sobre um dos ombros. Pamela achou a cena sensual.

Algo nele lembrava Kauan, porém, ela não foi tomada pela sensação inquietante que sempre a acometia quando se encontrava com o ex-marido de Diana.

— Bom dia! — ele cumprimentou exibindo um sorriso. — A senhora veio ver o garoto? Era amiga de Riquelme?

— Bom dia! Na realidade, vim a pedido de uma amiga deles. O nome dela é Diana. Pode confirmar com Inglas.

Danilo aninhou a tigela nos braços e deu espaço para que Pamela entrasse. Quando fechou a porta, sorriu novamente.

— Eu estava batendo a massa para um bolo. Desculpe-me por recebê-la assim.

— Eu que lhe peço desculpas por incomodá-lo logo cedo — Diana olhou discretamente em volta. O apartamento fora decorado com móveis novos e modernos, porém, tudo era uma bagunça só. Imaginou que Danilo e sua esposa estariam sem tempo para cuidar da casa.

— Pode se sentar no sofá — ele bateu a mão no estofado, como se quisesse tirar um pouco de poeira. — Quer beber alguma coisa?

— Água, por favor.

Danilo entrou na cozinha e retornou logo depois trazendo o copo. A tigela com a massa do bolo e o pano de prato haviam desaparecido. Ele ofereceu a água, sentou-se ao lado de Pamela e respirou fundo, sorrindo mais uma vez.

— A senhora deve achar que entrou em uma casa de pessoas desordeiras. Acredite se quiser, nem sempre foi assim.

— Não vim aqui para reparar na forma como organiza sua casa, seu Danilo — Pamela devolveu o sorriso. — Só queria conversar com Inglas. Acredito que ele deve estar arrasado pela morte do pai.

— Sim. Chora todas as noites. Eu gostaria de dar uma atenção maior a Inglas, já que tinha muito apreço pelo pai dele, mas minha irmã está morando comigo. Por ser especial, ela também precisa de cuidados.

227

Pamela, por respeito, não quis fazer perguntas. Afinal, não conhecia Danilo e sua família. Se a esposa dele fosse ciumenta, poderia criar caso com a visita dela.

— Foi um choque pra mim quando recebi a notícia — continuou Danilo, vendo Pamela sorver a água em pequenos goles. — Riquelme era jovem e tinha a vida toda pela frente. É muito triste pensar que ele morreu em um acidente.

— Faço ideia. Meu marido também faleceu aos 25 anos. Eu me vi sem chão, achando que a vida não valia mais a pena. Só venci essa fase graças a uma palavrinha mágica chamada superação — observando a atenção que Danilo lhe dispensava, Pamela emendou: — Minha amiga Diana, que me pediu para vir aqui, estava com Riquelme no carro durante o acidente — baixou a voz, como se temesse ser ouvida por Inglas. — Ela teve ambas as pernas amputadas.

— Santo Deus! — Danilo empalideceu.

— Eu estou chocada até agora. No início, ela se revoltou, recusou-se a aceitar sua nova condição e até tentou suicidar-se.

— Não seremos nós que iremos julgá-la.

— Claro que não, até porque eu mesma me pergunto como reagiria se estivesse no lugar dela — refletiu Pamela. — É fácil sugerir a Diana o que deve ou não fazer, mas experimente se ver sem suas pernas de um momento para o outro.

— Não sei o que eu faria. Se com todos os meus membros saudáveis não dou conta de arrumar o apartamento, imagine se não os tivesse. — Danilo sorriu outra vez, e Pamela notou que gostava de vê-lo sorrir.

— Sua esposa não o ajuda? — ela atreveu-se a indagar.

— Sou divorciado. Tenho dois filhos pequenos, que moram com ela. Hoje em dia, somos amigos. Passo dois fins de semana por mês com as crianças.

— E qual a idade de sua irmã?

— Ela completou 20 anos no fim do ano passado. — Ele olhou por cima do ombro, como se esperasse pela chegada da jovem. — Devido à deficiência, a idade mental de minha irmã corresponde à de uma criança de sete anos. Priscilla tem Síndrome de Down.

— Disse que ela estava morando com o senhor...

— Sem formalidades, por favor — Danilo pediu e retirou o copo vazio das mãos de Pamela. — Temos quase a mesma idade, aparentemente.

228

Pamela ficou levemente corada, principalmente ao sentir o olhar fixo de Danilo sobre ela. Ele, por sua vez, estava encantado. Desde o divórcio, não reparara em uma mulher com tanta atenção.

— Priscilla morava com minha mãe, que adoeceu e faleceu três dias depois do Ano-Novo. Eu tenho um escritório de contabilidade no Rio de Janeiro, onde resido. Entretanto, devido às circunstâncias, estou em São Paulo temporariamente, cuidando de Priscilla. Nem cogito a possibilidade de levá-la comigo. Como nasceu e foi criada aqui, ela se assusta com a simples ideia de morar em uma casa nova. Por enquanto, não podemos nos mudar.

— Ela e Inglas estão se dando bem?

— Um pouco. Riquelme era muito amigo de minha mãe. Eu já estava morando aqui na noite do acidente em que ele morreu. Estranhando a demora do pai, que não atendia ao celular, Inglas saiu do apartamento e começou a chorar no corredor. Eu escutei seu pranto, abri a porta e o trouxe para cá, dizendo que logo mais teríamos notícias de Riquelme. Lamentavelmente, quando as tivemos, eram péssimas e cruéis demais para serem ditas a uma criança. Contudo, não havia jeito de amenizar a situação...

Apesar de não conhecer Inglas, Pamela assentiu com expressão pesarosa e condoída pelo sofrimento da criança. Danilo continuou:

— A polícia veio procurar por parentes de Riquelme e conversou comigo. Expliquei a situação de Inglas, e eles me perguntaram se eu poderia ficar com a criança até que seu destino fosse decidido pela Vara da Infância. Uma assistente social já nos visitou três vezes. Ela quer encaminhá-lo aos cuidados do Conselho Tutelar, contudo, ainda não o fez por duas razões: primeiro, porque Inglas está muito abalado e poderia sentir dificuldade de adaptação em um orfanato; segundo, porque insisti muito para que ele ficasse comigo, para o caso de algum parente distante reclamá-lo. Descobri, todavia, que Riquelme era a única família dele.

— Diana quer ver Inglas. Segundo ela, eles se davam muito bem. Ela também está transtornada com tudo o que houve, e penso que a presença de um serviria de consolo para o outro, uma vez que ambos estão com o coração destroçado.

— Você sabia que ele não possui os braços? — indagou Danilo.

Pamela abriu a boca para responder, mas foi obrigada a fechá-la ao notar um menino moreno surgir por uma porta em

229

companhia de uma moça igualmente morena. Os dois seguiam lado a lado, mas não pareciam felizes.

— Eu me esqueci de dizer que Priscilla também está abatida desde a morte de nossa mãe. Elas eram muito ligadas, assim como Inglas era unido ao pai. Ela e Inglas raramente brincam um com o outro.

Inglas fitou Pamela, mais intrigado do que curioso, e imaginou que ela poderia ser a namorada de Danilo. Era bonita e combinava com ele.

Pamela também mediu o menino com atenção. Era uma criança muito bonita, com o mesmo tom de pele que ela e dona de olhos grandes e penetrantes. As mangas da camiseta que vestia balançavam à medida que ele caminhava. Diana citara que o garotinho tinha uma deficiência, mas nunca lhe dissera que ele não tinha os braços.

Priscilla era um pouco mais alta que Inglas, bem corpulenta, quase obesa. Usava os cabelos pretos e lisos presos em duas trancinhas. Olhos negros e arredondados brilhavam por trás dos óculos de lentes grossas. Não aparentava seus 20 anos, e sua síndrome não influenciava em sua beleza.

— Inglas, essa moça veio conversar com você — informou Danilo, pedindo com um dedo para que Pamela se aproximasse. — A amiga dela conhecia seu pai.

— Eu não falo com estranhos — Inglas murmurou e, por terem mencionado Riquelme, seus olhos encheram-se d'água.

— Meu nome é Pamela — ela levantou-se do sofá e postou-se diante de Inglas, curvando o corpo para ficar da mesma altura que o garotinho. — Se formos apresentados um ao outro, deixaremos de ser estranhos.

Inglas encarou-a com o olhar mais triste que ela já vira. Quando começou a chorar baixinho, Pamela não resistiu e envolveu-o num abraço.

— Não chore, meu anjo! Eu sou amiga de Diana. Ela quer falar com você.

Ele afastou-se um pouco, apenas o suficiente para fitá-la nos olhos.

— Eu achei que ela não quisesse mais saber de mim. Pensei que o filho dela tivesse nascido e que eu não fosse mais importante na vida dela.

— As coisas não aconteceram desse jeito. Prefiro que a própria Diana lhe conte tudo — como julgou importante, Pamela

230

acrescentou mais uma informação. — Sabia que ela estava com seu pai no acidente?

Inglas balançou a cabeça para os lados, enxugando as lágrimas.

— Sei que isso o deixa triste e tem todo o direito de se sentir assim. Eu mesma já chorei muito por causa disso, mesmo não tendo conhecido seu pai.

— Eu o amava tanto...

— Lá do céu, ele está ouvindo você e provavelmente está dizendo que o ama também.

— Acho que não — discordou Inglas. — Ele não ia escutar de tão longe, porque às vezes eu achava que papai estava ficando meio surdo.

Pamela sorriu e beijou-o na testa. Como Inglas estava chorando, Priscilla imitou-o e também deu livre curso às lágrimas. Enquanto Danilo tentava acalmá-la, Pamela sugeriu a Inglas:

— Diana está internada, porque ainda não sarou. Ela quer vê-lo. Agora que saiu da UTI, já pode receber visita. Só preciso ver se o doutor Edmundo permitirá a entrada de uma criança no quarto. Prometo que vou convencê-lo.

Inglas assentiu e virou a cabeça para Danilo.

— Posso ir com ela?

— Ele não vai deixar, porque não me conhece — interveio Pamela. — Danilo, se eu deixar o endereço do hospital e o número do meu celular, você pode levá-lo até lá?

— Confio em você — tornou Danilo, acalentando Priscilla, que estancara o choro. — Não tem cara de sequestradora de crianças — completou sorrindo.

— Obrigada pela confiança — ela retribuiu o sorriso e voltou a concentrar-se em Inglas. — E então? Está preparado para rever sua amiga?

O sorriso que ele exibiu foi o suficiente para mostrar a Pamela que sua visita valera a pena.

Capítulo 27

Diana assistia a um programa sobre moda feminina, quando desviou o olhar da televisão fixada na parede para a porta. Pamela assomou a cabeça pela fresta e espiou para dentro.

— Bom dia, moça feia! Posso entrar?

— Como se você fosse essa maravilha toda — devolveu Diana, achando graça.

Pamela entrou, deixando a porta encostada. Estava feliz por ver o quanto Diana estava se recuperando depressa, não apenas fisicamente, mas também espiritual e emocionalmente. Pela primeira vez, ela estava com os cotos à mostra e não parecia se importar com isso. Eles estavam envoltos em gazes e esparadrapos.

— E então, conseguiu encontrar Inglas? — Diana quis saber, ansiosa.

— Não. Soube que ele foi levado para o interior por uma prima da família.

Pamela mentiu com tanta seriedade que Diana mal pôde acreditar em tanto azar. Perdera Inglas de vez.

— E eu nem pude me despedir dele... — Diana lembrou, quase chorando. — Se não tivesse perdido tanto tempo reclamando de minha sina...

— Por outro lado, trouxe outra pessoa para vê-la — continuou Pamela, fazendo ar de mistério. — E também comprei um livro para lhe dar de presente. Eu já o li. É maravilhoso. Quero que leia e comente comigo, assim que terminar.

— Não sei se estou com cabeça para leitura.

— Está sim, já que você não faz mais nada o dia inteiro. Deve estar adorando essa vida de ociosidade. No meu tempo, isso se chamava vadiagem.

— Ah, vá catar coquinho no mato! — as duas riram, e Diana interessou-se: — Então, me mostre o livro. Não posso lê-lo em sua bolsa.

— Além de preguiçosa, é respondona! — animada, Pamela pegou um livro envolvido por um plástico transparente, que retirou de dentro da bolsa, e entregou-o à amiga. — Trata-se de um romance espiritualista fantástico.

— *O preço da paz*, de Marcelo Cezar — Diana leu em voz alta, analisando a capa do exemplar com curiosidade. Assim que terminou de ler o texto de quarta capa, folheou algumas páginas. — Será que vou gostar?

— Claro que vai. Foi indicado lá no grupo de estudos espiritualistas que estou frequentando. Eu o li em menos de uma semana. A história é envolvente, e os personagens são marcantes. Graças a ele, passei a encarar a morte de Wesley sob a óptica espiritual. Como o próprio título sugere, comecei a refletir sobre o que deveria fazer para conquistar minha paz, afinal, é isso o que todos querem e de que precisam.

— Vou começar a leitura ainda hoje — prometeu Diana, colocando o livro sob o travesseiro. — Você ainda não me disse quem trouxe consigo. Aposto que é Marcélia.

— Não. Ainda não conversei com sua ex-supervisora. Farei isso o quanto antes.

— Então quem pode ser? — subitamente, Diana ficou inquieta. — Não estou preparada para me verem assim.

— Fique tranquila. Eu trouxe seu novo médico.

— Outro? O que houve com o doutor Edmundo? Não faz nem uma hora que ele saiu daqui.

Rindo da ingenuidade de Diana, Pamela retornou à porta que deixara encostada e a abriu, fazendo um sinal para a pessoa que estava do lado de fora.

Diana mal pôde acreditar quando viu Inglas entrar correndo, todo vestido de branco, com um chapéu da Cruz Vermelha na cabeça. O garotinho trazia uma injeção gigante de pelúcia presa nos dentes.

Ele colocou o brinquedo e o chapéu na cama, olhou para Diana com ar sério e pensativo e voltou-se para Pamela dizendo:

— É... não vai ter jeito. Teremos de operá-la o quanto antes.

— De novo, doutor?! — devolveu Diana entrando na brincadeira, emocionada por vê-lo ali. — Já fiz uma cirurgia antes. E essa injeção tão grande?

— É para aplicar no seu bumbum três vezes por dia até você sarar.

Inglas olhou-a por alguns segundos, ainda sério. De repente, abriu um largo sorriso, saltou sobre a cama e começou a beijar o rosto de Diana. Enquanto acompanhava a cena, Pamela enxugou uma lágrima que insistira em cair.

— Estava com tanta saudade, Diana — ele revelou após conterem a emoção.

— Eu também, meu amor. Pamela me disse que uma prima sua tinha levado você para outra cidade. Nem me lembrei de que você não tem outros parentes.

— É que a gente combinou direitinho o que dizer para enganar você — ele riu e piscou um olho para Pamela em cumplicidade. — Ela até comprou esse chapéu esquisito e essa injeção para parecer real.

— Eu teria acreditado, se você não fosse um médico tão baixinho — brincou Diana, acariciando os cabelos de Inglas. Desde o acidente, era a primeira vez que se sentia tão feliz. De uma forma impressionante, era como se aquele menino tivesse o poder de lhe trazer novamente a alegria ao coração.

A presença de Inglas ali fora autorizada por Edmundo, desde que ele não ficasse no quarto por mais de meia hora. O médico ficou surpreso ao perceber que o menino não tinha nenhum braço e que parecia tão ansioso para ver Diana que estava até saltitante.

— Acho que vocês precisam conversar a sós — sugeriu Pamela, saindo de fininho. — Diana, ele tem cerca de meia hora para ficar com você.

— Obrigada, Pamela. Eu lhe devo uma.

— Pode estar certa de que vou cobrar — Pamela assoprou um beijo e saiu do quarto.

Diana percebeu que Inglas estava olhando para as incisões. Sem se sentir nervosa ou constrangida, ela perguntou:

— Pamela lhe contou o que aconteceu comigo?

— Sim. Disse que tiraram suas pernas. Não doeu?

— Não, porque estava desmaiada quando fizeram isso.

— Mas você pode colocar perninhas de plástico, não pode? Eu já vi isso na televisão.

— Posso, mas ainda não decidi se quero. Seu pai me contou que você também nunca quis colocar próteses em seus braços.

— Eu já me acostumei a ser assim. Acho que me sentiria estranho com esses dois negócios compridos pendurados no corpo, balançando pra lá e pra cá.

Diana viu-se obrigada a rir diante da imagem que ele fazia dos braços.

— Também não quero ter duas mãos cheias de dedos. Aprendi a fazer tudo com a boca e com os pés — Inglas revelou de forma orgulhosa. — Meu pai dizia que eu era mais poderoso do que um super-herói.

— Ele estava certo — Diana esticou o braço para afagar a bochecha do menino. — Como você está lidando com tudo isso, meu amor? Sei que está sendo difícil...

— Bastante! Sinto muita falta dele.

— Eu também. Nós éramos muito amigos, lembra?

Inglas assentiu, sem responder. Falar de Riquelme sempre o fazia sentir vontade de chorar. Por outro lado, reencontrar Diana era motivo de muita alegria, e ele queria continuar feliz, mesmo vendo o que acontecera com as pernas da amiga.

— Você está morando com quem?

— Com o tio Danilo. Ele não é meu tio de verdade, é só meu vizinho. Tem uma irmã de 20 anos chamada Priscilla. Ela tem Síndrome de tal.

— Down — corrigiu Diana. — E você gostou dela?

— Só um pouco. Às vezes, ela é legal e brinca comigo. Também chora porque a mãe dela morreu. Ela também sente saudade, mas tem hora que é muito chata. Meninas, de vez em quando, são muito irritantes.

O comentário de Inglas fez Diana rir. Sabia que o destino do menino era incerto. O tal vizinho não poderia acolhê-lo por muito mais tempo, e certamente o Conselho Tutelar entraria em ação para garantir a tutela de Inglas. Queria muito poder cuidar dele, mas algo a atemorizava. Como poderia se responsabilizar por uma criança, se ela mesma precisava de ajuda? Além disso, os dois eram deficientes. Não havia a menor possibilidade de ficar com Inglas.

— Nem começou a agir e já acha que tudo é difícil? — sussurrou Igor no ouvido dela. — Enterre seus medos em uma cova funda e liberte-se. Você tem plena capacidade de cuidar de Inglas e de si mesma. Como disse, Diana, você não faz ideia do poder

235

que possui. Sua força interior está aí, dependendo somente de sua vontade.

As palavras do espírito amigo chegaram até Diana como uma mensagem do inconsciente, e ela sentiu-se subitamente animada. Estava criando barreiras e empecilhos quando nem sequer tinha tentado. Por ela, por Inglas e, principalmente, por Riquelme, precisava tentar, desde que o garoto também tivesse interesse em ficar com ela.

— Inglas, posso lhe fazer uma pergunta?

— Pode, sim — ele encarou-a com atenção.

— Não sei se soube, mas o bebê que eu estava esperando morreu. E eu sempre quis ter um filho bonito, inteligente, saudável, divertido e educado — ela apertou com carinho a orelha do garotinho. — Enfim, uma criança perfeita. E já que Deus levou meu filho, queria encontrar outro que pudesse substituí-lo. Bem... — Diana respirou fundo, preparando-se para a grande revelação: — Gostaria de saber se você me quer como sua mãe, pois estou pensando em adotá-lo.

Diana ficou preparada para quando Inglas fosse saltar sobre ela, cobrindo-a de beijos felizes, mas, para sua surpresa, ele recuou alguns passos, afastou-se da cama e começou a chorar baixinho.

— O que houve, querido? Eu disse algo errado?

Inglas fez que não com a cabeça, e Diana imediatamente deduziu que o menino não a queria como mãe, talvez porque ela passaria toda a sua vida em uma cadeira de rodas. E ela pensou que era justo que Inglas quisesse alguém melhor para si.

— Não precisa chorar, se não quiser que eu o adote. Sei que quer uma mamãe que possa andar ao seu lado. Eu só pensei que... — ela viu-se a ponto de se render ao pranto e não conseguiu terminar a frase.

— Eu não disse isso — murmurou Inglas baixinho, fitando-a com ar desolado. — Não me importo se você pode andar ou não.

— Não? Então por que...

— Estou chorando porque você disse que quer um filho saudável e perfeito, e eu não sou assim. Você não vai me querer, pois nunca vou poder lhe dar um abraço no Dia das Mães nem no seu aniversário.

— Mas é justamente por ser tão especial que me apaixonei por você. Não quero uma criança com dois braços, mas uma com o coração cheio de amor. E sei que o seu é assim — Diana não se preocupou em conter as lágrimas que desciam rapidamente. — Eu também nunca vou poder correr atrás de você, quando fizer alguma arte. Assim, podemos dizer que estamos empatados, não acha?

— Eu queria tanto que você se casasse com meu pai para ser minha mãe, sabia?

— Se você deixar, ainda posso ser sua mãe. E, mesmo que não consiga me abraçar, pode me dar um beijo! E eu gostaria de receber um agora — Diana tocou no rosto, e Inglas aproximou-se depressa para beijá-la.

Diana aproveitou o instante para abraçá-lo, e ambos choraram juntos. Pamela entrou no quarto, mas, ao ver o que estava acontecendo, saiu discretamente, sem ser percebida. Quando se desgrudaram, ela beijou o garotinho na testa e garantiu:

— Amo você, Inglas.

— Eu amo você também — ele riu entre lágrimas. — Quando sairmos juntos, você me deixa empurrar sua cadeira de rodas? Faço isso com a barriga.

— Com certeza. Só não vá fazer isso em uma descida, pois ainda não sei frear a cadeira e posso me arrebentar toda lá embaixo.

Os dois riram juntos e voltaram a trocar beijos. Desde o acidente, aquele era o momento mais feliz que Diana vivenciava. Algo morrera dentro dela ao descobrir que suas pernas haviam sido amputadas, contudo, algo muito melhor nascera em seu íntimo com a possibilidade de adotar Inglas. Aos poucos, começava a perceber o quanto a vida podia ser fantástica.

Em um canto, o espírito Igor observava a cena com satisfação no rosto. Vendo que tudo estava em paz naquele momento, ele se foi.

***

Uma hora mais tarde, depois de Pamela levar Inglas embora, Diana telefonou para o celular de Marcélia e ficou emocionada ao ouvir a voz da ex-supervisora.

As duas mulheres trocaram breves cumprimentos, e, em poucas palavras, Diana relatou o acidente e o parto malsucedido e concluiu dizendo:

— Ainda é duro aceitar minha nova condição e penso que talvez nunca me adapte totalmente à ideia. No entanto, venho percebendo que, se não morri, é porque ainda posso ter alguma utilidade neste mundo.

— Sinto muito, Diana — Marcélia não tinha mais nada a dizer e só conseguia chorar pelo que acontecera à amiga. Aquilo era uma tragédia sem igual. — Se houver algo que eu possa fazer por você, basta me falar.

— Pode começar vindo me visitar. Eu ficaria muito feliz com sua presença.

— Eu vou. Pode ter certeza de que irei. Nossa, Diana, estou realmente chocada.

— Não fique. Eu terei de aprender a lidar com tudo isso e quero ao meu lado pessoas com boa vontade e não horrorizadas ou com compaixão de mim. Vou precisar bastante do seu apoio, mas sem lamentar ou se condoer por mim.

Marcélia garantiu que faria tudo o que estivesse ao seu alcance para isso, e Diana desligou tentando transmitir ânimo e boa disposição por meio de sua voz. Era disso que precisaria para seguir em frente. Se não fosse a primeira a se encorajar, como conseguiria vencer os próximos desafios que estavam por vir?

Capítulo 28

O telefonema de Diana causou reações opostas em Marcélia: uma negativa e outra positiva. A negativa fora despertada pelo acontecimento que envolvera a amiga. De imediato, era difícil para Marcélia visualizar a enérgica e trabalhadora Diana sentada em uma cadeira de rodas, sem as duas pernas. Pensava que a moça não tinha maturidade e habilidade suficientes para enfrentar o futuro, e o fato de Diana não ter família, embora contasse com alguns amigos, fazia tudo parecer ainda mais complexo.

A parte boa, no entanto, fora ouvir a voz de Diana, que soara alegre e jovial. Marcélia imaginava qual teria sido a primeira reação da enfermeira ao receber a notícia. Como qualquer outra pessoa, ela provavelmente entrara em colapso devido ao choque recebido. Provavelmente, Diana derramara muitas lágrimas e ficara revoltada com tudo aquilo. Marcélia tinha décadas de experiência na área de enfermagem e já presenciara muitas cenas semelhantes. Se uma pessoa que necessitava ter um pé amputado já entrava em desespero e causava tumulto, o que pensar de alguém que simplesmente acordava com o corpo incompleto?

Desde que fora injustamente demitida do hospital, Marcélia estava chorosa. Ela vira-se de mãos atadas, enquanto falsas acusações eram levantadas contra ela. Suas tentativas de autodefesa não surtiram o efeito esperado, assim como seus muitos anos de dedicação ao hospital não lhe serviram de nada. Derrotada, não viu alternativa a não ser enclausurar-se na solidão de seu apartamento e chorar ao pensar no término injusto de sua carreira.

Marcélia considerava seu lar um local solitário, porque ela e a filha conviviam como duas estranhas. Desde que arranjara o namorado misterioso, que nunca apresentou à mãe, Tayná tornou--se mais grosseira e maldosa. Marcélia não deixava de acreditar que tudo aquilo era uma reação pelo que fizera no passado. Arrependera-se amargamente de algumas coisas, muito embora não houvesse como alterar o que estava feito. Pensava que teria que suportar a arrogância da filha até que uma das duas morresse.

Contudo, algo mudou após a ligação de Diana. Marcélia levantou-se da cama, onde permanecia deitada quase vinte e quatro horas por dia, afastou as cortinas das janelas e deixou que a luz do sol invadisse o apartamento. Talvez fosse aquilo que faltasse a ela também. Precisava deixar que um pouco de luz preenchesse sua alma. Se Diana, que dali em diante seria forçada a aprender a viver como cadeirante e deixara certo ânimo transparecer em sua voz, por que ela, que ainda gozava de plena saúde, não podia se mobilizar a favor de si mesma?

Ela percebeu que essa era a parte edificante da tragédia pela qual Diana passara. Ao mesmo tempo que soava terrível e macabra, aquela situação também parecia convidar qualquer pessoa a refletir sobre sua condição para seguir em frente. Se uma pessoa com deficiência era capaz de vencer na vida, ou de pelo menos tentar, por que outros indivíduos, que tinham tudo ao alcance das mãos, não podiam fazer o mesmo?

Marcélia caminhou até o banheiro e olhou-se no espelho. No rosto sem maquiagem havia traços de exaustão e rugas causadas pela tristeza e pelo pranto excessivo, além de olheiras tão profundas quanto um oceano.

Era tempo de dar um basta àquilo tudo. Ter mais de 60 anos não era estar velha como Matusalém. Se perdera o emprego, tinha plena capacidade de tentar conseguir outro. E mesmo que a idade não a ajudasse, sua experiência profissional poderia lhe render alguma vaga como enfermeira particular de algum idoso ou de uma pessoa em frágeis condições de saúde. Quem sabe a própria Diana pudesse contratá-la para auxiliá-la em casa?

Estava empolgada pensando em como definir seu futuro, quando ouviu a porta da sala bater com um estrondo, anunciando a chegada de alguém. Soltando um suspiro para não perder a calma, Marcélia saiu do banheiro e encontrou os olhos secos e frios de Tayná. Na mão, ela trazia um cigarro aceso entre os dedos.

— Quantas vezes já lhe pedi para não fumar aqui dentro? — apesar da contrariedade, Marcélia admitiu que a filha estava linda e elegante como sempre.

— Eu esqueci. É que não sei onde você pendurou a placa que me proíbe — sarcástica como sempre, Tayná jogou a bolsa sobre o aparador e fitou a mãe com um pouco mais de atenção. — O que deu em você para sair da cama? Até pensei que você e seu colchão estavam vivendo um tórrido caso de amor.

Ela soltou uma gargalhada, jogando a cabeça para trás. Pela primeira vez, Marcélia reparou que a beleza exterior de Tayná não era suficiente para encobrir a camada monstruosa que havia por baixo daquela pele bonita.

— Resolvi tomar vergonha na cara, coisa que você não tem, e tocar minha vida — rebateu Marcélia. — Não vou deixar a depressão me pegar.

— Tocar a vida? — Tayná estreitou os olhos. — Você deveria aprender a tocar harpa, pois sua hora de se encontrar com os anjos no céu deve estar bem próxima.

— Local para onde você, certamente, jamais irá.

Foi o sorriso igualmente irônico de Marcélia que fez Tayná perceber que havia algo de errado com a mãe, algo que não a agradou nem um pouco.

Esmagando a bituca do cigarro em um cinzeiro de vidro, Tayná buscou sondar o terreno:

— Mãe, sabe o que você precisa para mudar sua vida? De um homem musculoso e fogoso para aquecer sua cama. Isso é falta de sexo, sabia?

— Você deve ser muito entendida em assuntos sexuais, mas deduzo que sua vida esteja ainda pior do que a minha. Aos 26 anos, ainda não teve maturidade suficiente para arrumar todas as suas coisas e ir morar com seu namorado. E nem precisa levar cobertores e edredons, pois tenho certeza de que ele deve ser fogoso o suficiente para deixar sua cama tão quente quanto o inferno.

Tayná, aos poucos, deixou que uma expressão de seriedade tomasse conta de seu rosto. Nunca vira Marcélia responder-lhe daquela forma. Era como se a mãe, de uma hora para outra, tivesse acordado decidida a não levar desaforo.

— Você está me expulsando de casa? Acha que preciso da sua compaixão? Tenho plena capacidade de cuidar de mim mesma. Sou formada e independente.

— Eu sei. Você nunca me deixou esquecer isso — Marcélia aproximou-se da filha. — Acho que chegou a hora de assumir essa independência de que tanto se orgulha. Mostre para mim suas capacidades de se virar sozinha. Assim, quem sabe, você desgruda da minha saia, lugar que vem parasitando desde que nasceu.

Aquilo bastou para o sangue de Tayná ferver e seu rosto corar de ódio. Ela precisou segurar-se para não avançar sobre Marcélia e mostrar quem mandava ali.

— Você fala isso porque tem inveja de mim. Nunca reconheceu minhas qualidades, pois sabe que sou melhor do que você em tudo.

— Não somos concorrentes, Tayná — tornou Marcélia, sentindo-se mais leve e confiante a cada palavra dita. — Dividimos este apartamento como duas estranhas, aliás, acho que nunca nos conhecemos de verdade. Você me odeia, sempre me humilhou e fez tudo o que pôde para me entristecer. É uma mulher ambiciosa e cruel, que não hesitaria em me matar se isso lhe garantisse algum benefício. Criei uma cobra peçonhenta, que sempre esteve preparada para me dar o bote. Tonta, eu nunca quis enxergar isso. Mas decidi que quero paz na minha vida, portanto, se não tomar seu rumo, vou ser obrigada a dar umas pauladas na cabeça dessa cobra.

Tayná estava horrorizada. Nem parecia sua apalermada mãe falando. Marcélia nunca a enfrentara daquela forma. Sempre fora permissiva e tranquila, mas, quando decidiu reagir, saiu botando pra quebrar. Ela estava literalmente assustada com aquela transformação.

— Você acha que pode me enxotar daqui com tanta facilidade? Não sabe com quem está lidando.

— Não tenho medo de suas ameaças, Tayná. O que pretende fazer? Se quiser me processar, sugiro que comece o quanto antes.

— O que deu em você, afinal? Tomou alguma bebida que lhe subiu à cabeça?

— Apenas falei com uma amiga que sofreu um acidente. Ela terá de viver em uma cadeira de rodas até conseguir próteses para as pernas. Isso se ela quiser. Mesmo passando por algo tão terrível, ela está disposta a alcançar metas e realizar seus planos. Não deixou que a tragédia aniquilasse sua vontade de viver.

Para Tayná foi o suficiente para compreender que a mãe falava de Diana.

— Essa sua amiga por acaso se chama Diana?

— Você a conhece? — estranhou Marcélia.

— Não faz ideia do quanto. Sei que vocês trabalharam juntas no hospital — Tayná despiu-se do terninho que usava e exibiu um ferimento cicatrizado no ombro. — Veja só o que ela me fez.

— Por quê? De onde vocês se conhecem?

— Diana não é a ex-esposa de Kauan? — vendo Marcélia assentir, Tayná desfechou de forma hostil. — Pois sou a namorada atual dele.

Ver o rosto da mãe ficar lívido rendeu algum prazer a Tayná. Ela sentiu-se levemente vingada pelas ofensas que ouvira há pouco.

— Você só pode estar brincando comigo — incrédula, Marcélia deixou-se cair no sofá e enterrou o rosto entre as mãos.

— É com ele que transo todos os dias. Que homem é aquele, meu Deus? — sorridente, Tayná parou diante da mãe e olhou-a com rancor. — Ele sempre exalta as diferenças entre eu e a mocreia da Diana. Sabia que ela o traiu com outros homens?

— Ela jamais faria isso — respondeu Marcélia, erguendo a cabeça e falando com voz desanimada. — Por que ela trairia um homem tão bonito como ele?

— Você não sabe o que se passa na cabeça daquela mulher.

— Por que nunca me contou que ele era o namorado misterioso?

— Porque minha vida não é da sua conta, querida mamãe — Tayná soltou mais uma gargalhada, abriu a bolsa e de dentro dela retirou outro cigarro. — Não sou mais aquela criancinha do passado. Há muitos anos eu mando no meu próprio nariz.

— Você nunca foi uma criancinha. Teve um corpo infantil, mas sempre teve essa mente adulta e assustadora. Durante a vida inteira, acreditei que havia errado em sua criação. Hoje, porém, percebo que eu não podia fazer nada, já que não temos como modificar a personalidade e o temperamento de uma pessoa. Você é assim. Você simplesmente é esse ser mesquinho e vil. E nem faz questão de esconder isso.

— Não faço mesmo. Nunca me fiz de rogada em relação a meus sentimentos por você. Para mim, nunca passou de uma velha idiota — Tayná acendeu o cigarro com um isqueiro, deu uma tragada, curvou o corpo para frente e soprou a fumaça no rosto da mãe. — Desculpe, esqueci de novo que não posso fumar aqui.

— Quanta maldade em uma pessoa só! Como nunca enxerguei isso antes?

— Sabia que não foram poucas as vezes em que rezei para que Deus a levasse embora logo? Se você ainda está por aqui, é porque nem Ele a quis.

Marcélia sentiu os olhos umedecerem, mas não daria à filha o gostinho de vê-la chorar, como acontecera tantas vezes ao longo dos anos.

— Tayná, já que me detesta tanto, gostaria que me fizesse um favor — lentamente, Marcélia levantou-se do sofá, e as duas ficaram cara a cara. — Junte todas as suas coisas e dê o fora daqui. Tem duas horas para fazer isso. Se ao final desse prazo, você e algum de seus pertences ainda estiverem aqui dentro, colocarei tudo na rua para os carroceiros levarem.

— Kauan está morando em um *flat* e não pode me receber para morar lá. Para onde eu iria? Acha que sou mulher de viver em hotel? — irritada, ela desistiu do cigarro e também o esmagou no cinzeiro.

— Para onde você vai não é problema meu. Não disse que era independente? Prove isso desaparecendo daqui.

— Desgraçada! Ordinária! — berrou Tayná, inflamando-se de ódio. — Está faltando muito pouco para eu meter a mão na sua cara, sabia?

— É um direito seu tentar — para alívio de Marcélia, as lágrimas que pretendiam escorrer haviam secado outra vez. — Isso não vai mudar minha decisão. Não a quero mais aqui. O apartamento está em meu nome. Nada aqui lhe pertence. Vá pedir abrigo a Kauan, já que ele é um homem tão perfeito.

— Você não passa de uma velha vagabunda — ofendeu Tayná. A verdade, entretanto, é que ela estava apavorada. Pela primeira vez, Marcélia parecia decidida e não dava sinais de que poderia voltar atrás. Apesar de todas as desavenças com a mãe, não estava preparada para deixar o ninho e voar com as próprias asas. Nem sequer conversara com Kauan sobre a possibilidade de passar uma temporada com ele. — Eu não vou sair daqui.

— Nesse caso, serei obrigada a chamar a polícia — afirmou Marcélia taxativa. — Não quero mais você aqui, principalmente depois de saber quem está namorando. Sabia que nós trabalhamos no mesmo hospital e que ele, provavelmente, foi o responsável direto por minha demissão? Diana me alertou quanto a isso. De repente, várias pacientes deram queixa de mim à diretoria, que não viu outra saída a não ser me dispensar. Teria sido natural, se as reclamações não fossem falsas e irreais.

— Eu sei disso — chegara o momento que Tayná aguardava. — Fui eu que sugeri essa ideia a Kauan. Usando um pouco de seu charme e sua astúcia, não foi difícil para ele convencer algumas pacientes a darem parte de você. Ele nunca a perdoou por sempre ter defendido Diana e queria se vingar. Unimos o útil ao agradável, porque eu também queria vê-la no olho da rua.

Desta vez, Marcélia sentiu o golpe das palavras da filha como um soco no coração. Que tipo de ser humano era aquele, que esfaqueava a própria mãe pelas costas? Uma mãe que a criara com amor e carinho?

Marcélia teve vontade de dar uma bofetada no rosto de Tayná, mas não o fez. Não era de uma surra que sua filha estava precisando. O que ela precisava era conhecer a verdade, descobrir o grande segredo que Marcélia escondia havia quase trinta anos. Só aquilo poderia justificar tantas discórdias entre as duas.

— Por incrível que pareça, Tayná, você ainda tem o poder de me surpreender. Todas as vezes em que penso conhecê-la a fundo, descubro a criatura perversa e desumana que você sempre foi. Às vezes, penso se ele também é desse jeito, ou se apenas você possui essas características tão profanas.

— Ele quem?

Marcélia sabia que a hora da verdade chegara. Não poderia levar aquela revelação consigo para o túmulo. Não tinha mais nada a perder se contasse.

— Seu irmão gêmeo, que eu vendi para um casal.

Tayná teria dado risada se o olhar de Marcélia não confirmasse a veracidade de suas palavras. Mesmo assim, arriscou um sorriso apagado.

— Irmão gêmeo? Que história maluca é essa?

— É o que aconteceu. Quando vocês nasceram, eu vivia uma situação muito difícil com seu pai, que sofria de câncer nos pulmões. Na época, encontrei um casal carioca que estava passeando em São Paulo. Logo após uma breve conversa, descobri que eles desejavam muito ter um filho, mas que, devido à esterilidade da esposa, isso não seria possível. Relatei as dificuldades financeiras pelas quais vinha passando, embora estivesse trabalhando, e eles quiseram conhecer vocês. O casal apaixonou-se pelo menino e quiseram ficar com ele. Eu disse que só abriria mão do meu filho se fosse bem remunerada. Eles, então, pagaram o valor que eu pedi, levaram o garoto, e nunca mais tive notícias deles.

Tayná sacudiu a cabeça para os lados. Desta vez, era ela quem estava pálida.

— Eu tenho um irmão gêmeo por aí, talvez morando no Rio de Janeiro? — de repente, ela exibiu um sorrisinho nervoso. — Está dizendo isso só para me impressionar?

— Não. Por que acha que sempre questionei essa raiva inata que você nutre por mim? Era como se você, de algum jeito, soubesse algo sobre o que eu fiz e nunca tivesse me perdoado. Sempre me esmerei em cuidar bem de você. Não sabe como me arrependi de ter trocado seu irmão por dinheiro. Infelizmente, nenhuma quantia foi suficiente para poupar a vida de seu pai, que faleceu antes de você completar um ano de idade.

— Você sempre me enganou? Fui criada em cima de uma mentira? Você foi mercenária o suficiente para dar uma de Judas e vender meu irmão por trinta moedas?

— Não vou pedir sua compreensão, porque sei que nunca a teria — surpreendida consigo mesma, Marcélia não estava chorando. Ela sempre pensou que isso fatalmente aconteceria quando revelasse o passado à filha. — Mesmo que não acredite em mim, não tenho notícias do meu filho. Nem sequer tenho certeza de que ele ainda esteja vivo. A única coisa que peço a Deus todos os dias antes de dormir é que ele tenha sido feliz, ao contrário de você, que viveu ao meu lado uma vida repleta de mágoas, rancores e insatisfações. E espero que ele tenha uma personalidade mais doce e branda, pois não suportaria imaginar que gerei dois monstros desumanos.

Apesar de querer acusar, gritar e despejar sua raiva sobre a mãe, Tayná não conseguiu esboçar alguma reação. Sempre fora a responsável pelas lágrimas de Marcélia, contudo, era ela quem, agora, chorava baixinho.

— Você só conseguiu multiplicar o ódio que eu sentia por você — murmurou com a raiva impregnada na voz. — Nunca vou perdoá-la por isso, está entendendo? Nunca vou aceitar ter sido enganada por todos esses anos.

— Sinceramente, eu esperava que esse momento seria mais difícil para mim. Penso que até nisso o telefonema de Diana me fortaleceu e percebo que as coisas acontecem na hora certa — alheia ao histerismo de Tayná, Marcélia deu as costas à filha, caminhou até a janela e olhou para baixo. — Também já contava com seu desprezo e sua revolta, mas isso não vai alterar minha decisão. Tem duas horas para deixar este apartamento e tocar sua vida da forma que achar melhor.

— Você vai me pagar caro por essa mentira, sua bruxa! — com o rosto avermelhado e molhado de lágrimas, Tayná agarrou o cinzeiro onde esmagara os cigarros e atirou-o contra a parede. Os cacos de vidro retiniram no chão. — Vou lhe dar o troco por tantos anos de ilusão, por ter omitido meu passado e ocultado a existência de um irmão gêmeo. Deus vai castigá-la por isso.

— Não tenho certeza se Ele castiga alguém — devagar, Marcélia virou-se para encarar a filha. — E se Deus fizer isso, já me deu você como punição.

— Quero que você morra, sua velha amaldiçoada! — bradou Tayná, com os olhos em chamas.

— Sabe de outra coisa da qual me arrependo? — questionou Marcélia falando no tom mais baixo e macio que conseguiu. — Deveria tê-la vendido àquele casal. Talvez o menino não fosse esse demônio que você é. Por outro lado, eles não mereciam pagar por um ser tão repugnante. Teriam sofrido tudo o que sofri, e é injusto desejar algo assim — ela seguiu devagar até o próprio quarto. — Vou me deitar. Sairei do quarto dentro de duas horas e não quero vê-la aqui. Não se preocupe em quebrar tudo o que encontrar pela frente. Será um preço baixo por me livrar de você.

Marcélia trancou a porta do quarto pelo lado de dentro e logo ouviu o som de objetos chocando-se contra a madeira. Ao se deitar, ligou a televisão no último volume. O som do aparelho misturou-se aos gritos e murros que Tayná desferia contra a porta. Os olhos de Marcélia estavam secos, frios e vazios.

Quando ela finalmente reabriu a porta do dormitório duas horas mais tarde, não havia sinal de Tayná. Ao contrário do que esperava, a moça não causara uma devastação no apartamento. Percebeu que ela levara quase todas as suas roupas e todos os seus sapatos. O que ficara Marcélia guardaria em uma caixa e colocaria na primeira caçamba para entulhos que encontrasse na rua. Estava livre de Tayná.

Pela primeira vez em anos, Marcélia experimentou o gostinho da liberdade.

Capítulo 29

Tayná estava furiosa quando desceu do táxi diante da entrada sofisticada do *flat* em que Kauan se hospedara. Mal agradeceu ao taxista, que a ajudou a descarregar as bagagens e as sacolas, que enchera às pressas ao deixar o apartamento da mãe. Sentia-se transtornada, com a mente em turbilhão. Naquele momento, teria dificuldade até de se lembrar do próprio nome.

Durante o trajeto até ali, tentara telefonar inúmeras vezes para o celular de Kauan, mas ouviu repetidamente a mensagem irritante da caixa postal. Por que as pessoas tinham o infeliz costume de desligar o celular justamente quando alguém mais precisava falar com elas?

Grunhindo palavras incompreensíveis, Tayná pagou a corrida e dispensou o taxista. Estava tão irritada que seria capaz de agredir até uma criança. Descobrira que havia mais motivos para odiar sua mãe. Fora traída, iludida e enganada por todos aqueles anos. Não que estivesse interessada em conhecer o irmão gêmeo. Só o que desejava era poder esfriar os pensamentos para que pudesse bolar alguma coisa que servisse de represália contra Marcélia.

Naquele horário, Kauan ainda deveria estar trabalhando, então, Tayná arrastou os pertences na direção do saguão luxuoso. Não precisara das duas horas oferecidas pela mãe para reunir seus objetos pessoais. O que não pudera trazer quebrara ou inutilizara. Pelo menos, Marcélia não poderia doar ou vender algo que tivesse pertencido a ela.

— Vou até o apartamento de Kauan — Tayná informou ao recepcionista, que já a conhecia de vista. — Tem um local em que eu possa deixar minhas coisas?

O recepcionista prontificou-se a guardar as bagagens, enquanto ela tomava o rumo dos elevadores. Ainda não tivera tempo de raciocinar e decidir para onde iria. Possuía algum dinheiro guardado, que até poderia lhe ser útil para alugar um apartamento em um bairro confortável. Jamais moraria na periferia ou em regiões pouco amistosas.

Ao saltar no terceiro andar, lembrou-se novamente da discussão que tivera com a mãe. Pela primeira vez em anos, Marcélia saíra vencedora da batalha de palavras. Ela deixara a filha tão baqueada com o que confessara que Tayná ainda não estava totalmente recuperada.

Tayná tinha uma cópia das chaves do apartamento de Kauan. Ela pensava que talvez tivesse chegado o momento de morarem juntos. Ele também não poderia passar o restante da vida pagando pelas altas diárias do *flat*.

Assim que deu três passos para entrar no ambiente, Tayná pressentiu que havia algo errado. A primeira coisa que sentiu foi uma fragrância desconhecida, que impregnava o recinto. Em seguida, notou uma bolsa de grife sobre a mesinha de centro e um par de sapatos de salto alto atirados ao lado do sofá. E só então seus ouvidos captaram os gemidos abafados que vinham do quarto do namorado.

Sentindo uma nova onda de ódio apoderar-se de si, Tayná marchou até o quarto de Kauan. De repente, ela abriu a porta com um estrondo, a face vermelha de fúria. Ao notar a expressão de espanto do namorado e da loira de meia-idade que o acompanhava, Tayná enfureceu-se ainda mais.

— O que você está fazendo aqui? — Kauan perguntou, puxando o lençol para encobrir a nudez.

A loira já estava se levantando, quando Tayná a olhou melhor, notando que se tratava da gerente do *flat*. Nunca reparara que a mulher estava de olho em Kauan, ou vice-versa.

— Eu deveria lhe fazer a mesma pergunta — respondeu entredentes, aguardando pacientemente que a mulher terminasse de se vestir. A loira passou por Tayná sem olhar para trás, e instantes depois o casal ouviu o som da porta sendo fechada. — Folgou no trabalho para transar com a gerente deste lugar?

249

— Minha princesa, foi ela quem me assediou — Kauan saiu da cama e tentou se aproximar da namorada. — Não fui trabalhar, porque não estava me sentindo bem. Ela apareceu aqui dizendo que estava fazendo uma pesquisa de satisfação entre os hóspedes e...

— E você quis satisfazê-la ainda mais — concluiu Tayná, recuando. — Não precisa tentar me convencer com essa história fiada, porque não sou a idiota da Diana. Admita, ela nunca o traiu, não foi? Vocês se divorciaram, porque ela descobriu o cafajeste que você é.

Kauan até pensou em fazer-se de vítima e justificar-se, todavia, refletindo melhor, decidiu que não precisava mais seguir com aquele jogo. Levantou-se e se aproximou de Tayná.

— A gente se divertiu bastante, Tayná, mas não sou homem para ficar com uma mulher só. Sou atraente demais para apenas uma mulher usufruir de meus encantos — Kauan mostrou um sorriso zombeteiro que só serviu para deixar Tayná ainda mais irada.

— O dia está excelente para mim! Acabo de ser expulsa de casa pela minha mãe, não sem antes descobrir que tenho um irmão gêmeo, que nunca me foi apresentado — ela sentiu uma vontade louca de fumar um cigarro, mas se conteve. — Agora, ao chegar aqui, descubro que estava sendo traída pelo meu namorado. O que mais me falta acontecer?

— Você trouxe suas coisas para cá? — Kauan tentou tocar nos cabelos de Tayná, mas foi repelido por um tabefe violento.

— Estão lá embaixo, guardadas com o recepcionista. Pretendia ficar aqui com você até encontrar um lugar para morar.

— É uma pena que não possa ficar. Mantive essa relação com você até agora, Tayná, porque esperava lucrar algo com isso. Contudo, você é mão-de-vaca e nunca quis compartilhar seu pé de meia comigo. Ou vai pensar que eu a amava?

— Agiu por interesse? — Tayná encarou a nudez de Kauan com asco. — Queria o dinheiro que tenho guardado?

— Mesmo que não fosse muito, já valia a pena. De Diana consegui arrancar 10 mil. De outras faturei valores maiores, mas de você, infelizmente, só obtive sexo. Todavia, não reclamo, porque você é uma amante e tanto.

— Não pode terminar comigo, Kauan! — Tayná cerrou os punhos, pronta para agredi-lo.

— Quem disse que não posso? Saiba que não estou nem um pouco interessado nesse papo de que você descobriu que tem um irmão por aí. Meu negócio é dinheiro, linda! É a ganância que me move. Uso minha beleza para seduzir as mulheres e depois arranco delas tudo o que posso. É um preço justo pago por elas para que façam uso disso aqui — ele deslizou as mãos pelo corpo musculoso.

— Um michê! Você não passa de um garoto de programa!

— Nunca me vi dessa forma, mas talvez você tenha razão. Sinto por termos que terminar assim, contudo, não dá para você ficar aqui.

— Não vou aceitar ser expulsa duas vezes num único dia.

— Então, faça um escândalo, mas lhe aviso que não vai dar certo — Kauan foi até o telefone e apertou alguns botões. — Oi, aqui é o Kauan do 304. Minha amiga deixou algumas coisas aí embaixo. Peço-lhes a gentileza de que deixem tudo de prontidão, porque ela já está descendo para buscar. Obrigado.

Kauan desligou o telefone e mostrou um sorriso alegre para Tayná.

— Foi um prazer contar com seus serviços sexuais, Tayná. Está dispensada por ora. Tenha um excelente dia!

— Seu miserável! — Tayná esbravejou, abrindo a mão direita para acertá-lo no rosto, mas, assim que chegou perto do ex--namorado, ele foi mais rápido e a esbofeteou primeiro com tanta força que a fez rodar e quase cair no piso do quarto.

— Caia fora daqui, vadia! Não me faça perder a paciência. Espero que não seja necessário chamar os seguranças, para que a joguem na calçada junto com suas tralhas.

Tayná chorava, enquanto massageava a bochecha atingida. A expressão de Kauan estava mudada, e ele nunca lhe parecera tão assustador. Temendo ser agredida outra vez e admitindo outra derrota, a segunda daquele dia, ela girou nos calcanhares e saiu a passos largos.

Pegou as bagagens e retornou à rua. Precisaria passar no banco e sacar algum dinheiro. Embora odiasse tal perspectiva, talvez tivesse de pernoitar em um hotel até conseguir se estabilizar em algum lugar.

Iludida pela mãe, iludida pelo namorado. Tayná descobrira duas traições com diferença de poucas horas uma da outra. Tinha vontade de desaparecer do mundo, mas não faria isso sem dar o troco aos dois. Poderia demorar semanas, meses ou anos. Não importava. Tudo o que sabia é que um dia ainda se vingaria de Marcélia e de Kauan. Mostraria a ambos qual era o preço a ser pago por tê-la enganado e enxotado da vida deles.

Da janela do apartamento, Kauan observou Tayná entrar em um táxi e desaparecer dali. Ele sorriu com os cantos dos lábios. A ex-namorada fora um sonho bom enquanto durou. Seu objetivo agora era a gerente do *flat*. Era nela que investiria dali em diante.

***

Os dias foram passando depressa. Marcélia foi ao hospital visitar Diana, e as duas mulheres emocionaram-se por diversas razões. Era penoso e deprimente para a ex-enfermeira-chefe voltar como visitante de uma paciente ao local em que trabalhara por mais de vinte anos e de onde fora praticamente escorraçada. Marcélia, no entanto, foi cumprimentada por alguns funcionários que gostavam dela e que ainda sentiam sua falta.

Ela também chorou ao ver Diana sem as pernas sobre uma cama. Foi apresentada a Pamela, e as três se deram muito bem. Achando que precisava desabafar, Marcélia confessou que mandara a filha sair de casa.

— A situação entre nós estava insustentável. Não sei em que ponto errei na criação da minha filha.

— Não se culpe, Marcélia — pediu Diana, tranquilizadora.

As três riram e continuaram conversando. Marcélia só omitiu do diálogo a revelação que Tayná era a amante de Kauan. Ainda não se sentia preparada para dividir seu segredo com outras pessoas. Além disso, naquele momento, Diana era a prioridade.

Edmundo providenciou o acompanhamento de Diana por uma fisioterapeuta e uma psicóloga especializada em atender pessoas com deficiência. Ambas iam conversar com ela duas vezes por semana.

No início, as duas profissionais fizeram Diana chorar, mas, no decorrer das semanas, ela foi se habituando e passou a ouvi--las melhor. A fisioterapeuta falava sobre as principais mudanças físicas que ela deveria fazer em seu apartamento e, quando era autorizada a participar do atendimento, Pamela também a ouvia. Ela sempre ia à residência de Diana cuidar das plantas e já mexera em algumas coisas por lá.

Quando Diana anunciou que desejava dar início ao processo de adoção de Inglas, Pamela conversou com Danilo, que repassou a informação à assistente social responsável pelo garoto. Ivanilde era uma mulher seca e de poucas palavras, embora fosse uma excelente profissional. Ela foi levada por Pamela ao hospital para conhecer Diana, uma vez que Edmundo ainda não lhe dera previsão de alta.

A assistente social foi sincera ao explicar que as chances de Diana conseguir a tutela do menino eram poucas. Ela precisava contar com a sorte e com o bom senso do juiz que ficasse responsável pelo caso, pois ainda estava em tratamento. Além disso, Inglas tinha uma mãe viva, apesar de estar presa. Ivanilde disse, então, que procuraria Rosane no presídio para colocá-la a par dos últimos acontecimentos, averiguar quanto tempo de pena ela tinha ainda a cumprir e se tinha interesse em criar o filho.

***

Por três ou quatro vezes, Diana alegou convictamente que estava sentindo dores nas pernas e nos pés inexistentes. Na época em que exercia sua profissão, ela ouvira falar de casos de pessoas que sentiam dores nos membros amputados, e agora aquilo estava acontecendo com ela. Ao questionar doutor Edmundo, ele explicou:

— Não é incomum o paciente sentir dor no que chamamos de "membros fantasmas", Diana. De forma didática, posso lhe dizer que há uma espécie de mapa do corpo no cérebro, que corresponde ao corpo físico. Quando acontece uma amputação, esse mapa cerebral continua gerando a sensação de presença do membro, mesmo na sua ausência. É como se seu cérebro visse que suas pernas não estão mais aí, embora continue recebendo informações de que elas estão no mesmo lugar.

Felizmente, Diana parou de sentir as misteriosas dores algum tempo depois. Em meados de abril, doutor Edmundo comunicou que ela finalmente receberia alta, embora não estivesse dispensada do tratamento e acompanhamento clínico. As cicatrizes nos cotos estavam todas fechadas, e os órgãos internos de Diana funcionavam perfeitamente. Já fazia três meses que o acidente acontecera, e ela deu graças a Deus por poder voltar para casa. Estava saudosa do seu lar e de poder observar o movimento das ruas.

De vez em quando, Inglas ia visitá-la, sempre acompanhado por Pamela ou por Danilo. Diana já percebera que a amiga parecia mais sorridente quando estava próxima do vizinho de Riquelme e achava que já era tempo de Pamela conhecer alguém que realmente amasse as meninas e pudesse fazê-las feliz. Wesley estava morto havia quase dois anos, e Pamela ainda era muito jovem para guardar luto pela vida toda.

Diana teve ainda a oportunidade de conhecer a irmã de Danilo. Priscilla era tímida e assustadiça, mas surpreendentemente simpatizara com ela e até lhe dera um abraço. Edmundo brincava dizendo que Diana era uma das pacientes que mais recebiam visitas, embora sempre fossem as mesmas pessoas.

Em seu penúltimo dia de internação, ela surpreendeu-se quando Pamela entrou no quarto empurrando uma cadeira de rodas manual, novinha em folha.

— O hospital vai me emprestar essa cadeira para que eu a use em casa?

— Eles já a ajudaram demais mantendo-a aqui sem lhe cobrar nada. Considere essa cadeira como um presente meu. Será sua companhia de hoje em diante.

Diana sabia que era verdade e agradeceu Pamela de coração.

No dia agendado para voltar para casa, Diana emocionou-se ao se deparar com a comitiva que fora buscá-la. Ali estavam Pamela, Inglas, Danilo, Priscilla e Marcélia. Se tivesse a mediunidade mais aflorada, teria visto, do lado astral, Igor e Wesley, que mais reparava na incômoda aproximação de Pamela e Danilo do que na recuperação de sua amiga.

— Não banque o ciumento — brincou Igor, notando as intenções de Wesley. — Eles não estão fazendo nada de mais.

— Por enquanto, né? Se esse sujeito acha que pode ficar com minha mulher, está muito enganado.

— Sobre isso falaremos depois. Não acha que já está na hora de você receber alta da Terra e seguir comigo para outro lugar? Ou vai ficar próximo de Pamela e de suas filhas até que elas ingressem na universidade?

— Da minha vida cuido eu — bancando o rapaz turrão e malcriado, Wesley fez cara feia para Igor e saiu de perto dele.

— Eu sei disso, meu amigo — afirmou Igor, sorrindo pacientemente. — Suas escolhas são livres, mas não se esqueça de que terá de responder pelos resultados.

Instantes depois, ele desapareceu, deixando Wesley reflexivo com suas palavras.

Capítulo 30

Uma fase de aprendizado e experiência iniciava-se para Diana. Ao chegar a seu apartamento, percebeu que Pamela fizera diversas mudanças e adaptações no ambiente. A amiga instalara barras de apoio próximas ao vaso sanitário, desocupara os armários superiores da cozinha e colocara todos os produtos em prateleiras recém-fixadas na parede e que ficavam um pouco acima do chão. O mesmo fizera com as roupas de Diana, já que o guarda-roupa dela era bastante alto.

— Prometi que ficaria aqui durante o tempo que você desejar — relembrou Pamela, enquanto Diana percorria seu apartamento com olhos curiosos. — Mesmo assim, achei que seria importante deixar tudo ao alcance de suas mãos, na possibilidade de que queira permanecer sozinha.

Por sorte os cômodos do apartamento eram largos, o que facilitava a locomoção da cadeira. Diana iniciara a fisioterapia dos braços. A médica lhe dissera que seus braços se fortaleceriam, uma vez que Diana os utilizaria para fazer praticamente tudo, como se deitar e se levantar da cama, sair da cadeira para sentar-se no vaso sanitário, conduzir a cadeira para onde desejasse ir e ainda se despir e se vestir.

Ao conferir seu guarda-roupa, percebeu que Pamela pensara em tudo. Calças, shorts, meias e sapatos não estavam mais ali. Pamela sabia o quanto a amiga se sentiria mal ao ver roupas e acessórios que usara a vida inteira e que agora não tinham a mínima utilidade para ela. Decidira, então, doá-los a um bazar.

Embora não fizesse mais parte do quadro de funcionários do hospital, Marcélia conseguiu marcar uma reunião com um dos sócios da instituição e explicou a situação de Diana. Falou que ela fora presenteada com uma cadeira de rodas, contudo, ainda necessitava de outra própria para banho. Marcélia mal acreditou quando ele a informou de que cederia à cadeira, e, quando ela a mostrou para Diana, a moça chorou emocionada, grata pela dedicação de suas amigas.

Naquela mesma noite, Diana decidiu que precisava se arriscar a fazer algumas coisas sozinha. Sua primeira ação foi tentar tomar banho. Pamela estava na sala com as filhas e Inglas. Ela não tinha certeza de que a amiga conseguiria se banhar sem dificuldades, mas, diante da costumeira teimosia de Diana, resolveu ficar calada.

Ao entrar no banheiro, Diana conseguiu se transferir sozinha de uma cadeira para a outra e conduziu a de alumínio até o chuveiro. Despiu-se com cuidado, esticou o braço para alcançar o registro e pouco depois sentiu a água morna cair sobre si. Ela, então, inclinou-se para baixo e pegou um xampu, que agora ficava no chão. A sensação de capacidade e destreza e da descoberta de novas habilidades trouxeram tamanha paz a Diana que ela se pegou cantando enquanto se banhava.

Quando terminou, desligou a água e movimentou-se para pegar a tolha. Diana conseguiu enxugar-se sem dificuldades até que decidiu secar as costas. Forçou muito o tórax para frente, e, como não travara as rodas, a cadeira foi para trás fazendo-a cair de cara no chão. Embora tudo colaborasse para fazê-la chorar, Diana pegou-se rindo daquela cena, que, para ela, era quase patética.

— Pamela — chamou em voz alta —, venha socorrer sua amiga nua e meio molhada, que agora está farejando o chão do banheiro.

Quando entrou no banheiro, Pamela abafou um grito de horror. Rapidamente, enrolou a toalha no corpo de Diana e colocou-a de volta em sua cadeira.

— Você se machucou? — perguntou, procurando possíveis arranhões no corpo da amiga. Só esperava que Diana não tivesse deslocado nenhum osso.

— Que nada! — redarguiu com um sorriso nos lábios. — Aproveitei a queda para perceber que faz muito tempo que não lavo o piso do meu banheiro! Está uma imundície!

Pamela fixou-a com atenção e pensava: "Ou Diana se acostumou rápido demais à ideia de que se tornou uma cadeirante e está tentando encarar a situação com bom humor, ou está fingindo uma alegria que nem de perto sente". Esperava que a primeira opção fosse a correta.

Diana insistiu em arrumar a cama sozinha. A fisioterapeuta dissera que ela não deveria fazer nada sem antes se sentir preparada e até estar mais fortalecida e completou dizendo que Diana deveria ser humilde o suficiente para aceitar a ajuda de outras pessoas. Ela, no entanto, não queria saber de dependência. Trocou o lençol da cama por um limpo, que ficou meio torto, e vestiu os travesseiros com fronhas. Admirados, Pamela e Inglas observavam-na trabalhar. Nem mesmo Diana sabia de onde estava encontrando tanta determinação para mostrar a si mesma a força interior que possuía.

Naquela noite, Diana dormiu abraçada a Inglas. Antes de caírem no sono, fizeram juntos uma prece para Riquelme, desejando que ele estivesse bem e que houvesse muita luz cercando-o. Quando terminaram a prece, ambos tinham lágrimas nos olhos.

— Sinto falta do meu pai — Inglas sussurrou com a voz trêmula. — Queria que ele estivesse aqui com a gente.

— E você acha que eu não? — era o que Diana mais desejava. Riquelme, com suas palavras otimistas e motivadoras, teria sido de muita importância para ela agora.

— Ele acharia graça se me visse assim, deitado com você — Inglas tornou.

— Ah, é? Aposto que você nunca dormiu junto de uma mulher.

Apesar de estarem no escuro, Diana teve certeza de que ele enrubesceu.

— Com uma tão cheirosa como você, nunca.

Os dois riram e logo pegaram no sono. Na manhã seguinte, Diana acordou com o toque de seu telefone celular. Com voz sonolenta, atendeu à ligação.

— Alô?

— Aqui é Ivanilde, a assistente social. Precisamos conversar com urgência.

Prontamente desperta, Diana tentou ajeitar-se melhor na cama. Foi o tom de voz da assistente social que a fez compreender que ela não trazia notícias boas. Por instinto, Diana colocou um braço sobre o corpo de Inglas, como se quisesse protegê-lo de alguma coisa.

— Estou em casa. Recebi alta ontem.

— Fiquei sabendo pelo hospital. Gostaria muito que essa informação tivesse chegado até mim por meio de você — argumentou

257

Ivanilde, contrariada. — Por gentileza, me informe seu endereço. Estarei aí antes do fim da manhã.

— A senhora conseguiu conversar com a mãe de Inglas? — indagou em voz baixa para que o garotinho não a ouvisse.

— Seu endereço, por favor — repetiu a assistente social, enfezada. — Não quero adiantar nada por telefone.

Diana forneceu os dados e desligou o telefone apreensiva. Passou da cama para a cadeira com certa dificuldade e girou as rodas até o outro dormitório, onde Pamela dormia ao lado das meninas. Tamires e Marina pareciam duas bonequinhas encantadoras.

— Pamela, acorde! — chamou e, vendo que a amiga abrira os olhos e bocejava, emendou: — A assistente social está vindo para cá e tenho certeza de que não dirá algo agradável.

— Mais essa agora — murmurou Pamela, levantando-se velozmente.

Uma hora mais tarde, depois de todos já terem tomado o café da manhã, Ivanilde tocou a campainha.

— Fique no meu quarto com as crianças — ordenou Diana. — Prefiro conversar com ela em particular.

Compreendendo que Diana queria poupar Inglas de escutar algo de que pudesse não gostar, Pamela levou o garotinho ao quarto junto com as gêmeas.

Quando Diana abriu a porta, Ivanilde entrou devagar, carregando uma bolsa e uma pasta e estudando o apartamento atentamente, como se fosse uma possível compradora avaliando um imóvel.

Somente depois da longa inspeção, ela pareceu se dar conta da presença de Diana, que a olhava de sua cadeira.

— Bom dia, Diana! Fico contente em saber que já está em sua casa.

— Bom dia! Eu não desejava outra coisa — apontou para o sofá. — Não quer se sentar? Assim manteremos nossos olhos no mesmo nível.

Ivanilde assentiu e aboletou-se no estofado. Era uma mulher na casa dos 50 anos, feia e corpulenta, com os lábios cheios. Usava uma maquiagem pesada, que a fazia parecer-se com uma palhaça, e seus cabelos crespos, que já foram do louro ao ruivo, agora estavam castanhos e presos em um coque. Seus olhos pequenos e escuros cravaram-se em Diana fixamente.

— Você está sozinha aqui? — Ivanilde indagou olhando por cima do ombro, pois notara um ruído vindo de algum dos cômodos.

— Minha amiga Pamela está no quarto com as filhas e com Inglas. Estão assistindo à televisão. Ela está aqui para me ajudar em minha adaptação.

— Que bom! Isso é muito importante — Ivanilde abriu a pasta de plástico que segurava e dela retirou vários papéis. — Como sou uma pessoa que detesta enrolação, vamos direto ao assunto. Ontem fui procurar Rosane, a mãe biológica de Inglas. Ela tem a mesma idade que você.

— Conseguiu falar com ela?

— Sim. É uma moça muito bonita, embora esteja maltratada.

Diana ficou calada, tentando imaginar o que aquelas informações tinham a ver com sua decisão de adotar Inglas.

— E o que ela disse para a senhora?

— Rosane mostrou-se surpresa ao saber da morte de Riquelme. Perguntou sobre o filho, e eu lhe disse que Inglas estava sob os cuidados do Conselho Tutelar, mas que havia uma pessoa, amiga de Riquelme, interessada em adotá-lo definitivamente.

— Ela se opôs? — Diana conteve a respiração.

— Serei sincera com você. Ela pareceu indignada e disse que ninguém tiraria o filho dela. Que sempre foi apaixonada por ele, mas que Riquelme não o levava para visitá-la. Rosane chorou ao pensar em Inglas e me perguntou se eu havia levado uma fotografia do menino para que ela pudesse ver como o filho está atualmente.

— Isso é mentira! — protestou Diana. — Riquelme sempre me falou que Rosane jamais deu a mínima para o filho. Ela drogou-se à vontade durante a gravidez. A deficiência que Inglas tem nos braços pode ser uma consequência disso.

— Os sentimentos dessa moça pareciam sinceros. Vi verdade nos olhos dela.

Diana sentiu vontade de dizer que também vira a verdade de um amor nos olhos de Kauan e que depois fora enganada.

— Não estou duvidando de sua palavra, Ivanilde. Só não creio que ela nutra todo esse carinho pelo filho. Há anos ela não o vê. Inglas nem sequer fala ou pensa nela.

— Ainda há outra coisa — Ivanilde fez uma pausa estudada, baixou o olhar para a cadeira de Diana e tornou a fitá-la com atenção. — Rosane está cumprindo suas últimas semanas de pena e deve deixar a penitenciária dentro de dez dias ou antes disso, se o juiz autorizar. E ela já avisou que virá buscar o filho.

— Desgraça pouca é bobagem! — inconformada, Diana rodou a cadeira para trás e tornou a avançar para frente. — Ela pode simplesmente chegar e levá-lo? Essa mulher é uma estranha para Inglas. Tenho certeza de que ele não vai querer acompanhá-la.

— Ela não pode levá-lo sem nossa permissão e sei que Inglas não desejará seguir com a mãe — Ivanilde ergueu os papéis que tirara da pasta. — Por isso, eu consegui, em caráter de urgência, uma liminar judicial que me autoriza a levá-lo até que a custódia legal de Inglas seja definida.

— Levá-lo com a senhora? — Diana empalideceu. — Para onde?

— Ele ficará sob a custódia do Conselho Tutelar e será encaminhado ao programa de acolhimento institucional. Entenda como um orfanato. Pedi rapidez nesse caso ao ser informada de que a mãe biológica também quer ficar com ele.

— E quais serão os próximos passos?

— Como Rosane foi uma mãe ausente e a criança tem mais proximidade com você, ambas podem batalhar judicialmente pela tutela de Inglas.

— Seja sincera, dona Ivanilde — Diana não queria tornar a chorar, não naquele momento. — Quais são minhas chances de vencer essa disputa?

Ivanilde suspirou e tornou a guardar seus documentos na pasta. Ela estreitou os olhos ao encarar Diana e, ao responder, falou com secura e certa irritação:

— Não vou iludi-la, Diana. Suas chances são quase zero. Você se tornou uma cadeirante, e acredito que ainda não esteja psicologicamente preparada para lidar com seu futuro. Como você mesma disse, precisa de alguém para ajudá-la a se adaptar à sua nova rotina. E se tem essa necessidade, como terá condições de criar uma criança igualmente deficiente?

— Não gosto do termo deficiente — contrapôs Diana, nervosa com as palavras daquela mulher. — Parece sinônimo de defeituoso. Inglas é perfeito, no meu ponto de vista.

— Então tente convencer o juiz de sua opinião e não a mim — Ivanilde esticou a mão que segurava a papelada. — Quer conferir o andamento do caso?

— Não, pode guardar tudo. Mesmo que a senhora não acredite na minha capacidade de adotar e criar uma criança...

— Não foi o que eu disse — cortou Ivanilde.

— Eu tenho plena convicção de que posso fazer meu melhor por Inglas — prosseguiu Diana, ignorando a interrupção. — Se perguntar a ele, tenho certeza de que ele não hesitará em dizer que quer ficar comigo. Volto a repetir que Rosane é uma estranha para o menino.

— Mas continua sendo a mãe biológica da criança — com ar enfadado, a assistente social começou a guardar os papéis dentro da pasta, deixando apenas uma folha do lado de fora. Ivanilde não estava agindo daquela maneira por não gostar de Diana. Não tinha nada contra a moça. Contudo, sua experiência profissional lhe dizia que ela não tinha a menor chance de conseguir a tutela do menino. Tudo o que desejava era impedi-la de se iludir ou de fantasiar algo que não aconteceria. — Inglas precisa ir comigo agora.

— Assim? Com a roupa do corpo? A senhora não pode levá-lo. Ele vai chorar...

— É a ordem judicial, Diana. Estou autorizada a levá-lo comigo. — Ivanilde levantou-se do sofá e fez questão de colocar o papel que não guardara sobre o colo de Diana. — Espero que a senhora não crie confusão nem tente impedir meu trabalho. Prometo que serei gentil e bondosa com Inglas.

Diana quase afirmou que não conseguia imaginar Ivanilde sendo gentil e bondosa com alguém. Após ler a ordem clara e taxativa do juiz, devolveu o documento à assistente social.

— Posso conversar com ele antes?

— Sim, desde que não demore. Vou deixar meu telefone com a senhora e o endereço para onde vou levá-lo. Peço-lhe apenas que não o visite antes de conversar comigo. Quanto mais organizado for o nosso contato, mais fácil se tornará o processo de adoção do garoto.

Diana deslizou a cadeira até o quarto em que Inglas estava com Pamela e as gêmeas e deu leves batidas na porta. Usando o queixo para abaixar a maçaneta, o garotinho deu passagem a Diana.

Ela falou que os dois precisavam conversar a sós. O menino lançou um olhar curioso para a assistente social e assentiu com a cabeça. Seguiram, então, para a cozinha. Tentando encontrar as palavras certas, Diana falou devagar:

— Meu querido, você sabe que eu o amo muito, não sabe?

Inglas assentiu com a cabeça.

— E também sabe que desejo o melhor para sua vida... Mas, infelizmente, as coisas não correm da maneira como a gente espera.

— Você não me quer mais? — O olhar com que Inglas a encarou foi de cortar o coração. — Desistiu de me adotar?

— Nada disso. Vou lutar por você até o fim e tenho certeza de que é isso que seu pai gostaria que acontecesse. Nós, no entanto,

261

ainda não podemos ficar juntos — por um breve instante, Diana desejou que Inglas tivesse mãos para poder segurá-las. — Precisamos da autorização do juiz, um homem importante que decide muitas coisas. Enquanto ele não deixar, você não poderá morar aqui comigo.

As lágrimas que ela controlara até ali finalmente chegaram.

— E o que essa mulher que está na sala quer aqui? — Inglas indagou receoso.

— Você se lembra de sua mãe verdadeira?

— Quase nada. Sei apenas que ela está presa. Tenho uma foto dela em casa. Você é mais bonita do que ela, mesmo que agora fique o tempo todo sentadinha.

Diana sorriu e esfregou a mão no rosto para enxugar as lágrimas.

— Vou aceitar isso como um elogio. Inglas, sua mãe vai sair da cadeia e disse que quer ficar com você. A mulher que você viu se chama Ivanilde. Ela trabalha pelo bem-estar das crianças desamparadas e veio buscá-lo para que você fique em um bom lugar até que sua mãe ou eu o adote para sempre.

— Não quero minha mãe verdadeira nem quero ir embora com essa outra — o medo obrigou Inglas a chorar também. — Me deixe ficar aqui, Diana, por favor.

— É o que eu mais quero, Inglas, mas, como lhe disse, se não fizermos tudo o que estão nos pedindo, o juiz não permitirá que fiquemos juntos. Temos de obedecê-lo, para que ele veja que somos pessoas do bem e deixe você morar aqui até se tornar adulto.

Inglas sacudiu a cabeça para os lados, inconformado com as palavras de Diana. O menino chorava e recusava-se a ir embora até que ela conseguiu convencê-lo de que valia a pena fazer aquele sacrifício para conseguir adotá-lo depois. Diana prometeu que iria visitá-lo todos os dias, mesmo que a assistente social dissesse que isso não seria permitido. Quando retornaram à sala, Ivanilde andava de um lado a outro, impaciente com a demora.

— Ele está pronto para ir com a senhora — murmurou Diana com tristeza na voz.

— Tenho certeza de que você vai gostar do lugar para onde vou levá-lo. Lá tem outras crianças de sua idade e poderá fazer novos amigos. Aliás, meu nome é Ivanilde, e o seu?

— Você já sabe meu nome, então, não sei por que está me perguntando — retrucou o menino, com evidente mau humor.

Pamela apareceu logo depois, a tempo de ver Ivanilde encaminhar-se para a porta de saída, com uma das mãos sobre as costas de Inglas. O garotinho olhava para trás enquanto andava, sem desgrudar os olhos de Diana, e pôde ouvi-la dizer baixinho:

— Você ainda será meu filho. Não se esqueça de que eu o amo.

Quando as portas do elevador se fecharam, Diana deu meia--volta com a cadeira, encarou Pamela com os olhos umedecidos e apoiou ambas as mãos sobre os aros das rodas. Em poucas palavras resumiu o que ouvira da assistente social e finalizou:

— Como se não bastasse, a mãe de Inglas está prestes a sair da penitenciária e está decidida a requerer a guarda dele.

— E o que pretende fazer?

— Reagir. Durante minha vida inteira, aceitei ordens dos outros e coloquei meus sentimentos nas mãos de outras pessoas. Sempre esperei pela consideração dos outros, quando eu mesma nunca me dei a devida consideração. Nunca enxerguei que eu deveria ser meu próprio apoio. Chorei, sofri, passei maus bocados e vivi experiências trágicas e marcantes. Você é testemunha disso.

— Ainda não entendi aonde você quer chegar, Diana.

— Passei minha vida inteira parada num ponto, esperando um ônibus com destino à felicidade. Mas esse ônibus nunca passou. Agora, lendo o livro que você me emprestou, refletindo sobre cada ensinamento e relembrando em detalhes tudo o que Riquelme me explicou, compreendi que sou eu quem deve ser a motorista desse ônibus. Sou eu que devo me dirigir à felicidade, que é um estado de abertura de alma, uma habilidade interior. Sou eu que tenho que me dar o direito de ser feliz, sem esperar nada em troca nem depender de ninguém.

Boquiaberta com o que estava ouvindo, Pamela precisou se sentar, já que suas pernas estavam amolecendo. Ela olhou fixamente para Diana e mal a reconheceu. Pela primeira vez, a amiga parecia decidida sobre algo. Seu olhar estava diferente, seu tom de voz mais firme e seguro e sua postura revelava que ela estava convicta do que dizia. Diana estava reacendendo seu brilho, reavivando sua força interior e reencontrando sua alegria de viver.

— Desculpe se meu cérebro não está acompanhando seu raciocínio, Diana, mas ainda não sei o que você está querendo dizer com tudo isso — tornou Pamela.

— Perdi muitas coisas e fui afastada de muitas pessoas. Senti falta de algumas e só tive a ganhar com a ausência de outras. Não permitirei que levem Inglas de mim. Foi por ele que desisti de me suicidar. Foi por causa dele que resolvi aceitar minha

263

nova condição e aprender a lidar com ela. Já não me importo com a perspectiva de passar o restante da vida em cima dessa cadeira, desde que eu tenha a companhia de Inglas. Vou provar àquela mulher que não sou uma inválida só por ter perdido as pernas.

— O que você vai fazer? — Pamela tornou a perguntar.

— Vou atrás dos meus direitos, ao passo em que quero conquistar minha independência — Diana olhou para Pamela com um sorriso nos lábios. — Você é mais do que uma amiga, Pamela. É a irmã que nunca tive. Prontificou-se a afastar-se de sua casa e do seu trabalho só para ficar aqui comigo, mesmo sabendo que meu apartamento é pequeno. Sou-lhe grata por tudo o que tem feito por mim — quando a amiga começou menear a cabeça em concordância, Diana desfechou: — Por outro lado, de hoje em diante, pretendo viver sozinha aqui dentro.

— Como assim? Você ainda não pode...

— Por que todo mundo me subestima? Não serei a única cadeirante a morar sozinha no Brasil. Sei que meu apartamento ainda não está totalmente adaptado à minha nova condição, mas você conseguiu empreender várias mudanças aqui. Ivanilde acha que preciso de alguém me amparando vinte e quatro horas por dia, porém, vou mostrar que ela está enganada.

— Esse seu ato de bravura pode ir contra você mesma, Diana — contestou Pamela.

— Não é bravura, mas ousadia. Fui uma mulher medrosa, fraca e dependente e quero mudar daqui para frente. Aos poucos, estou me encontrando e conhecendo uma Diana que eu não sabia que existia. Se a reencarnação é um fato real, como passei a crer que sim, acho que viemos a este planeta para aprendermos a lidar com nossas emoções e nossos sentimentos e conhecermos as leis que regem o mundo. Estar aqui é um presente de Deus e quero usufruir desse presente o máximo que puder.

— Não posso deixá-la sozinha. E se tornar a cair da cadeira, bater com a cabeça e acabar machucada?

— Não seja dramática! Não se aprende a andar de bicicleta sem levar alguns tombos. Prometo-lhe que me tornarei uma motorista experiente em meu novo meio de transporte — deu umas pancadinhas na cadeira. — Se eu precisar de ajuda, chamarei você ou Marcélia. Confie em mim.

Pamela ainda tentou insistir, entretanto, Diana estava determinada. Ela ressaltou que não estava expulsando a amiga e as filhas de seu apartamento, apenas desejava ficar sozinha para começar a lidar com as mudanças. Como não trouxera muitas coisas para a casa da amiga, em menos de uma hora Pamela já estava pronta para partir. Antes de ir embora, relembrou diversas vezes que ficaria muito brava e traumatizada se Diana sofresse algum acidente grave dentro de casa, só por ter sido teimosa e orgulhosa em recusar a ajuda alheia.

Depois que Pamela saiu empurrando o carrinho de Tamires e Marina, Diana permaneceu pensativa durante alguns instantes, raciocinando sobre o que deveria fazer. Em seguida, localizou sua agenda de telefones e procurou o número do advogado de Kauan, que elaborara o divórcio do casal. Quando conseguiu falar com ele, perguntou se o causídico tinha conhecimento em assuntos relacionados à adoção e disputa pela tutela de uma criança. O advogado, que logo se recordou de Diana, indicou um colega especialista na área.

Grata pela ajuda, Diana desligou o telefone e entrou em contato com o outro advogado. Ele se chamava Aaron e parecia ser uma pessoa gentil e compreensiva. Disse que tinha um horário livre a partir das 17 horas daquele mesmo dia. Ela tomou nota do endereço do escritório, que ficava no bairro da Liberdade, no centro da cidade e prometeu que estaria lá no horário combinado.

Pamela e Marcélia haviam deixado algum dinheiro com Diana para gastos eventuais. A princípio, ela recusou-se a aceitar e só o fez quando as amigas a convenceram de que se tratava apenas de um empréstimo. Diana já estava ciente de que deveria solicitar sua aposentadoria por invalidez, nomenclatura que a deixava irritada. Ainda assim, mesmo que não soubesse como, pretendia voltar a trabalhar em breve. Não se deixaria intimidar por suas limitações físicas.

Algum tempo depois, Diana apanhou a bolsa que estava sobre o sofá e, após trancar a porta do apartamento, seguiu para o corredor. Aguardou pacientemente a chegada do elevador e não teve tanta dificuldade para entrar ou sair. Passou pelo porteiro e cumprimentou-o com um boa-tarde rápido, indiferente ao olhar de dó que o rapaz lhe lançara. Ele trabalhava no condomínio havia alguns anos e não se conformava com o destino daquela moradora. Era tão jovem ainda...

— Vou ajudá-la a descer o degrau da portaria, dona Diana — ele aproximou-se dela rapidamente.

— Não precisa, Vitório — Diana deteve-o com a mão aberta.

— Se eu não tentar fazer isso sozinha, nunca vou conseguir.

265

— Cuidado para não cair!

Diana aproximou as rodas dianteiras do pequeno degrau que a levaria à calçada. Segurou nos apoios da cadeira, inclinou-a levemente para trás e movimentou para frente as rodas traseiras. Sentiu um solavanco, mas conseguiu passar pelo degrau sem levar um tombo. Superar o pequeno obstáculo encheu-a de satisfação.

Ela girou as rodas pela calçada, tomando o cuidado de se desviar dos buracos e das áreas desniveladas. Passou pelo bar onde se embebedara na noite do acidente e avistou o dono berrando enfurecidamente com um cliente. Ao fundo, avistou a esposa do homem abraçada ao filho autista.

Diana percebeu que os pedestres a olhavam com um misto de compaixão, tristeza e preconceito. Sabia que sempre causava espanto avistar uma moça de boa aparência com dois cotos no lugar das pernas. Automaticamente, isso fazia os outros se apiedarem dela, algo que ela estava decidida a repudiar.

A prefeitura da cidade estava instalando ônibus adaptados para cadeirantes. No ano de 2008, a frota desses veículos ainda era pequena, porém, os usuários paulistanos com mobilidade reduzida já contavam também com um serviço conhecido como Atende, um meio de transporte público e gratuito que busca o passageiro em seu ponto de origem e o deixa na porta de seu destino final. Diana já ouvira falar daquele serviço desde quando trabalhava como enfermeira e sabia que era necessário estar cadastrada para usufruir do serviço.

Aquela era a primeira vez que Diana saía desacompanhada às ruas desde o acidente e até ali sua impressão era de que não estava sendo tão difícil quanto imaginara. Ela começou a observar a rua e reparou que nem todas as calçadas tinham rampas próximas aos semáforos para facilitar sua locomoção. Quando foi atravessar uma avenida, passando por uma calçada cujo meio-fio não tinha rampa, tentou repetir a mesma manobra que usara na portaria do prédio, porém, dessa vez, uma das rodas ficou presa no concreto. Diana não conseguiu manter o equilíbrio, e a queda foi certeira.

Antes de pensar em como deveria agir, viu uma mulher de mãos dadas com uma menina da idade de Inglas passar perto dela. A garotinha apontou para Diana dizendo:

— Veja, mamãe, a aleijada caiu da cadeira!

— Agora estamos com pressa e não dá para ajudar. Venha logo! — a mulher apertou o pulso da filha com força, desviou o olhar de Diana e afastou-se quase correndo.

— Dupla de vadias — gemeu Diana, olhando para um dos cotovelos que estava todo esfolado. Dois rapazes aproximaram--se rapidamente, e um senhor saltou de seu carro, todos tentando ampará-la. Em poucos segundos, ela estava novamente sentada em sua cadeira, agradecendo a todos com um sorriso educado. Perguntaram se Diana estava machucada, e, apesar da ardência nos braços e no cotovelo, ela disse que nunca estivera melhor.

Desta vez, Diana prendeu o cinto de segurança e chamou-se de burra por não ter tomado aquela precaução. Ainda não possuía habilidade para garantir que não cairia na rua e precisava ficar amarrada para não correr o risco de despencar novamente.

Diana finalmente chegou ao ponto de ônibus, onde uma fila aguardava o coletivo. Alguém a informou que ela poderia esperar o veículo na frente de todos. Quando o ônibus adaptado chegou e foi estacionado, ela seguiu com a cadeira até a porta do meio, que possuía uma rampa e um microelevador para conduzi-la até o interior do veículo. Uma mulher informou ao motorista sobre a presença da cadeirante, e ele rapidamente abriu a porta, baixou a rampa e ficou aguardando Diana entrar. Como jamais fizera aquilo e não sabia se deveria entrar de frente ou de ré, ela ficou parada no lugar.

O cobrador, ao perceber que Diana estava indecisa, gritou lá de cima:

— Como é, moça? Vai subiu ou não?

— É a primeira vez que faço isso. O senhor pode me ajudar?

Diana percebeu quando ele bufou contrariado. O homem desceu com agilidade até onde ela estava e acomodou a cadeira sobre o elevador. Quando foi suspensa para o interior do ônibus, ela notou que o cobrador parecia ainda mais azedo. Ele virou-se para um rapaz que tinha presenciado a cena e sussurrou num tom em que ela pôde escutar:

— Não sei por que esses aleijados têm de sair de casa. Só dão trabalho pra gente. Tem dia que transportamos cinco ou seis. Chego ao fim do expediente com dores nas costas e com dor de cabeça.

— Posso lhe fazer uma pergunta, senhor? — indagou Diana, obrigando-o a fitá-la. — Se está tão descontente com seu serviço, por que não procura um cargo à sua altura? Deveria se empregar em uma estância de criação de cavalos. Sempre estão à procura de um limpador de estrume — como ela falava em voz alta, a maioria dos passageiros caiu na gargalhada. — Só tenha cuidado para não ser confundido com um dos cavalos e vá cuidar de sua dor de cabeça, porque pode ser peso na consciência.

As risadas aumentaram, e o rosto do cobrador ficou vermelho como um tomate. Como se precisasse urgentemente encontrar uma ocupação, ele abriu a gaveta e pôs-se a contar algumas moedas. Satisfeita com o que dissera e nem um pouco abalada com o comentário maldoso do cobrador, Diana acomodou-se melhor na cadeira e sorriu discretamente.

Quando deu sinal para descer, dois homens seguraram nas alças da cadeira de Diana, dizendo que a auxiliariam na hora de sair. E foi o que fizeram. Ela viu-se, então, de volta à calçada. Diana agradeceu aos benfeitores pela ajuda e lançou um último olhar para o cobrador, que ainda estava em choque pelo que ouvira.

***

Já no escritório do advogado, Diana conheceu Aaron. Ele era um homem bonito, magro e alto como um boneco de Olinda. O causídico passava confiança e seriedade pelo olhar, o que logo agradou Diana. Em poucas palavras, ela expôs sua preocupação acerca da adoção de Inglas, ressaltando a ameaça iminente de Rosane de requerer a guarda do menino.

— Ele está sob a responsabilidade do serviço social — Diana finalizou num tom seguro e obstinado —, mas, apesar de minhas condições, me sinto totalmente preparada para criá-lo. É o que Inglas deseja, e sei que o pai dele também desejaria o mesmo.

— Sabemos que a mãe biológica sempre tem prioridade na guarda — atalhou Aaron. Gostava de ser sincero com seus clientes, deixando claras as dificuldades e as possibilidades de cada caso. — Contudo, como Rosane está detida há alguns anos, e eles mal se conhecem, você ganha alguma vantagem sobre ela. Vou redigir uma boa petição inicial para darmos entrada no processo e garanto que não medirei esforços para convencer o juiz de que você é a pessoa mais capacitada para assumir a tutela da criança.

— Há outra questão, doutor... — como Aaron estava sentado atrás de uma mesa entulhada de pastas e papéis, os olhos de Diana estavam no mesmo nível que os dele. — Me informaram que o senhor também lida com causas trabalhistas. Preciso que me ajude a solicitar minha aposentadoria por invalidez.

Aaron assentiu, estudando-a com atenção. Tinha à sua frente uma pessoa com uma séria deficiência física, porém, tão decidida e convicta do que queria quanto um guerreiro à frente de uma batalha. Ela lhe dissera que perdera as pernas recentemente, e o advogado supôs que, antes disso, a cliente deveria ter sido ainda mais enérgica e perseverante do que se mostrava agora. Mal sabia ele que Diana começara a despertar para a vida justamente após o acidente.

Depois de findarem a conversa, Diana saiu do escritório e iniciou seu percurso de volta para casa, que foi mais tranquilo. Ela retornou de ônibus e desta vez não foi atendida por um cobrador grosseiro nem despencou da cadeira no meio da rua.

Quando chegou a seu apartamento, ciente de que tinha começado a lutar por Inglas e que fora plenamente capaz de percorrer um trecho da cidade sozinha, Diana sentiu algo explodir dentro de si e espalhar-se por sua corrente sanguínea. Sabia que a cada dia se sentiria mais forte, contumaz e confiante em si mesma, não porque teria de se virar sozinha como uma cadeirante, mas porque descobrira em de si algo que jamais pensara existir. Encontrara um verdadeiro tesouro, repleto de potenciais. Somente agora ela estava aprendendo a viver.

Capítulo 31

Os dias correram céleres, e Pamela e Danilo estavam cada vez mais próximos. Entre eles nascia uma relação de parceria, amizade e atração. Dali a algumas semanas, faria dois anos que Wesley morrera, e durante todo esse tempo era a primeira vez que Pamela se sentia interessada por outro homem. Danilo era alegre, simpático, inteligente e gentil, além de sempre parecer verdadeiro em tudo o que dizia. Ela achava terna e meiga a dedicação do rapaz à irmã com necessidades especiais, a quem tratava com muito carinho. Desde que o conhecera, jamais o vira queixar-se de alguma coisa.

De fato, Danilo não enxergava a irmã com um fardo e sim como um ensinamento. Assim como qualquer pessoa que convive com alguém em condições semelhantes às de Priscilla, ele sabia que a moça o ensinava muito mais do que aprendia. Para ele, era uma experiência única tê-la por perto. Amava-a muito e não hesitaria em protegê-la.

Danilo também estava interessado em Pamela. Adorava as filhas da moça, idênticas como em um reflexo de espelho. Eram serelepes e curiosas, balbuciavam sem parar e já chamavam Pamela de "mamã". Danilo admirava a moça por ela ter decidido criar as gêmeas sozinha, sem o auxílio de outras pessoas.

A aproximação e a intensa afinidade que descobriram sentir um pelo outro culminou em um pedido de namoro. Queriam tentar construir uma relação para ver se daria certo e tinham certeza de que, se algo saísse errado e o relacionamento não vingasse, pelo menos continuariam sendo bons amigos.

Quando Pamela aceitou namorar Danilo, o espírito de Wesley revoltou-se e afastou-se dali. Ele achava que, de alguma forma, a esposa estava traindo sua memória. Por outro lado, sabia que Pamela não poderia guardar a viuvez pelo resto da vida.

Como se adivinhasse os pensamentos de Wesley, Igor acercou-se dele, oferecendo seu costumeiro sorriso de incentivo.

— Qual é a importância de estar em paz, Wesley? — perguntou, fitando o ex-policial com carinho. Estavam na cozinha do apartamento de Danilo, que trocava juras de amor com Pamela na sala.

— Penso que quem está em paz se sente mais leve.

— Isso é verdade, e vou mais além. Quando estamos em paz, tudo em nós funciona bem. Passamos a ter uma nova visão da vida e das coisas que nos cercam. A paz é uma conquista, uma habilidade, um desejo de estar bem.

— Por que está tocando nesse assunto? — Wesley olhou desconfiado para Igor. — É porque sabe que sou contra Pamela namorar aquele homem?

— Ela vai tocar a vida, independente do que você espera, Wesley. Se continuar com essa posição, só continuará adiando seu bem-estar e a conquista da paz. Não deixe para depois o que pode começar a experimentar desde agora. Basta querer.

— Tenho medo de que ela me esqueça, que deixe de me amar.

— Pamela sempre guardará sua imagem no coração. Você é o pai de Tamires e Marina. Seus traços estão presentes no rosto de suas filhas. Pamela sempre o verá a cada vez que olhar para as meninas. Como ela poderia se esquecer de você?

Wesley cobriu o rosto com as mãos e começou a chorar. Igor olhou para a farda rota e o ferimento seco na cabeça do ex-policial. Embora imaginasse que Wesley esperava por um abraço, não o fez.

— Amo Pamela e quero que ela seja feliz — murmurou Wesley choramingando. — Estou cansado dessa situação. Não quero viver assim. Até Diana tem prosperado e aprendido a dirigir a própria vida. E eu? Até quando vou permanecer assim?

— Até o dia que você quiser. É livre para ficar ou partir. Ninguém o prende na Terra, a não ser você mesmo, Wesley. Respeite sua individualidade, preste atenção em suas necessidades, e verá que não tem obrigação de permanecer ao lado de Pamela. E futuramente você poderá retornar para visitá-la, assim como às suas filhas.

— Isso é permitido? Poderei voltar e revê-las?

— Você já não está fazendo isso? — Sorriu Igor. — No astral, nada é terminantemente proibido nem existem regras inflexíveis. Assim como no mundo corpóreo, aqui também temos o nosso arbítrio respeitado, porque é a maior força que nós temos. O que move a vida é o poder de escolha. Seríamos verdadeiras marionetes se não pudéssemos decidir por nós mesmos. E não quero nenhuma cordinha me controlando nem me sacudindo pra cima e pra baixo.

Wesley não sorriu, mas conteve o pranto aos poucos.

— Eu até iria embora agora, mas ainda quero descobrir quem é minha mãe biológica. Sei que isso não vai mudar nada, contudo, queria ver o rosto dela. Se possível, também queria conhecer minha irmã gêmea. Ambas permanecem encarnadas, não é?

— Sim, e você tem todo o direito de fazer isso. Daqui a pouco, vai anoitecer. Mais tarde, vamos procurar sua mãe e tentar conversar com ela, enquanto seu espírito estiver, temporariamente, fora do corpo.

Wesley aguardou pacientemente. Não queria retornar à sala e se deparar com Pamela e Danilo agarradinhos. Igor lhe falara sobre a valorização da paz interior, mas ele ainda não concordava plenamente com aquilo. Pamela não devia se entregar tão depressa a um novo amor. Para ele, isso era feio, pecaminoso e injusto.

Quando Igor comunicou que estavam prontos para irem até a verdadeira mãe de Wesley, ele sentiu calafrios percorrerem seu corpo espiritual. Não sabia o que encontraria pela frente. Poderia se encantar ou se decepcionar com a figura materna. Sabia que fora vendido e, apesar de sua reação inicial, agora já não a julgava. Imaginava que ela se arrependera depois.

Seguindo Igor, Wesley entrou em um apartamento escuro e silencioso. Os dois homens atravessaram duas paredes até entrarem em um dormitório simples e tipicamente feminino. Ele, então, avistou um corpo estendido sobre a cama e uma mulher sentada à cabeceira do móvel. Ao chegar mais perto, Wesley reparou que a mulher estava ligada ao corpo por um cordão, que tinha a cor de uma estrela. O ex-policial compreendeu que ela estava adormecida e que seu espírito estava pronto para empreender uma das costumeiras viagens que todos fazem durante o sono.

A mulher virou a cabeça na direção dos dois homens e fixou Igor com curiosidade. Em seguida, fixou Wesley.

— Meu Deus! — Marcélia cobriu os lábios com as duas mãos.

— Essa é Marcélia — indicou Igor a Wesley. — Sua mãe biológica.

— Eu a conheço. Já a vi no apartamento de Diana junto de Pamela.

— Exatamente! Ela está consciente e pode ouvi-lo e compreendê-lo perfeitamente. Penso que devem conversar a sós.

Wesley virou-se para pedir que Igor ficasse ali, porém, o amigo se fora em menos de dois segundos. Sem saber como reagir, ele sentou-se ao lado do espírito de Marcélia.

— Você está ferido? — ela esticou a mão para tocá-lo na cabeça e, vendo-o afastar-se, sorriu amavelmente. — Não se preocupe, tenho conhecimentos em enfermagem.

— Sabe quem eu sou?

— Não sei nada sobre você, mas sei o que representa para mim — pronta para chorar, Marcélia emendou: — Só queria saber se você poderia me perdoar um dia.

— Pelo quê?

— Por tê-lo trocado por dinheiro. Eu o entreguei a um casal, porque estava passando por uma situação muito difícil. Não sei como você me localizou aqui nem se já lhe contaram minha história.

— Meu amigo Igor me ajudou a chegar até você. Eu soube do que a senhora fez por acaso, ao escutar uma conversa da qual nem fazia parte.

— E também sabe de sua irmã?

Wesley meneou a cabeça positivamente e remexeu-se na cama, chegando um pouco mais perto de Marcélia.

— Como é o nome dela?

— Tayná. Ela é advogada — uma sombra de tristeza passou pelo olhar de Marcélia. — Pelo que vejo, você se tornou um policial.

— Sim, mas infelizmente não tive muito tempo para exercer minha carreira.

— Sempre me perguntei se você estava vivo ou morto. Esperava, um dia, poder abraçá-lo, caso pudesse me perdoar. Hoje, eu jamais agiria da mesma forma.

— Eu sei. A gente muda a maneira de pensar — ele aproximou-se ainda mais de Marcélia. — Tayná mora aqui também?

— Não. Recentemente, nós tivemos um desentendimento. Sua irmã nunca gostou de mim.

273

— Por quê? Não foi uma boa mãe para ela?

— A melhor que ela poderia ter. Tayná não sabia nada sobre o que aconteceu no passado e até então desconhecia também a existência de um irmão gêmeo. Mesmo assim, ela nunca se deu bem comigo. Fazia questão de me tratar mal, como se eu fosse sua inimiga. Era como se minha filha não me perdoasse por tê-la separado do irmão, mesmo sem saber que você existia.

— Sinto muito. Quando soube da existência de vocês, imaginava que ambas vivessem em plena harmonia. Eu me perguntei se você pensava em mim — de repente, parecia importante para Wesley saber disso.

— Nunca deixei de pensar, ainda que não acredite nisso. Uma mãe não se desprende totalmente de seus filhos. Quando eu o vendi aos seus pais, uma parte de mim se foi com eles. Nunca mais me senti completa — Marcélia parou de falar, respirou fundo e sorriu ao vê-lo aproximar-se um pouco mais.

— Mesmo tendo lhe restado uma filha.

— A quem eu amei muito e que, em troca, só me trouxe mágoas, frustrações e desgostos. Bem, não se pode ter tudo, concorda? Sempre me questionei se teria sido mais feliz se tivesse ficado com você em vez de com ela.

— Está morando sozinha agora?

— Sim. Passei por situações difíceis nos últimos tempos. Fui forçada a deixar meu emprego, soube que minha filha se envolveu com um homem sem escrúpulos e descobri que minha amiga sofreu um acidente horrível que...

— Lhe tirou as pernas — completou Wesley em voz baixa. — Diana!

— Como sabe? Você a conhece?

— Fui casado com Pamela, uma amiga dela que você conheceu. As gêmeas são minhas filhas.

— Que mundo pequeno! — Marcélia fechou os olhos e colocou uma das mãos sobre o coração. — Espero me recordar de tudo isso ao acordar. Quero dar um abraço e um beijo bem caloroso nas meninas. São minhas netas!

— Sim, são — sentindo-se muito carente e disposto a libertar-se das últimas amarras que ainda o prendiam na Terra, Wesley jogou toda a moral para o alto e colocou a mão sobre a de Marcélia. Ficaram assim por quase um minuto até que ele completou: — Me perdoe também.

— Por quê? Você nunca me fez nada. Fui eu que...

— Não estive ao seu lado quando mais precisou — avaliou Wesley. — Sei que vai dizer que não tive culpa de nada, como se nós estivéssemos procurando culpados. Serei eternamente grato a senhora por ter me dado a vida, um corpo saudável e me confiado a pais tão incríveis.

Wesley pensou em Ismênia e Augusto, seus pais adotivos. Quando os ouviu confessando sua origem a Pamela, ficou muito revoltado. Entretanto, agora podia compreendê-los e aceitar o que levou cada um dos envolvidos a fazer o que fizeram na época. Perdoava Marcélia por tê-lo vendido e ao mesmo tempo lhe agradecia a oportunidade de ter tido pais generosos, que o criaram com tanto amor. Perdoava Ismênia e Augusto por nunca terem compartilhado com ele a essência de seu passado e agradecia-lhes por terem sido figuras tão especiais na vida dele. Wesley, então, percebeu que o perdão e a gratidão caminhavam de mãos dadas.

— Eu não tenho pelo que perdoá-lo — ambos choravam juntos e, ao mesmo tempo, sorriam. — Para mim, já é motivo de orgulho e alegria ver o belo rapaz em que você se transformou. Lamento que não esteja mais encarnado, contudo, Deus sabe das coisas, não acha? Só mesmo a vida, com toda a sua perfeição, poderia nos proporcionar um encontro como este. Quer maravilha maior do que poder reencontrar um filho tantos anos depois por meio de um sonho? Este momento é único.

— Voltarei para vê-la mais vezes. Igor disse que será possível. Acho que só preciso me recuperar para fazer isso direitinho, mas não vou mais perdê-la de vista.

— Nem quero que isso aconteça, meu querido. Quero tê-lo por perto, quantas vezes forem possíveis — Marcélia envolveu a mão de Wesley com as suas mãos. — Ao sair daqui, vai conhecer sua irmã?

Wesley hesitou. Teria dado uma resposta afirmativa se Marcélia não lhe tivesse contado sobre Tayná. E ele tinha plena convicção de que ela fora sincera.

— Por enquanto, não. Acho que não estou preparado nem tão curioso quanto estava antes. Quem sabe quando eu retornar.

— Não vai mesmo se esquecer de mim?

— Vou estar mais perto do que imagina. Assim que cheguei, a senhora quis saber como eu a localizei aqui. Eu lhe disse que Igor havia me trazido, mas, na verdade, acho que foi meu coração que encontrou o seu. Se quiser, pode me abraçar, porque é tudo o que mais quero agora.

Marcélia não se conteve, e os dois uniram-se em um abraço repleto de energias elevadas, carinho e bons sentimentos. Sabiam que o elo rompido no passado estava pronto para ser reconstruído novamente.

Quando se separaram, Wesley avistou Igor, que o aguardava com os braços cruzados. Ainda com lágrimas nos olhos, ele despediu-se de Marcélia e caminhou apressado até o amigo. Ao passar por um espelho fixado na parede, pôde se contemplar rapidamente e, apesar da penumbra, conseguiu se enxergar. Ainda se vestia com o uniforme da polícia, porém, o ferimento tinha desaparecido e sua aparência estava muito melhor. Teve até a impressão de estar mais limpo e asseado.

— O que aconteceu comigo, Igor?

— Você começou a experimentar a paz sobre a qual conversávamos mais cedo. E isso é só o começo.

— Estou pronto para seguir com você. Nada mais me prende aqui.

— Tem certeza?

— Absoluta. Sinto que Danilo fará Pamela feliz e que criará minhas filhas com muito amor. Eu a amo muito e desejo o melhor para ela — Wesley piscou um olho, contente. — E eu acabei de ganhar uma mãe novinha em folha. Acredita nisso?

— Em cada palavra sua.

— Marcélia é um anjo, uma mulher linda, por dentro e por fora. Eu a perdoei, assim como também perdoei os pais que me criaram. Estou admirado com tudo isso, muito emocionado. Sinto-me tão leve que pareço estar voando.

— E de fato, nós estamos! Estamos partindo rumo à sua nova morada. O mundo tem leis espirituais perfeitas, e a vida é muito mais do que parece. Nosso único objetivo é crescer, vencer e ser feliz.

Wesley não respondeu. Enquanto volitavam, ele olhou para o alto, mirando o céu escuro acima deles, enfeitado com estrelas prateadas que pareciam sorrir-lhe, como se o congratulassem por ter mudado a maneira de agir e ter conquistado a própria paz.

Capítulo 32

Jussara revirou os olhos de prazer, quando um braço forte e viril a envolveu, puxando-a ao encontro do corpo sedutor com que acabara de transar. Ela virou a cabeça devagar e deparou-se com as duas brilhantes esmeraldas pelas quais estava fascinada. Comparava os olhos de Kauan a um par de pedras preciosas.

"É o homem mais bonito do mundo", ela pensou extasiada. Não se cansava de ir para cama com ele. Kauan tinha o fôlego de um adolescente no início de sua vida sexual. Quando não estavam se amando com intensa paixão, ele fitava-a com carinho, demonstrando todo o amor que dizia sentir por ela. Já afirmara duas ou três vezes que estava apaixonado por Jussara. Aos quarenta e cinco anos, ela nunca pensou que um homem tão incrível e muitos anos mais jovem fosse se interessar por ela.

Ainda tinha um corpo sedutor e firme, graças às exaustivas horas que passava na academia. Jussara era gerente do *flat* em que Kauan se hospedara durante algum tempo. Depois de se envolverem e de serem surpreendidos por Tayná, ela convidou-o para se mudar para sua residência, um antigo sobrado que fora totalmente reformado e modernizado, situado próximo ao Parque do Ibirapuera. O imóvel, a preço de mercado, não valia menos de um milhão de reais.

Kauan descobrira que Jussara fora casada apenas uma vez e que nunca tivera filhos. Não dava para compará-la às duas últimas mulheres com quem se envolvera. Jussara não era sedutora nem tinha a beleza exótica de Tayná, assim como não era doce e ingênua como Diana. Tratava-se de uma mulher bem vivida, embora com pouca experiência no campo afetivo. Ela admitira que sentia atração por rapazes mais jovens e que Kauan era o melhor com quem se relacionara nos últimos dez anos.

Além do imóvel valioso, Jussara também tinha um carro do ano, apesar do grosso carnê de prestações a serem pagas à concessionária. Para Kauan, ela era uma verdadeira mina do tesouro. Não conseguira arrancar nada de Tayná, além de bons momentos de sexo. E boa parte do dinheiro que roubara de Diana já não existia mais. Durante toda a sua vida dera golpes fáceis nas mulheres que cruzaram seu caminho e nunca saíra totalmente no prejuízo. Só teria dado azar se seu filho com Diana tivesse sobrevivido. De qualquer forma, sua história com ela era passado.

— Sabe em que ando pensando, meu amor? — Kauan começou a acariciá-la em pontos estratégicos, fazendo Jussara delirar de prazer.

— Diga, querido.

— Eu adoro sua casa, que é grande, confortável e muito bem localizada. Sabe que você é a mulher da minha vida, não sabe?

— Repete isso, fofinho? — ela colocou a mão em concha atrás da orelha.

— Você é a mulher que amo, Ju, mas essa sua casa... sei lá. Sinto como se não estivesse em meu *habitat*. Como você é a proprietária, pensei... — propositadamente, ele parou de falar.

— Continue falando. Qual foi sua ideia?

— Você poderia vender este sobrado e comprar um excelente apartamento para nós dois morarmos. O que acha? Conheço uma corretora nota dez, que pode nos conceder um bom desconto. Se quiser, posso tomar conta disso.

— Ah, mas eu gosto tanto daqui...

— A gente precisa mudar de ares, não acha? Bem, foi apenas uma sugestão.

— Prometo pensar nisso com carinho, fofinho. Agora quero um beijo seu.

Kauan sorriu para disfarçar a raiva. Detestava mulheres maduras que acreditavam no amor de homens que tinham idade para ser seus filhos. Para ele, tudo não passava de jogos de interesse. Kauan acreditava que ninguém ficava com uma pessoa com uma diferença de idade tão grande se não houvesse um motivo oculto.

Ele considerava-se um espetáculo na Terra, e Jussara não passava de uma mulher apaixonada e iludida de quem ele sugaria até o último tostão.

***

Por mais que Diana tentasse resistir, a saudade apertava seu coração. Desistindo de se conter, ela telefonou para a assistente social. Inglas se fora havia nove dias e desde então não tivera mais notícias dele. Às vezes, nem ela conseguia entender aquele sentimento. De onde surgira tanto amor, tanto carinho, tanta ternura pelo filho de outra pessoa? E o que dizer daquela vontade súbita de adotar o menino, de vê-lo crescer ao seu lado, de assumir o papel de mãe de Inglas?

Lendo dois romances espiritualistas que ela mesma comprara, Diana imaginava que aquilo tivesse algo a ver com vidas passadas. Não que importasse o que ela fora ou fizera em existências antigas. Queria apenas compreender por que se apegara tanto a Inglas.

O advogado telefonara para informá-la de que dera entrada no processo de custódia do garoto e para aposentá-la. Diana também recebera um telefonema do contador do hospital em que trabalhara, que lhe comunicou que seria demitida, para que pudesse usufruir de todos os seus direitos integralmente. O homem ainda informou-lhe que a diretoria do hospital pretendia, secretamente, agraciá-la com uma verba simbólica, como agradecimento pelos anos de serviço prestados à instituição.

Diana sorriu ao imaginar o quanto Kauan teria se enfurecido ao saber daquilo. Trabalhando na administração do hospital, ele tinha acesso ao controle de verbas e certamente não deu pulinhos de alegria quando ficou sabendo da gratificação que destinariam a Diana.

Quando Ivanilde atendeu à ligação, Diana, após cumprimentá-la, foi direto ao ponto. Informou-lhe que queria visitar Inglas e queria saber como deveria proceder para agendar a visita. A assistente social resmungou palavras incompreensíveis, mas, por fim, deu seu aval.

— Venha amanhã, na parte da tarde. A diretora do orfanato me contou que ele não para de perguntar por você. Vou falar com ela para que a aguarde.

— Obrigada — Diana tomou nota do endereço e desligou o telefone com um largo sorriso no rosto. Tudo em sua vida sempre saíra errado, mas, desde que passou a encarar os fatos de forma otimista e positiva, a situação parecia ter se invertido, e ela vinha obtendo certo êxito no que fazia. Será que era tão simples assim? Bastava desejar o melhor e colocar a fé em prática, para que as coisas saíssem da forma como se esperava?

No dia seguinte, um sábado, Diana acordou cheia de disposição, apanhou uma vassoura e limpou todo o apartamento. Era cansativo varrer a sujeira e locomover-se na cadeira ao mesmo tempo, mas sabia que tinha de se habituar. Desejava mostrar a si mesma sua capacidade e sua independência. Não admitiria que a falta das pernas anulasse sua liberdade nem a privasse de suas tarefas domésticas.

A manhã passou depressa. Diana consultou o relógio e foi tomar banho. Ainda não era fácil banhar-se sozinha, contudo, vinha se saindo bem. Quando ficou pronta, preparou e comeu um lanche simples e conferiu o endereço outra vez. O orfanato em que Inglas estava ficava num bairro da periferia da Zona Leste, e novamente ela teria de atravessar a cidade. Suas economias já estavam acabando, pois ainda não recebera a rescisão trabalhista, e o dinheiro que Pamela e Marcélia deixaram com ela estava no fim. Por essa razão, ela não podia se dar ao luxo de tomar um táxi. Assim, lá foi Diana novamente, guiando sua cadeira até o ponto de ônibus.

Era curioso observar que, enquanto algumas pessoas a olhavam com indisfarçável preconceito, outras se prontificavam a ajudá-la a subir ou descer de uma calçada e a entrar e sair do ônibus. Diana nunca saberia se faziam isso por boa vontade ou por compaixão.

O ônibus deixou-a na metade do caminho, ao lado de uma estação onde deveria pegar o trem. Mais uma vez, Diana encontrou novos obstáculos. A estação não tinha elevador nem escadas rolantes, portanto, teve de contar com a ajuda de dois funcionários, que levantaram sua cadeira e a carregaram até a área de embarque. Quando o trem estacionou, ela percebeu outro problema. O vão entre o trem e a plataforma era imenso e certamente uma das rodas da cadeira despencaria no buraco. Quando o trem se locomovesse, estaria consumada a tragédia.

Não foi preciso mentalizar imagens fúnebres do que poderia vir a lhe acontecer, porque os mesmos funcionários a colocaram dentro do trem, quando ele abriu suas portas. Diana sabia que as entidades governamentais ainda não tinham um olhar efetivo para as pessoas com mobilidade restrita.

Um passageiro, que observava a dificuldade de Diana para conseguir entrar no trem, não se conteve:

— E depois eles falam em inclusão social. Tudo isso só está no papel.

— A inclusão até pode existir, mas apenas em lugares onde há essa conscientização — acrescentou Diana. — Infelizmente, nossa sociedade, com suas crenças e seus valores invertidos, tem pouco interesse em pessoas deficientes.

O homem assentiu e pôs-se a falar mal do governo e da política do Brasil. Diana ouvia-o com um discreto sorriso nos lábios, murmurando algumas palavras sempre que ele lhe dava chance. E foi o mesmo quem a ajudou a descer na estação de destino.

Diana nunca tinha ido àquela região e agradeceu por estar a apenas três quarteirões do orfanato. O sol estava forte, e ela colocou óculos escuros para proteger as vistas. Carregava uma bolsa pequena, onde pusera seu dinheiro e seus documentos, e naquele momento estava sentada em cima dela para evitar perdê-la.

O abrigo para crianças funcionava em uma casa branca, térrea, rodeada por um jardim espaçoso, onde havia balanços, gangorras, gira-gira e um escorregador que terminava em um tanque de areia. Desenhos infantis foram usados para pintar os muros externos.

A diretora da instituição já fora prevenida pela assistente social de que Diana era cadeirante, contudo, imaginava que ela só tivesse as pernas paralisadas. Nem por um instante supôs que a moça não possuísse os membros inferiores.

Apesar da imagem que causaria comoção em muitas pessoas, o semblante de Diana transmitia força e determinação. Era possível perceber que ela não aceitava olhares penalizados. Não queria que ninguém sentisse pena dela.

A única pergunta que veio à mente da diretora foi: "Por que uma mulher sem as pernas desejaria adotar um menino sem os braços?".

— A senhora veio sozinha? — a diretora questionou, ao perceber que Diana não estava acompanhada.

— Sim, e a viagem até aqui foi ótima — não tinha sido, mas também não era assunto relevante.

— Inglas gosta muito de você. Desde que chegou aqui, quando não está desenhando, algo que ele faz com maestria, ele tem falado a seu respeito para os amiguinhos que ele fez.

Os olhos de Diana marejaram. Ultimamente, tudo o que se referia a Inglas deixava-a emotiva.

— Posso vê-lo?

— Claro. Vou acompanhá-la até lá.

Inglas estava sentado em um círculo com dois meninos e uma menina, todos aparentando entre sete e nove anos. Ele estava de costas para a porta principal, falando com empolgação:

— Fui eu que a ensinei a mexer na câmera fotográfica. Nem meu pai sabia direito.

— Você gosta muito dessa Diana, né? — indagou um menino ruivo, com o rosto salpicado de sardas. Era o mais jovem do grupo e prestava tanto atenção às palavras de Inglas como um aluno diante do professor.

— Muito. Ela vai ser minha mãe de verdade. Não vejo a hora de ela vir me tirar daqui — os olhos de Inglas também ficaram úmidos de lágrimas e ele desejou ter mãos para poder secá-las antes que escorressem. — Ela prometeu que viria.

— E se ela não vier? — foi a dúvida do outro menino, um negrinho com dentes gigantescos e olhos angelicais. — Ela pode se esquecer de você.

— Não! — Inglas quase gritou. — Eu confio em Diana e sei que ela não mente. Ela prometeu que ficaríamos juntos. Tenho certeza disso.

A diretora e Diana entraram na sala de recreação a tempo de escutarem as últimas palavras do menino. Os pequenos estavam tão entretidos com a discussão que não perceberam a chegada das duas mulheres.

— Minha mãe prometeu que voltaria para me levar — o menino negro abaixou a cabeça e fungou —, mas ela nunca mais voltou.

— E eu que nem tenho pais? — informou a garotinha, como se isso consolasse Inglas. — Será que essa dona Diana não me adota também? Não vou dar trabalho para ela. Isso eu posso garantir.

— Não sei, Cristina — Inglas deu de ombros. — Você teria de perguntar isso a ela.

De repente, o menino ruivo virou o rosto para o lado e, ao perceber que estavam sendo observados, cutucou os demais, que também se voltaram para trás. Ao avistar Diana ali, Inglas abriu um largo sorriso.

282

— Você veio! — o menino levantou-se e partiu como um foguete na direção de Diana. Ele jogou-se sobre ela com tanta força que a cadeira de rodas deslizou para trás. Inglas beijou-a diversas vezes no rosto e foi beijado também. As outras crianças, por sua vez, acompanhavam a cena com alegria e certa inveja. Dariam tudo para ter alguém que os beijasse daquela forma. — Eu estava falando de você agorinha mesmo.

— Eu escutei uma parte de sua conversa — confessou Diana. — Sinto muito por não ter trazido nenhum presente pra você. É que ficaria difícil carregá-lo enquanto conduzo minha cadeira.

— Sem problema. O importante é que você está aqui — as lágrimas que Inglas tanto relutara em conter desciam livremente por seu rosto. — Vou embora com você, né?

Diana desejava poder responder que sim.

— Ainda não. Como lhe expliquei da outra vez, temos que aguardar a decisão do juiz. Só ele saberá o que é melhor para nós dois — Diana contava intimamente com o bom senso do juiz que fosse designado para aquele caso.

— E isso vai demorar muito?

— Acho que não. Quando menos esperarmos, ele nos dará a resposta — para distraí-lo, Diana esticou o pescoço, olhando para frente. — Aqueles são os seus amigos? Não vai me apresentá-los?

Inglas assentiu e fez um sinal para que as crianças se aproximassem. O garotinho ruivo olhou para Diana e perguntou:

— O que aconteceu com suas pernas?

— Elas me atrapalhavam um bocado e precisei tirá-las — Diana respondeu bagunçando os cabelos avermelhados do menino. — Chego mais rápido aos lugares pois agora tenho rodinhas no lugar de pés.

— Que da hora! — ele exclamou, passando a mãozinha pela roda da cadeira.

— Inglas não contou pra gente que a senhora tinha defeito — informou o menino negro inocentemente.

Na mesma hora, Inglas voltou-se para ele com o rosto corado de raiva.

— Não fale uma coisa dessas! Diana não tem defeito. Peça desculpa a ela.

— Calma, meninos, não briguem — Diana esticou as mãos para que o menino pudesse segurá-las e olhou-o com firmeza. — Quando não temos uma coisa que os outros têm, isso não se trata de um defeito, e sim de uma condição. Inglas também não possui

283

os braços, e mesmo assim eu o considero uma criança perfeita. Entendeu, meu amor?

Ele meneou a cabeça em concordância, e a menininha adiantou-se:

— Posso fazer uma pergunta para a senhora?

— Claro, querida.

— Inglas falou que a senhora vai adotá-lo. Na sua casa tem espaço pra mim também? Sou boazinha e não vou lhe dar trabalho — como se quisesse concluir a propaganda de si mesma, ela desfechou: — Eu queria muito ter uma mãe.

— Posso ir também? — o ruivo uniu as mãos, num gesto de súplica. — Por favor, moça! Eu nem faço mais xixi na cama, sabia?

— Isso é muito bom, porque você já é um mocinho. Como se chamam?

— Fabiana — revelou a garotinha.

— Marco Antônio — tornou o menininho negro.

— E eu sou Diogo, mas pode me chamar de Dioguinho — admitiu o ruivo, mostrando um sorriso banguela. — Combina com seu nome: Diana e Diogo.

Ela sorriu, sem saber o que fazer ou falar. Só sabia que começaria a chorar se continuasse ali, entre crianças tão carentes. Se dependesse dela, adotaria os quatro. A realidade, porém, era outra, já que estava sendo difícil adotar um só.

Diana permaneceu ali, brincando com as crianças por mais de duas horas. De vez em quando, a diretora do orfanato ou alguma voluntária passava por ali para verificar se estava tudo bem. Há tempos não viam as crianças tão alegres. Elas empurravam Diana para todos os lados, Fabiana fez-lhe uma trança torta nos cabelos, e Marco Antônio, ao tentar abraçá-la, por pouco não tombou a cadeira. E, quando Diana anunciou que precisava ir embora, eles reclamaram e lamentaram veementemente.

— Eu voltarei, e prometo que trarei presentes para todos.

Enquanto as crianças a aplaudiam, Inglas chegou bem pertinho de Diana. Ele olhou-a bem fundo nos olhos, aproximou os lábios dos ouvidos dela e sussurrou:

— Você é a melhor mãe do mundo. Amo muito você.

Diana voltou emocionada para casa e, naquela noite, chorou até adormecer. Contudo, pela primeira vez em muito tempo, derramava lágrimas de pura alegria.

Capítulo 33

Dias depois, Diana saiu de casa com destino à padaria mais próxima. Aaron ligara naquela manhã dizendo que, provavelmente, conseguiria uma posição sobre a aposentadoria dela até o fim daquela semana. Otimista, o advogado acreditava que no mês seguinte ela já começaria a receber o benefício.

Diana conseguiu apurar também que Rosane deixara a penitenciária no mesmo dia em que ela estivera no orfanato. Até então, nem a mãe biológica de Inglas nem a assistente social foram procurá-la. Intimamente, Diana torcia para que Rosane tivesse desistido de requerer a guarda de Inglas e os deixasse em paz.

Ela passou pelo bar, que ficava próximo de seu prédio, e sorriu ao avistar Gilberto, o dono do estabelecimento, que, como sempre, estava discutindo ferozmente com um freguês, que já estava alcoolizado pela manhã. Ela não tornara a entrar no bar desde o acidente e perguntava-se o que o proprietário diria ao vê-la em uma cadeira de rodas. Tinha vontade de perguntar se o filho dele, que era autista, fazia tratamento em algum local, contudo, achou que não tinha tanta intimidade para sondar a vida particular de Gilberto daquela forma.

Na padaria, Diana comprou pães, leite e algumas fatias de queijo prato. A atendente saiu de trás do caixa para cobrar-lhe a compra, pois Diana não alcançava o balcão. Depois de entregar o dinheiro à mulher, colocou a sacolinha com suas compras no colo e guiou a cadeira pela calçada de volta para casa.

Distraidamente, ela reparou em um homem que seguia à sua frente. A batina preta que ele vestia ondulava ao sabor do vento.

Às vezes, ela tinha vontade de ouvir a opinião de um padre a respeito das reviravoltas que aconteceram em sua vida.

Como costumava locomover-se olhando para o chão, para evitar prender as rodas em algum buraco, Diana não percebeu quando o padre reduziu os passos e estacou de repente. Como vinha logo atrás dele, mal conseguiu frear sua cadeira para evitar a colisão.

Diana abafou um grito de susto quando ele entortou o corpo para trás e desabou com força em cima dela. O impacto fez a cadeira pular e desequilibrar-se, caindo para um lado e levando Diana consigo.

Ela conseguiu desprender-se do cinto de segurança, afastou-se um pouco da cadeira e sentou-se no chão, ainda aturdida com o que acontecera ali. Três adolescentes, que deslizavam sobre seus *skates*, pararam ao ver o episódio e correram para acudi-la. Um dos jovens levantou Diana pelas axilas, enquanto o outro arrumava a cadeira para que ela pudesse se sentar. O terceiro estava encostando a mão no pulso do padre, procurando checar seus sinais vitais.

— Chamem uma ambulância — Diana ordenou aos meninos, logo após agradecê-los pela ajuda prestada. — Sou enfermeira e posso tentar ajudá-lo até que o socorro chegue.

Um dos garotos enfiou a mão no bolso da calça e tirou um celular. Diana olhou melhor para o homem e viu que se tratava de um senhor na casa dos 70 anos. O rosto dele era bastante enrugado e marcado com pés de galinha e profundas linhas de expressão ao redor dos lábios, o que poderia indicar que ele sempre sorria muito. A palidez acentuava a brancura de seu rosto, e, como ela deduzira, tratava-se realmente de um padre.

Diana agarrou-o pela mão e notou sua fraca pulsação. Já passara por experiências semelhantes no hospital e poderia apostar que o sacerdote estava infartando. Ela pediu a um dos adolescentes para arrancar do padre o colarinho branco, na tentativa de afrouxar o tecido ao redor do pescoço. Ao mesmo tempo, curiosos começavam a surgir por todos os lados, como se tivessem a capacidade de se materializar em pleno ar.

Quando a ambulância chegou, e quatro paramédicos saltaram velozmente do veículo empurrando uma maca, Diana recuou para deixá-los trabalhar. Eles rasgaram a batina do padre, deixando-o com o torso despido, e massagearam a região com a esperança de que o coração do homem voltasse a bater normalmente.

Diana teve a impressão de que ele reagira e que murmurava alguma coisa, contudo, no instante seguinte, ele já estava sendo colocado na ambulância.

— A senhora o conhece? — um dos paramédicos perguntou a Diana.

— Não. Ele estava caminhando na minha frente, quando passou mal e caiu por cima de mim. Na queda, ele me derrubou junto. Tentei ajudá-lo, pois sou enfermeira. Moro naquele prédio ali — ela apontou para o edifício.

— Em nome dele, agradecemos por tentar auxiliá-lo — ele foi o último paramédico a entrar na ambulância, que saiu dali cantando os pneus.

— Isso foi irado, mano! — um dos adolescentes brandiu o *skate* como se fosse um escudo.

— Nunca ajudei a salvar um padre — comentou o que telefonara para a equipe de resgate. — Nem sabia que padres desmaiavam.

O terceiro, que ajudara Diana a retornar à cadeira, fez um sinal de positivo com o dedo polegar, acenou para ela e seguiu os amigos, que já deslizavam em alta velocidade sobre seus *skates*. Torcendo para que o padre sobrevivesse, ela rodou a cadeira em direção à portaria do prédio.

A pequena confusão despertara a atenção de outras duas pessoas, além das que se reuniram para acompanhar o salvamento do sacerdote. Do outro lado da rua, um carro preto, com os vidros fechados e igualmente escuros, estava estacionado. De dentro dele, um casal assistira à cena atentamente. Como já estavam parados ali havia pelo menos duas horas, viram quando Diana saiu e voltou pouco depois trazendo uma sacola sobre o colo. Não demonstraram nenhuma emoção ao virem o padre perder a consciência e cair sobre a moça. O foco da atenção não estava no pobre velho que passara mal na rua, e sim na mulher sobre a cadeira de rodas.

— Só pode ser ela, Deco — a mulher, no banco do passageiro, inclinou o corpo para frente até ver Diana desaparecer no interior do edifício.

— Encontrá-la foi mais fácil do que esperávamos — o homem tamborilou os dedos tatuados sobre o volante. — Como um brinde à nossa investigação, até descobrimos o endereço dela. O que faremos agora?

— Vamos tentar conversar com ela amigavelmente. Se o papo não rolar da forma como esperamos, teremos que nos impor à nossa maneira.

— Gostei dessa parte, querida — ele soltou uma gargalhada estrondosa. — É arriscado ir à portaria do prédio e pedir para chamá-la. Vamos esperar que ela retorne à rua. Pelo jeito, é do tipo que adora "bater pernas".

— Pena que ela não as tem mais — a mulher completou, e ambos riram juntos — Mas acho que não perderemos nada se formos até lá. Não tem perigo. Se a idiota da assistente social me questionar, direi que tentei propor um acordo extraoficial com a tal Diana e que ela o recusou.

— Teremos testemunhas, como o porteiro. Eu ainda prefiro o anonimato, Rosane.

— Não tenha medo. Não faremos nada a ela aqui. Vamos descer do carro e ter uma conversa com essa imbecil que quer tirar Inglas de mim. Ou ela vai desistir da adoção por bem — um sorriso cruel surgiu nos lábios dela —, ou por mal.

Diana fechava a porta de seu apartamento, quando o interfone começou a apitar. Ela, então, ouviu a voz do porteiro.

— Dona Diana, desculpe incomodá-la, mas a senhora tem visita.

— Quem é? — ela pensou que pudesse ser Pamela, a assistente social ou até mesmo seu advogado, Aaron, pois lhe dera seu endereço.

— É um casal. Disseram que são seus amigos e que têm assuntos pendentes.

À mente dela veio a imagem de Kauan e Tayná. Será que eles teriam a audácia de ir até lá para importuná-la? Na última vez em que estiveram no apartamento, Diana atacara Tayná com um espeto de churrasco. Momentos depois, Diana e Riquelme sofreram o acidente.

Sacudindo a cabeça para os lados e tentando afugentar as lembranças, Diana comunicou ao porteiro que estava descendo. Podia ser perigoso receber pessoas desconhecidas sozinha.

Diana passou pelo porteiro, que apontou o casal que a aguardava do lado de fora do prédio. Ao chegar à calçada, ela olhou com curiosidade para os dois. Nunca vira o homem antes, mas o rosto da mulher lhe era familiar. Ambos estavam de pé, com as costas apoiadas no portão do edifício.

A mulher era muito magra, tinha a pele negra e um rosto que, em sua juventude, deveria ter sido doce e encantador. Parecia bastante envelhecida para sua idade e carregava duas pequenas cicatrizes na bochecha. Os olhos negros, duros como diamantes, encaravam Diana de cima para baixo. Os cabelos exageradamente lisos revelavam o trabalho perfeito da prancha que usara.

Se a desconhecida era uma figura inquietante, o homem ao seu lado era ameaçador. Com quase 1,90 metro de altura, lábios finos, nariz achatado e braços musculosos cobertos por tatuagens, certamente sabia como intimidar seu interlocutor apenas com o olhar. Os olhos estavam vermelhos, talvez por falta de sono, excesso de álcool ou consumo de drogas. Era careca e tatuara um dinossauro perseguindo uma criança na cabeça.

Sentindo um estremecimento involuntário sacudir seu corpo, Diana cumprimentou:

— Bom dia! Fui informada de que desejam falar comigo. Sou Diana.

— Ah, então é você — a mulher olhou-a com tanta frieza que Diana se sentiu mal.

— Sou eu o quê?

— É você quem quer tirar meu filho de mim? Sou Rosane, a mãe de Inglas.

O coração de Diana falhou uma batida. Com o rosto voltado para cima, encarava os estranhos com total perplexidade.

— Como descobriram meu endereço? — perguntou desconfiada.

— Não existe nada que não possa ser descoberto, filhona. — O sujeito carrancudo fez uma careta de sarcasmo. — Tenho contatos por aí, e minha mina também tem. Juntamos tudo e chegamos até você.

— A assistente social me falou que você ficou... deficiente — Rosane olhou para o corpo de Diana e sorriu. — Pesquisamos notícias sobre o acidente na *internet* e encontramos seu nome relacionado ao de Riquelme. A coisa mais fácil do mundo foi descobrir onde mora.

— O que querem comigo? — questionou Diana, cada vez mais nervosa.

— Vou falar com toda a calma do mundo para que você entenda direitinho — Rosane deu um passo à frente. — Inglas é meu filho e ele ficará comigo. Quero que desista dessa ideia infeliz de querer adotá-lo.

— Até onde eu sei, foi Riquelme quem o criou, desde que você foi presa. Ele também me contou que você consumiu tantas drogas durante a gestação que provavelmente por isso o menino

289

nasceu deficiente. Não vou julgá-la, Rosane, mas me parece que você foi uma mãe muito negligente.

— Você é louca? — Rosane avançou novamente, tentando intimidar Diana, mas estacou ao perceber que ela não recuara com a cadeira. — Sabe com quem está falando? Saí da cadeia, amiga. Conheço gente barra-pesada capaz de "bagunçar o coreto" com um pedido meu. Se for esperta, vai sair do meu caminho.

— E eu sou um empresário do comércio — atalhou Deco. — Compro e revendo mercadorias muito especiais. Sabe do que estou falando, filhona?

— Drogas! — concluiu Diana. — Vieram tentar me assustar com essas ameaças?

— Sabemos onde você mora e que provavelmente fica sozinha. Mesmo que tenha alguém para ajudá-la, não será proteção suficiente. — Rosane passou uma mecha dos cabelos lisos por entre os dedos. — E se procurar Ivanilde ou a polícia para informá--los de nossa visita, será muito pior. Seja inteligente e preserve sua vida.

Os dois começaram a afastar-se. Por um breve instante, o medo e a surpresa de Diana foram substituídos por uma raiva efervescente. Durante toda a sua vida transferira seu poder aos outros, sendo omissa, orgulhosa, dependente e iludida, e isso só lhe acarretara sofrimento. Somente após o acidente ela passou a enxergar a vida sob uma nova óptica. Diana percebeu que era responsável por si mesma e que não devia temer ninguém. Ela encontrara dentro de si um manancial de coragem, energia e otimismo. E isso aquela dupla sinistra não arrancaria dela.

— Não tenho medo de suas ameaças — proferiu Diana, num tom tão seguro que surpreendeu até ela mesma. — Inglas mal completou oito anos e não a conhece, Rosane, embora saiba de sua existência. Acredito que a felicidade e o bem-estar dele devam vir em primeiro lugar. Por isso eu...

— Me poupe desse papinho piegas — cortou Rosane, que tinha se voltado para ouvi-la falar. — Eu sou a mãe dele. A justiça vai conferir a tutela de Inglas a mim. Você é uma estranha, uma pobre coitada presa a uma cadeira.

— E você é uma mulher que passou metade da vida na cadeia e a outra metade usando drogas fora dela. Por essa razão, não tem muito crédito perante a justiça. Não sei nada sobre sua vida, mas creio que ainda não tenha conseguido emprego fixo, o que lhe daria estabilidade financeira. Ou será que depende desse aí? — mostrou Deco com o queixo.

O grandalhão enrubesceu de raiva, e Diana nem pestanejou.

— Tem ideia de quem eu sou, aleijada? — Deco murmurou rilhando os dentes. — Posso acabar com você antes mesmo que tenha tempo de pensar.

— Aleijado é seu cérebro, que deve estar podre de tanta droga — rebateu Diana, demonstrando determinação e audácia que nem ela sabia de onde vinham. — Acha que não percebi que ambos estão chapados? E você, Deco, deve ser um traficante muito fajuto, porque normalmente esse povo não consome os produtos que vende. Isso prova que seu raciocínio está muito mais deficiente do que eu.

— Sua vida não vale mais nada, cretina! — bufou Deco em resposta.

— E nem a de vocês. Acham que me assustam pelo simples fato de poderem andar ou de terem ligação com a criminalidade? Por Inglas, eu vou até o inferno, se for preciso. Fui amiga de Riquelme e tenho certeza de que isso é o que ele desejava. Você pode tentar me impedir, Rosane, e mesmo que eu perca essa disputa, esteja certa de que irei até o fim. Quero o melhor para aquele menino, e com certeza o melhor não é colocá-lo ao lado de uma usuária de drogas sem futuro.

— Não vou deixar que uma mulher com dois cotos no lugar das pernas adote meu filho — avisou Rosane, contendo os ímpetos de fúria que a acometia por dentro.

— Suas ofensas não me atingem, apenas revelam o nível em que está. Só lamento que Inglas seja filho de uma bandidinha fuleira, que parece manter um caso com um traficante de quinta categoria.

Confiante de que eles não poderiam atacá-la, não em plena luz do dia e diante do edifício em que morava, Diana rodou a cadeira e tornou a entrar no prédio. Ela não se preocupou em olhar para trás nem quis saber se eles tinham chegado ali a pé ou de carro. Evitaria todo e qualquer contato com os dois.

Ao entrar no apartamento, telefonou para a assistente social e relatou o ocorrido. Quando percebeu que Ivanilde ia tentar defender Rosane, com uma desculpa esfarrapada de que a mulher estava desorientada com a possibilidade de perder o filho, Diana passou-lhe uma descompostura tão grande que a outra chegou a tremer do outro lado da linha. Ela finalizou dizendo:

— Seja ética em seu trabalho, Ivanilde. Analise os prós e contras dessa situação e veja quem está mais preparada para ter a guarda de Inglas. Se a senhora não tiver condições de fazer essa análise criticamente, então, sinto informá-la de que está na área errada.

Diana desligou o telefone sem esperar pela resposta da assistente social e ligou em seguida para Aaron, colocando-o a par do acontecido. O advogado sugeriu que ela procurasse a polícia para registrar um Boletim de Ocorrência, mas Diana negou de imediato:

— Não tenho medo deles, doutor Aaron. Não creio que sejam corajosos a ponto de tentarem me matar. Apesar de tudo, acredito que Rosane não queira voltar para a cadeia. E se eles não têm nada a perder, eu também não tenho.

E foi assim, confiante, que Diana decidiu esperar pelos próximos acontecimentos. Sabia que ainda havia grandes desafios a serem vencidos, mas, como vinha aprendendo a cuidar de si mesma para viver melhor, tentaria cultivar o otimismo, jogar fora os receios e os pensamentos negativos e confiar na ação divina.

Capítulo 34

Tudo se manteve tranquilo no decorrer dos dias seguintes. Era inevitável para Diana sair às ruas e não olhar para os lados, pois esperava que Rosane e Deco tentassem algo contra ela. Felizmente, não tornou a vê-los, mesmo consciente de que eles estavam por perto.

Aaron finalmente conseguiu resolver a questão da aposentadoria de Diana, que riu ao saber que fora aposentada por invalidez, pois não se sentia dessa forma. Também fez a homologação de emprego no hospital. Pelo menos agora teria seu próprio dinheiro, o que a tornaria ainda mais independente.

Em uma de suas idas à rua, decidiu procurar o cemitério em que Riquelme fora enterrado. Pediu informações a Pamela, que na época cuidara do enterro do amigo e do natimorto. Ela deixou as gêmeas com Camila, a babá, e acompanhou Diana aos dois cemitérios.

Ao chegar lá, Diana emocionou-se ao ver o túmulo simples em que Riquelme fora enterrado. Não havia lápide, e até a própria Pamela se confundiu e precisou pedir informações na administração do cemitério para encontrar a rua e a quadra em que o taxista estava. Na ocasião do sepultamento dele, ninguém tinha muito dinheiro para produzir uma pedra com letras bonitas nem para colocá-lo em um caixão mais refinado.

Diana chorou silenciosamente, lembrando-se de todos os momentos gostosos que passara em companhia de Riquelme. Levara consigo algumas fotografias que relevara e conseguia recordar-se com exatidão das palavras dele: "Sempre que estiver alegre, registre a ocasião. E guarde todas as fotos reveladas em um álbum. Quando a tristeza chegar, basta olhar as imagens e voltar a sorrir". E, ao analisar os retratos, ela realmente sorriu em meio às lágrimas. Mentalmente, disse que sentia muito a falta dele e que nunca se perdoara por ter recusado seu pedido de namoro, pois talvez tudo tivesse sido diferente.

Por fim, garantiu a Riquelme que não abandonaria Inglas e dava a sua palavra de que cuidaria do menino com todo o amor do mundo. Intimamente, ela tinha certeza de que tinha a causa ganha e que lhe seria dada a custódia legal do garotinho. Somente um juiz sem um mínimo de bom senso deixaria a criança aos cuidados de uma usuária de drogas, que, aparentemente, pouco se importava com as necessidades básicas do menino. Diana também tinha suas próprias necessidades, mas via-se plenamente capaz de assumir tal responsabilidade.

— É o que tem pra hoje, querido — Diana pronunciou em voz alta, antes de partir, relembrando a costumeira frase que ele sempre lhe dizia.

De lá, Pamela levou Diana ao outro cemitério, onde a criança fora enterrada. O bebê, cujo rostinho ela mal pôde contemplar, fora colocado na área infantil junto com dezenas de túmulos onde foram sepultadas outras crianças. Diana foi invadida por uma sensação estranha. Não era emoção, tristeza ou compaixão. Ela percebeu que não sentia pelo filho perdido nem um terço do que nutria por Inglas. Carregara aquela criança na barriga por longos e exaustivos meses, mas era a Inglas que ela direcionava seus pensamentos. Fora ele quem reacendera nela a alegria de viver e por ele não permitiria que essa força viva se extinguisse outra vez.

Antes de ir embora, Diana deixou uma rosa sobre o pequeno túmulo do filho. O último laço que um dia a unira a Kauan estava rompido. Pamela surpreendeu-se ao perceber o quanto a amiga estava mudada, que nem de longe lembrava a mocinha ingênua que caíra na lábia do ex-marido e que brigara com ela para defendê-lo. Nem se parecia com a mulher amedrontada e furiosa, que, quando descobriu a amputação das duas pernas, tentou cometer suicídio. Aquela Diana forte, destemida e segura de si parecia enxergar longe, idealizando com sabedoria seus sonhos, planos e projetos.

Pamela visitava Diana pelo menos uma vez por semana e levava Tamires e Marina, que a cada dia se pareciam mais com o pai. As meninas eram graciosas. Quando a mãe as vestia com roupas idênticas, era possível até que as pessoas que as vissem as confundissem.

Nessas visitas, Danilo sempre acompanhava Pamela e levava com ele sua irmã Priscilla. A moça com Síndrome de Down vinha demonstrando um comportamento mais tranquilo e já não entrava em crise quando pensava na morte da mãe.

Pamela também comentou que vinha se sentindo mais leve, como se uma grande onda de energias negativas tivesse se distanciado. Ela soube mais tarde, por meio do grupo de estudos espiritualistas do qual fazia parte, que o espírito do marido a acompanhara por um longo tempo, mas que se fora finalmente.

Ela chorou muito ao saber disso, desejando que Wesley estivesse bem e que pudesse seguir seu caminho em paz. Sabia que, quando sentisse saudade, tornaria a assistir ao vídeo que ele gravara em um DVD. Futuramente, também o mostraria às filhas e pensava que, mesmo que estabelecesse algum vínculo oficial com Danilo, sempre deixaria claro às meninas qual era sua verdadeira paternidade. Gostava muito de Danilo, apesar de não sentir por ele o mesmo amor que sentira por Wesley, contudo, acreditava que isso melhoraria com o tempo. Eles se davam muito bem, e as gêmeas adoravam Priscilla.

Em uma dessas visitas a Diana, Pamela encontrou-se com Marcélia. Ao ver as meninas, a ex-enfermeira foi tomada por uma emoção sem igual. Não se lembrava com detalhes nítidos do sonho que tivera com Wesley, porém, sabia que o espírito do filho lhe dissera que a perdoara por tudo. Não fora imaginação nem uma brincadeira de seu inconsciente. Ela acordara com o cheiro dele, ouvindo sua voz e sentindo o toque de sua mão. Wesley, por meio do sonho, alegara ser o pai de Tamires e Marina, e, quando Marcélia viu as gêmeas entrando com a mãe no apartamento de Diana, ela não conseguiu segurar o pranto.

Em poucas palavras, Marcélia narrou sua história a Pamela, Diana e Danilo. Falou que tivera um casal de gêmeos e que, devido a dificuldades financeiras, se viu forçada a vender um dos filhos a um casal carioca em passeio por São Paulo. Pamela sentiu o coração bater mais forte ao ouvir aquela história. Era a mesma que Ismênia e Augusto lhe contaram quando fora visitá-los. Ela, então, descobriu que estava diante da mulher que teria sido sua sogra, caso Wesley ainda estivesse vivo. Elas abraçaram-se, em meio às lágrimas emocionadas. Quando se acalmaram um pouco, Marcélia fixou o rosto de Diana com seriedade no semblante.

— Há algo que precisa saber, querida. Eu soube há pouco tempo também, mas preferi contar somente agora por ver que está mais recuperada psicologicamente.

— Fale, Marcélia. Acho que nada mais pode me abalar.

— Tayná, a mulher que foi pivô de sua separação, é minha filha. Ela é a irmã gêmea de Wesley. Espero que não se chateie comigo.

Diana não respondeu de imediato. Apenas trocou um rápido olhar com Pamela e viu que a amiga também não estava a par daquela informação.

— Não estou chateada por saber dessa novidade agora, Marcélia. Me desculpe a sinceridade, contudo, o que realmente me chateia é saber que ela é sua filha.

Marcélia sentou-se em uma cadeira e deixou os braços caírem ao lado do corpo.

— Concordo plenamente, Diana. Tayná jamais foi a filha com quem sonhei, pois só me trouxe desgostos e decepções. Ela fez de tudo para me causar mal. Quando não aguentei mais a situação, a expulsei de casa. Desde então, perdemos contato. Acredito que Tayná esteja morando com seu ex-marido. Soube ainda, por meio dela mesma, que Kauan foi o responsável pela minha demissão. Tudo não passou de um plano sórdido dos dois em conluio com algumas pacientes, que cederam à sedução dele. Conseguem acreditar nisso? Fui golpeada nas costas por minha própria filha.

— Sinto muito, Marcélia. Bem que desconfiei de que havia algo de errado naquela história. Um complô não surge do nada — argumentou Diana. — Eles se dão bem e certamente terão uma vida feliz, nem que seja de aparências. De acordo com Isadora e Geovane, os pais de Kauan, ele é um golpista, que seduz mulheres para tirar-lhes qualquer coisa que lhe dê lucro financeiro. De mim ele tirou cerca de 10 mil reais e ainda estava de olho no meu apartamento. Já tinha, inclusive, aplicado o mesmo golpe em várias outras que caíram na teia dele.

— Por que nunca me disse isso? — perquiriu Pamela. Nunca soube exatamente o que levara o casamento de Diana à bancarrota.

— Por ser um assunto muito doloroso para mim — Diana entrecruzou os dedos das mãos. — Custei a superar e esquecer Kauan. Foi um longo processo. Todas as vezes que pensava tê-lo esquecido, descobria que Kauan ainda tinha meios de me atingir. Hoje, fazendo uma retrospectiva de minha vida, percebo que

296

isso acontecia porque eu permitia. Eu permitia que ele dominasse meus sentimentos, e as pessoas só nos fazem mal porque as autorizamos a fazê-lo. Eu me apoiava em Kauan, quando deveria ter apoiado a mim mesma.

— E por que esse sujeito não está na cadeia? — interveio Danilo. — Você não quis denunciá-lo à polícia?

— Eu tinha medo de represália. Ele é perigoso, chegou a ameaçar os próprios pais. E fui eu quem sacou todo o dinheiro de minha poupança e o colocou nas mãos de Kauan. Não fui forçada a isso. Como provaria ter sido vítima de um golpe?

— E acha que agora ele fará o mesmo com minha filha? — interessou-se Marcélia. Estava magoada com Tayná, porém, jamais lhe desejaria mal.

— Se Tayná se descuidar, ele vai dar o bote — confirmou Diana. — É assim que ele age. Kauan espera o momento certo, ainda que demore algum tempo. Por ser muito bonito, enrola as mulheres direitinho com seu papo amoroso, garantindo paixão e fidelidade eternas. Apaixonadas, elas cedem ao que ele quer. E quando consegue lhes tirar o que pode, ele as abandona, deixando-as com uma mão na frente e outra atrás. Kauan disse que fui a primeira mulher com quem se casou e que ele engravidou. E deixou claro que cometera um erro e que jamais sentira nada por mim.

Se fosse em outros tempos, Diana estaria derretida como manteiga, chorando até perder o fôlego. Agora, no entanto, nem se abalava. Definitivamente, Kauan fora apenas uma experiência negativa em sua vida.

— Eu vou alertar Tayná — comentou Marcélia, reflexiva. — Espero que ela acredite em mim e se afaste daquele homem.

— Acho difícil, porque ele realmente sabe como prender uma mulher e confundir a forma de ela pensar. Aconteceu comigo. Por causa de Kauan, passei meses sem conversar com Pamela, acreditando na versão dele com relação a um fato que ocorreu — Diana esticou a mão para segurar a de Pamela. — Mesmo que Tayná seja sagaz e escape dele, Kauan logo encontrará outra pessoa para fazer a mesma coisa.

— Ainda acho que deveríamos denunciá-lo à polícia — tornou Danilo indignado.

— Não há provas, Danilo. Ele nem sequer tem passagem pela polícia. A ficha de Kauan é limpa — Diana desviou os olhos dele para Marcélia. — Não tenho raiva da sua filha, mas já a odiei muito um dia. Hoje, tenho pena por saber que ela se uniu a um homem como ele. Por outro lado, reafirmo que eles formam uma dupla perfeita. Talvez ele até sinta algo por ela e não lhe aplique o conto do vigário.

— Será que algum dia Tayná e eu vamos nos entender e conviver em paz? — indagou Marcélia, mais para si mesma do que para os outros. — Às vezes, penso que ela é uma filha perdida.

— Se perdeu a filha, a senhora pelo menos ganhou duas netas! — disse Pamela, tentando animar a sogra. — Se prestarmos atenção, veremos como Tamires e Marina são parecidas com a senhora.

— Puxaram à avó — ajuntou Diana. Mesmo que não existisse semelhança nenhuma entre Marcélia e as crianças, elas queriam vê-la bem. — E o melhor é que vocês são praticamente da mesma família.

— Todos nós — Pamela usou a outra mão para segurar a de Danilo e pediu que Marcélia fizesse o mesmo. Eles, então, formaram uma espécie de círculo, com Diana no meio e as gêmeas brincando no tapete com Priscilla. — Não importa a forma que a vida usou para nos juntar, mas devo lhes dizer que formamos uma grande família, composta por amizade, solidariedade, parceria, respeito e amor.

— Agora vocês conseguiram me emocionar — a voz de Marcélia embargou.

— Que nada! — brincou Pamela e acrescentou fazendo os outros sorrirem: — Só estou puxando seu saco, porque ia lhe pedir para me ajudar a trocar as fraldas das meninas. As vovós servem para isso também.

E assim, num clima descontraído e cheio de humor, todos se esqueceram, temporariamente, de seus problemas.

***

Naquele momento, em outro ponto da cidade, Kauan entrava no sobrado que vinha dividindo com Jussara. Ela lhe telefonara havia alguns minutos, dizendo que já tinha tomado uma decisão em relação à venda do imóvel, mas que só lhe daria a notícia pessoalmente. Ele estava dirigindo e, quando a ouviu dizer isso, ficou trêmulo de empolgação. Como era fácil tapear uma mulher apaixonada.

Jussara aguardava-o com uma garrafa de champanhe gelando em um balde prateado. A mesa fora posta com uma toalha

298

bordada e enfeitada com um castiçal dourado com três velas, cujas chamas ardiam alegremente. Ela preparara o cenário para a comemoração, e ele mal podia esperar pela novidade.

Quando se acomodaram à mesa e se serviram, Kauan perguntou com um sorriso sedutor:

— E então, gata, a que conclusão chegou? Conte-me logo, porque estou morrendo de ansiedade.

— Adoro deixá-lo curioso — rindo como uma tola, ela espetou um pedaço de filé-mignon no seu prato e colocou-o na boca de Kauan.

— Não me torture mais, amor — ele engoliu a carne praticamente sem mastigar. — E então? Vai vender esta casa para que possamos construir nossa vida em um apartamento mais espaçoso e moderno? Já até andei pesquisando alguns.

Jussara continuou calada, fazendo suspense, e ele sentiu ganas de enforcá-la. Quando resolveu falar, disparou:

— Farei esse sacrifício em nome do nosso amor. Inclusive, já encontrei um comprador que pagará à vista pelo imóvel — ela sorriu ao ver o rosto de Kauan iluminar-se. — Prometi que, até o final do mês, desocuparíamos o imóvel para ele e finalizaríamos a papelada da escritura. Ele ficou feliz e está muito confiante.

"Não mais do que eu", pensou Kauan exultante de felicidade. Se pudesse, teria executado um número de dança ali mesmo.

— E quanto conseguiu pela venda? — essa era uma pergunta importante.

— Sei que a casa vale mais, porém, por ele ter se proposto a pagar à vista, não quis discutir muito. Ele depositará 500 mil na próxima semana. Como tenho pouco tempo para cuidar disso, devido às minhas funções como gerente do *flat*, pensei que você não se importaria se o depósito fosse feito em sua conta. Por trabalhar com finanças, entende disso melhor do que eu.

Kauan não podia acreditar em tanta sorte. Deus estava lhe sorrindo. Ele levantou-se da mesa e pousou um beijo forçado nos lábios de Jussara.

— Querida, só posso lhe agradecer a confiança. Claro que posso cuidar disso com todo o amor do mundo. Nem quero que esquente sua cabecinha com essas transações cansativas. Assim que o dinheiro for creditado em minha conta, iremos juntos fechar a compra do apartamento. Se quiser, hoje mesmo podemos sair para visitar alguns locais. Quero um que a deixe completamente satisfeita.

Jussara concordou, mostrando-se animada, e os dois continuaram comendo. Ele mesmo propôs-se a lavar toda a louça. Ao terminar, beijou-a várias vezes e avisou que fariam amor assim que ele saísse do banho. Quando Kauan seguiu rumo ao banheiro, viu-a sorrindo e assoprando beijos para ele. Por dentro, ele estava igualmente sorridente.

O que ele não viu foi o sorriso de Jussara desaparecer e ela pegar o celular para enviar uma mensagem a alguém.

Capítulo 35

Tudo permaneceu igual desde sua última visita àquele lugar. A mesma árvore com muitos galhos, a mesma paz duradoura e, se não fosse a névoa que encobria todo o chão, teria visto o banco de madeira sobre o qual sabia estar sentada. Ela não conseguia enxergar nada abaixo de sua barriga, contudo, não se preocupou com isso. Lembrou-se de que seu amigo lhe dissera que, na realidade, aquela neblina não existia, porque era Diana quem estava se tolhendo de enxergar a vida como ela era. Naquela época, ela tinha desistido de viver, mas agora estava determinada a fazer o seu melhor. Por que, então, a névoa ainda estava ali?

— Você ainda tem medo de enxergar muitas coisas — Diana ouviu a voz de Igor, que veio caminhando por uma trilha, cujos canteiros laterais estavam repletos de flores coloridas. — Por isso a névoa ainda persiste em seu campo de visão.

— Já compreendi minha realidade e parei de me cobrar e de me considerar o último dos seres humanos. Estou tentando observar a vida sob novos horizontes. Achei que tivesse conquistado algum progresso.

— E conquistou. Se notar, vai perceber que a névoa não está tão espessa quanto da outra vez. Você ainda tem receio de se enxergar. Diana, a maneira como vê a vida é o que dá andamento a muitas coisas.

— O que estou fazendo de errado? Só quero adotar Inglas.

— Sim, tenho acompanhado de perto suas tentativas. Devo dizer que estou orgulhoso de você.

— Mas então...

— Você precisa trabalhar melhor sua autoimagem, pois esse é um trabalho fundamental para todos nós. Como você se vê? Do que necessita para ser feliz? Quais são suas verdadeiras metas? Conhece a fundo seus medos, seus receios e seus pontos fracos? Você se conformou em ser uma cadeirante, mas já parou para pensar se ainda gosta de si mesma nessas condições?

Diana abriu a boca sem saber o que falar. Aquilo nunca passara por sua cabeça.

— Para você, seu corpo ainda é perfeito? Estar em uma cadeira de rodas a tornou uma pessoa melhor? Acha que teria a oportunidade de se casar e ter filhos assim?

— Não vou tornar a me casar.

— Isso é o que você diz agora, Diana. Nós desconhecemos o futuro, embora nossas atitudes no presente sejam as responsáveis por determinar nossos resultados no amanhã. Você tem se tratado com amor, Diana? Sei que quer o melhor para Inglas, contudo, será que também quer o melhor para si? Às vezes, nós desejamos tanto o bem das outras pessoas que nos esquecemos de pensar em nós mesmos.

— Você não vai me dar outra bronca, vai?

Igor sorriu e sentou-se ao lado de Diana.

— Não vim aqui para brigar e sim para tentar lhe inspirar bons pensamentos. A ausência de suas pernas não tirou seu valor. Se acha que Inglas é perfeito mesmo não tendo os braços, por que não tem a mesma visão em relação a você?

— Não sei. Eu passei a dar muito trabalho para mim mesma.

— Ao contrário, criança, você passou a ter mais responsabilidade sobre si. Quando aprendemos a trabalhar interiormente com nós mesmos, passamos a ter domínio sobre as coisas externas e a aceitar apenas o que é bom para nós. Todavia, isso só vai acontecer se formos amigos da gente.

— Eu tento fazer o melhor que posso. Ultimamente, tenho lidado com desafios demais. A mãe de Inglas ressurgiu e temo perdê-lo para ela.

— A ansiedade alimenta o medo do futuro, o que trava e paralisa muitas pessoas. Não se preocupe com o que ainda está por vir. Viva o agora, o presente. Além disso, lembre-se de que a vida não traz desafios quando não estamos preparados para lidar com eles.

— Eu vou conseguir obter a custódia de Inglas?

— Está vendo como é uma mulher ansiosa? Cuide de você e deixe que a vida cuide do resto. Aprenda a seguir seu instinto, a respeitar seus sentimentos. Seu corpo pede cuidados, então tome conta de si mesma, faça coisas que lhe tragam benefícios. Quando nos acertamos com nós mesmos, nos acertamos com a vida.

— Não sei o que faria sem sua orientação, mestre.

— Eu a oriento, porém, a escolha será sempre sua. Você é a lei, é a gerente, é quem tem o domínio das coisas. Ninguém pode dar ordens em sua vida, se você não concordar com isso. Não tenho meios de entrar em sua cabeça e de controlá-la a meu bel-prazer.

— Eu sei e preciso colocar tudo isso em prática. Quando penso na ligação forte que tenho com Inglas, surge uma dúvida: nós nos conhecemos de outras vidas?

— Sim. Vocês já foram mãe e filho, marido e mulher, dois irmãos, dois amigos... Vocês caminham lado a lado há muitas existências, fortalecendo laços.

— Entendi que não perdi minhas pernas devido a alguma situação de encarnações passadas. Isso aconteceu para que eu aprendesse a me apoiar, porque isso era uma necessidade para mim, para meu espírito. Eu precisava passar por isso para aprender. Sem as pernas, que são o apoio do corpo, passei a tentar me priorizar. Já compreendi tudo isso. Mas e quanto a Inglas, que nasceu sem os braços? O que ele fez? É apenas uma criança.

— O corpo de Inglas conserva atualmente a aparência de uma criança, porém, ele é um espírito de muita sabedoria e lucidez. Ele reencarnou com um projeto maravilhoso. Futuramente, Inglas dará aulas de pintura a muitos alunos, usando a boca e os pés, como já faz agora. Será um estimulador para muitos futuros desenhistas, que usarão seu exemplo de superação para desenvolverem seus potenciais.

— Então, ele também não foi mau no passado?

— Não existe bem e mal no contexto cósmico universal, Diana, pois as coisas são relativas e não absolutas. É como falar em certo ou errado, que sempre depende de cada situação. O que parece ser maldade para nós pode não ser para quem a pratica. E isso acontece porque cada pessoa tece o próprio julgamento em relação às coisas do mundo. Não veja a reencarnação como credora de situações mal resolvidas de outros tempos nem como dívidas, compromissos ou carmas. A reencarnação é a chave para nosso sucesso, já que nos permite estagiar na Terra, desenvolver nossa consciência, ampliar nosso conhecimento e nossa sabedoria, conquistar a lucidez e encontrar o que nos faz feliz. O passado não importa mais. Se não temos como alterá-lo, então, por que discutimos sobre algo que já se foi?

— Tem razão. Apenas o presente e o futuro importam.

— Lembrando que você não deve temer o futuro. Deixe tudo nas mãos de Deus, que é o condutor da vida. Cultive a alegria de viver, porque ela alimenta nosso corpo, nossos sentimentos, nossa alma. Vista-se com a beleza do que há de melhor dentro de você, porque é essa beleza que atrairá as energias cósmicas superiores. Não perca tempo. Aproveite!

— Obrigada por tudo, mestre. Sempre acordo mais otimista quando me encontro com você.

— Fico feliz por saber disso. E não sou eu quem a está motivando ao otimismo, nem à coragem, nem a alimentar a fé. Tudo isso já está dentro de você, Diana. Vasculhe atentamente seu interior e prepare-se para descobrir uma mina de ouro.

Pouco depois, eles despediram-se, e Igor a ajudou a retornar ao corpo adormecido.

***

Diana acordou ouvindo sons de pássaros chilreando com entusiasmo. Ao sentar-se na cama e tomar consciência de que despertara, ela percebeu que o som dos pássaros, na verdade, era seu interfone tocando com insistência. Com a agilidade que a prática vinha lhe concedendo, Diana passou da cama para a cadeira e foi até o aparelho.

— Alô?

— Bom dia, dona Diana! A senhora tem visita.

— Não me diga que é aquele casal outra vez — tudo o que ela menos queria era confrontar-se novamente com Rosane e Deco. — Se for, pode dispensá-los.

— Não, senhora. Ele se identificou como João Carlos. Disse que é paramédico, mas que provavelmente a senhora não se lembraria dele.

Seria alguém que a socorrera no acidente? O nome soava estranho para Diana, que não se lembrava de nenhum colega do hospital que se chamasse assim.

— A senhora vai atendê-lo? Quer descer ou devo pedir para que ele suba?

304

— Eu vou aí — ela desligou. Sempre era mais trabalhoso descer até a portaria, mas, como não sabia nada a respeito do tal homem, que até poderia ter alguma ligação com a mãe biológica de Inglas, era melhor garantir sua segurança e atendê-lo em um espaço público, à vista de todos.

Diana trocou de roupa e desceu. Ao vê-lo, imediatamente recordou-se de quem ele era. Tratava-se de um dos paramédicos que ajudaram a socorrer o padre que passara mal e caíra em cima dela dias antes. Durante o ocorrido, ela estivera nervosa e mal prestara atenção nele. Agora, dava para vê-lo melhor. Tinha trinta e poucos anos, cabelos e olhos castanho-claros, boca charmosa e corpo atraente. Uma barba alourada aumentava seu charme. Não trazia uma expressão animadora no olhar.

Logo após os cumprimentos, ele foi direto ao ponto, seco e ríspido:

— A senhora se recorda daquele padre que desmaiou?

— Sim. Você tem notícias dele? — Diana se pegou desejando que o padre não tivesse morrido.

— Ele sofreu um infarto e, quando chegou ao hospital, entrou em coma. Não conseguimos comunicar o fato a nenhum familiar, porque só encontramos o nome dele anotado na primeira página da bíblia que ele carregava. Padre Teodoro. Não havia telefone nem o nome de sua igreja, e ninguém veio procurá-lo até agora. Chegamos a telefonar para algumas igrejas e até conversamos com um bispo. Mesmo assim, não descobrimos sua origem.

João Carlos falava com voz grossa e pausada, e Diana olhava-o com singela admiração. Ao perceber que estava sendo observado, ele perguntou:

— A senhora ouviu o que eu disse?

— Claro, perdoe minha distração. É que estou surpresa com tudo isso. E como ele está agora? Saiu do coma?

— Acordou hoje cedo. Consegue adivinhar qual foi a primeira coisa que ele fez ao despertar?

— Rezou?

— Perguntou por você.

O espanto de Diana era cada vez maior.

— Por mim? Ele nem me conhece. E não creio que tenha me visto direito, já que estava praticamente desacordado quando desabou sobre mim.

— Está enganada. Ele ainda conservava um pouco de consciência quando isso aconteceu. Ele perguntou se tínhamos notícias da moça da cadeira de rodas, que ele jogou no chão. Queria saber se a tinha machucado.

— Coitado! — Diana ficou penalizada. — Em qual hospital ele está?

— No Conjunto Hospitalar do Mandaqui. Eu só consegui encontrá-la porque naquele dia a senhora me mostrou o prédio em que morava e me disse seu nome. Lembra-se disso?

Apesar do tom educado, Diana percebia que ele não parecia muito bem-humorado.

— Claro que eu me lembro. Fez bem em vir falar comigo. Como posso ajudá-lo?

— Sei que tenho um pedido meio insólito a fazer, mas padre Teodoro deseja vê-la. Ele sente que seu coração está fraco e acredita que não terá muitos dias de vida. Disse que tinha condições de pagar para que a senhora fosse levada até ele. Também nos contou que veio de uma cidade no interior do estado, daí a dificuldade que tivemos de localizar sua origem. Segundo ele, estava em uma missão quando seu coração entrou em curto.

— Então, me dê o endereço do hospital e o horário de visitação. Verei se passo lá ainda hoje.

— Eu vou levá-la — contrapôs João Carlos. — Já disse que vim a pedido do padre Teodoro. Vou aguardá-la aqui, caso queira se trocar ou pegar seus documentos.

— Irei mais tarde. Eu posso me locomover sozinha pela cidade. Só preciso...

— Que parte de "eu vou levá-la" a senhora não entendeu? — rosnou o paramédico. — Estou de carro e me encarrego de conduzi-la até lá e trazê-la de volta depois. Padre Teodoro tornou-se um mistério para toda a ala médica do hospital. Todo mundo queria saber algo sobre ele. E agora que está acordado, o mínimo que posso fazer é prestar-lhe esse favor.

— Está bem. Irei com você. Só acho que o padre poderia ter sido socorrido por um paramédico menos... carrancudo e azedo! Cavalo!

Ela notou o que parecia ser um sorriso insinuando-se no rosto dele. João Carlos, no entanto, cerrou o cenho logo em seguida. Ela voltou ao apartamento e tornou a aparecer vinte minutos depois. Olhando-o com pouco caso, alfinetou:

— Fui rápida, porque não preciso mais perder tempo procurando sapatos que combinem com minha roupa.

— Eu não falei nada sobre sua demora — João Carlos bufou e começou a empurrar a cadeira de Diana na direção do local onde estacionara seu carro.

— Não precisa me empurrar — reclamou Diana. — Eu sei ir sozinha.

— Também não falei nada sobre isso — como se quisesse pirraçá-la ainda mais, João Carlos empurrou a cadeira com mais força, acelerando-a o quanto pode. Ao chegar a seu carro, um veículo antigo como uma peça de museu, ele abriu as portas traseiras e dianteiras.

— É nessa carroça velha que vai me levar? — Diana devolveu a provocação.

— Está me vendo destrancar outro carro? — com prática, João Carlos tirou-a da cadeira e ergueu-a no colo. Num gesto automático, tentando equilibrar-se, ela passou a mão por trás das costas do paramédico e segurou-o pela roupa. Seus rostos, então, ficaram perigosamente próximos. João Carlos olhou-a com tal intensidade que Diana quase ficou tonta. Ela só conseguiu respirar, quando o paramédico a colocou sentada no banco do passageiro. Nem por um instante, ele pareceu ter reparado em sua deficiência. — E não reclame, porque você também não está tão novinha assim — João Carlos completou com sarcasmo.

Diana viu-o dobrar a cadeira de rodas e colocá-la sobre o assento traseiro. Por mais que o considerasse rude e grosseiro, admitia que algo naquele homem a fascinava, de forma que ela não conseguia focar sua atenção em outra coisa que não fosse nele.

João Carlos ligou o carro, que engasgou e deu alguns solavancos, fazendo os dois chacoalharem. O motor rangeu, tornou a engasgar e finalmente pegou.

— Espero não estar sendo sequestrada. — Diana prendeu o cinto de segurança. — Tenho certeza de que a polícia jamais conseguiria alcançar este automóvel possante, que certamente corre com toda a eficácia de seu motor potente.

— E quem seria o louco de sequestrar uma criatura tão... tão... — João Carlos encarou-a de lado e, por falta de uma palavra que a definisse melhor, deu de ombros e desistiu. — Deixe pra lá.

Diana não conseguiu conter o sorriso e, mesmo vendo o semblante sisudo do paramédico, poderia jurar que ele estava se divertindo por dentro.

Capítulo 36

Com o telefone sem fio firmemente seguro entre os dedos, Marcélia discou para o celular de Tayná. Estava tão tensa que mal parecia que estava ligando para a própria filha. Instantes antes, fizera uma singela prece, pedindo a Deus que não houvesse outra discussão calorosa nem que ouvisse xingamentos e humilhações. Se Tayná se mostrasse cordata, ela estava disposta a dar-lhe outra chance e a convidá-la a voltar a morar com ela.

Tayná atendeu à ligação no terceiro toque. Marcélia já sabia de antemão que a filha identificara pelo visor do aparelho que era a mãe quem lhe ligava. E talvez por isso tivesse emprestado à voz aquele tom hostil.

— O que foi?

— Querida, como você está?

— Ah, lembrou que eu existo?

— Quero saber se você está bem. Eu...

— Não precisa fingir o que está longe de sentir — interrompeu Tayná. — Você está se lixando para mim. Me expulsou de casa como se eu fosse uma qualquer.

— A situação estava insustentável e não podia continuar daquele jeito, Tayná. Achei que você se sentiria mais livre se fosse morar com seu namorado.

— Olha, não me venha com justificativas imbecis. Nem sei por que está ligando para mim. Esqueça que eu existo.

— Como pode pedir a uma mãe que se esqueça de uma filha?

— Não foi o que você fez ao vender meu irmão? Não se viu obrigada a esquecer-se dele?

Marcélia pensava que não havia nenhuma maneira de penetrar na resistente couraça com que Tayná envolvera o coração e sentiu-se ridícula por ter telefonado para a filha.

— Onde você está morando?

— Não estou mais com ele, se é o que quer saber. Kauan e eu terminamos — Tayná mastigou as palavras com raiva. — Agora pode procurar sua amiguinha cadeirante para contar a boa-nova. Quem sabe assim ela não sente um fio de esperança em tê-lo de volta?

— Diana não está interessada nele. Garantiu que já o esqueceu.

— Só você para acreditar nisso. E não quero que volte a me procurar.

— Quero pedir que tenha cuidado com Kauan. Fiquei sabendo que ele é um golpista enrustido. Se não ficar atenta, ele pode...

— Já falei que Kauan e eu terminamos nosso relacionamento. Nem sei onde ele está. Nunca mais o vi desde que tivemos um problema — Tayná lembrou-se de quando flagrara Kauan e a gerente do *flat* na cama. — O que ele está fazendo da vida dele não é problema meu.

— Você sabia que outro dia sonhei com seu irmão? Eu o vi direitinho.

— Não me interessa suas histórias sobre alguém que nem conheço. E pare de encher minha paciência. Amanhã mesmo vou trocar o número do meu celular para que não volte a falar comigo.

Ela desligou, e Marcélia recolocou o fone na base. Não havia nada de surpreendente naquele diálogo malcriado e arrogante. Sua filha sempre fora daquele jeito. O que a compensava e a deixava feliz era saber que estava se libertando daquele vínculo.

Tayná precisava assumir o rumo da própria vida, e, se fosse o caso, Marcélia se habituaria a não ter notícias dela. Como Pamela dissera, seus dois filhos tinham partido, cada um de uma forma diferente, porém, em troca, recebera como um presente da vida duas netinhas abençoadas. E era isso que motivava Marcélia a não desistir e continuar em frente.

Quando Tayná desligou o telefone, acendeu um cigarro e tragou desesperadamente. Assim que ouviu o toque do celular, pensou que fosse da pessoa que aguardava. Não estava nem um pouco a fim de aturar a chatice de sua mãe.

Instantes depois, o aparelho tocou de novo. Ela atendeu com um sorriso nos lábios.

— E então? — perguntou.

— Tudo está fluindo como você sugeriu. Ele não desconfiou de nada — ouviu a voz dizer do outro lado.

— Ótimo. Continue assim. Já fez o que falei?

— Sim. O Boletim de Ocorrência está comigo em um local seguro. O delegado me aconselhou a não fazer nada para que ele não perceba. É para eu fingir que caí na conversa dele.

— Perfeito! — sorriu Tayná. — Não se esqueça de me manter informada sobre qualquer novidade.

— Pode deixar. Saberei recompensá-la depois.

— Sei disso. Até mais... Jussara.

***

João Carlos ajudou Diana a retornar à sua cadeira, assim que parou o carro no estacionamento do hospital. Ele agiu de forma tão cavalheiresca que Diana não pôde deixar de cutucar:

— Embora a amabilidade não seja seu forte, pelo menos tem educação.

Ele apenas arqueou uma sobrancelha e preferiu não responder. João Carlos perguntou se Diana queria que ele a empurrasse, mas, quando ela concordou, ele cruzou os braços, disse que mudara de ideia e seguiu apressado na frente dela.

— Cavalo! — xingou Diana em tom de brincadeira, vendo-se obrigada a girar as rodas da cadeira para frente. — Já mudei meu conceito de educação a seu respeito.

Mais uma vez, João Carlos esboçou um sorriso e acompanhou Diana até o setor em que o padre estava internado. Ela sentiu-se em casa dentro do hospital, pois era sua área, mas percebeu que já não sentia tanta falta do antigo emprego.

Padre Teodoro estava em um quarto com outros quatro senhores. Havia um homem visitando um deles e duas mulheres ao lado de outro leito. João Carlos apontou para a cama sobre a qual o padre estava deitado, e Diana seguiu para lá devagar. Ele estava com o rosto virado de lado e os olhos fechados.

— Padre Teodoro? — ela chamou-o com voz mansa.

Antes mesmo de abrir os olhos, ele respondeu:

— Eu sabia que você viria, menina. Estava esperando você.

Lentamente, padre Teodoro abriu os olhos e encarou Diana fixamente. Seu rosto ainda estava muito lívido e sua aparência não era das melhores. Aparentava estar exausto, como se o fato de permanecer o tempo todo deitado fosse mais cansativo do que

310

estar em plena atividade. Mesmo assim, mostrou um sorriso carinhoso para Diana.

— Você é muito bonita. Se eu não fosse um padre, você não me escaparia.

Diana riu, simpatizando de imediato com padre Teodoro.

— Obrigado por trazê-la, meu rapaz — ele focou a atenção em João Carlos, que apenas meneou a cabeça em assentimento.

Como achou que eles gostariam de ter uma conversa em particular, João Carlos fez um discreto sinal para Diana, dizendo que a aguardaria do lado de fora.

— Como o senhor está? — Diana aproximou sua cadeira do leito. — Deu um susto e tanto em todo mundo.

— Principalmente em você. Espero que não a tenha machucado, quando caí e a derrubei.

— Não se preocupe com isso. Eu também fui auxiliada por três adolescentes que estavam passando por ali. — Diana sorriu. — Então, o senhor queria me conhecer?

— Sim. Gostaria de agradecê-la pelo que fez por mim. Eu não estava totalmente inconsciente, por isso pude ouvir seus gritos desesperados e suas ordens determinadas aos meninos, pedindo que chamassem uma ambulância. Meu coração estava parando, mas minha vida continuava a todo vapor.

— Agradeça a Deus pela segunda chance. Eu era enfermeira e sempre me senti bem ajudando os outros.

— Era?

Diana baixou a cabeça e mordeu o lábio inferior.

— Sofri um acidente e tive as duas pernas amputadas, por isso não pude mais exercer minha profissão. Fica difícil uma enfermeira trabalhar competentemente locomovendo-se em uma cadeira de rodas.

— Como se as pernas fossem a única fonte de competência do nosso corpo. O que a torna uma boa profissional é sua vocação. Conhecimento não se perde.

— Eu sei, mas as clínicas e os hospitais não veem dessa forma, por isso não serei recontratada.

— Como enfermeira talvez não, mas poderia ser assimilada em outro setor. Talvez como atendente na recepção. Por lei, empresas com mais de cem funcionários devem preencher de 2% a 5% das vagas disponíveis com pessoas reabilitadas ou deficientes.

Diana soltou um profundo suspiro.

— Eu já ouvi falar disso, mas não sei se me sentiria bem desempenhando outro papel no mesmo ambiente em que atuava. Eu estudei e me formei em enfermagem. Por outro lado, já compreendi e superei isso. Consegui me aposentar e tenho meu próprio dinheiro agora. Tento ser independente da melhor maneira que consigo, pois é muito ruim depender das pessoas.

— A independência é algo muito positivo, pois nos faz descobrir e nos surpreender com nossas capacidades. Percebemos que temos habilidades tão poderosas que até Deus ficaria surpreso.

Diana soltou uma risada alegre. Aquele homem não se parecia com um padre comum. Ele demonstrava ter uma visão bem aberta a respeito de tudo.

— Eu me considero um grande conhecedor da vida, Diana — continuou Padre Teodoro. — Mesmo dentro da religião católica, pesquisei e fui atrás das verdades que nos cercam. Descobri nossa imortalidade de uma maneira diferente da que conhecia até então. Tive provas da sobrevivência do espírito e do retorno dele à matéria. Claro que isso não é algo que eu possa divulgar aos quatro ventos, porque não quero ser excomungado.

— O senhor acredita em reencarnação?

— E em muitas outras coisas, além disso. Creio também que a vida trabalha por mérito, e isso significa que ela aposta em nosso progresso e nos dá de acordo com o que necessitamos para evoluir. E falo em evolução em todos os aspectos: emocional, espiritual e moral. A vida quer que sejamos merecedores de tudo o que ela coloca a nosso dispor, como força, saúde, felicidade, paz, harmonia, equilíbrio, sucesso, bem-estar. Contudo, só conquistaremos tudo isso se fizermos nossa parte.

— Viver bem e ser feliz são ambições naturais de todos nós — concordou Diana. — Eu mesma passei por isso. Pensava que poderia ter uma vida perfeita, mas descobri que tinha uma vida real e possível. Deixei passar grandes oportunidades, pois acreditava piamente que só poderia ser feliz se tivesse alguém comigo. Hoje, percebo o quanto me enganei.

— Não é mentira quando dizem que a felicidade está nas pequenas coisas, nos bons momentos em que nos divertimos muito. Quando sentimos, mesmo que brevemente, o encanto divino cintilando dentro de nós. Trabalho com pessoas que não têm o menor motivo para sorrir e, no entanto, levam uma vida repleta de satisfação e alegria.

— O senhor trabalha com que público?

Padre Teodoro remexeu-se no leito e ajeitou o travesseiro sob sua cabeça.

— Sou diretor de uma instituição que atende pessoas com necessidades especiais e que funciona como uma espécie de ONG. Ela é mantida com as doações dos familiares. Não temos nenhuma ajuda financeira do governo, além de ser desvinculada da igreja que também administro. Hoje, atendemos 25 pessoas.

— Deve ser um trabalho muito edificante.

— Você nem faz ideia do quanto. Temos ainda dois médicos, uma fisioterapeuta, duas enfermeiras, uma neurologista, uma psicóloga, um professor de Libras para atender os deficientes auditivos e outro de braille para auxiliar os deficientes visuais. Todos prestam serviços voluntários e não cobram absolutamente nada por isso.

Padre Teodoro falou que a instituição funcionava em uma cidade vizinha a Araçatuba e que ele raramente vinha a São Paulo, a não ser quando buscava apoio ou mais doadores. E concluiu:

— Por isso, sei que não foi uma simples coincidência você ter aparecido em meu caminho.

— O senhor estava indo aonde? — ela indagou.

— Conhecer o dono de um bar naquela mesma rua. O nome dele é Gilberto. Nós havíamos conversado por telefone semanas antes. Ele tinha ouvido falar da minha instituição e queria saber se seria possível atendermos o filho dele. Eliseu tem catorze anos e é autista.

— Eu sei quem é — lembrou-se Diana. — Eu o vi algumas vezes. Moro bem pertinho do bar — ela não quis falar que visitara o bar na noite em que decidira se vingar de Kauan e Tayná. — É um menino muito bonito.

— Os pais, no entanto, nunca procuraram um tratamento para ele, talvez até por falta de conhecimento.

— Eu imagino. Muitos pais de crianças excepcionais acabam não prestando muito auxílio aos filhos por causa disso.

— Especiais, não excepcionais — ele corrigiu e fez uma pausa, como se tentasse recobrar o fôlego. — Não é a mesma coisa. Esse termo excepcional já está em desuso há alguns anos, assim como outros que acabam rotulando pessoas. É como falar em "portadores" de deficiência, como se a gente portasse a deficiência e pudesse se livrar dela quando bem entendêssemos.

— Vejo que o senhor conhece a fundo esse assunto. Acho que deve ser muito querido em sua instituição.

Uma sombra que Diana identificou como sendo de tristeza cruzou o olhar do padre.

— É uma pena que eu não voltarei mais pra lá — ele afirmou com convicção.

— Como assim? O senhor vai dirigi-la daqui de São Paulo?

Ele sorriu da ingenuidade de Diana.

— A gente sabe o que está acontecendo com nosso corpo, quando lhe prestamos a devida atenção. Eu sei que meu coração está muito fraco e tenho certeza de que não irei muito longe.

— Por que está dizendo isso? O senhor me pareceu ser um homem tão otimista até agora. Não creio que esteja realmente pensando que irá morrer.

— Saber que minha hora de partir se aproxima não me torna um homem pessimista. Vou embora sabendo que deixei um lindo legado e que outra pessoa lhe dará continuidade. Há tempos, eu vinha percebendo que meu coração estava cansado. Tive dois princípios de infarto em menos de dois meses. Apesar da determinação que me move, meu corpo está bem velho e já não acompanha mais a energia do meu espírito.

— O senhor está falando bobagem, padre Teodoro. Não vai morrer, pelo menos não agora. Ainda vai ajudar muita gente.

— Se você estiver certa, melhor ainda — ele olhou-a com ternura. — Pelo menos, já encontrei alguém para me substituir e tocar esse projeto.

— Isso é ótimo! É algum padre ou amigo do senhor?

Padre mostrou seu melhor sorriso e tornou:

— Não, querida! Quero que você seja a nova diretora da instituição.

Capítulo 37

A partir daquele dia, Diana criou um forte laço de amizade com padre Teodoro. Quando não ia ao orfanato visitar Inglas e seus amigos, que passavam horas brincando e fazendo a festa com ela, ia ao hospital conversar com o sacerdote. Gostava muito de escutá-lo. Era um homem inteligente, com uma visão de futuro muito desenvolvida, e que falava sobre espiritualidade de forma tão natural quanto Riquelme falaria. Também aproveitava a oportunidade para sondar algo sobre João Carlos, contudo, não tornou a se encontrar com o mal-humorado paramédico.

Obviamente, Diana recusara o convite de padre Teodoro, não antes de dar uma gargalhada de incredulidade. Ele só podia estar louco. Como confiaria sua instituição a uma mulher que nem podia caminhar? E o que ela entendia sobre administrar alguma coisa? Além disso, Diana nem sequer podia se mudar de São Paulo e estabelecer residência no interior. Não antes de sair o resultado da custódia de Inglas, cuja audiência fora marcada para a semana seguinte.

Um dia, quando Diana visitava padre Teodoro, ele lhe pediu que levasse um *notebook* ao hospital. Ele, então, fê-la acessar a internet para ver as fotos da instituição, que parecia maior do que Diana imaginara. Das 25 pessoas atendidas, 17 eram menores de idade. Havia muitas crianças, em sua maioria cadeirantes. Muitas eram deficientes auditivas, visuais, outras tinham Síndrome de Down. E o padre completou dizendo que atendiam também crianças com autismo e síndromes que afetavam o intelecto.

A equipe de especialistas que prestava serviço à instituição era magnífica, e as imagens revelavam o quanto eles pareciam dedicados ao que faziam, mesmo sem receberem um único real como gratificação. As crianças pareciam adorar padre Teodoro, que aparecia nas fotografias sendo abraçado e beijado.

Qualquer pessoa diria que ele estava se recuperando a olhos vistos, mas Diana, que já lidara com muitos pacientes ao longo de sua carreira, sabia que não era verdade. A cada vez que ia visitá-lo, temia pelo pior. Padre Teodoro mostrava-se mais ofegante, mais cansado, e reclamava de dores no peito. Seu coração era constantemente monitorado, e Diana tinha certeza de que o médico que o acompanhava temia por um segundo infarto.

Padre Teodoro tornou a insistir para que Diana aceitasse o cargo que ele estava lhe oferecendo. Disse que telefonara para o responsável pela instituição em sua ausência e o colocara a par dizendo que encontrara uma substituta. Diana mal pôde acreditar em tanta audácia. Parecia que ele decidia as coisas sem nem ao menos consultá-la. Quando ele revelou que já conversara com a advogada para incluir Diana como sócia da ONG, ela não acreditou nele. Às vezes, tinha a impressão de que padre Teodoro só estava brincando para deixá-la nervosa.

Como fortaleciam o vínculo de amizade a cada visita que ela lhe fazia, Diana contou a padre Teodoro sobre Inglas, a deficiência dele e sobre seu receio de perdê-lo para Rosane. Quando conversava com a assistente social, fazia questão de não perguntar nada a respeito dela e do namorado por temer a resposta. Diana apenas soube que Rosane fora ao orfanato visitar o menino, mas que Inglas se recusara a vê-la. A diretora não quis obrigá-lo e dispensou Rosane, que foi embora muito irritada. Depois, o menino chorou muito e chamou por Diana até dormir.

Na véspera da audiência, Diana voltou ao orfanato. Desta vez, pediu para conversar a sós com Inglas, longe das outras crianças. Tinha a impressão de que o garotinho estava mais magro e que seu rosto estava abatido. Teria de perguntar à diretora se ele estava dormindo e se alimentando bem.

— Não aguento mais ficar aqui, Diana — ele encostou a cabeça no colo dela, que acariciava suavemente os cabelos do garotinho. — Está demorando demais. Quero ir embora.

— Amanhã resolveremos tudo isso. O doutor Aaron, meu advogado, falou que vai apresentar uma boa defesa para nós. O juiz vai mandá-lo para minha casa.

— Tomara, porque não quero que minha mãe me leve embora. Disseram que ela veio aqui, mas não quis olhar para ela. Não gosto dela, Diana, pois tenho muito medo de que me maltrate.

— Isso não vai acontecer, porque não vou deixar. Você só tem que esperar mais um dia. Vamos confiar em Deus, meu amor. Ele vai nos ajudar, pode ter certeza.

Inglas ergueu a cabeça e fixou-a com olhos grandes, expressivos e cheios de terror.

— Diana, você promete que vamos ficar juntos? Promete que o juiz não vai me entregar para ela? Promete que amanhã irei para sua casa?

Tudo o que ela mais queria era poder fazer aquelas promessas com a certeza de que poderia cumpri-las, pois nada a deixaria mais feliz.

— Prometo, meu amor — ela arriscou, mesmo sabendo que podia estar mentindo. — Não vou deixar que sua mãe o leve. Somos um do outro agora, como mãe e filho, esqueceu?

— Nunca vou me esquecer disso. — Apesar de não conseguir afugentar a preocupação, ele levantou-se mais animado e beijou-a no rosto. — Amo você, mamãe.

Como sempre ficava emocionada ao ser chamada de mamãe, ela começou a chorar.

— Amo você, meu filho. Nada e nem ninguém vai nos separar. Prometo!

***

Diana jamais participara de uma audiência antes e tudo o que sabia sobre o assunto assistira pela televisão ou lera em algum livro. Acompanhada de Aaron, que fez questão de empurrar a cadeira de Diana, ela entrou no fórum. Estava nervosa e seu coração batia em alucinado descompasso. Aaron dissera-lhe que talvez o veredicto nem fosse dado naquele dia, pois o juiz poderia remarcar a audiência se assim o julgasse necessário.

Na sala de espera, Diana avistou Rosane sentada ao lado de Deco. A mãe de Inglas estava bem-vestida e trazia uma bolsa vermelho-cereja sobre o colo. Ela lançou um olhar indiferente para Diana, assim que a viu aproximar-se. E, como se desejasse provocá-la, fitou o advogado e soltou:

— Estou muito animada, pois sei que vou sair daqui diretamente para o orfanato para buscar Inglas. Nenhuma pessoa tem o direito de tirar o filho da própria mãe.

— Nenhuma pessoa tem o direito de afastar de uma criança algo que a faz feliz — rebateu Diana, que não conseguiu ficar calada.

— Você não se enxerga, não? — Rosane retrucou com olhos furiosos. — Mal pode cuidar de si mesma! O juiz jamais lhe concederá a custódia do meu filho.

— Então, hoje nós duas descobriremos se realmente existe justiça no Brasil.

Rosane ia responder com alguma ofensa, quando o advogado pousou suavemente a mão em seu ombro, num alerta silencioso de que ela deveria calar-se. Ivanilde chegou pouco depois e cumprimentou Diana e Rosane com a mesma polidez. Estava certa de que a audiência seria simples. O juiz já tinha documentos, relatórios e dados suficientes para expor sua conclusão.

Quando foram chamados para entrar na sala, Diana fechou os olhos e fez uma prece. Tudo o que queria era um resultado satisfatório, ou seja, que a guarda de Inglas não ficasse com a mãe biológica do menino.

O juiz e o escrevente surgiram na sala. O meritíssimo era um homem de pele negra, olhos astutos e atentos, bem-encorpado, com muitos anos de profissão. Cada vez que ele a fitava, Diana sentia um calafrio na espinha. Não via a hora de que tudo aquilo acabasse.

Após os comentários iniciais acerca do processo, o juiz trouxe à baila o ponto de vista das duas partes. Falou que, por um lado, havia a mãe biológica da criança, que passara os últimos anos reclusa em uma penitenciária por posse de drogas. E, antes disso, tivera passagem pela polícia por furto e tráfico. Na prisão, ela apresentara bom comportamento durante todo aquele período, e seu nome nunca apareceu relacionado a alguma rebelião. Vira Inglas havia mais de quatro anos, quando o pai do garotinho o levava para visitá-la. Por alguma razão desconhecida, Riquelme cessou as visitas, e ela não tornou a ver o filho.

O juiz afirmou que Rosane nunca tentara entrar em contato com Riquelme, demonstrando falta de interesse pelo menino e contou que, sob a responsabilidade de Diana, a criança fora bem tratada desde a morte do pai. Leu em voz alta um relatório produzido por Ivanilde, no qual a assistente social falava do apego que

318

Inglas demonstrava por Diana e que deixara clara a sua preferência entre as duas mulheres que o requeriam. Contava também que, apesar das evidentes dificuldades que Diana enfrentava por conta das sequelas do acidente, era uma mulher responsável, autônoma e capacitada para assumir a responsabilidade por uma criança.

Ao ouvir aquilo, Diana quase chorou de emoção e lançou um olhar de agradecimento na direção de Ivanilde, de quem nunca gostou muito. "Até que ela não é tão ruim quanto imaginei", pensou.

Diana ainda estava contendo um sorriso, quando o juiz prosseguiu a leitura do relatório. Ivanilde dizia que fora conhecer o local de moradia de Rosane, em um bairro na periferia da cidade. As duas mulheres estavam em fase de adaptação em seus respectivos lares. Rosane por ser recém-saída da penitenciária; Diana por ter remodelado todo o seu apartamento para facilitar sua locomoção e seu acesso aos móveis.

Narrava ainda que era comovente a falta que Rosane sentia do filho e que não falava em outra coisa desde que deixara a cadeia. Estava arrependida por ter se envolvido com drogas e que deixara de usá-las havia mais de três anos. Apesar de ter acesso às drogas no interior do presídio em que estivera, ela conseguira vencer o vício e não tornara a fazer uso dos narcóticos. Junto com seu companheiro, Diocleciano, apelidado de Deco, ela convertera-se ao protestantismo e frequentava atualmente uma igreja evangélica. Além disso, arrumara um emprego como auxiliar de serviços gerais. Só queria esquecer o passado e ser feliz.

Quando o juiz cedeu a palavra ao advogado de Rosane, o discurso foi semelhante. O causídico disse que ela era a mãe verdadeira e tinha o direito de mostrar seu arrependimento e sua tentativa de criar o filho com o homem que seria o padrasto da criança. Disse também que Rosane estava disposta a passar por qualquer tipo de avaliação psiquiátrica e laboratorial, que confirmasse a ausência de resquícios de bebidas alcóolicas ou drogas em seu organismo. Apesar de Inglas não morrer de amores por ela, queria reverter essa situação e provar que agora ela era uma mulher "do bem".

Aaron foi mais objetivo em sua exposição. O advogado contou que Diana era enfermeira, embora não exercesse mais a profissão, e que sua deficiência não era impeditivo de cuidar de uma criança igualmente deficiente. Ele defendeu a inclusão social e que ali estava uma boa maneira de provar sua existência. Falou da necessidade de valorizar e dar total espaço às pessoas com necessidades especiais e reforçou o carinho que Inglas e Diana sentiam um pelo outro, mostrando ao juiz fotografias em que os dois apareciam sorridentes ao lado de Riquelme. Aaron ainda apresentou um documento assinado pela diretora do orfanato, em que ela relatava que, desde que Inglas chegara, Diana fora vê-lo quatro vezes, ao passo em que Rosane fora apenas uma vez e que o menino não a recebera.

Para finalizar, ele falou que Rosane e Deco tinham ido à residência de Diana para ameaçá-la e que ela os vira visivelmente drogados. O porteiro poderia confirmar a história. Disse ainda que, amedrontada, Diana se recusou a prestar queixa à polícia e pediu que a justiça fosse feita com base em tudo o que fora apresentado, pois um menino sem braços não podia ficar à mercê de duas pessoas tão perigosas.

Por fim, Rosane e Diana puderam falar e cada uma defendeu seu ponto de vista e as razões pelas quais desejavam a guarda do menino. Ao final, o juiz disse que já tomara sua decisão e explicou que, em alguns casos, a criança poderia ser chamada a participar da audiência, mas que desta vez não seria necessária a presença de Inglas.

— Independente da decisão que tomei, Inglas será acompanhado pela assistente social por um período de tempo que eu determinarei. Sei que as duas partes estão plenamente capacitadas para assumir tal responsabilidade. Afinal, trata-se da vida de uma criança e com limitações devido à ausência dos braços.

Diana colocou as mãos sobre o coração, que batia cada vez mais depressa. Não conseguia conter a ansiedade. Por que aquele juiz tinha que enrolar tanto para dar o veredicto? Queria matá-la de agonia e ansiedade?

Ele virou o rosto na direção de Diana.

— Sei de todos os seus esforços, dona Diana. Apesar de estar desempregada, assim como a senhora Rosane, recebe o benefício de sua aposentadoria e possui residência própria. Fico admirado por sua coragem em querer adotar uma criança. Vejo que o acidente não a inibiu em nada, ao contrário, despertou sua força e sua confiança. A senhora não se vê como uma incapaz, o que é excelente.

Diana balançou a cabeça em concordância. Se ele vira todas aquelas qualidades nela, certamente aquilo era um bom sinal. Foi então que ouviu:

— Apesar de toda a sua boa vontade, a senhora Rosane foi privada da companhia do filho. É a mãe biológica da criança, e, mesmo que seja compreensiva a recusa do menino em aceitá-la por temer uma desconhecida, sabemos que isso é solucionado com a convivência. A senhora Rosane está transformada e pede à sociedade e à justiça uma segunda chance, para que possa criar o filho com todo o amor do mundo — o juiz virou-se para Rosane e sorriu: — E essa chance lhe será dada. A custódia de Inglas é sua.

Algo como uma explosão retumbou na cabeça de Diana, quando ela escutou a decisão do juiz. Um burburinho formou-se, enquanto o meritíssimo finalizava a audiência. Com os olhos embaciados de lágrimas, ela parecia ver tudo em câmera lenta. O advogado de Rosane parabenizando-a, a assistente social cumprimentando-a, e ela abraçando Deco, sorridente. Diana, então, sentiu a mão de Aaron tocar seu ombro e simplesmente não compreendeu o que ele lhe dizia.

Diana apenas sabia que perdera Inglas. Mais uma perda em sua vida, quando imaginava que isso nunca mais fosse acontecer. O menino voltaria para Rosane, e possivelmente ela nunca mais tornaria a vê-lo.

Pouco depois, ela deixou aos prantos a sala de audiência, e Aaron precisou conduzir sua cadeira, porque ela simplesmente não tinha condições para fazer isso.

Capítulo 38

Diana sentia que perdera outra parte de seu corpo. Esticada na cama, ela recusou a sopa que Marcélia lhe oferecera e não quis ouvir o que Pamela lhe falava. Àquela altura, Rosane já tirara Inglas do orfanato. Diana apenas pensava que prometera ao menino que o traria para casa, contudo, não conseguira honrar sua palavra.

— Você não pode continuar desse jeito, Diana — Pamela chamou-lhe a atenção. — Um dos assuntos mais comentados no grupo de estudos espiritualistas que frequento é o perigo que a tristeza representa para o ser humano. Ela é o acesso mais rápido para a depressão, nos leva a perder a vontade de viver, a desistir totalmente da vida.

— Não me importa. — Diana deu de ombros. — Era Inglas quem me motivava.

— Então, motive-se por você — opinou Marcélia. — Você ainda tem a si mesma e disso não pode escapar. Eu também perdi Tayná e, apesar de ser outra situação, descobri que não tenho mais ninguém além de mim. Eu sou meu apoio agora.

— De novo essa história de apoio? — Diana olhou Marcélia de cara feia. — Parece que quanto mais tento melhorar, mais me prejudico.

— Então, é melhor mudar as atitudes que estão ocasionando isso, Diana — foi Pamela quem sugeriu. — Passe a gostar mais de você mesma. Não se maltrate. A tristeza detona nosso corpo físico e apaga nossa luz. Não faça isso consigo mesma. Valorize-se.

— Estou cansada desse blá-blá-blá! Já vi que estou de volta à estaca zero.

— Então saia dela — tornou Pamela. — Cuide-se com carinho. Por que não experimenta cortar toda a negatividade de sua vida? Vai perceber que só tem a ganhar com isso.

— É verdade — concordou Marcélia. — Sabiam que, apesar de sentir falta de Tayná, reconheço que estou vivendo muito melhor sem ela por perto? Nós só discutíamos e brigávamos o tempo todo. Agora que ela se foi, vejo o quanto me sinto em paz. Tudo bem que ela é minha filha, mas devo vir em primeiro lugar. Estou aprendendo a adotar essa tática, e olha que ela funciona, viu? Outro dia...

O telefone tocou e interrompeu as palavras de Marcélia. Diana recusou-se a atender, mas Pamela tirou-o da base, ouviu a pessoa que falava do outro lado da linha e esticou o aparelho para Diana.

— Pra você. É sobre um padre. Estão telefonando de um hospital.

Diana sabia que só podia ser algo sobre o padre Teodoro. Provavelmente, ele queria saber o resultado da audiência, pois ela o pusera a par do que ia acontecer. Mesmo contrariada, atendeu:

— Pois, não?

— Diana? A senhora é a amiga de padre Teodoro, correto? — a voz feminina quis confirmar.

— Sim. Ele deseja me ver?

— Sinto informá-la, mas padre Teodoro faleceu. Teve outra parada cardíaca e desta vez não resistiu.

— Ah, não...

Diana preparou-se para debulhar-se em lágrimas. Outra perda? Outra pessoa querida que a deixava? Não podia mais suportar aquilo.

A mulher, ao telefone, continuava falando:

— Se puder, venha até aqui. Todos estão dizendo que ele falou muito bem da senhora, até pouco antes de falecer. Disse que a senhora foi um anjo que o salvou e que era exemplo para todas as pessoas.

— Ele disse isso? — Diana mal podia acreditar.

— Sim. Também já entramos em contato com a ONG da senhora, pois parece que ele tinha muitos conhecidos por lá. Algumas pessoas estão chegando para tomar as providências referentes ao enterro.

— Minha ONG? — aturdida, Diana acomodou-se melhor na cama. — Deve haver algum engano. Essa instituição pertencia a ele.

323

— Não é o que parece, senhora. Sou a enfermeira responsável pelo setor de internação e acompanhei a visita da advogada de padre Teodoro. Ele fez questão de me dizer que, como agradecimento por tê-lo salvado, ele queria lhe deixar um presente. Acho que a senhora já pode deduzir que presente é esse.

As lágrimas de Diana cessaram de vez. Ele não podia ter feito aquilo com ela, já que recusara o convite tantas vezes. Sem alternativas, falou que iria até lá o quanto antes.

— O que aconteceu? — sondou Pamela. — Você está pálida.

— Não estou bem certa do que aconteceu — a mente de Diana era pura confusão. — Só sei que preciso ir a um hospital. Tenho um mal-entendido para resolver.

***

Kauan não pôde acreditar quando a gerente do banco lhe telefonou para falar sobre um alto valor que fora creditado em sua conta-corrente. Pela internet, ele acessou seu saldo e lá estava, clara como a luz, uma parcela do valor pago pelo imóvel de Jussara. Não podia ser tão sortudo. Ganhara de mão beijada 500 mil reais. Jamais dera um golpe tão lucrativo em uma mulher.

Assim que fosse possível, limparia sua conta e desapareceria de cena. Não estava preocupado com seu emprego. Deixaria tudo para trás e sumiria do mapa. Com aquele dinheiro, poderia se estabelecer confortavelmente em uma cidade litorânea, longe da poluição, do barulho e do mau cheiro de São Paulo. Pensava em algo como Natal ou Maceió. Também já entrara em contato com um conhecido que falsificava documentos. Para escapar da polícia, precisaria assumir outra identidade durante um longo período.

Fingindo que não sabia de nada e tentando agir o mais naturalmente possível, ele chegou à casa de Jussara. Ao abrir a porta, cantarolou o nome dela. Como não obteve resposta, caminhou pela sala admirando a linda decoração do sobrado. Se ela tivesse saído, trataria de encher duas malas com pertences e dar o fora dali.

Tornou a chamar por Jussara e, como não ouviu nada, pisou no primeiro degrau que levava ao patamar superior. Nesse momento, vários policiais surgiram na sala, dois deles apontando revólveres para Kauan. Entre eles estava Jussara, com um olho arroxeado, o lábio partido e inchado, e várias equimoses nos braços e no pescoço.

324

— Meu Deus! — exclamou Kauan, sem entender nada. — O que está acontecendo aqui?

— É isso que o senhor terá de nos explicar na delegacia — informou um dos policiais, enquanto dois puxavam os braços de Kauan para trás e o algemavam. — O senhor está preso por agressão, chantagem e extorsão.

— Eu? — os olhos verdes dele cresceram de tanto pânico. — O que eu fiz? Acabei de chegar do trabalho...

— Siga para a viatura — ordenou o mesmo policial rispidamente. — Espero que conheça um bom advogado, pois vai precisar de um.

Depois que todos saíram, inclusive Jussara, que fora escoltada para uma das viaturas estrategicamente estacionadas na rua lateral, para que Kauan não desconfiasse de nada ao chegar, uma mensagem de texto chegou ao celular que ela esquecera sobre a cama. A mensagem, curta e simples, dizia simplesmente:

Espero que tenha dado certo. Mantenha-me informada.

Em outro ponto da cidade, Tayná olhou novamente para seu celular, guardou-o na bolsa e sorriu.

∗∗∗

Tudo começara como um teste, e, durante um teste, nunca é possível prever o que dará certo e o que terá de ser reavaliado. Desde o momento em que descobrira que estava sendo traída, ao ver Kauan e a gerente do *flat* na cama, Tayná prometeu se vingar. Ele pagaria pela traição. Ela arquitetaria um plano para que não houvesse meios de ele escapar. Não faria nada parecido com o que a inconsequente Diana fizera, que apenas saiu prejudicada de toda a situação. Tayná considerava-se muito mais inteligente e mostraria a Kauan qual seria o preço a lhe pagar por iludi-la e por brincar com os sentimentos de uma mulher.

Não foi difícil conseguir conversar com Jussara. Procurou-a no *flat*, e as duas mulheres combinaram de se encontrar em um barzinho próximo dali. Jussara não queria encrenca nem ter seu emprego ameaçado. Lembrava-se do escândalo que Tayná fizera quando a flagrou com Kauan. Ele, por sua vez, disse que Tayná era sua ex-namorada, uma mulher possessiva e violenta. Decidida a manter-se longe de alguém assim, Jussara concordou em ver o que ela desejava só para poder livrar-se dela.

Tayná fora prática e certeira. Contou a Jussara que Kauan era mentiroso e que não estava com ela pelo amor que alegava sentir. Disse que certamente havia algum interesse oculto naquela relação e recomendou a Jussara que fosse esperta e que averiguasse se havia algo errado. Por fim, deixou seu contato para o caso de a gerente do *flat* desejar entrar em contato com ela.

Jussara não precisou fazer muito esforço para saber a verdade sobre Kauan, pois ele começou a dar sinais de sua verdadeira índole ao começar a bisbilhotar a vida particular da gerente, tentando fazer um levantamento dos bens que ela possuía. Ainda que no início tivesse relutado em acreditar em Tayná, aos poucos percebeu que ele não sentia nem um décimo do que afirmava sentir por ela. Só uma tonta não perceberia que Kauan queria o dinheiro da venda do sobrado, pois ele sempre a abordava com uma história mal contada sobre querer comprar um apartamento onde os dois viveriam felizes para sempre.

Temerosa e com o coração partido por ter sido enganada, Jussara relatou os últimos acontecimentos a Tayná. As duas conversavam somente por meio de mensagens de texto, que eram instantaneamente apagadas.

Tayná orientou Jussara a manter cautela e fingir acreditar em cada palavra que Kauan dissesse. Era necessário que ele conduzisse aquele jogo. Confiando em Tayná, que de estranha e adversária se transformara em uma espécie de aliada, Jussara realmente encontrou um comprador interessado em seu imóvel.

Paralelamente a isso, Tayná sugeriu que ela procurasse a polícia e inventasse uma história que a ajudasse a incriminá-lo. Ela registrou um Boletim de Ocorrência, dizendo que vinha sendo ameaçada constantemente pelo namorado, que chegara ao ponto de agredi-la para que ela lhe desse dinheiro. Relatou ainda que ele jurara matá-la, se ela não lhe depositasse o valor adquirido com a venda da casa. O delegado pediu que Jussara mantivesse sigilo e não deixasse nada transparecer, pois começariam a investigar Kauan.

Naquele dia, o comprador da casa telefonou para Jussara, comunicando que faria a transferência do dinheiro para a conta que ela lhe fornecera. Imediatamente, Jussara telefonou para Tayná, e ambas faltaram ao trabalho para se encontrarem e concretizar o plano. Para dar maior veracidade ao fato, Tayná sugeriu que a outra mostrasse à polícia alguns hematomas e equimoses.

— E como farei isso? — indagou Jussara.

326

— Você vai precisar ser corajosa o suficiente para se auto-flagelar. Sei que é uma tarefa dolorida, mas tudo é válido para se livrar daquele traste.

Movida pelo veneno de Tayná, Jussara concordou. Kauan não tocava em outro assunto que não fosse a venda do imóvel, e agora ela tinha certeza de que o namorado era uma fraude e que Tayná tinha razão.

Jussara pediu à cúmplice que a agredisse no rosto, o que Tayná fez com muito prazer. A cada golpe recebido, Jussara sentia inflar dentro de si o ódio que estava alimentando por Kauan. Quando terminaram, Tayná despediu-se dela, recomendando que não se esquecesse de avisar o delegado.

Com a voz trêmula, Jussara avisou ao delegado que fora agredida pelo namorado, apesar de o dinheiro da casa ter sido transferido para a conta dele naquele mesmo dia. Falou que levara uma surra por tê-lo ameaçado com a polícia e que Kaua prometera voltar para matá-la. O delegado, então, enviou policiais ao sobrado para o aguardarem.

Depois de preso, Kauan foi levado à delegacia. Ele chorava e implorava por sua liberdade, dizendo que jamais encostara um dedo em Jussara. O Boletim de Ocorrência aberto dias antes e o dinheiro depositado em sua conta, no entanto, serviram como prova para incriminá-lo. O delegado ainda conseguira levantar outras queixas infrutíferas de mulheres que o haviam denunciado por golpe e fraude, mas que, por falta de provas, nunca puderam fazer nada contra Kauan.

Kauan telefonou para os pais, na esperança de que Isadora e Geovane pudessem tirá-lo daquela enrascada. Geovane ouviu pacientemente as súplicas do filho e, quando Kauan terminou de falar, pediu para conversar com o delegado.

— Doutor, se o senhor for um homem consciente — murmurou Geovane tendo a esposa ao lado —, mantenha meu filho na cadeia. Ele é um grande perigo à sociedade, pois, certa vez, chegou a dar uma facada em minha barriga. Não o denunciamos, porque fomos ameaçados e ficamos com medo. Quero que ele fique trancafiado aí o maior tempo possível.

Ao ouvir Geovane, o delegado suspendeu a possibilidade de pagamento de fiança e manteve Kauan detido. Ao saber que não escaparia da prisão e que nem seu advogado poderia tirá-lo de lá, ele armou um escândalo. Aguardaria na penitenciária até ser julgado.

Jussara encontrou-se com Tayná mais uma vez, ocasião em que lhe entregou uma generosa quantia. Não estava arrependida por ter mentido, afinal, Kauan estava pronto para ludibriá-la e carregar todo o seu dinheiro. Simplesmente fora mais rápida que ele e o enganara primeiro.

Tayná sentiu-se realizada com o dinheiro que recebera. Uma colega que residia na Europa a convidara para estudar e passar uma temporada por lá, e Tayná percebeu que já não tinha mais nada a fazer no Brasil. Não tinha mais namorado nem queria ver a mãe, então, pediu as contas do emprego e comprou uma passagem para Madrid, num voo para dali a dois.

Viajou sem avisar ninguém. Só os espíritos desequilibrados, que seguiram com ela em perfeita afinidade com seus pensamentos e sua energia, sabiam.

Capítulo 39

Era estranha a sensação de retornar ao hospital e não encontrar padre Teodoro. Naquelas poucas semanas, haviam se tornado bons amigos, e Diana sabia que sentiria falta dele. Aprendera bastante sobre a vida com ele e até passara a se enxergar de forma diferente. Apenas estaria mais feliz se tivesse conseguido impedir Inglas de partir.

Diana estava na sala de espera, aguardando a chegada da enfermeira-chefe que lhe telefonara, quando ouviu um homem murmurar:

— Pelo jeito, suas raízes estão em um hospital. Adora vir pra cá.

Ela virou-se meio assustada e deparou-se com João Carlos, que a encarava com curiosidade. Ele não sorria, mas a contemplava com uma expressão que chegava a ser quase meiga. Usava calça jeans e camisa xadrez.

— Você soube que padre Teodoro faleceu hoje?

— Sim, fui informado. E também soube que ele lhe deixou uma herança um pouco incomum. Padre Teodoro não fez segredo a ninguém. Quis que toda a equipe do hospital soubesse o que ele estava fazendo.

— Tenho até medo de que a tal herança seja o que estou pensando — ela encarou-o com mais atenção. — Você está de folga? Onde está seu uniforme de paramédico?

— Pois é... — parecendo cansado, ele sentou-se em um banco vazio ao lado do ponto onde ela parara a cadeira. — Fui demitido.

— Você está brincando? Espero que não tenha sido por ter ido me buscar e me levar para casa no outro dia.

— Não, não. Eu era temporário. Meu contrato venceu e não quiseram renová-lo. Vim aqui para conversar com o pessoal do RH e ver a documentação.

— Sinto muito — de repente, ela percebeu que não sabia absolutamente nada sobre João Carlos. Se era casado, se tinha filhos, ou se morava por perto.

— Meus sentimentos pela morte do padre. Todos nós passamos a gostar muito dele, principalmente depois de ter acordado do coma. Era um homem altruísta, dono de um coração maior que ele.

— É verdade...

— Bem, não foi propriamente um prazer revê-la, mas nem tudo são flores nesta vida — ele não deu a mão para cumprimentá-la e olhou-a mais uma vez. — Até breve...

— Até... cavalo!

Ela ficou vendo João Carlos afastar-se. Pouco depois, a enfermeira-chefe veio ao seu encontro trazendo uma pasta na mão. Era uma mulher enorme, com seios fartos e sorriso fácil. Diana pensou em Marcélia, que supervisionara as enfermeiras por décadas.

Após os cumprimentos, a enfermeira abriu a pasta e entregou um documento composto por duas páginas a Diana. Deu-lhe também um envelope branco, lacrado, sem nada escrito em sua face.

— Este documento foi redigido pela advogada de padre Teodoro, que cede à senhora a direção da instituição que ele administrava. Pode ver que se trata de um rascunho, pois ele não sabia seu nome completo nem o número de seus documentos. A advogada que está cuidando do caso deixou o cartão dela, para que a senhora entre em contato e finalize as negociações.

— Que negociações? Eu não quero...

— Antes de se manifestar contra ou a favor, leia a carta que padre Teodoro escreveu. Como se já soubesse que iria morrer, ele me pediu: "Faça com que ela leia a carta, antes de recusar assumir a direção de minha instituição".

Com dedos trêmulos, Diana rasgou a lateral do envelope, pegou uma folha de caderno e passou os olhos pelas palavras. Pela caligrafia notava-se que a carta fora escrita por dedos igualmente trêmulos.

Querida Diana,

foi um prazer conhecê-la. Sei que, quando você estiver lendo estas palavras, provavelmente já não estarei aqui. Como lhe disse, a cada dia sinto meu coração batendo mais devagar. Por outro lado, isso não me preocupa. Sei que fiz minha parte e que ela chegou ao fim. Sua parte, no entanto, vai começar agora.

Não poderia pensar em uma pessoa mais capacitada para dirigir uma instituição que auxilia indivíduos com deficiência do que alguém que sente na pele todas as dificuldades pelas quais eles passam. Alguns mais, outros menos, todavia, todos possuem determinadas limitações. Mesmo com tantas restrições, garanto-lhe que jamais fui a outro lugar onde houvesse tanto riso, tanta força de vontade e tanta alegria.

Vá até lá e conheça o espaço. Veja o que a está aguardando. Conte sua história de vida. Seu exemplo servirá de motivação para todos aqueles, deficientes ou não, que pensam em desistir da vida por alguma razão. Mostre que a verdadeira deficiência não está no corpo, mas sim no autoabandono. Quando nos colocamos para trás, começamos a nos atrofiar e perder nossas principais faculdades, como a disposição, a alegria de viver e o entusiasmo pela vida. E não quero que isso aconteça aos outros.

Atenda ao pedido deste seu velho amigo, apesar do breve período de convivência que tivemos. Não tenha medo do desconhecido. Lembre-se de que você já superou muitas coisas, é uma vencedora e pode superar muitos outros obstáculos.

Quando as dificuldades surgirem, confie em Deus e peça-Lhe apenas o necessário. As forças divinas trabalham por meio de nós e não para nós. Deus não dá tudo tão fácil, porque Ele quer que você use suas habilidades para a conquista. Vá em frente, Diana, sem receio, sem temor, sem ansiedade. Invista no novo, seja ousada, não espere pela compreensão de ninguém, se achar que está fazendo um bem para si mesma. Fiz tudo isso, porque depositei plena confiança em você.

A vida não joga para perder, e isso quer dizer que não nos trombamos na rua, de forma tão desastrada, por mero capricho do destino, uma vez que nós somos donos do nosso destino. Então, vá em frente, analise com calma a proposta e tome a decisão que seu coração mandar. Seu poder de escolha é tudo, seu livre-arbítrio é a maior força que você tem. Veja o que sua alma anseia e faça acontecer.

No verso desta carta, deixei o telefone da doutora Andréa, a advogada que está cuidando da papelada, além do contato das pessoas que deverá procurar, caso decida ir até lá. Você já está sendo aguardada.

Com todo o carinho de quem aprendeu a admirá-la em segredo,

Teodoro.

Ao terminar de ler a carta, Diana relutou para não chorar diante da mulher que aguardava sua posição sobre a proposta que lhe fora feita. Ela recolocou a carta dentro do envelope rasgado e fitou a enfermeira-chefe com olhos rasos d'água.

— E então, querida? O que decidiu?

— Onde ele está agora? Eu me refiro ao corpo...

— Eu sei — ela sorriu. — Está no necrotério. Será transportado para a cidade natal dele, onde pediu para ser enterrado. Gostaria de vê-lo?

— Não — Diana respondeu sem hesitação. — Quero me lembrar dele do jeito que o conheci. Sorridente e otimista, apesar do cansaço ocasionado pelo infarto. Quanto a essa surpresa que ele me deixou... — ela analisou os papéis que segurava e esboçou um leve sorriso: — Acho que tenho de arrumar uma mala.

***

Aquela era a primeira viagem que Diana fazia desde que o acidente acontecera. Ela pedira a Marcélia para acompanhá-la. Também compartilhara a boa-nova com Pamela, que ficou emotiva, torcendo para que a amiga encontrasse uma nova distração e não pensasse tanto em Inglas. Sabia que Diana nunca mais tivera notícias do garotinho desde que a sentença fora lavrada pelo juiz.

Marcélia aceitou o convite para viajar com a amiga, porque desejava respirar novos ares. Também não tivera mais notícias de Tayná. Tentara entrar em contato com a filha mais uma vez, porém, ela trocara o número do celular e ficara totalmente incomunicável. Marcélia levaria meses para descobrir que a filha estava residindo em outro país.

— Tenho uma novidade para lhe contar, Diana — ambas estavam sentadas no ônibus, que faria uma viagem de aproximadamente nove horas de duração. — Não sei se vai gostar.

— Minha vida sempre foi um misto de surpresas positivas e negativas. Diga.

— Lembra-se de Maria Rita, uma das enfermeiras que andava com Karen e Eliete?

— Sim. Eram minhas amigas até descobrirem que me casei com Kauan. O que houve com ela?

— Telefonou para mim e me contou algo que me deixou chocada. Kauan foi preso.

— Preso?! — repetiu Diana, cobrindo a boca com a mão. — Por quê?

— Parece que ele bateu em uma mulher e tentou obrigá-la a lhe dar uma quantia vultosa de dinheiro. Estão falando que saiu até nos jornais.

— Não soube de nada, porque me desliguei de tudo que só me traz más notícias. Contudo, acredito que em breve ele sairá de lá.

— Será? Segundo Maria Rita, ele continua detido, porque nunca mais voltou ao hospital. Se fosse sair com fiança, já estaria livre, não é mesmo?

— Pode ser. Então, ele não está mais com sua filha?

— Não. Na última vez em que conversamos, ela falou que tinham terminado. Não lhe contei isso antes, porque achei que não era do seu interesse.

— E não é mesmo.

Diana não quis prolongar o assunto. Colocara uma pedra no passado do qual aquele homem fazia parte. Não tinha raiva de Kauan e até desejava que um dia ele se arrependesse de suas atitudes e adotasse uma nova forma de ser e agir.

Quando finalmente chegaram à cidade de destino, seguiram para a instituição, que ficava bem próxima à rodoviária.

A construção ficava em um terreno tão amplo que Diana chegou a pensar que estavam no lugar errado. Olhando de fora, parecia-se com um clube. Havia até mesmo uma piscina semiolímpica, que ela não conhecera pelas fotografias.

Diana conversara com a doutora Andréa, a advogada de padre Teodoro, e soube que todo aquele terreno pertencia a ele. O padre não tinha parentes para quem deixar a instituição e certamente fora por isso que escolhera Diana para tomar conta de tudo. Também deixara para ela uma reserva financeira, um pequeno espólio.

O gerente da instituição levou as duas mulheres para fazerem um *tour* pelo local, que era realmente grande e tinha condições de atender mais do que 25 pessoas. O gerente comentou que isso não acontecia por falta de mão de obra e de verbas. Tinham, como meta, ampliar o atendimento para 50 pessoas, que já aguardavam na lista de espera. Muitas vinham de municípios

333

vizinhos, interessadas em obter atendimento gratuito para o membro da família que tivesse alguma necessidade especial.

Diana pediu ao gerente que reunisse toda a equipe de voluntários, bem como os pacientes atendidos na instituição. Queria se apresentar a todos de uma só vez. Quando viu o grupo se juntar para ouvi-la, ela ficou emocionada, principalmente pelas crianças com necessidades especiais.

Diana fez um discurso rápido. Disse que sentia muito pela morte de padre Teodoro, mas que lhe era grata pela confiança e que faria seu melhor ali. Completou salientando que, como deficiente, era a primeira a compreender as diferentes necessidades de cada um, bem como as dificuldades pelas quais passavam. Queria fazer a diferença e deixar sua marca na vida de todas aquelas pessoas.

***

Marcélia e Diana encontraram uma casa mobiliada disponível para locação e fecharam um contrato com o dono do imóvel. Como passariam boa parte de seu tempo na cidade, decidiram alugar seus respectivos apartamentos em São Paulo e se mudar. Marcélia ajudou Diana a fazer adaptações na nova residência, e elas lançaram-se ao novo trabalho com empolgação. Com seus conhecimentos, a ex-enfermeira-chefe seria muito útil para a equipe, e Diana prometeu que tão logo tivesse condições lhe pagaria um salário.

Pamela ficara muito feliz com a notícia e garantiu que nas férias viajaria até lá para conhecer o novo trabalho de Diana. Não sabia como ela estava se virando, mas, sempre que conversavam, a amiga parecia animada.

Numa manhã, Diana foi surpreendida por um telefonema de Pamela. A amiga estava com a voz diferente, como se algo muito ruim tivesse acontecido. Já fazia três meses que Diana estava lá e nunca mais retornara para São Paulo.

— Você precisa voltar pra cá, amiga. Tem um assunto urgente a ser resolvido.

— Do que está falando, Pamela? Além de você, nada mais me prende a São Paulo. Recomecei minha vida aqui e confesso que a experiência tem sido muito agradável. Ao mesmo tempo em que tento ensinar o que sei, aprendo muito com todos daqui.

— Não posso adiantar nada por telefone. Venha amanhã mesmo. Esteja aqui neste endereço às 11h00 da manhã. Tome nota.

Diana anotou o endereço, sem entender o que estava acontecendo. Ainda tentou arrancar mais informações de Pamela, contudo, a amiga despedira-se apressadamente, desligando em seguida. Intrigada, Diana pediu a um rapaz que fazia serviços externos que lhe comprasse uma passagem para São Paulo com saída no fim da noite. Queria chegar à capital assim que amanhecesse. Sabia que Pamela, sabendo de sua dificuldade de locomoção, não a faria sair de tão longe se não fosse por algo realmente importante.

Marcélia ofereceu-se para seguir com ela, mas Diana recusou. O motorista do ônibus a ajudou a chegar até sua poltrona, que era logo a primeira, e acomodou a cadeira de rodas desmontada diante dela. Quando o ônibus começou a afastar-se devagar da plataforma de embarque, ela acenou para Marcélia, recostou a cabeça na poltrona e adormeceu.

Capítulo 40

Diana não estranhou por se ver mais uma vez naquele local. O cenário era o mesmo de sempre: a árvore, o banco de madeira em que estava sentada e a névoa esbranquiçada que a impedia de vê-lo. Sabia que Igor apareceria a qualquer momento para que pudessem conversar e que, quando ela despertasse, se sentiria mais renovada e feliz.

— Como está, minha criança? — Igor apareceu vindo do lado oposto do que costumava chegar. Ele sentou-se ao lado de Diana, como sempre fazia, e comentou: — Noto que está animada.

— Estou em uma área nova da minha vida e lhe confesso que tenho me surpreendido. Não pensei que pudesse me responsabilizar pela gestão de algo daquela magnitude. Justo eu, que sempre fui uma mulher comum.

— Não acredito que você ainda está se subestimando, Diana. Quando vai aprender a se tratar como uma princesa?

— Desculpe. Às vezes, descuido de mim mesma. Falando nisso, é você quem sempre me traz aqui? Nunca me lembro do percurso que faço para chegar aqui.

— Sim. Eu a ajudo a deixar o corpo adormecido e a trago para podermos papear tranquilamente. Seu corpo, aliás, está adormecido em uma poltrona de um ônibus de viagem.

— Estou indo me encontrar com Pamela. Sabe sobre o quê ela quer comigo?

— Pamela lhe mostrará algo... Você nem imagina do que se trata.

— Hum, já vi que você não vai me adiantar nada.

— Não seja ansiosa, criança. Pare de tentar adivinhar o futuro. Hoje, eu a trouxe aqui para lhe dar os parabéns!

— Por quê?

— Por estar aprendendo a viver e por ter conseguido vencer em todas as áreas da sua vida. Você passou por muita coisa até aqui. Entre altos e baixos, sempre consegue superar os desafios.

— Não sou uma vencedora tão incrível assim.

— Todos nós somos vencedores, porque, aos poucos, descobrimos como vencer nosso maior obstáculo: nós mesmos. Aprender a se conhecer e se superar é a rota da felicidade, que garante a qualquer pessoa uma vida mais próspera e feliz.

— Eu fracassei em alguns pontos. Nunca tive sorte no campo afetivo, por exemplo. Jamais mantive um relacionamento que tivesse dado certo.

— Por enquanto... — propositadamente, Igor deixou a frase incompleta.

— Como assim? Não me diga que vou arrumar um namorado, porque não quero mais ninguém.

— Outra vez querendo adivinhar o futuro, mocinha? Só o que posso lhe dizer é que sua vida está prestes a mudar... e para muito melhor. Aproveite cada novidade e curta todos os momentos com prazer e alegria.

— Como quer que eu não fique ansiosa, se você só fala por enigmas?

— Esse sou eu — ele riu e abraçou-a com força.

— E Inglas? Como ele está? Sinto tanta saudade dele.

— Venha comigo, criança. — Igor ficou de pé e esticou a mão para ela. — Quero lhe mostrar uma coisa.

— Você é o homem dos mistérios — rindo, Diana levantou-se e segurou a mão dele. Ela seguiu-o por alguns poucos metros até que estacou horrorizada e olhou para baixo. — Santo Deus, mestre!

Só agora ela percebera que estava andando! Sim, ali estavam suas pernas outra vez, sustentando seu corpo como sempre fizeram. A névoa dissipara-se completamente e agora toda a beleza daquele lugar de cores vivas estava de volta.

— Igor, o que aconteceu comigo?! Minhas pernas, como elas voltaram?

— Elas não voltaram, porque jamais saíram daí.

Diana sacudiu a cabeça para os lados, sem conseguir entender aonde ele queria chegar.

— As pernas do seu corpo físico foram retiradas, mas esse é seu corpo astral. Nesta dimensão, tudo em você está absolutamente perfeito. O motivo pelo qual você enxergava a névoa encobrindo suas pernas era esse. Você temia enxergar a verdade, pois não queria se descobrir deficiente aqui também. Entende por que, na matéria, continua com todas as suas habilidades? Porque nossa alma é fruto da criação divina, que faz tudo com perfeição. A vida é perfeita, Diana. Na realidade, não existem limitações em nenhum plano em que você estiver. Nós que nos impomos fronteiras, dizendo até onde podemos ir. Você está superando seus limites, vencendo e prosperando. Nada pode segurá-la, criança.

Diana começou a rir e a chorar ao mesmo tempo. Pulando como uma criança, ela atirou-se nos braços do amigo espiritual e pôs-se a beijá-lo repetidas vezes. Quando terminou, Igor falou que, antes de retornar ao corpo, Diana poderia caminhar com ele pelos jardins daquela cidade astral. Ela jamais se sentira tão livre e feliz.

Igor e Diana despediram-se pouco depois, e ele a conduziu ao corpo. Instantes antes de despertar, ela percebeu uma coisa. "Ele não respondeu às minhas perguntas sobre Inglas", pensou.

***

Foi com uma imensa sensação de alegria que Diana despertou. O ônibus já estava chegando à rodoviária da Barra Funda, e ela começou a lembrar-se do sonho, em que pôde correr com a liberdade de um pássaro que escapa de uma gaiola. As palavras de Igor ainda ressoavam em sua mente. Diana olhou para os cotos de uma forma que nunca fizera antes e enviou-lhes diversos beijos, estalando os lábios e sussurrando que era uma mulher perfeita. A passageira ao lado fitou-a com estranheza e receio, dando graças a Deus por estarem chegando ao destino.

Mentalmente, Diana organizou sua lista de afazeres. Tinha de procurar Gilberto e o filho dele, Eliseu. O irritado dono do bar, que sempre colocava seus fregueses bêbados a pontapés para fora do estabelecimento, tinha um filho autista. Padre Teodoro estava indo à procura dele quando enfartou. Diana faria isso tão logo resolvesse o assunto com Pamela. Também procuraria Danilo, para averiguar se ele gostaria de conhecer a instituição e dar uma assistência especializada a Priscilla. Diana ficaria satisfeita também se Pamela acompanhasse o namorado à cidade em que ela residia agora.

Diana seguiu de táxi até o endereço fornecido por Pamela. Chegando ao local, percebeu que se tratava do mesmo fórum onde ocorrera a audiência da custódia de Inglas. Estivera tão preocupada que nem relacionara o endereço ao fórum. Ainda faltavam vinte minutos para às 11 horas. Ela apanhou o celular e comunicou a Pamela que havia chegado ao endereço, e a amiga respondeu-lhe que já a aguardava no interior do prédio.

Diana logo pensou que alguma coisa tivesse acontecido com as filhas de Pamela. Ela foi conduzida por um funcionário até a sala, onde parecia estar sendo aguardada. O funcionário abriu uma porta e pediu que ela entrasse, e tudo o que Diana viu foi uma mesa comprida de madeira. Sobre ela havia apenas uma folha de papel. A sala estava inteiramente vazia, e ela virou a cabeça para fitar o homem que a trouxera.

— Moço, você tem certeza de que é aqui? — o homem, no entanto, havia saído e fechado a porta discretamente.

Sabendo que havia alguma coisa estranha ali, Diana conduziu a cadeira até a mesa e agarrou o papel. Ao ver seu conteúdo, seu coração quase deu um salto. Tratava-se de um desenho representando uma mulher sentada em uma cadeira de rodas ao lado de um menino de pele escura e que não tinha os braços. Ambos estavam dentro de um coração. Os traços eram perfeitos e só poderiam ter sido feitos por um grande artista. O seu artista.

— Espero que tenha ficado bonito. — Ela ouviu a vozinha infantil e tão conhecida soar atrás de si.

Diana girou a cadeira bem devagar e ali estava ele, parado na porta pela qual o funcionário do fórum acabara de sair e sorrindo em meio a lágrimas. Ambos se contemplaram por um longo momento até que Diana abriu os braços e Inglas correu até ela, saltando em seu colo. Ela apertou-o com força, beijando-o no rosto e na testa, enquanto choravam.

Os dois nem perceberam quando Pamela, Aaron, Ivanilde e outros dois homens surgiram logo atrás. Naquele instante, ela não perceberia mais ninguém que não fosse Inglas.

Quando os dois conseguiram conter a emoção, ela finalmente se deu conta das outras pessoas paradas ali e percebeu que tinham preparado uma surpresa para ela. Diana, no entanto, não entendia o que Inglas fazia ali. Será que ele sentira saudade, e a assistente social trouxera-o para vê-la? Mas, então, por que o encontro acontecera ali, no fórum?

— Minha mãe morreu — Inglas revelou subitamente, sem parecer muito emocionado. — Ela brigava muito com o namorado até que Deco ficou bem nervoso...

O menino parou de chorar, pois presenciara a cena. Jamais se esqueceria dos dedos tatuados que apertaram o pescoço de Rosane até que ela não pudesse respirar mais. Inglas conseguiu saltar pela janela da casa e quase quebrou uma perna ao atingir a calçada. Ele correu até onde pôde e só parou quando encontrou dois policiais, a quem relatou o ocorrido. O menino forneceu o endereço em que morava, e os policiais conseguiram chegar a tempo de prender o traficante, que já se preparava para fugir.

— Mais uma vez, ele ficou sob a responsabilidade do Conselho Tutelar — interveio Ivanilde. — Só que desta vez eu mesma pedi agilidade do caso. O juiz já ficou a par da situação e deu um novo aval.

— Qual? — Diana olhou-a cheia de expectativa — O que ele decidiu?

— A custódia de Inglas é sua a partir de hoje. Claro que terá de assinar uma extensa papelada e concordar com meu acompanhamento, mas ele poderá seguir com você ainda hoje. Foi por isso que marcamos este encontro aqui no fórum.

— Ele é seu, Diana — completou Pamela, chorando de alegria pela amiga. — Você agora é uma mamãe.

Apesar de toda a felicidade que explodia como rojão em seu peito, Diana só conseguia chorar. Enquanto isso, Ivanilde falava que tentara localizá-la em seu apartamento e que não sabia que Diana estava morando em outra cidade. Foi então que conseguiu entrar em contato com Pamela, que a ajudou a providenciar o encontro.

Mais tarde, Ivanilde contou a Diana que Rosane fora assassinada havia oito dias e que Inglas contara que os dois se drogavam na frente dele. O menino chegara a afirmar que, se aquilo não tivesse acontecido, teria fugido de casa para ficar com ela.

— Me perdoe por não ter conseguido cumprir a promessa de não deixar que sua mãe o levasse embora — pediu Diana, segurando o rostinho do garotinho com as duas mãos. — Sinto tanto por isso.

— Não tem problema, mamãe. O importante é que estaremos juntos daqui para frente.

340

Diana passou quase o restante do dia no fórum, cuidando da papelada da adoção. Quando saiu do prédio com Inglas sentado em seu colo, teve a certeza de que aquele era o dia mais feliz de sua vida. Ela, então, agradeceu a Pamela por toda a dedicação e reverenciou a amizade que duraria para sempre.

— Onde ela está? — Inglas perguntou, encostando as costas no peito de Diana.

— Ela quem?

— Sua câmera fotográfica. Este é um momento feliz, então, deve ser registrado. Você combinou isso com meu pai, não lembra?

— Você tem razão, mas vou ficar lhe devendo essa. Mereço um puxão de orelha?

Os dois riram juntos e depois se despediram de Pamela, que prometeu que iria visitá-los em breve. Diana e Inglas, então, pegaram um táxi até o antigo endereço dela. Chegando lá, seguiram devagar a caminho do bar de Gilberto, onde ela conversaria sobre o filho dele. Esperava poder fazer algo pelo bem-estar do garoto e da família dele.

Epílogo

Dias depois, Diana estava atendendo a algumas ligações na instituição, quando informaram que havia visitas. Inglas segurava um pincel com a boca e produzia distraidamente um desenho numa folha de sulfite. Ela girou a cadeira e foi até o portão da instituição, cobrindo os olhos com a mão por causa do sol. Precisou erguer a cabeça para ver quem estava ali.

— Será que aqui vocês contratam cavalos? — João Carlos perguntou zombeteiro.

— Só se for daqueles bem estúpidos e grosseirões.

— Então, vou reformular a pergunta. Vocês contratam homens estúpidos e grosseirões?

— Ora, não seja tolo! — Rindo, Diana destrancou o portão. — Como me encontrou aqui?

— Esqueceu-se de que todo mundo no hospital sabe que você herdou essa instituição do padre Teodoro? Só tive o trabalho de procurá-la.

— Você não trabalha mais lá.

— Não. Por isso, viajei até aqui para saber se há uma vaguinha para mim. Um paramédico é sempre útil, não?

— Já lhe aviso que todos aqui prestam serviços voluntários.

— Para mim, você pode pagar um salário escasso, que mal dê para eu comprar um pão seco na padaria mais molambenta da cidade.

Diana deu uma gargalhada, e ele riu também. Pela primeira vez, ela via-o rindo. João Carlos tinha dentes magníficos.

— E sua família? — Ela decidiu que era hora de perguntar. — Sabe que você está aqui?

— Não tenho ninguém. Sou um cavalo solitário, sem égua nem potrinhos.

Por um instante, ela ficou temerosa. Via nos olhos dele que não seriam apenas amigos. Tinha medo de entregar seu coração a outro homem, principalmente a um total desconhecido. Além disso, caso João Carlos viesse a demonstrar algum interesse por ela, seria verdadeiro? Ele realmente teria sentimentos por uma mulher sem pernas?

João Carlos, no entanto, emanava uma energia tão gostosa, que a fazia sentir-se bem. Intimamente, Diana sentiu que ele era de confiança e que uma relação verdadeira e duradoura poderia nascer dali.

— Então, vamos entrando. Vou lhe apresentar meu estábulo... cavalo!

Os dois riram e voltaram juntos para a bela construção, cientes de que teriam ainda muito trabalho pela frente.

— Isso é o que eu tenho para hoje. — Diana ouviu alguém pronunciar a frase tão perto de seu ouvido que chegou a estremecer, mas, ao virar a cabeça, percebeu que não havia ninguém lá. De qualquer forma, tinha certeza de que Riquelme estava ali, festejando aquela conquista.

De fato, ele estava ali, acompanhado de Igor, Wesley e padre Teodoro. Todos eles olhavam com carinho e admiração para a mulher que tinha aprendido que, na vida, o mais importante era o desejo de vencer e a alegria de viver.

FIM

GRANDES SUCESSOS DE
ZIBIA GASPARETTO

Com 21 milhões de títulos vendidos, a autora
tem contribuído para o fortalecimento da literatura
espiritualista no mercado editorial e para a popularização da
espiritualidade. Conheça os sucessos da escritora.

Romances
pelo espírito Lucius

A força da vida

A verdade de cada um

A vida sabe o que faz

Ela confiou na vida

Entre o amor e a guerra

Esmeralda

Espinhos do tempo

Laços eternos

Nada é por acaso

Ninguém é de ninguém

O advogado de Deus

O amanhã a Deus pertence

O amor venceu

O encontro inesperado

O fio do destino

O poder da escolha

O matuto

O morro das ilusões

Onde está Teresa?

Pelas portas do coração

Quando a vida escolhe

Quando chega a hora

Quando é preciso voltar

Se abrindo pra vida

Sem medo de viver

Só o amor consegue

Somos todos inocentes

Tudo tem seu preço

Tudo valeu a pena

Um amor de verdade

Vencendo o passado

Crônicas

A hora é agora!

Bate-papo com o Além

Contos do dia a dia

Conversando Contigo!

Pare de sofrer

Pedaços do cotidiano

O mundo em que eu vivo

Voltas que a vida dá

Você sempre ganha!

Coletânea

Eu comigo!

Recados de Zibia Gasparetto

Reflexões diárias

Desenvolvimento pessoal

Em busca de respostas

Grandes frases

O poder da vida

Vá em frente!

Fatos e estudos

Eles continuam entre nós vol. 1

Eles continuam entre nós vol. 2

Sucessos
Editora Vida & Consciência

Amadeu Ribeiro

A herança
A proposta
A visita da verdade
Cinco vida, uma história
Depois do fim
Juntos na eternidade
Laços de amor
Mãe além da vida
O amor não tem limites

O amor nunca diz adeus
O preço da conquista
Reencontros
Segredos que a vida oculta vol.1
A beleza e seus mistérios vol.2
Amores escondidos vol. 3
Seguindo em frente vol. 4
Doce ilusão vol. 5
Bastidores de um crime vol. 6

Amarilis de Oliveira

Além da razão (pelo espírito Maria Amélia)
Do outro lado da porta (pelo espírito Elizabeth)
Nem tudo que reluz é ouro (pelo espírito Carlos Augusto dos Anjos)
Nunca é pra sempre (pelo espírito Carlos Alberto Guerreiro)

Ana Cristina Vargas
pelos espíritos Layla e José Antônio

A morte é uma farsa
Almas de aço
As aparências enganam
Código vermelho
Dramas da paixão
Em busca de uma nova vida
Em tempos de liberdade
Encontrando a paz

Escravo da ilusão
Ídolos de barro
Intensa como o mar
Loucuras da alma
O bispo
O quarto crescente
Sinfonia da alma

Carlos Torres

A mão amiga
Passageiros da eternidade
Querido Joseph (pelos espírito Jon)
Uma razão para viver

Cristina Cimminiello

A voz do coração (pelo espírito Lauro)
Além da espera (pelo espírito Lauro)
As joias de Rovena (pelo espírito Amira)
O segredo do anjo de pedra (pelo espírito Amadeu)
A lenda dos ipês (inspirado por Amira)

Eduardo França

A escolha
A força do perdão
Do fundo do coração
Enfim, a felicidade
Um canto de liberdade
Vestindo a verdade
Vidas entrelaçadas

Floriano Serra

A grande mudança
A outra face
Amar é para sempre
A menina do lago
Almas gêmeas
Marcado pelo passado
Ninguém tira o que é seu
Nunca é tarde
O mistério do reencontro
Quando menos se espera...

Gilvanize Balbino

De volta pra vida (pelo espírito Saul)
Horizonte das cotovias (pelo espírito Ferdinando)
O símbolo da vida (pelos espíritos Ferdinando e Bernard)
Salmos de redenção (pelo espírito Ferdinando)

Juliano Fagundes

Nos bastidores da alma (pelo espírito Célia)
O símbolo da felicidade (pelo espírito Aires)

Jeaney Calabria

Uma nova chance (pelo espírito Benedito)

Lucimara Gallicia
pelo espírito Moacyr

Ao encontro do destino

Márcio Fiorillo
pelo espírito Madalena

Lições do coração
Nas esquinas da vida

Maurício de Castro

A outra (pelos espíritos Hermes e Saulo)
Caminhos cruzados (pelo espírito Hermes)
O jogo da vida (pelo espírito Saulo)
Sangue do meu sangue (pelo espírito Hermes)

Meire Campezzi Marques
pelo espírito Thomas

A felicidade é uma escolha
Armadilhas, cicatrizes e o tempo para consertar
Cada um é o que é
Impossível esquecer
Na vida ninguém perde
Os desafios de uma suicida (pelo espírito Ellen)
Uma promessa além da vida

Rose Elizabeth Mello

Como esquecer
Desafiando o destino
Livres para recomeçar
Os amores de uma vida
Verdadeiros Laços

Sâmada Hesse
pelo espírito Margot

Revelando o passado
Katie: a revelação

Thiago Trindade
pelo espírito Joaquim

As portas do tempo
Com os olhos da alma
Confronto final
Maria do Rosário
Samsara: a saga de Mahara
Samsara: a saga de Mahara volume 2

Conheça mais sobre espiritualidade com outros sucessos.

 vidaeconsciencia.com.br  /vidaeconsciencia  @vidaeconsciencia

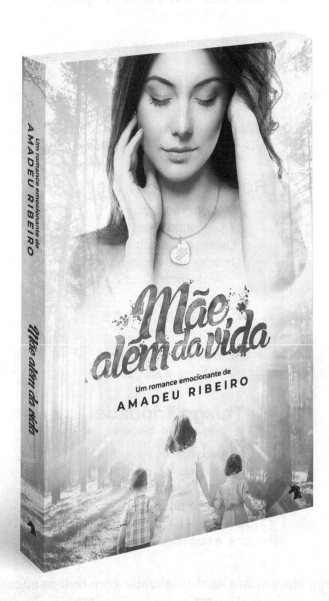

Mãe além da vida

O amor maternal é um dos sentimentos mais poderosos e verdadeiros que existe, por isso, quando aceitou o pedido de casamento de Raul, Linda acreditou em um futuro próspero e feliz, principalmente após o nascimento de seus três filhos, que fez desabrochar em seu íntimo um amor intenso e genuíno por sua criação. Eles formavam uma família aparentemente perfeita até que a ambição, a infidelidade e uma doença mostrassem a verdade que estava mascarada por trás da ilusão.

Muitas vezes, a vida nos leva a vivenciar situações e experiências bem diferentes dos nossos sonhos e objetivos, e Linda, apesar dos difíceis obstáculos que surgem em seu caminho, mantém-se fiel à promessa que fizera a si mesma de amar e cuidar de seus filhos. Uma tragédia familiar, contudo, parece afastá-la definitivamente das crianças, e novos acontecimentos mudam a vida de todos os envolvidos.

Neste emocionante romance repleto de reviravoltas, destinos cruzados e corações entrelaçados, Linda descobrirá que o amor de uma mãe existe além da vida.

Este e outros sucessos, você encontra nas livrarias e em nossa loja:

www.vidaeconsciencia.com.br/lojavirtual

Rua das Oiticicas, 75 — SP
55 11 2613-4777

contato@vidaeconsciencia.com.br
www.vidaeconsciencia.com.br

APONTE A CÂMERA DO
SEU CELULAR PARA LER
O QR CODE **E VISITE
NOSSA LOJA VIRTUAL.**